KB252946

충북 제천 지역의 언어와 생활

충북 제천 지역의 언어와 생활

지역어 구술 자료 총서 3-1

충북 제천 지역의 언어와 생활

초판 제1쇄 인쇄   2007년 12월 21일

초판 제1쇄 발행   2007년 12월 31일

지 은 이 ‖ 박경래

펴 낸 이 ‖ 국립국어원

펴 낸 곳 ‖ 태학사

주소 ｜ 경기도 파주시 교하읍 문발리 파주출판도시 498-8

전화 ｜ (031) 955-7580~2(마케팅부) · 955-7584~90(편집부)

전송 ｜ (031) 955-0910

홈페이지 ｜ www.thaehaksa.com

전자우편 ｜ thaehak4@chol.com

등록 ｜ 제 406-2006-00008호

ⓒ 국립국어원, 2007

값은 뒤표지에 있습니다.

ISBN 978-89-5966-203-6 94710

ISBN 978-89-5966-200-5 (세트)

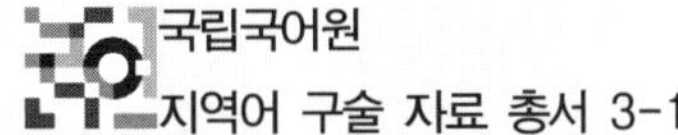

국립국어원
지역어 구술 자료 총서 3-1

충북 제천 지역의 언어와 생활

박경래

태학사

필자가 처음으로 방언조사를 한 때가 1978년이었으니까 올해로 꼭 30년째가 된다. 이렇게 오랜 기간 방언조사를 하면서 늘 느껴온 것은 묵묵히 고향을 지키며 살아오신 분들의 훈훈하고 따뜻한 인정과 아량 그리고 고유한 우리말이 가진 감칠맛과 지역어가 보여주는 우리 고유의 문화와 전통의 흔적이었다. 이 두 가지 요소가 없었다면 이 책은 세상에 나오기 어려웠을 것이다.

이 책은 충청북도 제천시 금성면 진리에 거주하는 어영소(漁永沼) 할아버지(조사 당시 75세, 실제 나이 78세)와 부인 김정갑(金貞甲) 할머니(조사 당시 79세)의 구술발화를 녹취하여 전사하고 이를 표준어로 대역한 다음 주석을 첨부한 것이다. 구술 조사는 주제보자인 어영소 할아버지를 중심으로 진행되었고, 김정갑 할머니는 조사자와 어영소 할아버지의 대화자로 참여하였다. 어영소 할아버지의 구술에는 조사 마을과 태어난 마을에 관한 이야기를 비롯하여 성장 과정, 결혼 생활, 전통 결혼식, 회갑잔치, 장례 절차 등 일생 의례 전반과 논농사, 밭농사 등 생업활동 그리고 친족에 관한 내용이 담겨 있다. 김정갑 할머니는 어영소 할아버지가 구술하기에 취약한 내용을 구술하는 데 참여하였다. 김정갑 할머니의 구술에는 결혼과 약혼, 결혼 과정, 전통 결혼식, 결혼 생활, 시집살이 경험담 등 일생 의례에 관한 이야기와 의생활 전반, 출생과 육아 그리고 친족과 관련한 내용이 포함되어 있다.

이 책에 수록된 구술 발화 자료는 국립국어원에서 2005년부터 매년 실시하고 있는 지역어 조사 사업의 결과물이다. 이 지역어 조사 사업은 급격한 사회변화로 소멸 위기에 있는 지역어를 어휘, 음운, 문법의 고유 어형뿐만 아니라 문장과 담화 차원까지 온전히 보전하기 위해 수행하는 것이다. 이 책에 담긴 내용은 2005년도의 조사 내용이다. 구술 발화 자료는 조사 지역 토박이들이 자연스럽게 구술하는 발음과 내용을 그대로 전사한 것이다. 그러므로 전사된 구술 자료를 통하여 조사 지역의 어휘는 물론이고 음운과 문법적인 특징을 이해할 수 있을 뿐만 아니라 담화 연구의 자료로서 요긴하게 이용될 수 있을 것이다.

충북 제천 지역의 조사는 지역어 조사 첫 해인 2005년에 실시하여 그 조사 결과를 같은 해에 보고서로 출간하였으나 보고서의 부수가 적어 여러 사람이 이용하기에 어려움이 있었고 내용에도 잘못된 부분이 많아 이를 고쳐야 할 필요가 있었다. 이런 이유로 2005년도 충북 지역어 조사 보고서에 실린 구술 발화만을 따로 떼어 단행본으로 펴내게 되었다. 이 과정에서 전사와 표준어 대역이 잘못된 부분을 바로잡고 주석과 색인을 추가하였다. 또한 조사 순서대로 편집된 보고서 내용 가운데 내용상 공통되는 부분이 한 자리에 모이도록 편집을 다시 하였다. 이것은 가급적이면 내용상 같은 주제는 한 곳에 모아 같은 목차 아래 묶이게 하기 위한 조처였다. 그러나 하나의 이야기 단락을 이루지 못할 만큼 내용이 적은 경우에는 이야기의 흐름을 깨지 않기 위해 그대로 두었다.

이 책은 충북 제천 지역에 거주하는 두 분의 토박이 제보자가 약 4시간 동안 구술한 내용을 고스란히 담고 있다. 여기에는 조사 지역 주민들의 생활 배경과 생업활동, 의생활을 비롯하여 출산과 육아, 친족 등 우리의 기본적인 삶과 관련된 내용이 포함되어 있고, 개인의 태생과 성장, 약혼과 결혼, 결혼 생활, 시집살이, 회갑잔치, 장례 절차 등 일생 의례에 관한 내용과 전통 결혼식과 같은 민속 관련 내용까지 포함되어 있다. 따라서 이들 내용과 관련된 수많은 토박이 언어 자료들이 그대로 나타나 있다. 이 책에서는 지역어에 대한 표준어 대역과 주석 그리고 색인을 통하여 이런 토박이 언어 자료에 대하여 상세한 정보를 제공하고자 하였다.

이 책은 충북 제천 지역의 어휘를 비롯하여 음운, 문법의 이해뿐만 아니라 이 지역 토박이 화자들의 말하기 방식을 파악하는 데도 유용할 것이다. 더구나 말하기의 방식은 군 단위마다 현격한 차이를 보이는 것이 아니므로 이후 지속될 충북의 다른 지역 구술 자료와 함께 충청북도 방언 전체의 말하기 방식을 이해하는 데에도 유용할 것이다.

이 책은 무엇보다 국립국어원의 의지와 노력에 의해 발간될 수 있었다. 이미 보고서로 발간된 내용을 다시 점검하여 잘못된 부분을 바로잡고, 여기에 주석과 색인 등을 덧붙이는 작업은 애초에 예상했던 것 이상으로 엄청난 시간과 노력을 들여야 했다. 이런 고되고 험난한 작업을 수행하지 않을 수 없도록 독려한 이상규 원장의 채찍질과 지역어 조사 사업의 뒷바라지를 위해 노심초사하면서도 꼼꼼하게 일을 챙긴 박민규 선생의 헌신적인 노력이 없었다면 이 책은 세상에 나오지 못했을 것이다. 특히 지역어 조사에 함께 참여하고 계시는 지역어 조사위원들의 격려와 연대감이 이번 단행본을 내는 데 큰 힘이 되었다. 지역어 조사 사업을 시작한 지 어느덧 4년이 되었다. 그 동안 조사 질문지를 만들고 지역어 조사 사업의 틀을 짜기 위해 함께 고생했던 지역어 조사위원들께 감사드린다. 그러나 누구보다도 이 단행본을 간행하는 데 이바지한 분들은 제보자인 어영소 할아버지와 김정갑 할머님이다. 2005년 조사를 끝내고 나서도 이 단행본을 펴내기 위해 다시 찾아뵙고 궁금했던 내용이나 미진한 내용을 여쭐 때마다 늘 친절하게 답해 주신 노부부의 가르침이 없었더라면 이 책은 지금보다 훨씬 어설펐을 것이다. 해가 갈수록 점점 쇠약해지시는 모습을 볼 때마다 마음이 아프다. 여태까지 그랬던 것처럼 앞으로도 늘 건강하시기를 기원한다.

■ 조사지역의 개관

　　충청북도 제천시는 1995년 전국 행정구역 개편에 따라 제천군과 제천시
가 하나로 통합되어 새로운 형태의 도농(都農) 통합시를 이루고 있는 곳이
다. 철도와 도로교통의 요충지인 제천시는 충청북도의 북부 지역에 위치하
고 있다. 제천시는 북으로 강원도 원주시와 횡성군 및 영월군에 접해 있고,
동으로는 단양군에 접해 있으며, 남으로는 경상북도 문경시에, 서쪽으로는
충주시에 접해 있다. 현재의 제천시는 옛 시가지와 한 개의 읍과 일곱 개의
면으로 이루어져 있다. 전체 면적은 882.24㎢이고, 2003년 현재 인구는
141,215 명이다. 차령산맥이 시의 북부를 지나고, 소백산맥이 경상북도와 경
계를 이루며 시의 남부를 지나고 있어 북쪽과 남쪽이 높고 서쪽과 동쪽은
상대적으로 낮은 지형을 이루고 있다. 사방이 산지로 둘러싸여 있고 해양의
영향을 받지 못하는 내륙 도시여서 한서의 차가 심한 전형적인 대륙성 기후
를 나타낸다. 시 전체 면적의 74.1%가 임야이고 읍·면지역은 농가구가 대
부분인 농업 중심 지역이다. 충주 다목적댐이 건설되면서 제천시 청풍면을
비롯하여 다섯 개의 면에서 예순 한 개의 동리가 수몰되었다. 제천시 일대
는 구석기시대 이후 선사문화의 중심지였으며, 삼국시대 때는 고구려와 신
라가 세력을 다투던 각축장으로 남한강 유역의 중원문화를 이루었던 곳이다.
　　언어적으로, 충청북도 방언을 북부방언권, 중부방언권, 남부방언권 등 세
개의 하위 방언권으로 나눈다면 제천 지역 방언은 충주, 단양과 함께 북부
방언권에 속한다. 제천 지역은 지리적으로 강원도 영서 남부 지역과 인접해
있어 강원도 방언의 영향이 관찰되기도 하지만 기본적으로는 충북 방언의

특징을 간직하고 있는 곳이다. 조사지점인 금성면은 제천시의 중심 지역에 위치해 있다. 북쪽으로는 제천 시내와 봉양읍이 이웃해 있고, 서쪽으로는 봉양읍과 청풍면에 이웃해 있으며, 남쪽으로는 청풍면, 동쪽으로는 단양군 매포읍과 이웃해 있다. 생활권이 제천 시내여서 교육, 시장, 병원, 교통권 등이 대부분 제천 시내로 쏠려 있다. 과거에는 금성면의 5일 장이 활기를 띠었지만 지금은 교통의 발달로 제천 시내의 상설 시장을 주로 이용하는 편이다.

■ 조사 과정

국립국어원에서는 2004년부터 각 도별(道別)로 한 지점씩 지역어를 조사하고 조사한 자료를 정리하는 전국적인 지역어조사 사업을 시행하고 있다. 이 사업은 우리 민족의 귀중한 문화유산인 지역어를 조사·정리하여 민족어의 특성과 다양성을 지켜나가는 데 목적을 두고 있다. 최근 급변하고 있는 사회 변화에 따라 소멸 위기에 있는 지역어의 고유어형 자료를 영구보존하고자 하는 것이다. 사업의 첫 해인 2003년에는 지역어 조사용 질문지 작성을 위한 기초 자료를 수집하였고 2004년에는 지역어조사 질문지 초안을 만들어 예비조사를 실시하였다. 본격적인 조사는 이듬해인 2005년부터 시작되었다. 충청북도 지역의 첫 번째 조사 지역은 제천시였고 조사지점으로는 금성면을 선정하였다.

자료의 조사는 제천시 금성면 진리에서 2005년 7월 13일부터 2005년 11월 30일까지 이루어졌다. 집중적인 조사는 여름 방학 기간을 이용하여 주로 7월에 수행하였다. 이때 조사를 마치지 못한 구술발화의 일부는 8월과 9월에 틈틈이 조사하였고 11월에는 보충조사를 실시하였다. 현지 조사는 제보자의 집에서 글쓴이가 직접 수행하였고, 김남정(세명대학교 대학원생)이 함께하여 녹음과 사진촬영 등을 하였다. 녹음 자료의 정리와 전사는 글쓴이와 김남정이 함께 하였고 글쓴이가 최종적으로 검토하였다. 이 단행본의 출간을 위한 교정과 주석 및 찾아보기 작업도 글쓴이가 하였다.

제천 지역어의 자료 제보자는 어영소(漁永沼, 조사 당시 75세, 1931년생) 할아버지와 부인 김정갑(金貞甲, 조사 당시 79세, 1927년생) 할머니다. 어영소 할아버지는 현재의 충북 제천시 신월동 안세월리에서 출생하였고, 김정갑 할머니는 충북 제천시 신월동 중담리에서 출생하였다. 어영소 할아버지는 열 살 무렵에 현재의 금성면으로 이주하여 지금까지 이곳에서 살고 있다. 두 분의 선대 역시 제천시 신월동에 거주하였다. 제천시 신월동과 금성면은 서로 인접해 있어 두 지역 간에는 별다른 방언 차이가 없는 것으로 보인다.

어영소 할아버지는 청소년 시절부터 나무 장사와 막노동을 하여 가사를 도왔고, 결혼 초에는 장사를 하기도 하였으나 생활 근거지는 제천을 벗어나지 않았다. 결혼 후 3년간 금성면과 이웃한 충주시 산척면에 이주했던 기간을 제외하고는 장기간 외지에서 생활한 경험이 없이 지금까지 현재의 거주지에서 농사를 지으며 생활하고 있다. 학력은 일제 강점기 때 공회당에서 2년간 한문을 배우고 초등학교에서 1년 정도의 교육을 받은 것이 전부다. 몇 년 전에 수술한 경험이 있지만 장시간의 조사를 자청할 정도로 건강하였으며 치아상태도 양호하고 귀도 좋아 제보자로서 아주 적합한 것으로 판단되었다.

김정갑 할머니는 열한 살 때 금성면 새터로 이주하여 살다가 열여덟 살 때 두 살 연하인 어영소 할아버지와 결혼하여 지금까지 현재의 거주지인 금성면 진리에서 생활하고 있다. 김정갑 할머니는 근래 한쪽 눈의 시력을 상실한 것을 제외하고는 언어적으로나 신체적으로 매우 양호한 편이었다. 김정갑 할머니는 주로 가족관계나 여자들의 생활과 관련된 내용을 조사할 때 대화 참여자 또는 보조 제보자로 참여하였다. 김정갑 할머니 역시 농사를 지어 왔으며 정규 교육은 받은 경험이 없다. 하지만 출산과 육아, 시집살이, 의생활 등 여성들의 활동과 관련된 내용에 대한 지식이 풍부하고 말솜씨도 있어 자연스런 대화 자료를 확보하는 데 중요한 역할을 하였다. 두 제보자 모두 조사 질문에 대한 이해도가 빠른 편이었고 발음과 청취력에도 전혀 문제가 없었다.

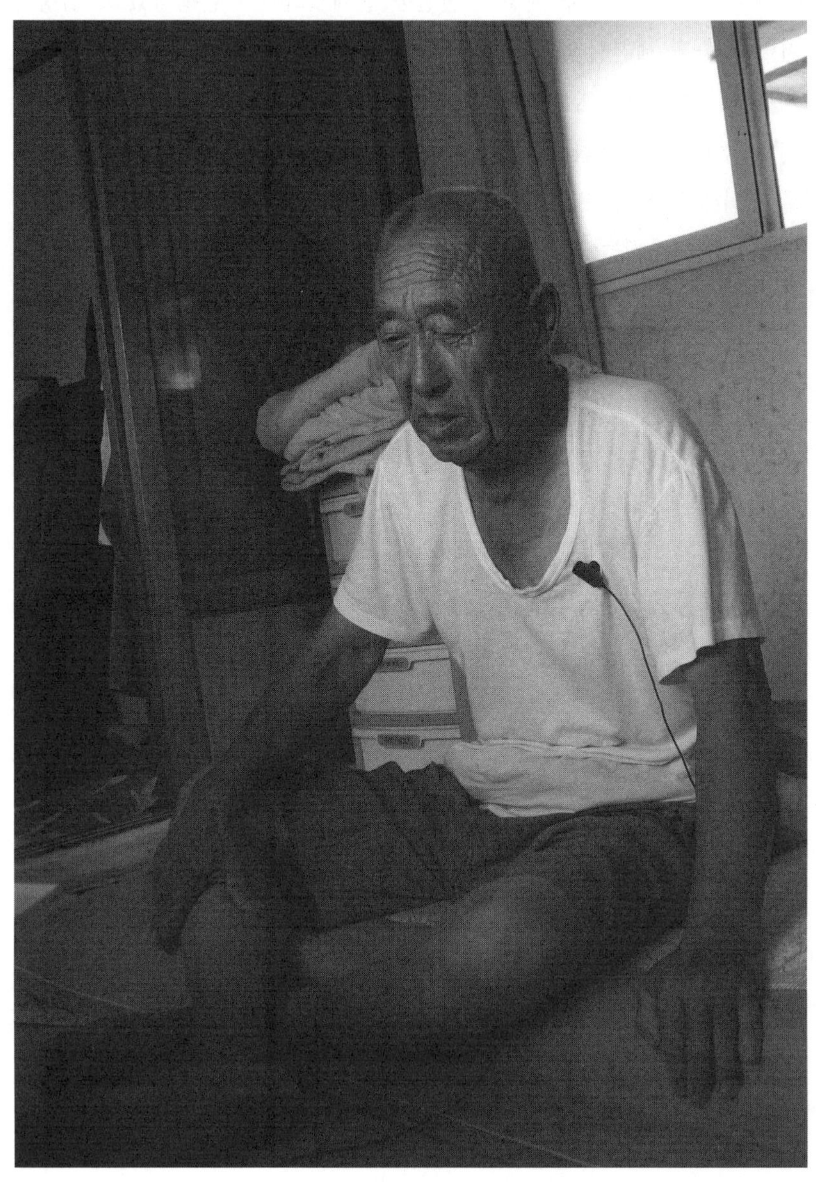

제보자 어영소

제보자 김정갑

조사 장면

제보자 집과 어영소

14_충북 제천 지역의 언어와 생활

제보자 집

진리 전경

전사를 위한 구술 발화의 총 녹음 시간은 4시간 3분이다. 어영소 할아버지는 주제보자로서 조사 마을의 환경을 비롯하여 일생 의례 전반과 논농사, 밭농사 등의 생업활동, 그리고 친족에 관한 내용 등에 대하여 구술하였고, 김정갑 할머니는 보조제보자로서 시집살이 경험담이나 의생활 관련 또는 출산과 육아 등 어영소 할아버지가 구술하기에 취약한 내용을 구술하는 데 주로 참여하였다.

전사

제보자의 구술 자료는 SONY DAT D-100 디지털 녹음기를 이용하여 녹음하였다. 녹음된 자료는 GoldWave 프로그램을 이용하여 음성파일(wav 파일)로 변환하였고, 변환한 음성파일은 Transcriber 1.4 프로그램을 이용하여 전사하였다. 전사는 기본적으로 어절 단위로 하나의 문장을 소리 나는 대로 한글로 전사하는 것을 원칙으로 하였으나 한 억양으로 소리나는 경우 어절보다 큰 단위로 전사한 경우도 있다. 현대 한글로 적기 어려운 음성은 특수한 문자를 이용하여 표기하기도 하였다. 필요한 경우는 국제음성기호를 이용하여 괄호 속에 발음을 명시하기도 하였다.

이 구술 자료의 초벌 전사는 세명대학교 대학원생 김남정이 하였다. 초벌 전사한 자료는 보고서 작성 단계에서 글쓴이에 의해 점검이 이루어졌는데 이 단행본을 내면서 글쓴이가 다시 한 번 재검하고 교정을 하였다. 초벌 전사하느라 고생한 김남정에게 고마움을 전한다.

제천 지역어에서는 어두 음절 위치에서 단모음 /ㅔ/와 /ㅐ/ 및 /ㅟ/와 /ㅚ/가 구별되기 때문에 이를 구별하여 전사하였다. 단모음과 평행하게 이중모음 /ㅖ/와 /ㅒ/ 및 /ㅞ/와 /ㅙ/도 어두음절 위치에서는 구별하여 전사하는 것을 원칙으로 하였다. 그러나 둘째 음절 위치에서는 /ㅔ/와 /ㅐ/를 /ㅐ/로 표기하였고, 이중모음은 소리 나는 대로 표기하였다. 충청도 방언의 음성 특징인 이중모음 /ㅕ/가 고모음화한 [yɨ]는 [으]로 표기하였다. 하나의 형태소가 두 가지 이상의 음성형으로 실현될 때는 각각을 반영하려고 하였다. 가령 표준어에서 '이다'의 어간, 받침 없는 용언의 어간, 'ㄹ' 받침인 용언의 어간 뒤에 붙는 어미 '-면'에 대응하는 이 지역 방언형 '-먼', '-믄', '-문'과 '-민'이 음성적으로 구별되면 최대한 구별하여 표기하려 하였다. 모음 '이'에 선행하는 음절의 말자음이 탈락하면서 비모음으로 발음되는 경우는 '~'기호를 이용하여 표시하였다. 제보자의 웃음이나 기침 등 비언어적인 행위는 인상적으로 표기하였다.

본문의 글자체와 전사에 사용된 부호는 다음과 같다.

고딕체	조사자
명조체	제보자
⁻	제1 제보자
⁼	제2 제보자
≡	제3 제보자
≣	제4 보조제보자

:	장음 표시이며, 길이가 상당히 길 경우 ::처럼 장음 표시를 겹쳐 사용하였다.
*	청취가 불가능한 부분 또는 표준어로의 번역이 불가능한 경우
‡	질문지와 주제가 다른 내용
+	색인에서 방언과 대응 표준어에 의미 차이가 있는 경우
⁺⁺	색인에서 방언에 대응하는 표준어가 없는 경우

주석

주석은 각 장마다 미주(尾註)를 달았다. 이 자료를 이용할 독자들에게는 각주(脚註)가 편리하지만 책의 편집상 불가피하게 미주로 처리해야 했다. 주석은 가능한 한 친절하게 제공하였다. 새로운 어휘나 이해하기 어려운 어휘와 표현 등에 대하여는 설명과 풀이를 하였고, 형태에 대한 음운론적 해석과 설명을 부가함으로써 해당 방언형에 대한 독자의 이해를 돕도록 하였다. 문법 형태의 경우 그 기능에 대한 설명을 간략하게 부기하기도 하였고, 경우에 따라 같은 지역 또는 충북의 다른 지역에서 사용되는 이형태를 제시하기도 하였다. 어휘에 따라서는 미세한 의미 차이나 문법적인 기능 차이를 설명하기도 하고, 제천 지역이나 충북의 다른 지역에서 다른 방언형이 사용될 경우에도 이를 밝혀 놓았다. 독자의 편의를 위해서 동일한 내용이나 비슷한 내용의 주석을 반복하여 제공한 경우도 있는데 이때는 서로 참조할 수 있도록 주석 번호를 표시하였다.

표준어대역

전사한 방언 자료에 대하여는 모두 표준어로 대역하여 제시하였다. 원래의 조사 보고서에서는 원칙적으로 문장 단위로 표준어 대역을 붙였으나 여기에서는 문장보다 큰 의미 단락을 기준으로 대역을 붙였다. 표준어 대역을 별도의 쪽에 배치한 것도 조사 보고서와 달라진 점이다. 이는 순전히 독자들이 쉽게 읽을 수 있도록 하여 방언 자료를 이해하는 데 편의를 제공하기 위한 조처였다.

전사한 방언 자료에 대한 표준어 대역은 직역하는 것을 원칙으로 하였다. 문장 중간 중간에 들어간 '어', '저', '그', '저 저 저', '저기', '머 머 머' 등과 같은 군말이나 담화표지 등도 대역 부분에 그대로 반영하려고 노력하였다. 대응 표준어가 없는 어휘의 경우는 방언형을 그대로 표준어 대역에 사용하였다. 전사가 불가능한 발음이나 전사한 방언 표현의 의미가 불확실한 경우 전사 부분과 표준어 대역 부분에 *** 기호를 사용하였다.

또한 지역어 자료임을 고려하여 말미에 표준어에 대응하는 방언형의 색인을 첨부하였다. 색인은 표준어형을 제시하고 그에 대응하는 방언형들을 나열하였다. 체언은 방언형을 형태음소적으로 표기하였고, 용언은 예문에 사용된 활용형을 그대로 제시하였다. 이때 표기와 발음을 구별할 필요가 있는 경우는 대괄호 속에 음성형을 따로 제시하였다. 표준어를 제시할 수 없는 지역어 특유의 어형에 대하여는 간략한 뜻풀이를 부기하였다.

차례 | 충북 제천 지역의 언어와 생활

조사 마을

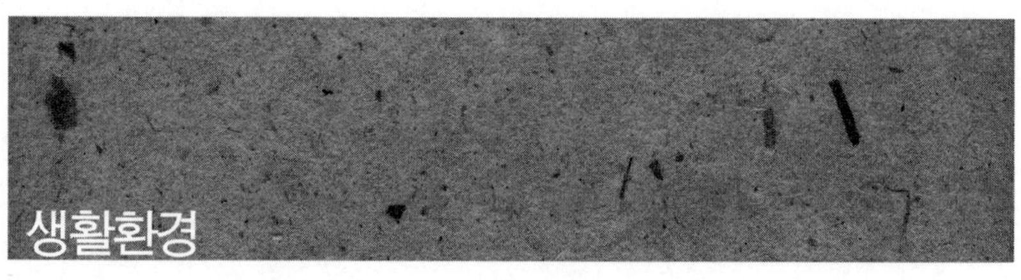

- 옌:날버텀 갱:꼬리라는¹⁾ 데가,

어 어느 정도 대써요?

- 오래 되:찌요 머이. 우리 우리 우리 우 우 우리 나:쿠, 나 나 나:키 전버
텀²⁾ 동내가 이썬는대유 머. 그기 그저내넌 여가 사 삼시포가 너머써써요. 너
머떵 거시 고만 다: 뜨끼구 인재 여나므,³⁾ 열 열따썬 찝뚜 안 되유. 열 열뚜
찌빙가 열 씨⁴⁾ 찌빙가.

왜 그러캐 돼써요?

- 게 머 사:기가⁵⁾ 빈곤해고⁶⁾ 농초니 그래니까 고만 나가구, 도해지⁷⁾ 가서
지끔 보:로 머거두 도해지루 나가구, 가리킬 쑤두 우:꾸 여기서넌. 제천 가서
넌 시:내 가서넌 니아까꾸늘 해:두 애더럴 가리킬 쑤. 도:널 뜨더서⁸⁾ 가리키
넌대⁹⁾ 농사지:니,¹⁰⁾ 야 이누무 거 머 매:사가 싸자너요. 농사질 지 지:째먼 참
풍깝 풍까파:구 살:기가 심:드러요¹¹⁾.

힘 드능 거에 비해서 별루 소:드기 적땀 말이지요?

- 읍:찌요 머어. 그래구 지끔 와선 아주 아주 적짜래요,¹²⁾ 아주 적짜. 아주
적짜라구. 그애 지끔 저 농기개, 스크럽타¹³⁾ 머: 배: 떠:닝 거 이렁 거 사나
가주구, 메¹⁴⁾ 천마눠씩 주구 해 가주구, 이자두 모:뜨더 가꾸 그래 가주구 절
믄 사람덜 비지 더: 마:너요. 늘근내넌 가풀 해치기가 어:꾸, 그러니까 기양¹⁵⁾
농사나 뜨더서 재:워 이:래 가주구 풀리피나 풀칠만 해넝 거구. 게:서 농 이 품
두 모: 싸요. 이 요지간해선 더 모: 싸요. 살 쑤가 업써요

사라미 업써서?

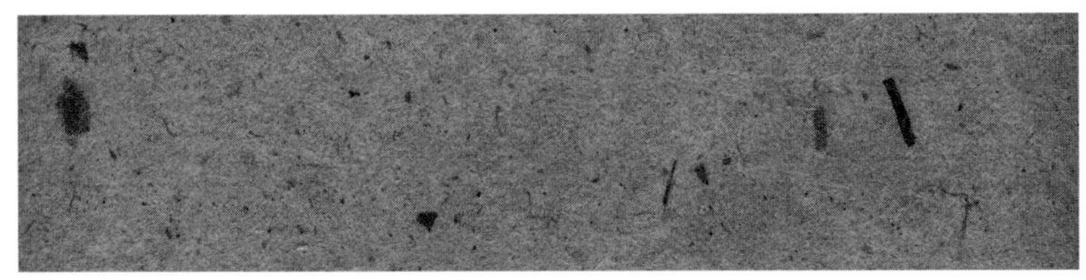

ˉ 옛날부터 개암골이라는 데가,

어 어느 정도 되었어요?

ˉ 오래 되었지요 뭐. 우리 우리 우리 우리 낳고, 나 나 낳기 전부터 동네가 있었는데요 뭐. 그게 그전에는 여기가 삼 삼십 호가 넘었었어요. 넘었던 것이 그만 다 뜯기고 이제 여남은, 열 열다섯 집도 안 돼요. 열 열 두 집인가 열 세 집인가.

왜 그렇게 되었어요?

ˉ 그래 뭐 살기가 빈곤하고 농촌이 그러니까 그만 나가고, 도회지 가서 지금 벌어먹어도 도회지로 나가고 가르칠 수도 없고 여기서는. 제천 가서는 시내 가서는 리어카꾼을 해도 아이들을 가르칠 수가 (있는데). 돈을 뜯어서 가르치는데 농사지으니, 야 이놈의 것이 뭐 매사가 싸잖아요. 농사짓 짓 짓 자면 참 품삯 품삯하고 살기가 힘들어요.

힘 드는 것에 비해서 별로 소득이 적다는 말이지요?

ˉ 없지요 뭐. 그리고 지금 와서는 아주 아주 적자예요, 아주 적자. 아주 적자라고. 그래 지금 저 농기계, 트랙터 뭐 벼 떠는 것 이런 것 사 놔 가지고, 몇 천만 원씩 주고 해 가지고, 이자도 못 뜯어 갚고 그래 가지고 젊은 사람들 빚이 더 많아요. 늙은이들은 갚을 능력이 없고, 그러니까 그냥 농사나 뜯어서 겨우 일해 가지고 풀잎이나 풀칠만 하는 것이고. 그래서 농 이 품도 못 사요. 이 요즈음에는 더 못 사요. 살 수가 없어요.

사람이 없어서요?

ᄀ 사:람두 웁:찌만[16] 여자 풍깝씨 으 삼마노니며넌 지금 쌀 함 마래, 아이 저기 십치 저기 만: 칠처원 하능 기[17] 만 칠처눠니 머여 지끔. 마 지금 정부 저기 외:국써 나오능 거 마 함 마래 머 삼마노니니 머 을마니 저 하 삼 머 삼 을마니니라다가 삼마눠니래덩가 모:라 그래덩가 그 그래민 그르기 싸 싸:대니, 아이 농초내 오래[18] 올[19]버터먼[20] 더군다나 매:상이 웁씨니[21] 더 살 쑤가 웁:짜나요. 십칠마논꺼정[22] 싸럴 파러 머건넌대애: 멍 사 멍년 사라믄 시팔마논꺼정두 사 머꾸, 싸리 조으먼. 그래썬넌대 인재 아푸루 머 그기 웁:씨먼 지금 쌀두 쌀깝뚜 그러치. 사:마논 삼마논씩 여자덜 품팔 싸람들 남자두 우꾸우:. 남자 겨 기개 부릴 싸람두 웁:써요, 별루우:. 지:[23] 해[24] 해: 멍능 거뚜 그르키 히미 드러유, 지금. 그래니 머 머 우티기 살: 기:리 웁:는대다 잉:껌비 주구 멀: 해구.

ᄀ 두 늘개이 해는 대루 해다가 마:능 기지. 난:두[25] 기개가 으:, 벱 벤 저:기 머여 겨웅기 저 거 이찌. 머 실:꾸 댕기능 겨웅기 이개찌. 괄리기래넝 거, 골: 맨들구[26] 바태 이렁 거 난:두 그거뚜 이찌. 이양기래능 거, 모 심:녕 거뚜 이찌. 다: 이써두 내가 핼 쭐 핼 쭈를 핼 쑤가 웁:짜나요. 우린 핼 쭐 모: 써서 인재 애:더리 고:일날루[27] 인재 저: 새이가[28] 나먼 우티기 와서 줌 해: 주구 인재 가구. 그르지 아느머넌 머 우티기 그 그 그래니 그쌔 고래서 인재 밥 증:이나 바쁘먼 휘가럴 또 하루 내: 가주설랑애[29] 와따가 기개 사용하능 걸 줌 해: 주구 가구 그래유.

지금 어디 가 인는대요?

ᄀ 지금 제천이써요, 갸:두. 그래니 머머 참 사:능 기 흐 매란두[30] 웁:써요. 지금 남자 풍깝썬 저기 사:마눠니나 오:마뭔 조:여 대자나요. 그래니 무무무 무어 무어이 옌:날애넌 이: 쌀 함 마래 푸멀[31] 다서깰 해 조써유. 그러키 귀:해꼬, 땅두 웁:써꾸, 그래써써유. 그래니 지끔 와서 지끔 와서넌 그 쌀 함 마래 다서깨씩 해등기 지끄믄 어, 쌀 함마림 모모모 모 풍깝씨 모: 이써요. 쌀 함 말 지금 함 말 가지구 잉껑비 주구 머 해구 이래여 될 틴대[32] 쌀 항 가마

˹ 사람도 없지만 여자 품삯이 어 삼만 원이면 지금 쌀 한 말에, 아이 저기 십칠 저기 만 칠천 원 하는 것이 만 칠천 원이 뭐야 지금. 마 지금 정부 저기 외국에서 나오는 것 마 한 말에 뭐 삼만 원이니 뭐 얼마니 저 하 삼 뭐 삼 얼마라던가 삼만 원이라던가 뭐라 그러던가 그 그러면서 그렇게 싸 싸다니, 아이 농촌에 올해 올해부터는 더군다나 매상이 없으니 더 살 수가 없잖아요. 십칠만 원까지 쌀을 팔아먹었는데 먹(는) 사 먹는 사람은 십팔만 원까지도 사 먹고, 쌀이 좋으면. 그랬었는데 이제 앞으로 뭐 그것이 없으면 지금 쌀도 쌀값도 그렇지. 사만 원 삼만 원씩 여자들, 품팔 사람들 남자도 없고. 남자 겨 기계 부릴 사람도 없어요, 별로. 자기 것 해 먹는 것도 그렇게 힘이 들어요, 지금. 그러니 뭐 뭐 어떻게 살 길이 없는데다 인건비 주고 뭘 하고.

˹ 두 늙은이 하는 대로 하다가 마는 거지. 나도 기계가 으, 볍 벼 저기 뭐야 경운기 저 그것 있지. 뭐 싣고 다니는 경운기 있겠지 관리기라는 것, 골 만들고 밭에 이런 것 나도 그것도 있지. 이양기라는 것, 모 심는 것도 있지. 다 있어도 내가 할 줄 할 줄을 할 수가 없잖아요. 우리는 할 줄 못 써서 이 제 애들이 공일날로 이제 저 사이가 나면 어떻게 와서 좀 해주고 이제 가고. 그렇지 않으면 뭐 어떻게 그 그 그러니 글쎄 그래서 이제 바(쁘면) 정이나 바쁘면 휴가를 또 하루 내 가지고 왔다가 기계 사용하는 것을 좀 해 주고 가 고 그래요.

지금 어디에 가 있는데요?

˹ 지금 제천 있어요, 개도. 그러니 뭐뭐 참 사는 게 허 마련도 없어요. 지 금 남자 품삯은 저기 사만 원이나 오만 원 줘야 되잖아요. 그러니 뭐뭐뭐 뭐 무엇이 옛날에는 이 쌀 한 말에 품을 다섯 개를 해 줬어요. 그렇게 귀했고, 땅도 없었고, 그랬었어요. 그러니 지금 와서 지금 와서는 그 쌀 한 말에 다 섯 개씩 하던 것이 지금은 어, 쌀 한 말이면 뭐뭐뭐 뭐 품삯이 뭐 있어요. 쌀 한 말 지금 한 말 가지고 인건비 주고 뭐 하고 이래야 될 텐데 쌀 한 가마

파러 파러여지 되개짜너요. 쌀 항 가마 파라여 메 푼바더요. 십칠마논, 그래
만:칠처눠니 만:칠처논 가주설랑애 잉껌비가 되나요. 머 우티기 우티기 사러
요:. 멍능 거, 멍 멍 메기[33] 조:여지 술 담:배 조:여지 지금 쌀 쌀 항 가마 파
러서 아마 품 저기 오:마논 주구 품 사넝 거 대:구[34] 게:산해 보새요, 을:마나
낭:깬나. 쌀 함, 쌀 항 가마가 그저내 쌀 함 말 가주구 푸멀 팔면 자:관[35] 다
다서깨를 해 조:써유, 푸멀. 그래구 감자두 함 말, 함 말, 함 함 마래 품 항
개 해:주구 가따 머꾸. 그래구 해:방 대구설랑애 나서, 야 이거 머 이 일번
일번 싸람 데러가구 인재 머 남 그 땅 부치덩 거, 그그 참 머. 그 왜 메: 푼
씩 주구 저기 며, 과:내서 왜 이래 가주설랑애 메 푼씩 주구 왜 일려내 메 푼
씩 주구설랑애 이걸 땅얼 마터 가주구 땅얼 내 땅얼 맨들구 그래찌요:.

￣ 아이 왜정때년 콩깨무걸 다: 배:급 타 머거써요, 콩깨무욱:.

전쟁하느라구요?

￣ 아이 거 잰:장하년 일번 싸람더리 나와서 그래찌유, 일번 싸람더리:.

으음:.

￣ 일번 싸람드리 와서 그러키 배:급 주구 여기에 농사지: 노:믄[36] 쌀 농사
지: 노:믄 비양즈:국[37] 즈:구기라구 해:서 이 비 인재 창고애다 싸: 노쿠설랑
애 맘:대루 저:개 일번 싸:라미 농사, 농사징: 걸 내: 노:츨 앙코 비양즈:구구
루다 이러캐 싸: 노쿠설랑애 배:급 타 머거써요.

무슨 고기라 그래요 그걸? 비양곡?

￣ 비양즈:국. 비양, 그러니까 인재 농사지: 가주구 싸: 노쿠설랑애 인재 여
기 동내 비양즈즈 즈:구기라구 그래지.

비양저곡?

￣ 예:, 저 그러캐 해써유.

이 동내는 어떤 성씨들이 많아요 그럼?

￣ 그저낸 박씨내가 쭘 여러 찌비 사런넌대 지끄믄 머 말짱 허터러지구 인

팔아 팔아야지 되잖아요. 쌀 한 가마 팔아야 몇 푼 받아요. 십칠만 원, 그래 만 칠천 원이 만 칠천 원 가지고서 인건비가 되나요. 뭐 어떻게 어떻게 살아 요. 먹는 거, 먹 먹 먹여 줘야지 술 담배 줘야지 지금 쌀 쌀 한 가마 팔아서 아마 품 저기 오만 원 주고 품사는 것 대고 계산해 보세요, 얼마나 남겠나. 쌀 한, 쌀 한 가마로 그전에 쌀 한 말 가지고 품을 팔면 좌우간 다섯 개를 해 주었어요, 품을. 그리고 감자도 한 말, 한 말, 한 한 말에 품 한 개 해 주 고 가져다 먹고. 그리고 해방 되고 나서, 야 이것 뭐 일본, 일본 사람이 들어 가고 이제 뭐 남 그 땅 부치던 것, 그 참 뭐. 그 왜 몇 푼씩 주고 저기 면 (面), 관에서 왜 이래 가지고서 몇 푼씩 주고 왜 일 년에 몇 푼씩 주고서 이 것을 땅을 맡아 가지고 땅을 내 땅을 만들고 그랬지요.

ㄱ 아이 왜정 때는 콩깻묵을 다 배급 타 먹었어요, 콩깻묵.

전쟁하느라고요?

ㄱ 아이 거 전쟁하는 일본 사람들이 나와서 그랬지요, 일본 사람들이.

예.

ㄱ 일본 사람들이 와서 그렇게 배급 주고 여기에 농사지어 놓으면 쌀 농사 지어 놓으면 비상저곡 저곡이라고 해서 이 이제 창고에다 쌓아 놓고서 맘대 로 저기 일본 사람이 농사, 농사지은 것을 내놓지를 않고 비상저곡으로 이 렇게 쌓아 놓고서 배급 타 먹었어요.

무슨 곡이라 그래요 그것을? 비양곡?

ㄱ 비상저곡. 비상, 그러니까 이제 농사지어 가지고 싸 놓고서 이제 여기 동네 비상저저 저곡이라고 그러지.

비양저곡?

ㄱ 예, 저 그렇게 했어요.

이 동네는 어떤 성씨들이 많아요 그럼?

ㄱ 그전에는 박씨네가 좀 여러 집이 살았는데 지금은 뭐 모두 흩어지고 이

재 저 박씨내두 두: 찝 빼끼 안 살:구. 인재 저: 서울서두 이러개 와서 이꾸 그래유.

박씨드른 저기 저 구룡리 그쪽?

⌐ 예 구룡니 그그 그무 그 박씨.

그 박씨예요? 의흥 박씨라구?

⌐ 예 의형 박씨. 의형 박씨구 미량 빡씨라구 또 그 적떠기래는 대넌 미량 빡씨, 쫑골 박씨 그 그가 양반드리라구 예:저내 또 그래찌유, 그분더리. 미량 빡씨.

거기두 미량 박씨드리 더 마니 살어요?

⌐ 저: 근:내유. 적떠기래는 대 도랑 근:내.

예, 그 마즌펴내요?

⌐ 예:.

⌐ 그 저: 거기두 양복깨래넌 대가 이꾸 골:마리래넌 대가 거기구 그래유, 그 한동내.

동내가 언재 생깅 거는 모르구 예전부터.

⌐ 아이구: 옌:저, 예:전버텀 배키[38] 인능 거래유, 예전버텀. 인:재 저 그 이 재 여기 와서 옌:나래 아주 저 배파늘[39] 해구 박씨내가 여기 왕 박씨내더리 인재 데러와서 여 싱개척 캐구, 적떠기래넌 댄 적떡 개 인재 이 개구. 또 여: 닐 증:씨라구 왜 저저 으 저 했대 저 월림.

예.

⌐ 그 정:언태씨라구 이래구 그 그 그르차너유? 그 사니래능 기 상 기 아 니래요. 기양 이 여기 데러와 가주고오:, 이 지방애 데러와서 '여기 이건 내 다' 인재 이러키 돼:서 그 그기 돼:서 그러치 개이니 사재먼[40] 그러키 뭐:이 가 그러키 되:유, 아이구:. 그: 싱개처걸 행 거지. 그래니까 왕 박씨가 인재 의형 빡씨가 인재 여기 드러와서 싱개척 캐:꼬, 인재 저쪽 저 근:누른 인재 또 미량 빡씨가 또 이거 해:꾸, 또 강능 김씨내애 여:기 종종찬두[41] 여 이꾸

제 저 박씨네도 두 집 밖에 안 살고. 이제 저 서울에서도 이렇게 와서 있고 그래요.

박씨들은 저기 저 구룡리 그쪽이요?

ᵓ 예 구룡리 그그 그 뭐 그 박씨.

그 박씨예요? 의흥 박씨라구?

ᵓ 예 의흥 박씨. 의흥 박씨고 밀양 박씨라고 또 그 적덕이라는 데는 밀양 박씨, 종골 박씨 그 그가 양반들이라고 예전에 또 그랬지요, 그분들이. 밀양 박씨.

거기에도 밀양 박씨들이 더 많이 살아요?

ᵓ 저 건너요. 적덕이라는 데 도랑 건너.

예, 그 맞은편에요?

ᵓ 예.

ᵓ 그 저 거기도 양복개라는 데가 있고 골말이라는 데가 거기고 그래요, 그 한동네.

동네가 언제 생기겼는지는 모르고 예전부터.

ᵓ 아이고 예전, 예전부터 박혀 있는 거예요, 예전부터. 이제 저 그 이제 여기 와서 옛날에 아주 저 배판을 하고 박씨네가 여기 왕 박씨네들이 이제 들어와서 여기 신개척 하고, 적덕이라는 데는 적덕 그래 이제 이 그리고. 또 영일 정씨라고 왜 저저 어 저 그런데 저 월림.

예.

ᵓ 그 정은태씨라고 이렇고 그그 그렇잖아요? 그 산이라는 것이 산 것이 아니에요. 그냥 이 여기 들어와 가지고, 이 지방에 들어 와서 '여기 이것은 내 것이다' 이제 이렇게 되어서 그 그것이 되어서 그렇지 그러니 사자면 그렇게 뭐가 그렇게 돼요, 아이고. 그 신개척을 한 거지. 그러니까 왕 박씨가 이제 의흥 박씨가 이제 여기 들어와서 신개척 했고, 이제 저쪽 저 건너로는 이제 또 밀양 박씨가 또 이거 했고, 또 강릉 김씨네의 여기 종중산도 여기 있고

이런대 강능 낌씨 강능 낌씨가 인재 저 또 싱개척 캐:꾸. 그래서 말짱 이 사니래능 거 그러캐 됭: 거시지. 츠:매 시 데러와서 엔 엔 아주 캐캐무글 쩌개 엔:나라 데러와서 그르키 싱개척캐때능 거래유. 엔:나래 그래서 우리내두 몰:르구[42] 다: 몰:러요. 운:재 핸:넌지 그거뚜 몰:러유.

저기 그 구룡니에서 무러보니까 한 삼뱅 년쯤은 대따 그러대요. 그 집뜨리 이쪼 그루 이사 온 지가.

¯ 그쌔 모:르지유 머. 그 그 글쌔 근[43] 머 알: 쑤가 이써유 머? 우리 우리가 아직 뱅 년두 안 댕 기 뭐 삼뱅 년 된:넌지 미뺑 년 된:넌지 그걸 알: 꺼 거트 먼 뭐. 그 사람덜두 엔:나래 그쌔 즈 이래 저기 와서 이 호매, 호매이나 연: 장 가주구 꺼저거리구[44] 인재 이러캐 되 싱개척 캥 거유, 싱개척. 싱개처기 래능 기 여기 데러와서 자리 자버때넌 애:기지유 머, 그기 싱개처기래능 게. 아이구 말:두 마러요. 자:관 칙뿌릴 캐: 머거써요, 칙뿌리. 칙뿌리 지끔 칙뿌 리 한, 함 마리머넌 어: 그거 한 이시빌 걸리여 되요. 칙뿌리 함 말 맨들재 먼. 사내 가서 굴머 가민 주걸 쏘: 먹, 그 나물끄리:애다[45] 쌀 메 깨씩 드러강 거. 그리이 악 아까 애:기가 쌀, 쌀 함 말 가주구 푸멀 다서 깰 해 주니 그걸 가주구 주걸 쏘: 먹째니, 때를 이우재니[46] 그기 잘 되개써요? 그래니까 쌀 메 깨싱 느쿠 기양 나물끄루루다[47] 머꾸 상: 거여. 그래민선 칙뿌릴 캐써유, 칙 뿌리럴. 칙뿌리 캐:서 칙뿌리 함 말하:구 쌀 함 말하:구 바꿔써요, 그쌔 또. 이런 꼬라지가[48] 이써. 지금 거트먼 칙까루 함 마리머넌 으, 메 씸마 논 갈 꺼 아니래요? 난 메 씸마 논 가는다고 보갠넌데.

그 저 말려 가지구 농말 뺑 거 마리지요?

¯ 그러치유, 농마가루. 이 츠:매 캐:다가 암 말릉 걸 뿌릴 캐:다가 껍띠길 베끼 흐글 씨쿠[49] 베끼[50] 가주구 두디리유, 두디려. 두디려서 지:널 내 내:서 인재 가루럴 저기 그 농마럴 안체유.[51] 저 감자 쎄기서 농마[52] 내 키덜[53] 그러 그식, 그시기래유. 그래서 당고서 인재: 농마럴 안치 가주구 인 재 그 그기 칙까루가 되닝 거지. 감자 농마 안뜩[54] 그 식이유, 그식 그시기

이런데 강릉 김씨 강릉 김씨가 이제 저 또 신개척 했고. 그래서 모두 이 산이라는 것은 그렇게 된 것이지. 처음에, 들어와서 옛 옛 아주 케케묵을 적에 옛날에 들어와서 그렇게 신개척을 했다는 것이에요. 옛날에 그래서 우리네도 모르고 다 몰라요. 언제 했는지 그것도 몰라요.

저기 그 구룡리에서 물어보니까 한 삼백 년쯤은 되었다고 그러던데요. 그 집들이 이쪽으로 이사 온 지가.

￢ 글쎄 모르지요 뭐. 그 그 글쎄 그건 뭐 알 수가 있어요 뭐? 뭐 우리 우리가 아직 백 년도 안 된 것이 삼백 년 되었는지 몇 백 년 되었는지 그것을 알 것 같으면 뭐. 그 사람들도 옛날에 글쎄 저 이래 저기 와서 이 호미, 호미나 연장 가지고 끄적거리고 이제 이렇게 되어 신개척 한 거요, 신개척. 신개척이라는 것이 여기 들어와서 자리 잡았다는 얘기지요 뭐, 그것이 신개척이라는 것이. 아이고 말도 말아요, 좌우간 칡뿌리를 캐 먹었어요, 칡뿌리. 칡뿌리 지금 칡뿌리 한(말), 한 말이면 어 그거 한 이십 일 걸려야 돼요. 칡뿌리 한 말 만들려면. 산에 가서 굶어가면서 죽을 쑤어 먹(고), 그 나물거리에다 쌀 몇 개씩 들어간 것. 그러니 아까 얘기가 쌀, 쌀 한 말 가지고 품을 다섯 개를 해 주니 그것을 가지고 죽을 쑤어 먹자니, 끼니때를 잇자니 그게 잘 되겠어요? 그러니까 쌀 몇 개씩 넣고 그냥 나물거리로 먹고 산 거야. 그러면서 칡뿌리를 캤어요, 칡뿌리를. 칡뿌리를 캐서 칡뿌리 한 말하고 쌀 한 말하고 바꿨어요, 글쎄 또. 이런 꼬락서니가 있어. 지금 같으면 칡가루 한 말이면 어, 몇 십만 원 갈 것 아니에요? 난 몇 십만 원 간다고 보는데.

그 저 말려 가지고 녹말 뺀 것 말이지요?

￢ 그렇지요, 녹말가루. 이 처음에 캐다가 안 마른 것을 뿌리를 캐다가 껍데기를 벗겨 흙을 씻고 벗겨 가지고 두드려요, 두드려. 두드려서 진을 내서 이제 가루를 저기 그 녹말을 앉혀요. 저 감자 썩혀서 녹말 내듯 그런 그식, 그식이에요. 그래서 담가서 이제 녹말을 앉혀 가지고 이제 그것이 칡가루가 되는 것이지. 감자로 녹말 앉히듯 그식이에요, 그식. 그식이에요. 그래 가지

유. 그래 가주구 그쌔 쌀 함 말하:구 그쌔 칙까루 함 말하:구 파니 우티, 저
기 바꾸니 우티기 됭 거래유, 세상이. 나아: 천 머거여 되넌데 칙, 칙까루 가
주구설랑은 때가 멜, 한두 때지 그기 자꾸 먹, 때가 되개써유. 몰 몰, 몸 머
꾸 사러유. 게 그러키 사러써유.

　아까 여기 동내가 진니라 그랜는대.

　˘ 진니. 개굼나무 진. 예, 개금나무 진.

　저 이파리 똥구랑 거애 똥구랑거 열매 달려가꾸 딱 깨물어서 멍는 그거지요?

　˘ 깨굼나무지 그럼 깨 깨금 깨구미래능 거.

　예. 그 안에 고소한.

　˘ 게 그 그저내, 그저낸 지, 여기 인재 지명으루 따러서 그럴 꺼래유. 인
재 저: 근내 골짜구이가 서당꼬리래는 대가 이써유, 서당꼴. 인재 서당꼬리
래는 대가 이써꾸, 여 여 갱:꼬리래는 대는 연 갱:꼬리구. 갱, 개곰나무 진:
짜 갱:꼴. 기 갱:꼬리래유. 그래 진니, 인재 이름 명이루는 인재 진, 진니가
돼:찌.

　여기 그럼 저 개금나무가 마나요?

　˘ 그저내 몰:르지유 머. 마:년넌지 암 마:년넌지 그 누가 알 쑤가 이써유,
그쌔.

　요새 요새는?

　˘ 요새 머 사내 머 머 이, 이깨찌유. 그런대 수피 서서 인잰 사:람두 잘 모:
땡겨유. 허허허. 사:래미 모: 떼르가요. * 나서 저기 ***야 드르가능 걸 머. 큰
나무 미트루 인잰 그런 드루나 드르가유, 드르가능 건. 허허. 아:이, 참.

　여기 머 저 사니나 다른대 지명이나 이렁 거 중애서 옌날 얘기 얼켜인는 얘기가
이써요? 이르캐 이르캐해서 생겨따더라 머 이렁 거.

　˘ 그쌔 아까두 얘:기 해꾸문 그 인저 저: 근내래넌[55] 대가 그 서 서당꼬리
라구 해구.

　거긴 서당이 이써깬내요, 옌나래 그럼?

고 글쎄 쌀 한 말하고 글쎄 칡가루 한 말하고 파니 어떻(게), 저기 바꾸니 어떻게 된 것이에요, 세상이. 나 참 먹어야 되는데 칡, 칡가루 가지고는 때가 몇(때), 한두 때지 그것이 자꾸 먹(으면) 때가 되겠어요. 못 못, 못 먹고 살아요. 그래 그렇게 살았어요.

아까 여기 동네가 진리라 그랬는데.

¯ 진리. 개암나무 진. 예, 개암나무 진.

저 이파리 동그란 것에 동그란 것 열매 달려 가지고 딱 깨물어서 먹는 그것이지요?

¯ 개암나무지, 그럼 개 개암 개암이라는 것.

예, 그 안에 고소한.

¯ 그래 그 그전에, 그전에는 지(명), 여기 이제 지명을 따라서 그럴 거예요. 이제 저 건너 골짜기가 서당골이라는 데가 있어요, 서당골. 이제 서당골이라는 데가 있었고, 여기 개암골이라는 데는 여기는 개암골이고. 개암, 개암나무 진 자(字) 개암골. 그것이 개암골이에요. 그래 진리, 이제 이름 명으로는 이제 진(리), 진리가 됐지.

여기 그럼 저 개암나무가 많아요?

¯ 그전에 모르지요 뭐. 많았는지 안 많았는지 그 누가 알 수가 있어요, 글쎄.

요새 요새는?

¯ 요새 뭐 산에 뭐 있겠지요. 그런데 숲이 무성해서 이제 사람도 잘 못 다녀요. 허허허. 사람이 못 들어가요. * 나서 저기 ***야 들어가는 걸 뭐. 큰 나무 밑으로 이제 그런 곳으로나 들어가요, 들어가는 것은. 허허. 아이, 참.

여기 뭐 저 산이나 다른데 지명이나 이런 것 중에서 옛날 얘기와 얽혀있는 얘기가 있어요? 이렇게 이렇게 해서 생겼다더라 뭐 이런 것.

¯ 글쎄 아까도 얘기했지만 그 이제 저 건너라는 데가 그 서당골이라고 하고.

거기는 서당이 있었겠네요, 옛날에 그럼?

＂ 그러 그러캐찌유 머. 모:르지유 머, 인넌진.

＂ 그러쿠 이 이 뒤:에라넌 대넌 지명이 부두래꼬리라구 해:꾸.

왜 그르캐 해써요?

＂ 모:르지유 머, 왜 그르캐 핸:는지.

부두래꼬리요?

＂ 예, 부두래꼴.

으음:.

＂ 헤헤헤.

＂ 끄에 끄, 그 지명은 이찌유. 요요 월림 너머가넌대 이리 요 지경 너매먼 월리민대, 저 모래재라구 또 그래꾸. 그 고개 너머가넌 대가 모래재. 그르 그르캐 되써유. 요 고개 너머가먼 여닐 증:씨내 그 마:이 사러때는 대, 거 그리 너머가넌대 그, 그 지명이래는 건 그러치유 머. 갱:꼴, 서당꼴, 부두래 꼴, 모래재 뭐: 머 인는 건 시안하지유 뭐. 이 너매라넌 대넌 사장너미래넌 대래유 또, 사장넘. 사장노미래넌 대가 몬:지 누가 아러요? 사장, 엔:나래 그저 사장.

사장너미라 그래요?

＂ 예? 사장너매 사장너미라 그래지.

예.

＂ 고 그 너매 이, 이 압싼 너매가 사장너미 너미라 그래써유. 게 지명은 다: 이찌유. 그 이 동내 머 질리라구 지 여 갱:꼬리라 그래서 갱:꼴뿌니 아니 지유.

이 동내가 다른 동내하구 머 좀 비교해서 더 자랑할 만항 거 이렁 거 인나요?

＂ 자:랑항 기 머 이써유?

＂ 그저내 여 거북빠우라구 이써써유, 엔:나래.

으음:.

＂ 거북빠우가 인넌대, 바루 요기, 요기 요기 이썬넌대 대:가릴 짤러써 고만.

― 그렇 그렇겠지요 뭐. 모르지유 뭐, 있는지는.

― 그렇고 이 뒤에라는 데는 지명이 부드래골이라고 했고.

왜 그렇게 했어요?

― 모르지요 뭐, 왜 그렇게 했는지.

부드래골이요?

― 예, 부드래골.

　예.

― 헤헤헤.

― 그래 그, 그 지명은 있지요. 여기 여기 월림 넘어가는데, 이리 여기 지경 넘으면 월림인데, 저 모래재라고 또 그랬고. 그 고개 넘어가는 데가 모래재. 그렇(게), 그렇게 됐어요. 여기 고개 넘어가면 영일 정씨네(가) 그 많이 살았다는 데, 거기 그리 넘어가는데 그, 그 지명이라는 것은 그렇지요 뭐. 개암골, 서당골, 부드래골, 모래재 뭐 뭐 있는 것은 희한하지요 뭐. 이 넘어라는 데는 사장넘이라는 곳이에요 또, 사장넘. 사장넘이라는 데가 뭔지 누가 알아요. 사장(넘이) 옛날에 그저 사장(넘이).

　사장넘이라 그래요?

― 예? 사장넘에, 사장넘이라고 그러지.

　예.

― 그 너머에 이 앞산 너머를 사장넘이라고 그랬어요. 그 지명은 다 있지요. 그 이 동네 뭐 진리라고 여기 개암골이라 그런다고 개암골뿐만이 아니지요.

이 동네가 다른 동네하고 뭐 좀 비교해서 더 자랑할 만한 것 이런 것 있나요?

― 자랑한 것이 뭐 있어요.

― 그전에 여기 거북바위라고 있었어요, 옛날에.

　예.

― 거북바위가 있는데, 바로 여기, 여기 여기(에) 있었는데 대가리를 잘랐어

아, 그개 뚱:그러캐 거북, 거부기 해서 핵쌍 애더리 이 저 공, 방학 때 와서
그뚜 사지늘 찌거 가더라구. 찌거 가넌대 저 월림, 저 여닐 쫑:씨내 글루다
가 대:가릴 도:썬넌대, 짤런넌대 이 그 여패 부자찌비 참 노:저까리가 되구
그래써써유. 그랜넌대 그 저 대:가릴 짤르먼 그 여자가 손니미 자꾸 마:이
드니까 대:가릴 중:이 와서 인재 애:길 해니까 대가릴 짤르먼 조타 그래서 그
래 절따니 나:찌. 그래구 저: 여닐 증:씨내 인재 거기다 대가리 모가지가 그
리 가씨니까루 머꾸설랑애 똥얼 인재 여기 이 동내다가 가따 노넌, 논다구
이재 이래 가주설랑애 또 마:리 되:꾸 그래찌유.

 ⎯ 그래 저: 이 저: 궁민해꾜 애:덜 이래 와서 거북빠우라구 그 뚱:그런 바
우가 이써유, 요기 요기, 바루 여 이써유, 그래써유.

 요기, 요기 저,

 ⎯ 예.

 동내 들어가는 조:기,

 ⎯ 예, 예예 고 고.

 지금 요기 집 질라 그래는대 고 아패 이뜬 그거 얘기하능 거요?

 ⎯ 그러치, 그러치. 그거 뚱:그렁 거.

 그거 깨:때요. 조꼼 또 포크래이느루 그랜는지.

 ⎯ 아:이, 아:이, 그 그건 말:구 그 큰….

 그 우애 또 이써요?

 ⎯ 고: 우에 이써유. 그 저: 서울, 서울 어디 사:램인지 지금 저: 그: 부이니
주거써요. 주꾸설랑애 그 사람두 엄청난 사:래미여. 선상얼 궁, 초등하꾜 선
상인대 고만 여자가 주그니까 기양 나승 거여. 나서서 여기 와서 자릴 자버
써, 터럴 한 삼백 평 사 가주구. 그래 가주구 코크링을 사 가주구, 코크링을
홍: 걸 사 가주구. 사 가주설랑애 한 이: 년 여기 이썬넌대 토막찌벌⁵⁶⁾ 지:써
유, 이 사라미, 버니니, 사람두 안 사구우:. 토막찌비래능 거 이 저 목침거치
이러캐 뚱그렁 거 이, 이러캐 해서 벽똘찌부루다 왜 이러캐 해서 노쿠 벽똘

그만. 아, 그것이 둥그렇게 거북, 거북이 해서 학생 아이들이 이 저 공(휴일), 방학 때 와서 그것도 사진을 찍어 가더라고. 찍어 가는데 저 월림, 저 영일 정씨네 그쪽으로 대가리를 두었었는데, 잘났는데 이 그 옆에 부잣집이 참 노적가리가 되고 그랬었어요. 그랬는데 그 저 대가리를 자르면 그 여자가 손님이 자꾸 많이 드니까 대가리를 중이 와서 이제 얘기를 하니까 대가리를 자르면 좋다 그래서 그래 결단이 났지. 그리고 저 영일 정씨네 이제 거기에 대가리(가) 모가지가 그리로 갔으니까 먹고서 똥을 이제 여기 이 동네에다 갖다 눈, 눈다고 이제 이래 가지고서 또 말이 되었고 그랬지요.

ꟷ 그래, 저 이 국민학교 아이들이 이렇게 와서 거북바위라고 그 둥그런 바위가 있어요, 여기 여기, 바로 여기 있어요, 그랬어요.

여기, 여기 저,

ꟷ 예.

동네 들어가는 저기,

ꟷ 예, 예예 고 고.

지금 여기 집 지으려고 하는데 그 앞에 있던 그것 얘기하는 거지요?

ꟷ 그렇지, 그렇지. 그것 둥그런 것.

그것 깼대요. 조금 또 포클레인으로 그랬는지.

ꟷ 아이 아이, 그 그것 말고 그 큰….

그 위에 또 있어요?

ꟷ 그 위에 있어요. 그 저 서울, 서울 어디 사람인지 지금 저 그 부인이 죽었어요. 죽고서 그 사람도 엄청난 사람이야. 선생을 국, 초등학교 선생인데 그만 여자가 죽으니까 그냥 나선 거야. 나서서 여기 와서 자리를 잡았어, 터를 한 삼백 평 사가지고. 그래서 굴착기를 사 가지고, 굴착기를 헌 것을 사 가지고. 사 가지고서 한 이 년 여기 있었는데 통나무집을 지었어요, 이 사람이, 본인이, 사람도 안 사고. 통나무집이라는 것(은) 이 저 목침같이 이렇게 둥그런 것(으로) 이렇게 해서 벽돌집으로 왜 이렇게 해 놓고 벽돌 찍어서 그

찌거서 거 새이애 노쿠 그래서 진: 지비 이써유, 여기. 와두 귀경 마:이 와따 가써유. 여 오이씨니까[57] 그런대 가 함 번 도러보고 가새요. 거 자랑해구 서울서두 오구 사:방서 마:이 와써.

⌐ 그, 그 거북빠우드래능 거 등치만[58] 이꾸 모가지두 짤링 개 이꾸, 그 거 북빠우두 이꾸. 그 사래미 그래 가주 여 와서 또 시허멀 처 가주구 지금 하꾜 댕, 하꾜 선상으루 댕기유. 지금 댕기넌대, 그 여:자가 어디 직짱 생화럴 핸넌대 시지블 앙 가구 사문 이썬넌대 마흔 여:더래 우트개 콤퓨탈 눌런 가 주구설랑애 우트개 그 여:자가 차저 와써어: 남자럴:. 그거 참 나 이상한 이 리지. 그래 가주구 그 동감냉가 한 살 남자가 더 머건나 이르캐 된는대, 그 래니깨 건 결혼해 가주구 아:더리 지금 저 군, 군대, 군대 저:기 장:교루 가 이써. 재하꾜,[59] 대학꾜 나와 가주구 왜 그, 그 모:라 그래유, 그기.

예. 학싸장교.

⌐ 아:.

알오티씨.

⌐ 그 대전 어디 거, 걸루 간:넌대 지끔 장년, 장년버텀잉가. 인재 오능 기 로구먼. 장, 장, 장년버텀 그래서 그 우:하능 기 이써유.

으음:. 그러면 아들 느깨 낟 난는대.

⌐ 꺼이 그래서 메 태[60] 한 삼 년 된:나? 그래구 딸하구 지금 군대, 군대 가 이꾸, 따런 가나대학꾜 나와 가주구 저 미구깅가 머: 어디 간다 그래대유, 가:나, 가:나워느루 이따가.

연세가 꽤 되깬내요, 지금은.

⌐ 지금 쉰: 하앙가 쉬:닝가 그럴꺼래유. 쉬:닝가 쉰: 하나 그래유. 그래서 장년 그러깨 해 가주 명지궁, 궁민해꾜 교, 교 교사루 댕기다가 지끔 머여 저:, 저으 저저저저 저:기 어디래더라 거가 머여. 공설운동장 가넌 대 거 해 꾜 뚝 초등해꾜 이때대유. 그리 증:근 해써유. 거: 댕기유. 그 여:자두 여:자 가 글쌔 그래 가주 그쌔 콤퓨탈 눌:러 가주구 와서 그 시안하자너. 그 아:더

사이에 놓고 그래서 지은 집이 있어요, 여기. 와도 구경 많이 왔다 갔어요. 여기 오셨으니까 그런데 가(서) 한 번 돌아보고 가세요. 그 자랑하고 서울에서도 오고 사방에서 많이 왔어.

⌐ 그, 그 거북바위라는 것은 덩치만 있고 모가지도 잘린 것이 있고, 그 거북바위도 있고. 그 사람이 그래 가지고 여기 와서 또 시험을 쳐 가지고 지금 학교 다(녀요), 선생으로 다녀요. 지금 다니는데, 그 여자가 어디 작장 생활을 했는데 시집을 안 가고 사뭇 있었는데 마흔 여덟에 어떻게 컴퓨터를 눌러 가지고서 어떻게 그 여자가 찾아 왔어 남자를. 그거 참 나 이상한 일이지. 그래 가지고 그 동갑내기인가 한 살 남자가 더 먹었나 이렇게 되었는데, 그러니까 거 결혼해 가지고 아들이 지금 저 군, 군대, 군대 저기 장교로 가 있어. 대학교, 대학교 나와 가지고 왜 그, 그 뭐라고 그래요, 그것이.

예 학사장교.

⌐ 아.

R.O.T.C.

⌐ 그 대전 어디 거기 거기로 갔는데 지금 작년 작년부터인가. 이제 오는 것이로구만. 작, 작(년), 작년부터 그래서 그 위하는 것이 있어요.

예, 그러면 아들 늦게 나았, 나았는데.

⌐ 그 그래서 몇 해 한 삼 년 되었나? 그리고 딸하고 지금 군대, 군대 가 있고, 딸은 간호대학교 나와 가지고 저 미국인가 뭐 어디 간다 그러대요, 간호 간호원으로 있다가.

연세가 꽤 되었겠네요.

⌐ 지금 쉰 하난가 쉰인가 그럴 거예요. 쉰인가 쉰하나 그래요. 그래서 작년 그르께 해 가지고 명지국(민학교) 국민학교 교, 교사로 다니다가 지금 뭐야 저, 저기 저저저저 저기 어디라더라 거기가 뭐야. 공설운동장 가는 데 거기 학교, 초등학교 있다대요. 그리로 전근 했어요. 거기 다녀요. 그 여자도 여자가 글쎄 그래 가지고 컴퓨터를 눌러 가지고 와서 그 희한하잖아. 그 아

린넌 대 거 와서 사러유.

그러면 애:드른 그 전처 애고요?

⌐ 아:드른 그 전처 애:구 연 아주 안 나쿠, 안 나쿠. 고만 그 여잔 안 나:키루 해구 고만 그러캐. 그래이 머머 오시비 오십, 마흔 아호빙가 머 이래서 와씨니 뭐: 나킨 몰: 라요, 몬: 나치. 그르키 되:써요.

⌐ 나 그 사람 기, 기가 매켜유. 그 지벌 지: 농 거 보면 그쌔 토막찌벌 지:써. 쎄맨두 아놀리써요. 그 아:내 똥:고런 지배 그 아:내 드러강 기 자:관 자갈, 밤자갈 요로, 요롱 걸루 한 차 가따가 거 깔구, 거기따가 모, 모:럴 핸:는지 세맨 꽁고런 안 해찌 아마. 게 가주구 사러요. 게 불두 때:넝 거, 거 항아리 영기 나가개 해: 나:써유.

지금두 여기 있어요?

⌐ 거 이써유. 아이 거 그래 귀경 마이 완 대래니까 그래유.

여기: 이: 이 마, 마으리나 근방애 문화재 가틍 거뚜 이써요?

⌐ 문화잰 읍:찌유 머.

여기는 보니까 저기 뭐 정:, 아 저쪼갱가? 저 월림리애는 초가지비 하나 있구.

⌐ 아: 야:, 그 그렁 거.

예, 그런 문화재요.

⌐ 그 핵, 해꾜 마실⁶¹⁾ 이짜너유 왜, 해꾜 마을 박또수라구. 집 그거 정부애서 사 조: 가주설랑애 지패 이:꾸,⁶²⁾ 그, 그건 이찌유. 여기 이 동낸 읍:써유.

그: 초가지비대요. 초가루 이:때요.

⌐ 그러치유. 저 안, 안채조차 다: 정부애서 사써유.

그리구 여기 저: 월림리애두 보니까 그렁 거.

⌐ 월림 증:언태라구 그 저 여닐 쯩씨 종소니여:.

예.

⌐ 그 여닐 쯩씨 종, 대종소닌대 증:언태라구 그가 서울, 서울 그 함:문 그교, 교, 선상으루 대하꾜 이따가 세상 떠구 그래써유.

들 있는 데 거기 와서 살아요.

그러면 애들은 그 전처 애고요?

- 아이들은 그 전처 애고 여기는 아주 안 낳고, 안 낳고. 그만 그 여자는 안 낳기로 하고 그만 그렇게. 그러니 뭐뭐 오십이 오십, 마흔 아홉인가 뭐 이래서 왔으니 뭐 낳긴 뭘 낳아요, 못 낳지. 그렇게 되었어요.

- 나 그 사람 기가 막혀요. 그 집을 지어 놓은 것을 보면 글쎄 통나무집을 지었어. 시멘트도 안 올렸어요. 그 안에 둥그런 집에 그 안에 들어 간 것이 좌우간 자갈, 밤자갈 이런, 이런 것으로 한 차 갖다가 거기 깔고, 거기에다가 뭐 무엇을 했는지 시멘트 콘크리트는 안 했지 아마. 그래 가지고 살아요. 그래 불도 때는 것, 거기 항아리 연기 나가게 해 놨어요.

지금도 여기 있어요?

- 거 있어요. 아이 거기 그래 구경 많이 온 데라니까 그래요.

여기 이 이 마(을), 마을이나 근방에 문화재 같은 것도 있어요?

- 문화재는 없지요 뭐.

여기는 보니까 저기 뭐 정, 아 저쪽인가? 저 월림리에는 초가집이 하나 있고.

- 아 아, 그 그런 거.

예, 그런 문화재요.

- 그 학(교), 학교 마을 있잖아요, 왜. 학교 마을 박도수라고. 집 그거 정부에서 사 줘 가지고서 집 해 이었고, 그 그것은 있지요. 여기 이 동네에는 없어요.

그 초가집이데요. 초가로 (지붕을) 이었데요.

- 그렇지요. 저 안(채), 안채조차 다 정부에서 샀어요.

그리고 여기 저 월림에도 보니까 그런 것.

- 월림 정은태라고 그 저 영일 정씨 종손이야.

예.

- 그 영일 정씨 종(손), 대종손인데 정은태라고 그가 서울, 서울 그 한문 그 교, 교(수), 선생으로 대학교 있다가 세상 뜨고 그랬어요.

- 그래 그 집 파러가, 파러찌. 정부애서 사찌.

그거뚜 초가.

- 야, 예.

이응으루 이어찌요.

- 아:이구 지비 크지유, 그뚜. 지비 크구 말:구.

그 월래, 월래 그러캐 생긴 지비어써요?

- 예:, 거: 그저내 그러캐 사, 살:개 지: 농 거지 문화재루 징: 기 아니여.

- 이: 아래두 그거뚜 그저내 그 다 잘사넌 사람.

지금두 살던대요?

- 아:이 그, 그 주이니 그 파러 머꾸 곤 평상언 인재 거기 인녕 거지.   예.

살기로 하고?

- 그럼, 살:개 해구 인재 지패 이면[63] 얼마 돈: 나오구 인재 그러치유. 거 농사지: 지:니까 인재 집 영 응: 여꺼 가주구 해자너유.

하라버지두 옌나래 그거 다: 그르캐 여꺼서 해짠어요.

- 아:, 그럼 해:찌유. 아:, 그럼요.

- 저저 이기 이 이기 어디 그렁 거 이써써유, 그저낸?. 이 박, 박쩡히 대통녕 저내 우리 이 해:찌. 새마을 사웁 나스구설랑애 이기 기아구 스래또구 이기 돼:찌 뭐: 뭐이 돼:써유?

- 새마을.

예, 새마을 운동이요.

- 어, 어 그때 그, 그래군 시자기 돼:찌.

- 그저내는 초:내 아주 머그면 베끼개 가주설랑애 발버서 떠:러 가주구 이 응: 여꺼 가주설랑애 해 인:능 기 그기 이:리써꾸 그래써유.

그 우애 꼭때기 하능 건 다르자나요? 요로캐 양쪽.

- 용고새, 용고새래능 거유. 우:에 대마로, 용고새, 용고새.

예.

ˉ 그래 그 집 팔아(서), 팔았지. 정부에서 샀지.

그것도 초가.

ˉ 예, 예.

이엉으로 이었지요.

ˉ 아이고 집이 크지요, 그것도. 집이 크고 말고.

그 원래, 원래 그렇게 생긴 집이었어요?

ˉ 예, 거 그전에 그렇게 살, 살게 지어 놓은 것이지 문화재로 지은 것이 아니야.

ˉ 이 아래도 그것도 그전에 그 다 잘사는 사람.

지금도 살던데요?

ˉ 아이, 그 주인이 그 팔아먹고 그 평상시에는 이제 거기 있는 거지. 예.

살기로 하고?

ˉ 그럼, 살게 하고 이제 집 해 이면 얼마 돈 나오고 이제 그렇지요. 거 농사지으(니까), 지으니까 이제 집 이엉 엮어가지고 하잖아요.

할아버지도 옛날에 그것 다 그렇게 엮어서 했잖아요.

ˉ 아, 그럼 했지요. 아, 그럼요.

ˉ 저저 이것이, 이 이것이 어디 그런 것 있었어요, 그 전에는? 이 박, 박정희 대통령 전에 우리 이 했지. 새마을 사업 나서고서 이것이 기와고 슬레이트고 이것이 됐지 뭐 뭐가 됐어요?

ˉ 새마을.

예, 새마을 운동이오.

ˉ 어, 어 그때 그, 그러고는 시작이 됐지.

ˉ 그전에는 촌에 아주 먹으면 볏기계(탈곡기) 가지고서 밟아서 떨어 가지고 이(엉), 이엉 엮어 가지고 해 이는 것이 그것이 일이었고 그랬어요.

그 위에 꼭대기 하는 것은 다르잖아요? 이렇게 양쪽으로.

ˉ 용마름, 용마름이라는 것이에요. 위에 댓마루, 용마름, 용마름.

예.

ⁿ 허, 지금 용고새두 맨 다 내가, 난:두 해덩 거니까 머 거 그르캐 해유, 용고새.

요새 사람드른 모태요, 그거.

ⁿ 모:타지, 지끔 뭐 할: 지금 할래먼 뭐.

ⁿ 응: 여꺼 가주 지 패 이능 거 머, 그거 그렁 거 모태믄 우트개 해. 그저 내 해, 해덩 기. 헤헤헤헤.

아프루두 인재 저쪼개 저기 월림리 뭐 이런 데 인는 집뜰, 절믄 사람드른 그거 모탈 꺼 아니에요. 배워야 되자너요.

ⁿ 아:, 그럼 배워이지유. 핵쌍 애:더런 다: 배워이지 뭐, 몰:르자너어:.

ⁿ 아이 지끔 왜, 저:기 아이 애:덜, 지끔 애:덜 그쌔 저: 왜 배럴 골런대냐구 그런대. 배 고를 쑤 배끼 더 이써. 옌:나래 우리, 우리가 그, 그르키 사러씨니까 그렁 거구. 지끔 왜: 나며니래두 쌀머 먹찌 왜, 왜: 어, 굼너냐구 애:기럴 지끔 애:더런 해자나요:. 야: 이기 한심한 노르시지. 이기 아푸루 우티기 될런지 모르넝 거 아니유? 땅두 이거 이거 괄쌔해다가아:.

그럼요.

ⁿ 내 내 저어: 바른대루 얘:기지 이 크니리여. 이거 땅 괄쌔 너머 해요, 너머 하넌대, '이기 질래 가너냐 이러키, 안 가너냐 이기 문재래요, 그러차너유?

그쌔요, 그 멀쩡한 노내다가 집 지꾸 자꾸 그래 가지구.

ⁿ 그쌔 그래구 지금 땅두 정부애서 거 저: 저기 뭐여.

농사 안 저두 돈 주지요?

ⁿ 돈: 주더라구. 저저 이, 이 여패두 해꾜 아패 왜 그 저 거기 도: 군대 왜 그 해, 해노쿠 그런대 메 꾼대 이써유, 인넌대. 그건 정부애서 잘모시여:. 지:깨 해던지이:, 차라리 그 도:늘 그 왜 써거전나 모: 하는 도:니여 그기. 참 너머 너머 한심해요, 너머. 정부애서 너머 해요. 지금 내 이런 애:기 참 모:해지만[64] 대통녕이, 지금 드러안즌 대통녕이 행기 모: 이써유 예? 참, 참 한심해유. 괘:니 내:각재 핸대니 내:각째, 자기가 맘:대루 모:태니까 내:각째 한다

˜ 허, 지금 용마름도 만들(고), 다 내가, 나도 하던 것이니까 뭐 거 그렇게 해요, 용마름.

요새 사람들은 못해요 그것.

˜ 못 하지, 지금 뭐 할 지금 하려면 뭐.

˜ 이엉 엮어 가지고 집 해 이는 것 뭐, 그것 그런 것 못하면 어떻게 해. 그 전에 하(던) 하던 것을. 헤헤헤헤.

앞으로도 이제 저쪽에 저기 월림리 뭐 이런 데 있는 집들, 젊은 사람들은 그것 못할 것 아니에요. 배워야 되잖아요.

˜ 아, 그럼 배워야지요. 학생 애들은 다 배워야지 뭐, 모르잖아.

˜ 아이 지금 왜, 저기 아이 애들, 지금 애들 글쎄 저 왜 배를 곯는다느냐고 그러는데. 배를 곯을 수밖에 더 있어. 옛날에 우리, 우리가 그 그렇게 살았으니까 그런 것이고. 지금 왜 라면이라도 삶아 먹지, 왜 어, 곯느냐고 얘기를 지금 애들은 하잖아요. 야 이것이 한심한 노릇이지. 이것이 앞으로 어떻게 되는지 모르는 것 아니요? 땅도 이것, 이것을 괄시하다가.

그럼요.

˜ 내 내 저 바른대로 얘기지 이 큰일이야. 이것 땅 괄시 너무 해요, 너무 하는데, '이것이 계속 가느냐 이렇게, 안 가느냐 이것이 문제예요, 그렇잖아요?

글쎄요, 그 멀쩡한 논에다가 집 짓고 자꾸 그래 가지고.

˜ 글쎄 그리고 지금 땅도 정부에서 거 저 저기 뭐야.

농사 안 지어도 돈 주지요?

˜ 돈 주더라고. 저저 이, 이 옆에도 학교 앞에 왜 그 저 거기 두어 군데 왜 그 해, 해놓고 그런데 몇 군데 있어요, 있는데. 그건 정부에서 잘못이야. 짓게 하던지, 차라리 그 돈을 그 왜 썩었나 뭐하는 돈이야 그게. 참 너무 너무 한심해요, 너무. 정부에서 너무 해요. 지금 내가 이런 얘기 참 뭐하지만 대통령이, 지금 들어앉은 대통령이 한 것이 뭐 있어요, 예? 참, 참 한심해요. 괜히 내각제 한다니 내각제, 자기가 마음대로 못하니까 내각제 한다고 그러

그래는대 그기, 그기 될 리리여? 참: 나: 온:,[65] 낭패래유, 낭패.

예저내 저기 어려쓸 때 하구요.

⌐ 예.

지그마구 비교할 때 어떤 점이 제일 마니 달라져써요?

⌐ 다: 달러저찌 머:. 다: 달러저써요. 아 그저낸 그쌔 칙뿌리 캐: 머꾸 그쌔 저 콩, 저 왜정 때 왜 왜눔더리 나와쓸 쌔, 그 저 코, 콩기름 짠 그 깨무걸 다: 배그벌 타 머거때니까 머 말 다: 해찌 몰: 그래요. 마이 달러유. 지금 다: 부:자지. 모모모 따지구 보면 부:자지. 그런대 이기.

동내는요. 동내두 여기.

⌐ 동내.

처:매 오셔쓸 때 하구 월래 저기 저: 시눨리 사셔따면서요.

⌐ 예에:.

⌐ 아:이 나 일곱 쌀 머거 와씨니 뭐뭐뭐 에이그.

⌐ 몰: 아러 그때, 일곱 쌀 머긍 기.

그때 와:서 여기 사셔쓸 때하구, 그때하구 여기 처:매 어려쓸 때 이 동내 이사 오셔쓸 때하구 지그마구 어트개 달라쪈냐구요.

⌐ 지끔

동내가

⌐ 동내가요? 절따니 나:찌. 그때, 그때하구 중녀내 잘 사러찌. 그래두 중녀 내, 중녀낸 중가낸 잘 사런넌대 지끔 와선 말따니[66] 됭 거여:, 그르차너유. 품깝뚜 이기한대다 쌀깝 싸지, 살 또리가 웁:짜너요:.

처매 그러면 중녀니라 그러먼 아까 말씀하신 그 새마을 운동하구 머 그럴 무려 빈가요?

⌐ 그 그, 그 그르치 고:, 그.

사십 때 쯔미나 뭐.

⌐ 그러 그러치. 어, 사오십 때 그때 그때가 잘 살 때여. 그래두 그때가 젤:

는데 그것이, 그것이 될 일이야? 참 나 원, 낭패예요 낭패.

예전에 저기 어렸을 때 하고요.

⎺ 예.

지금하고 비교할 때 어떤 점이 제일 많이 달라졌어요?

⎺ 다 달라졌지 뭐. 다 달라졌어요. 아 그전에는 글쎄 칡뿌리를 캐 먹고 글쎄 저 콩, 저 왜정 때 왜(놈) 왜놈들이 나왔을 때, 그 저 콩, 콩기름 짠 그 깻묵을 다 배급을 타 먹었다니까 뭐 말 다 했지 뭘 그래요. 많이 달라요. 지금 다 부자지. 뭐뭐뭐 따지고 보면 다 부자지. 그런데 이것이.

동네는요. 동네도 여기.

⎺ 동네.

처음에 오셨을 때하고 원래 저기 저 신월리 사셨다면서요.

⎺ 예.

⎺ 아이 나 일곱 살 먹어서 왔으니 뭐뭐뭐 에이그.

⎺ 뭘 알아 그때 일곱 살 먹은 것이.

그때 와서 여기 사셨을 때하고 그때하고 여기 처음에 어렸을 때 이 동네 이사 오셨을 때하고 지금하고 어떻게 달라졌느냐고요.

⎺ 지금.

동네가.

⎺ 동네가요? 결단이 났지. 그때, 그때하고 중년에 잘 살았지. 그래도 중년에, 중년에는 중간에는 잘 살았는데 지금 와서는 말단이 된 거야, 그렇잖아요. 품삯도 이런데다 쌀값 싸지, 살 도리가 없잖아요.

처음에 그러면 중년이라 그러면 아까 말씀하신, 그 새마을 운동하고 뭐 그럴 무렵인가요?

⎺ 그 그, 그 그렇지 고, 그.

사십 대 쯤이나 뭐.

⎺ 그러 그렇지. 어, 사오십 대 그때, 그때가 잘 살 때야. 그래도 그때가 제

라:.

그때는 여기 동내애서.

― 그래두 쌀 함 마래, 그래두 뭐여, 그때는 그래두 모하등 기 지끔 와서는 뭐: 살: 쑤가 엄:는누무걸 몰:.

그때는 여기 며토나 사러써요?

― 한 삼시포, 사른 두: 찌빈가 삼시포 시리 사러써요. 그릉 기 다: 뜨끼구 모: 이써요.

― 그애구 인재 여 새로 드러온 사럼더리 지벌 지: 가주구 이래구 나.

새루 드러오는 사람드른 주로 어디서 와요?

― 서울서 와써써요, 서울서.

서울.

― 여:, 저: 우쪼개두 집 판 채 상 거 서울 사래미 사써요. 그뚜 해꾜 선상이래넌대.

― 그뚜 참 나: 시안해. 그래 산꼴루 피료래. 허허허 크.

아니 여기 보니까 동내가 조아요:.

― 아유 조용:하지유?

아느카고.

― 근대 여:가 좀 시끼루깨 되:유.

왜요?

― 여 뒤:에, 뒤:루다가 저 사:차서니 나가요.

새로?

― 예.

지금 뭐 고속또로두 이꾸 다 저쪼그루.

― 핸:는대 저.

어디루 가는 사차서니요?

― 그기 저: 함배 모? 폼 폼 뭐뭐 모? 저저 강안도 그리 나가, 충주서 청, 청

일 나아.

그때는 여기 동네에서.

˝ 그래도 쌀 한 말에, 그래도 뭐야, 그때는 그래도 뭐하던 것이 지금 와서
는 뭐 살 수가 없는 놈의 것을 뭘.

그때는 여기 몇 호나 살았어요?

˝ 한 삼십 호, 서른 두 집인가 삼십호 실히 살았어요. 그런 것이 다 뜯기고
뭐 있어요.

˝ 그리고 이제 여기 새로 들어 온 사람들이 집을 지어 가지고 이러고 나.

새로 들어오는 사람들은 주로 어디에서 와요?

˝ 서울에서 왔었어요, 서울에서.

서울.

˝ 예, 저 위쪽에도 집 한 채 산 것 서울 사람이 샀어요. 그 사람도 학교 선
생이라는데.

˝ 그것도 참 나 희한해. 그래 산골로 필요로 해. 허허허 크.

아니 여기 보니까 동네가 좋아요.

˝ 아유 조용하지요?

아늑하고.

˝ 그런데 여기가 조금 시끄럽게 돼요.

왜요?

˝ 여기 뒤에, 뒤로 저 사차선이 나가요.

새로?

˝ 예.

지금 뭐 고속도로도 있고 다 저쪽으로.

˝ 했는데 저.

어디로 가는 사차선이에요?

˝ 그것이 저 함백 뭐? 포 포 뭐뭐 뭐? 저저 강원도 그리 나가, 충주에서 청,

중가 충주서. 이 바로 뒤 뒤, 뒤:루 나가유.

예.

⌐ 뒤:에 저: 우 저: 뒤:에, 그 꼭때기, 저: 꼭때기 저 우똥내, 우똥내가 뜨끼유.

아아:.

지그믄 며토나 이써요?

⌐ 지끄먼 한 열, 열 뚜: 찌빈가 열 시:[67] 찌빙가 그러쿠 인재. 서포사리[68] 해는 사람두 이꾸, 이재 그러치유.

서포사리가 머요?

⌐ 아이, 나무 지배 인재 방 업씨 그른 사래미 서포사리지.

그거 서포사리라 그래요?

⌐ 흐흐흐.

저 그, 그런 말 첨: 드러 보는대요.

⌐ 서포사리래능 기 그이 예:전느루넌 그개 으: 지붐:넌대 방 으:더 가주 사:능 기 서포사리래능 기여.

으음:.

⌐ 그, 그기 서포사리.

저 이러캐 여기저기 다니면서 마를 마니 드러 봔는대 그 서포사리라는 마른 여기 와서 또 첨: 드러요.

⌐ 예, 서포살.

그러이~까 이렁 거 지금 저 하라버님한태 여쭤 보구 이르니까 이거 되지, 나중에 어디 가서 이런 마리 인는지두 모를 꺼 아니예요.

⌐ 예:저내 이 해던 이:리니까 머 모:르지 머.

그러닝까 지금 이, 이러캐 안 해노쿠 정, 저기 정니 안 하구 안 모아 노면 그런 마리 이썬는지두 모를 꺼 아니요, 나중 싸람드른.

⌐ 서포사리래능 기 이 음:넌 사:래미 나무 지배, 내 지비면 내 집 방이 이짜너.

청주인가 충주에서. 이 바로 뒤 뒤, 뒤로 나가요.

예.

⌐ 뒤에 저 우 저 뒤에, 그 꼭대기, 저 꼭대기 저 윗동네, 윗동네가 뜯겨요.

아아.

지금은 몇 호나 있어요?

⌐ 지금은 한 열, 열 두 집인가 열 세 집인가 그렇고 이제. 협호살이 하는
사람도 있고, 이제 그렇지요.

협호살이가 뭐예요?

⌐ 아이, 남의 집에 이제 방 없이 그런 사람이 협호살이지.

그것을 협호살이라고 그래요?

⌐ 흐흐흐.

저 그, 그런 말 처음 들어 보는데요.

⌐ 협호살이라는 것이 그것이 예전에는 그것이 어, 집이 없어서 방 얻어 가
지고 사는 것이 협호살이라는 거야.

예.

⌐ 그, 그것이 협호살이.

저 이렇게 여기저기 다니면서 말을 많이 들어 봤는데 그 협호살이라는 말은 여
기 와서 또 처음 들어요.

⌐ 예. 협호살(이).

그러니까 이런 것은 지금 저 할아버님한테 여쭤 보고 이러니까 이것이 되지 나
중에 어디 가서 이런 말 있는지도 모를 것 아니에요.

⌐ 예전에 이 하던 일이니까 뭐 모르지 뭐.

그러니까 지금 이, 이렇게 안 해놓고 정(리), 저기 정리 안 하고 안 모아 놓으면
그런 말이 있었는지도 모를 것 아니에요, 나중 사람들은.

⌐ 협호살이라는 것이 이 없는 사람이 남의 집에, 내 집이면 내 집 방이
있잖아.

여패, 예.

⌐ 어 방이 이씨면, 방이 노:능⁶⁹⁾ 기 이씨면, 그기 인재 방을 조:씨니까 서포 사리래능 기여, 그기 바로.

으음:.

⌐ 거 업:씨 인재 나무 지배 방 으:더⁷⁰⁾ 가주구 품 파러 머꾸 그래두 사러여 되자너. 그기 서포사리래능 기여. 흐헤헤.

여기 월래 주소는 제천시 금성면 질리잉가요?

⌐ 진니 예, 그러 그러:치.

으음:.

⌐ 여:꺼지 인제 시:가 다: 드르강 거 아니예유.

예.

⌐ 시:가 모:자래니까 드르가찌 머. 흐흐흐. 그르개 되써유. 여기 금성면 질리.

금성며는 왜 금성며니라 그랜때요?

⌐ 그쌔 모, 모:르갠내유. 그 비:단 금짜래넌대, 금짜넌 비:단 금짠대. 그쌔 근 왜: 금성며:니래넌지 그기야 문, 먼 우리가 그렁 거꺼정 생가걸 핸:나요? 근 또 딴 사람한태 무러 봐이지요 머.

지명이나 머 이런 이르미 보면 다: 이유두 인능 거 가꾸.

⌐ 아이 위: 이찌. 근, 그 내 나, 난:두 지끔 저 모래재래넌 데, 거 여닐 즁: 씨내 너머가넌대 고개가 모래재라넌 데가 이꾸, 거 거 거, 여:기가 모래재래 넌 데구. 어 여 부두래꼬리래넌 데가 이꼬, 저 서당꼬리래넌 데가 이꼬, 또 사:장노미래넌 데가 이꼬. 이 동내서두 인재 그: 지명이 그 따루따루 이찌, 갱:꼬리라구 해:두.

모래재는 왜 모래재래요?

⌐ 그 모:르지유 머, 왜 모래재라는지 그뚜 몰:르구.

아까 오다가 보니까 동막꼴두 이때요.

⌐ 동막?

옆에, 예.

￣ 어, 방이 있으면, 방이 노는 것이 있으면, 그것이 이제 방을 췄으니까 협호살이라는 거야, 그것이 바로.

예.

￣ 거 없이 이제 남의 집에 방을 얻어 가지고 품팔아 먹고 그래도 살아야 되잖아. 그것이 협호살이라는 거야. 흐헤헤.

여기 원래 주소는 제천시 금성면 진리인가요?

￣ 진리 예, 그러 그렇지.

예.

￣ 여기까지 이제 시가 다 드러간 것 아니에요.

예.

￣ 시가 모자라니까 들어갔지 뭐. <u>흐흐흐</u>. 그렇게 됐어요. 여기 금성면 진리.

금성면은 왜 금성면이라고 그랬대요?

￣ 글쎄 모 모르겠네요. 그 비단 금자라는데, 금자는 비단 금자인데. 글쎄 그건 왜 금성면이라는지 그것이야 뭐, 우리가 그런 것까지 생각을 했나요? 그것은 또 다른 사람한테 물어 봐야지요 뭐.

지명이나 뭐 이런 이름이 보면 다 이유도 있는 것 같고.

￣ 아이 있지. 그건 그, 내 나, 나도 지금 저 모래재라는 데, 거기 영일 정씨네 넘어가는데 고개가 모래재라는 데가 있고, 거 거 거, 여기가 모래재라는 데고. 어, 여(기) 부두랫골이라는 데가 있고, 저 서당골이라는 데가 있고, 또 사장넘이라는 데가 있고. 이 동네에서도 이제 그 지명이 그 따로따로 있지, 개암골이라고 해도.

모래재는 왜 모래재라고 해요?

￣ 그 모르지요 뭐, 왜 모래재라고 하는지 그것도 모르고.

아까 오다가 보니까 동막골도 있대요.

￣ 동막?

예, 동막꼴.

⁻ 저:기?

예, 저 길까애서.

⁻ 금:성면.

예, 그 길까애서 저: 쪽.

⁻ 저:쪼구루 저: 아내.

예, 예.

⁻ 군부대.

예, 그쪽애.

⁻ 군부대, 아:이구 동마기 커찌유:. 거 해꾜가 이썬넝 걸. 해꾜두 다: 뜨더
내구 군니, 구니니 거 집찌, 아: 군대가 드러와 가주구, 거 군대 드러와 가주
그르캐 돼:찌.

⁻ 이: 금성며:니 에:, 제천 구:내서, 구 군:이썬넌대 시: 안 되쓸 쩬 군:인대,
보:양²¹⁾ 다:미 금성며:니 질: 커써유, 질: 커써유.

그러면 봉양이 크구 그 담이 금성이 크구.

⁻ 예:, 그르캐 되:써유. 그래썬넌대 보양은 으:비 돼:찌유. 보양이 크:유:.

예.

⁻ 크지. 그 인재 금:성이 어디서버텀이냐 저 모란따리 이짜너요.

예.

⁻ 예? 그 도랑.

예.

⁻ 이쪼그론 다 금:성며니여.

예.

⁻ 다: 금서머리, 강저리, 명지동.

그 다: 너른 뜰, 뜰 널븐 대 거기 다:요?

⁻ 아: 그럼 다: 금:성며니여. 거 도랑 이쪽그론 다: 금:성며니여. 강저리, 강저

예, 동막골.

⎺ 저기?

예, 저 길가에서.

⎺ 금성면.

예, 그 길가에서 저 쪽.

⎺ 저쪽으로 저 안에.

예, 예.

⎺ 군부대.

예, 그쪽에.

⎺ 군부대, 아이구 동막이 컸지요. 거기 학교가 있었는 걸. 학교도 다 뜯어
내고 군인, 군인이 거기 집짓(고), 아, 군대가 들어와 가지고, 거기 군대가 들
어와 가지고 그렇게 됐지.

⎺ 이 금성면이 에, 제천 군에서, 군 군이었었는데 시가 안 되었을 때는 군
인데, 봉양 다음으로 금성면이 제일 컸어요, 제일 컸어요.

그러면 봉양이 크고 그 다음이 금성이 크고.

⎺ 예, 그렇게 됐어요. 그랬었는데 보양은 읍이 됐지요. 봉양이 커요.

예.

⎺ 크지. 그 이제 금성이 어디서부터냐 (하면) 저 모란다리 있잖아요.

예.

⎺ 예? 그 도랑.

예.

⎺ 이쪽으로는 다 금성면이야.

예.

⎺ 다 금서머리, 강저리, 명지동.

그 다 너른 뜰, 뜰 넓은 데 거기 다요?

⎺ 아 그럼 다 금성면이야. 거기 도랑 이쪽으로는 다 금성면이야. 강저리, 강저

일구, 이:구 그르키 돼:유. 그래구 여기 성내 월굴, 여여여 물 드루와짜너,어:.

예.

ˉ거 성내 월굴 거가 을:마나 널, 크구 그 다: 뜨끼짜나유. 해꾜가 여기 그래니까루 초동해꾜가 동막 이꾸, 양화 이꾸, 중퍼전 핸대 분소 저기 공해당 그 해던 인재 그 해꾜 이썬, 거기두 이써찌. 성내리 이찌, 금성 해꾜 이찌, 해꾜가 마:나써요. 지끔 이 사:방 인넌 애:더럴 해꾜, 궁민해꾜, 초등해꾜, 그 차럴 두: 갤 세워 노쿠설랑애 하나 두:럴 저: 장선니꺼정 시러다가, 여기 이 이 해꾜 하나 낭기구, 이기 번토배기 그 전 왜정 저내버텀 인넌 해꾜래요, 이 해꾜가아:. 아:주 근보니 인는 해꾜래유. 옌:날버텀 아주 이떤, 인넌, 인넌 해꾜래유, 이거넌. 게 이검만 안: 뜨끼써요. 그래구 새루 글래에 지, 지, 징: 건 다: 웂써저짜너. 아 다서챙가 메 채 뒹 기 다: 뜨끼구 이기, 이건 옌:날버텀 아주 미뺑년 돼:찌 머:. 그르키 이떤 해꾜래유, 이기.

저쪼개 지금 물 드러온 대두:.

저기 저, 저 청풍 가는대요.

ˉ에:, 청풍.

거기 어디까지가 금성이요? 물 이쪼갠 다: 금성인가요?

ˉ성내.

성내.

ˉ성내. 성내 그: 미태, 미태 똥내가 거기 물 드러완⁷²⁾ 대, 거기 큰, 커써요. 한 배겨 호가 너먼넌대 머. 거기 해꾜가 또 이써써. 거기두 해꾜가 이써써. 해꾜가 여섣 채, 여서싱가 아이 해꾜가 자:관 마:너써요, 이 동내.

저쪼개 저 하켠 가는대 거기는 어디요? 거기는 무슨 면이요?.

ˉ옌:나래넌 하켜니,⁷³⁾ 하켜니 이 금:성으루 딸리써써유. 그랭 기 청풍으루 돼:찌.

예.

ˉ그 청풍으루 돼써.

일구, 이:구 그렇게 돼요. 그리고 여기 성내 월굴, 여여여 물 들어왔잖아, 어.

　예.

　⌐ 거기 성내 월굴 거기가 얼마나 넓(고) 크고 다 뜯겼잖아요. 학교가 여기 그러니까 초등학교가 동막 있고, 양화 있고, 중포전 한데 분소 공회당 그 하듯 이제 그 학교가 있었(지), 거기도 있었지. 성내리 있지, 금성 학교 있지, 학교가 많았어요. 지금 이 사방(에) 있는 애들을 학교, 국민학교, 초등학교, 그 차를 두 대를 세워 놓고서 하나 두를 저 장선리까지 실어다가 여기 이 이 학교 하나 남기고, 이것이 본토박이 그 전 왜정 전부터 있는 학교예요, 이 학교가. 아주 근본이 있는 학교예요. 옛날부터 아주 있던, 있는, 있는 학교예요 이것은. 그래 이것만 안 뜯겼어요. 그리고 새로 근래에 짓, 짓, 지은 것은 다 없어졌잖아. 아 다섯 채인가 몇 채 되던 것이 다 뜯기고 이것이, 이것은 옛날부터 아주 몇 백 년 됐지 뭐. 그렇게 있던 학교예요, 이것이.

　저쪽에 지금 물 들어온 데도.

　저기 저, 저 청풍 가는 데요.

　⌐ 예, 청풍.

　거기 어디까지가 금성이에요? 물 이쪽엔 다 금성인가요?

　⌐ 성내.

　성내.

　⌐ 성내. 성내 그 밑에, 밑에 동네가 거기 물 들어온 데, 거기(가) 큰, 컸어요. 한 백여 호가 넘었는데 뭐. 거기 학교가 또 있었어. 거기도 학교가 있었어. 학교가 여섯 채, 여섯인가 아이 학교가 좌우간 많았어요, 이 동네(에).

　저쪽에 저 학현 가는 데 거기는 어디에요? 거기는 무슨 면이에요?

　⌐ 옛날에는 학현이, 학현이 이 금성으로 딸렸었어요. 그런 것이 청풍으로 됐지.

　예.

　⌐ 그 청풍으로 되었어.

그 저내 저 물 드르오기 저내는 청풍이 저 미태 이써짜나요.

⌐ 거 그르치유. 그 미태, 그 성내리 그, 그 쪼그래 북찌니래넌 대, 배 부리
구⁷⁴⁾ 그래넌 북찌니래넌 대, 몰:르시 껄?

⌐ 아:세유?

저 가바써요. 물 저.

⌐ 거 배, 배 부 부릴 쩌개? 그저내?

예. 예.

⌐ 엔:나래?

지금 여기 저 일루 옴겨짜나요, 저기 저 청풍 과나를 여기, 저 저기 문화재 단
지루.

⌐ 예:.

지금 옴겨 놔짜너요.

⌐ 욍기: 너푼 대.

그거 옴기기 전에.

⌐ 옹기기 저내 그 그.

미태 이써짜나요.

⌐ 미, 미태 이써찌.

예.

⌐ 아:, 그러믄 보신넌대.

예. 그때요.

⌐ 보씨꾸먼.

예.

⌐ 어:.

⌐ 그래 북찐이래넌 데, 거 거기는 청풍 땅이찌.

거기두 꽤 널버썬는데.

⌐ 아:이 널르지. 아:이구 엄청나유. 금성며니 자:관 보:양 담:이써써요. 그

그 전에 저 물 들어오기 전에는 청풍이 밑에 있었잖아요.

‾ 거 그렇지요. 그 밑에, 그 성내리 그 그쪽으로 북진이라는 데, 배 부리고
그러는 북진이라는 데, 모르실 걸?

‾ 아세요?

저 가봤어요. 물 저.

‾ 거 배, 배 배 부릴 적에? 그전에?

예. 예.

‾ 옛날에?

지금 여기 저 이리로 옮겼잖아요, 저기 저 청풍 관아를 여기, 저 저기 문화재
단지로.

‾ 예.

지금 옮겨 났잖아요.

‾ 옮겼(지) 높은 데.

그것 옮기기 전에.

‾ 옮기기 전에 그 그.

밑에 있었잖아요.

‾ 밑(에), 밑에 있었지.

예.

‾ 아, 그러면 보셨는데.

예, 그때요.

‾ 보셨구먼.

예.

‾ 어.

‾ 그래 북진이라는 데, 거기 거기는 청풍 땅이었지.

거기도 꽤 넓었었는데.

‾ 아이 너르지. 아이고 엄청나요. 금성면이 좌우간 봉양 다음이었었어요.

러키 커써요. 멸:래룬 아주 질, 송학 머, 저 저 백운 머이, 배구니 지끔 저 다
리째 이쪼그룬 저기 제처니 돼:찌마넌, 거기두 띠:서 그 산척이써짜너 거가.
그, 그 이쪼그루 돼:써찌. 배구니 크지 인잰. 배구니 마:이 커요.

　으음:.

배군두 월래는 산처기어써써요? 그저내는?

￣ 백운 저: 다리째 미태.

예.

￣ 저: 그러치 거, 거 다리째 미태.

예, 예.

￣ 거기, 거기 서 성문, 성문동이래넌 데, 성문동이라구 왜 천동상[75] 미태.

예.

￣ 글룬 다: 저기 충주 땅이써써요. 그개이개 그기 다: 제천:-으루 드루와짜
너. 그래서 크자너.

그렇게 컸어요. 면내로는 아주 제일, 송학 뭐 백운 뭐, 백운이 지금 저 다릿
재 이쪽으로는 저기 제천이 됐지마는, 거기도 떼어서 그 산척이었었잖아 거
기가. 그, 그 이쪽으로 됐었지. 백운이 크지 이제. 백운이 많이 커요.

　예.

　백운도 원래는 산척이었었어요? 그전에는?

　ㄱ 백운 저 다릿재 밑에.

　예.

　ㄱ 저 그렇지 거기, 거기 다릿재 밑에.

　 예, 예.

　ㄱ 거기, 거기 성문, 성문동이라는 데, 성문동이라고 왜 천둥산 밑에.

　예.

　ㄱ 그쪽으로는 다 저기 충주 땅이었었어요. 그것이 다 제천으로 들어왔잖
아. 그래서 크잖아.

머 호닌께두 이써요?

ˉ 호닌개애: 인잰 읍:써요, 호닌개:두. 그저내넌 호닝개:두.

그저내는 이써꾸요?

ˉ 아:, 그럼 이써찌.

그거는 여기 어느 정도 크기루 해써요, 여기서?

ˉ 호닌?

예, 호닌개.

ˉ 호닝깨 뭐 저, 저 머 초:내서 머 마이 핼 쑤 이써요? 머 술 함 말 해능 거 인재 그 걸루 해찌이:. 술 함 말 해구 인재 지끔두, 지금두 저: 여긴 초:내 선 장사찌비구[76] 머 이 가녕 거, 부주하능 거 삼마뉜, 마 츠:매는 삼천 오배 권 해써써요, 술 함 말 깝, 왜정 때, 저기 저 그저내는. 그래다 해다가 술깝 씨 얼러가구 인재 이래니까루 우트개다[77] 마:뉜, 마:뉜 해다가, 이:마뉜 해다 가-꺼정 사무태다가 인재 삼, 삼마뉜 해유. 삼마 뉜 해구, 모:핸[78] 사라믄 머 오:마 뉜두 해구 지끔두, 그 그러자너유.

ˉ 안 해요, 여 지끄믄 안 해.

상여깨두 이짜너요, 그럼?

ˉ 상여깨두 이써찌유. 그저낸 상여깨두 이써찌.

요새는 안 해유?

ˉ 안: 해유.

그 요새는 그럼?

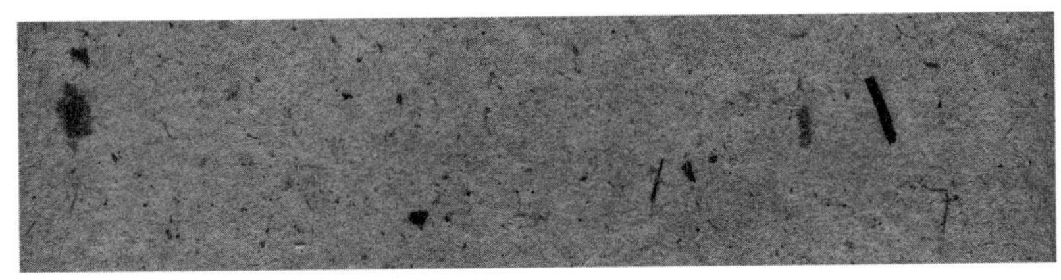

뭐 혼인계도 있어요?

￢ 혼인계 이제 없어요, 혼인계도. 그전에는 혼인계도.

그전에는 있었고요?

￢ 아, 그럼 있었지.

그것은 여기(서) 어느 정도 크기로 했어요, 여기서?

￢ 혼인?

예, 혼인계.

￢ 혼인계 뭐 저, 저 뭐 촌에서 뭐 많이 할 수 있어요? 뭐 술 한 말 하는 것 이제 그것으로 했지. 술 한 말 하고 이제 지금도, 지금도 저 여기는 촌에서 는 장사 집이고 뭐 이 가는 것, 부조하는 것 삼만 원, 처음에는 삼천 오백 원 했었어요, 술 한 말 값, 왜정 때, 저기 저 그전에는. 그렇게 하다가 술값이 올라가고 이제 이러니까 어떻게 하다가 만 원, 만 원 하다가, 이만 원까지 하다가 계속하다가 이제 삼, 삼만 원 해요. 삼만 원 하고, 뭣한 사람은 뭐 오 만 원도 하고 지금도, 그 그러잖아요.

￢ 안 해요, 여기 지금은 안 해.

상여계도 있잖아요, 그럼?

￢ 상여계도 있었지요. 그전에는 상여계도 있었지.

요새는 안 해요?

￢ 안 해요.

그 요새는 그럼?

ˉ 그양 부주만 해능 거래유. ****. 그 저 부:고가 오머넌 인재 가서 봉토럴 내:지. 이:마눤 내:던지 삼마눤 내:던지이: 농촌 형세대루 인제 내:구, 즈:[79] 칭구찌리 또 저 모:한 대는. 아이 도해지넌 오:마눤 보통 오 하:찌리 오:마노이지 머머.

ˉ 난:두[80] 처나늘 어끄저깨 우리 식꾸 형이 세상얼 떠서, 그래이까 처형인대 가치 가자구 자꾸 그러니 안 갈 쑤 이써. 가서 심마 논 해구 와써유, 심마 논. 그랜대 여기, 여기 장:사찌비[81] 이꾸 이랜대 삼마 논씩 해:써유. 그래두 얼추 머 비발하구 따지머넌 한 이심마논 웁:써저써요. 그래니까 쌀 항 가마 가주구 되개써유? 그래니 머머머 농초내 부주두[82] 모:태유, 여간 우리 거틍 건 모:태유. 인재 절믄 애:더리 해지유 머, 시:내서.

송개래능 거뚜 이써요?

ˉ 송개라이.

송개라는 거 게, 게중애 송개라능 거. 상여깨 머, 호닌개 이렁 거요.

ˉ 여어, 그 그렁, 그렁 개 이찌유, 지끔두 침모쾌, 침모쾌지 침모쾌. 저 늘 개이덜두 핸, 나넌 해다가 안 핸, 안 해능 걸. 귀차너 안 해. 그거또 도:니 꽤 마이 드르가요. 한 다래 함 번씩 모이미 되믄 미씸 마:눤 드르가유. 한 이삼 심 마:눤 드르간닫 소리 나와요.

아우 머가 그르키 마니 드러가요.

ˉ 한 삼사심 명 되자너유, 사:래미. 한두, 한두:리 해넝 거래유?

아: 여러시 하니까.

ˉ 그래 그 여:러시 해니까 그 멍넝 거, 먹짜는 대루 머낀 머: 머그니까 머 오:리탕두 해 멍넌대다 머 별껄 다: 해니까루 도:니 마이 드르가지유. 그래 한 삼사:십, 그래 한 차 맨들라구 해, 맨드러여 되거덩. 그래여 귀:경두 가자너. 마흔여:덜 그래다: 머 주꾸 말짱 그래니까루 또 머 삼심 명두 되넌 사람 이꾸, 머 이:심 명두 되구 대중웁:써유, 지금. 열댇: 되넌대두 이꾸. 주그니까 그 머 그래 그러키 돼:써유.

˚ 그냥 부조만 하는 거예요. **** 그 저 부고가 오면 이제 가서 봉투를 내지. 이만 원 내든지 삼만 원 내든지 농촌 형편대로 이제 내고, 저희 친구끼리 또 저 뭣한 데는. 아이 도회지는 오만 원 보통 하질(下質)이 오만 원이지 뭐.

˚ 나도 천안을 엊그저께 우리 식구 형이 세상을 떠서, 그러니까 처형인데 같이 가자고 자꾸 그러니 안 갈 수 있어. 가서 십만 원 하고 왔어요, 십만 원. 그런데 여기, 여기 장사 집이 있고 이런데 삼만 원씩 했어요. 그래도 얼추 뭐 비발하고 따지면 한 이십만 원 없어졌어요. 그러니까 쌀 한 가마 가지고 되겠어요? 그러니 뭐뭐뭐 농촌에서는 부조도 못 해요, 여간 우리 같은 것(사람)은 못 해요. 이제 젊은 애들이 하지요 뭐, 시내에서.

손계라는 것도 있어요?

˚ 손계라니.

손계라는 것, 계중에 손계라는 것. 상여계 뭐, 혼인계 이런 것이요.

˚ 여기, 그 그런 그런 계 있지요, 지금도 친목회, 친목회지 친목회. 저 늙은이들도 하는(데), 나는 하다가 안 하는, 안 하는 것을. 귀찮아 안 해. 그것도 돈이 꽤 많이 들어가요. 한 달에 한 번씩 모임이 되면 몇 십만 원 들어가요. 한 이삼십 만원 들어간다는 소리 나와요.

아유, 뭐가 그렇게 많이 들어가요.

˚ 한 삼사십 명 되잖아요, 사람이. 한두, 한둘이 하는 거예요?

아, 여럿이 하니까.

˚ 그래 그 여럿이 하니까 그 먹는 것, 먹자는 대로 먹기는 뭐 먹으니까 뭐 오리탕도 해 먹는다든가 뭐 별걸 다 하니까 돈이 많이 들어가지요. 그래 한 삼사십, 그래 한 차를 만들려고 해, 만들어야 되거든. 그래야 구경도 가잖아. 마흔 여덟 그러다가 뭐 죽고 모두 그러니까 또 뭐 삼십 명도 되는 사람 있고, 뭐 이십 명도 되고 대중없어요. 열댓 되는 경우도 있고. 죽으니까 그 뭐 그래 그렇게 되었어요.

예저내 여기 동내에서두 고사 지나구 머 그렁 거 이써써찌요?

⎯ 아:, 그럼유. 이썰 아:, 이써찌유. 저 서낭당이라구 저 느트나무 저 이짜 너유.

예, 킁 거요.

⎯ 예:.

⎯ 거기다가 지:내써유.

요새는 안하구요?

⎯ 안: 해유, 인젠. 인잰 미:시니 모: 인너냐구 다 치어 버리써유, 다:.

⎯ 해구 말:구. 아, 금쭈래 츠구 아주 부정한 사람 모: 뜨러오개 해구 대단 해찌유 머.

떡뚜 해 머꾸요?

⎯ 아:, 그럼유. 떠카구 포하구 지:사 지내능 거모냥으루[83] 아주 다: 해찌유. 그개 동내 사람들 이르캐.

⎯ 그럼.

결쏘카는 대는 도움이 마니 되능 거 가터요.

⎯ 그쌔 뭐 그, 그래서 인재 술 떡 인재 이래:서 지:내구 노녀[84] 머꾸 그 그 래찌유. 그 그거 해:찌. 지끄면 업:써유. 머 별루 움쓸 끄구,[85] 산 산선, 산신 지 지내닝 거, 저 산꼬래 지푼 상꼬래.

⎯ 거 머 호:래이가[86] 니리온다다[87] 머 니리온다다 인재 그래 가주 우:해닝[88] 거 인재. 그래서 큰: 산, 내 저: 장선니래넌[89] 대 저기 가 보신넌지 몰:러

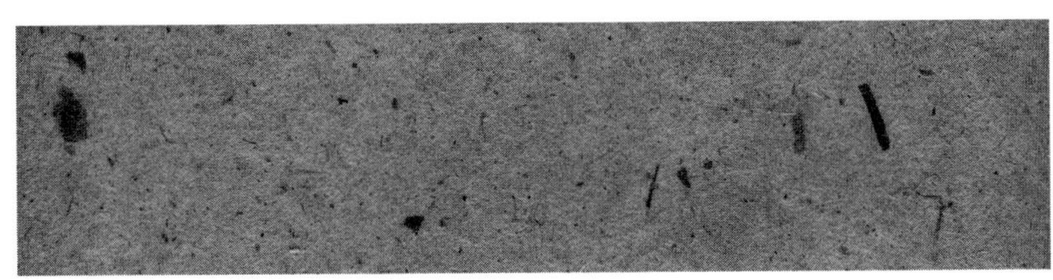

예전에 여기 동네에서도 고사 지내고 뭐 그런 것 있었었지요?

‐ 아, 그럼요. 있었(지) 아, 있었지요. 저 서낭당이라고 저 느티나무 저 있잖아요.

예, 큰 것이요.

‐ 예.

‐ 거기에다 지냈어요.

요새는 안 하고요?

‐ 안 해요, 이제는. 이제는 미신이 뭐 있느냐고 다 치워 버렸어요, 다.

‐ 하고 말고. 아, 금줄 해 치고 아주 부정한 사람 못 들어오게 하고 대단했지요 뭐.

떡도 해 먹고요?

‐ 아, 그럼요. 떡하고 포하고 제사 지내는 것모양으로 아주 다 했지요.

그것이 동네 사람들 이렇게.

‐ 그럼.

결속하는 데는 도움이 많이 되는 것 같아요.

‐ 글쎄 뭐, 그 그래서 이제 술 떡 이제 이렇게 해서 지내고 나눠 먹고 그랬지요. 그 그것(을) 했지. 지금은 없어요. 뭐 별로 없을 것이고, 산 산신, 산신제 지내는 것, 저 산골에 깊은 산골에.

‐ 그 뭐 호랑이가 내려온다든가 뭐가 내려온다든가 이제 그래 가지고 위하는 것 이제. 그래서 큰 산, 내 저 장선리라는 데 저기 가 보셨는지는 몰라

두 장선니래넌 대 안직 거긴 헬 꺼여. 사내 가서 통대지럴 자버 가주구 저:
기 터럴 다: 뽀꾸 이래서 통대질 가따가 산신지 상 산꼭때기 거 가서 지내넌
대가 이써유. 그래서 지내넌 이쓰꾸. 이 금수사내두 이쓰 꺼유, 아마. 그 큰
사내 이쓰 껄. 이쓸 꺼래유. 그럴 꺼래유.

도 장선리라는 데는 아직 거기는 할 거야. 산에 가서 통돼지를 잡아 가지고 털을 다 뽑고 이래서 통돼지를 가져다가 산신제 산 산꼭대기 거기 가서 지내는 데가 있어요. 그래서 지내는 (일이) 있었고. 이 금수산에도 있을 거예요, 아마. 그 큰 산에(는) 있을 걸. 있을 거예요. 그럴 거예요.

1) '갱꼴'은 '갱+꼴'로 분석된다. '갱'은 '개암'의 축약형 '갬'이 뒤에 오는 연구개
   자음에 동화되어 '갱'이 된 것이다. '꼴'은 '골(谷)'이 유성자음 뒤에서 된소리로
   발음된 것이다. '갱꼴'은 '개암골'에서 유래된 지명이다. '갱꼴(개암골)'을 한자
   어 지명으로 표기한 것이 '진리(榛里)'인데 '榛'자가 '개암나무 진'자다. '갱꼴'은
   충북 제천시 금성면 '진리'의 우리말 지명이다.

2) '-버텀'은 어떤 일이나 상태 따위에 관련된 범위의 시작임을 나타내는 표준어
   보조사 '-부터'의 이 지역 방언형이다. 충청도 방언에서는 '-버텀' 외에 '-버터'와
   '-부텀'도 쓰인다. 주 20) 참조.

3) '여나므'는 '여남은'의 이 지역 방언형이다. 충청도 방언에서 '여나므' 외에 '여나
   문'는 '여나무' 및 '여남은' 등도 쓰인다.

4) '씨'는 '시'의 음성형이고 '시'는 '세(三)'의 이 지역 방언형이다. 장모음 '세'가 고
   모음화하여 '시'로 발음된 것이다. 충청도 방언에서는 어두음질 모음 '에'가 장모
   음일 때는 '게:(蟹)→기:, 제:사(祭祀)→지:사, 네: 개→니: 개, 세:상(世上)→시:
   상' 등에서와 같이 고모음화하여 '이'로 실현되는 것이 일반적이다.

5) '사기가'는 중앙어 '살기가'에 대응하는데 일종의 개인어라고 할 수 있다. 보통
   은 '[살:기가]'로 발음한다.

6) '빈고내고'는 중앙어 '빈곤하고'에 해당하는 이 지역 방언형이다. 이 지역 방언
   에서는 중앙어의 '하다'가 '한다, 하고/하구, 하게, 하지, 해, 해서'와 같이 활용하
   기도 하고, '핸다, 해고/해구, 해지, 해, 해서'와 같이 활용하기도 하는데 '빈곤해
   고'는 후자의 활용 유형에 해당한다. 후자는 중앙어의 '하다'가 '해다'로 재구조
   화 한 것이다.

7) '도해지'는 중앙어 '도회지'의 이 지역 방언 음성형이다.

8) '도널 뜨더서'는 중앙어 '돈을 벌어서'의 뜻으로 이 지역 방언에서 쓰이는 관용구
   다. 예문에서와 같이 '가리키다, 갚다, 쓰다 등과 같이 돈을 쓰는 행위동사와 공기
   하여 쓰인다.

9) '가리키넌데'는 중앙어 '가르치다'의 활용형 '가르치는데'에 해당하는 이 지역
   방언형이다. 이 지역에서는 '가르치다'의 뜻으로 '가리키다' 외에 '가르키다, 갈

키다, 가르치다'가 혼용된다.

10) '지니'는 중앙어 '지으니(짓+으니)'의 이 지역 방언형이다. 중앙어의 '짓다'가
이 방언에서는 '짓는다, 짓구, 짓지, 지니, 지서, 지야와 같이 활용한다.

11) '심들어요'는 '힘들어요'의 이 지역 방언형이다. 충북방언에서는 'ㅎ' 구개음화
가 일반적이어서 '힘, 혀, 흉, 흉년' 등이 각각 '심, 세, 숭, 숭년' 등으로 실현된
다. '심들어요'는 '힘들어요'의 '힘'이 'ㅎ' 구개음화여 '심'으로 실현된 것이다.

12) '적자래요'는 '적자입니다' 또는 '적자예요'의 이 지역 방언형이다. 제천 방언
에서 평서문의 종결형으로 '-(이)래요'가 쓰이는 특징을 보이는데 이것은 강원도
방언의 영향으로 보인다. '-래요'는 강원도 지역과 경상북도 지역에서 폭넓게 쓰
이는 종결형인데 제천은 물론이고 인근의 단양 지역에서도 폭넓게 쓰인다. 제
천과 단양이 각각 강원도 영월군과 원주시 및 경상북도 영주시와 예천군에 인
접해 있어 그쪽의 영향을 받은 것으로 보인다. 중앙어에서는 '저기가 철수네 집
이래요'에서와 같이 종결형에 '-(이)래요'가 쓰이면 '(누군가) 저기가 철수네 집이
라고 그러던데요' 정도의 뜻을 가진 간접화법이 되는데 제천에서는 '저기가 철
수네 집입니다.'의 뜻으로 쓰이는 평서문이 된다. 그런데 종결형 어미 '-(이)래
요'는 평서문에서뿐만 아니라 의문문과 명령문에도 쓰인다. '저기가 철수네 집
이래요'를 문말 억양이 올라가게 발음하면 의문문 '저기가 철수네 집입니까'의
뜻이 되고, '꼭 갖다 놓래요'와 같이 쓰고 문말 억양을 내리면 명령문 '꼭 갖다
놓으십시오'의 뜻이 된다. 따라서 문말 억양을 올려 '여기래요'와 같이 쓰면 의
문문이 되고, 문말 억양을 내려 '여기래요'와 같이 쓰면 평서문이 된다.

13) '스크럽타'는 외래어 '트랙터'를 잘못 발음한 것이다. 일종의 개인어라고 할
수 있다. 노인들은 외래어 발음에 익숙하지 않아 자기만의 독특한 발음을 하는
경우가 있는데 이것도 그런 류의 하나다. 이와 비슷한 유형의 또 다른 예로 '플
라스틱'을 '푸라식트'라고 발음 하는 것을 들 수 있다.

14) '메 천'은 '몇 천'의 방언 음성형이다. 충북 방언에서 'ㅁ'이나 'ㅂ'과 같은 양순
음 다음에 이중모음 '여'가 오면 단모음 '에'로 발음되는 경향이 있는데 '메 천'의
'메'도 '몇'이 단모음화와 'ㅊ' 탈락을 차례로 겪어 '메'로 발음된 것이다.

15) '기양은 '그냥'의 이 지역 방언형이다.

16) '웂찌만'은 중앙어 '없다'에 대응하는 이 지역 방언 '웂다'의 활용형이다. '웂
다'는 '웂다, 웂구, 웂지, 웂서서, 웂는'과 같이 활용한다. '웂다'는 중앙어 '없다'
의 어간 모음이 고모음화한 것이다. 이 지역 방언에서 어두음절 위치의 어간
모음이 '어'이고 장모음이면 고모음화하여 '으로 실현되는 것이 일반적인 현상

이다. 예를 들면, '거:지→그:지, 어:른→으:른, 널:(板)→늘:, 전:기→즌:기, 더:럽
다→드:럽다, 선:보다→슨:보다, 건:느다→근:느다' 등과 궤를 같이 하는 것이다.
즉 '읇다'의 '읇-'은 '없다'의 어간 '없-'의 모음 '어'가 '으'로 고모음화하여 '읇-'이
된 다음 순지음 'ㅂ'에 의해 원순모음화한 것이라고 할 수 있다.

17) '기'는 '것이'의 준말 형태인 '게'의 이 지역 방언형이다.

18) '오래'는 '올해'의 이 지역 방언 음성형이다.

19) '올'은 중앙어 '올해'에 해당하는 이 지역 방언형이다. 중앙어에서는 '올'이 '올
해의'의 뜻을 가지는 관형사로 쓰이지만 이 지역 방언에서는 '올'이 '올 내년,
올버터'에서와 같이 명사로도 쓰인다. 그런데 충북 방언에서는 '올'과 '올해' 외
에 '올개'도 쓰인다.

20) '-버텀'은 어떤 일이나 상태 따위에 관련된 범위의 시작임을 나타내는 표준어
보조사 '-부터'에 해당하는 이 지역 방언형이다. 충청도 방언에서는 '-버텀' 외에
'-버터'와 '-부텀'도 쓰인다. 주 2) 참조.

21) '읍씨니'는 '읇으니→읍쓰니→읍씨니'의 과정을 거친 '읇다'의 활용형이다. '읇
다'는 중앙어 '없다'에 해당하는 이 지역 방언형이다. '읇다'는 '없:다'의 어간 장
모음이 고모음화한 것으로 '읇다, 읇구, 읇지, 읇이니, 읇어서'와 같이 활용한다.
충북 방언에서 '쓸다, 벼슬' 등과 같이 마찰음 'ㅅ'에 후행하는 모음 '으'가 '씰
다, 베실'에서와 같이 전설모음 '이'로 실현되는 현상이 있는데 '읍씨니'도 같은
과정을 거친 것이다.

22) '-꺼정'은 어떤 일이나 상태 따위에 관련되는 범위의 끝임을 나타내는 중앙어의
보조사 '-까지'에 해당하는 이 지역 방언형이다. 충청도 방언에서 '-꺼정' 외에 '-
꺼지'와 '-까장'도 중앙어 보조사 '-까지'와 같은 의미로 쓰인다.

23) '지'는 '자기의'의 뜻을 가진 '제'의 이 지역 방언형이다. '제'가 장모음으로 발
음되면 고모음화하여 '지'로 실현된다. '제:사, 제:기'가 각각 '지:사, 지:기'로 실
현되는 것도 같은 현상이다.

24) '해'는 사람을 뜻하는 3인칭 대명사 '지(제), 내, 누(누구)' 뒤에 쓰여 그 사람
의 소유임을 나타내는 의존명사다. 요즈음 젊은 사람들은 대부분 '해' 대신 '것'
을 쓰지만 나이 많은 어른들은 '것' 대신 '지 해(자기 것), 누 해(누구의 것), 내
해(내것)' 등에서와 같이 '해'를 더 많이 쓴다.

25) '난두'는 '나도'의 이 지역 방언형이다. '나도'에 'ㄴ'이 첨가된 것으로 '너도'에
대하여 '넌두'도 쓰인다. 그러나 '저애도'나 '그애도'에 각각 대응하는 충청도 방
언형 '자두'와 '가두'에는 'ㄴ' 첨가 현상을 보이지 않는다.

26) '맨들다'는 중앙어 '만들다'에 해당하는 이 지역 방언형이다. 충북 지역에서는 중앙어 '만들다'에 해당하는 방언형으로 '맨들다' 형과 '맹글다' 형이 공존한다. '맹글지, 맹글구, 맹글어서, 맹그니깨, 맹글민서' 등과 같이 활용하는 '맹글다'는 '밍글다'에 소급한다는 점에서 '맨들다'보다 고형(古形)임을 알 수 있다. '맨들다'는 '맹글다'가 '만들다'에 이끌린 결과로 해석된다. 예문에 쓰인 '골 맨들구'는 한 고랑과 한 두둑을 짓는 것을 뜻한다. 농사지을 때 씨앗을 뿌리기 위해 씨앗을 뿌릴 이랑을 만드는 것을 말한다.

27) '고일'은 '공일'의 이 지역 방언형인데 주로 '공휴일'의 의미로 쓰인다. '고일'은 국경일, 경축일, 일요일 같이 국가나 사회에서 정하여 다 함께 쉬는 날이나 기관이나 같은 업종에 종사하는 사람들끼리 약속에 따라 정기적으로 일제히 쉬는 날을 뜻하는 '공휴일'의 의미로 쓰인다.

28) '새이'는 '틈' 또는 '겨를'에 해당하는 이 지역 방언형이다. 그런데 '새이'에는 서술어로 '나다, 있다, 없다'가 다 쓰일 수 있지만 '겨를'에는 '있다, 없다'만 쓰이고 '나다'는 쓰이지 않는다. 충청도 방언에서 '새이' 외에 '새'도 쓰인다.

29) '-설랑애'는 동사 어간에 붙어 앞뒤 절의 두 사실 간에 계기적인 관계가 있음을 나타내는 연결 어미다. 중앙어 '-서' 또는 '-고서' 정도에 해당하는 어미다.

30) '매란'은 중앙어 '마련'과 비슷한 뜻으로 쓰이지만 약간의 의미 차이가 있다. 중앙어에서는 어떤 일을 하기 위한 속셈이나 궁리를 뜻하는데 비해 이 지역 방언에서는 '어떻게 할 궁리나 방법'의 의미로 쓰인다. '매란이 없다, 매란 없다, 매란 없이'와 같이 항상 '없다'와 함께 관용구처럼 쓰인다. '매란이 없다'는 어떤 일의 상태나 정도가 수습이 안 될 정도로 지나쳐 대처할 수단이나 방법이 없다는 뜻이다. 충청도 방언에서는 '매란' 외에 '매련, 마련' 등의 방언형도 쓰인다.

31) '품'은 일을 한 데 대한 대가(품삯)로 주는 돈을 뜻하는 '삯'의 의미로도 쓰이고 '어떤 일에 드는 수고'의 의미로도 쓰인다. 자료의 예문에서 '품이 다섯 개'라는 말은 '한 사람이 닷새 동안 일한 삯' 또는 '한 사람이 닷새 동안 일한 수고'라는 뜻으로 쓰인 것이다. 충청도 방언에서 '품'은 '품을 산다'나 '품을 갚는다'와 같이 쓰는 경우가 많다. 이때의 '품'은 '일을 한 데 대한 대가'를 뜻하는 '품삯'의 의미도 있고, '어떤 일에 드는 수고'의 의미도 있다.

32) '틴데'는 중앙어 '텐데'에 해당하는 이 지역 방언형이다. 중앙어의 '텐데'는 관형사형 어미 '-을' 뒤에 쓰여 '예정'이나 '추측', '의지' 등의 뜻을 나타내는 의존명사 '터'에 서술격조사의 어간 '이-'와 어미 '-ㄴ데'가 차례로 결합된 '터인데'가 줄어든 형태로 파악된다. 그러나 이 지역 방언형 '틴데'는 '갈 티여 안 갈 티여'에서

보듯이 의존명사 '티'에 어미 '-ㄴ 데'가 결합한 형태로 분석된다.

33) '메기'는 '먹이다'의 활용형 '먹이어'의 움라우트형이다. '먹이어'는 '먹다'에 사동
    접미사 '-이-'가 결합된 사동사 '먹이다'의 어간 '먹이-'에 연결어미 '-어'가 결합된
    것이다. '먹이어'는 움라우트에 의해 '멕이어'가 되는데 이 지역 방언에서는 '이'
    로 끝나는 어간 다음에 오는 연결어미 '-어'를 생략하는 특징이 있어 '멕이'가 된
    것이다. '메기'는 '멕이'의 음성형이다. 이와 같은 활용을 보이는 예로 '기 간다
    (기어 간다), '이겼다(이기었다=이겼다), '졌다(지었다=졌다;作)' 등이 있는데 이
    는 경상도 방언에서도 나타나는 특징이다.

34) '대구'는 '대다'의 활용형으로 중앙어 '치다'의 활용형 '치고'에 대응한다. 이 때
    의 '대다'는 '가정하다'의 의미로 쓰인다.

35) '자:관'은 중앙어 '좌우간'의 이 지역 방언형이다. '자:관'은 '자우관'의 축약형이다.

36) '-믄'은 중앙어의 연결어미 '-으면'에 대응하는 이 지역 방언형이다. '-믄'의 이형
    태로 '-면'과 '-면'도 쓰인다. '-믄'과 '-면'은 선택적으로 쓰이는 것으로 보인다.

37) '즈국'은 '저곡(貯穀)'의 이 지역 방언형이다. 충북 방언에서 어두 음절 모음이
    '어'이고 장음으로 실현되는 경우 '거:지, 거:머리, 어:른, 없:다' 등이 각각 '그:지,
    그:머리, 으:른, 읎:다'와 같이 '으'로 고모음화 하는 경향이 있는데 '저곡'이 '즈국'
    으로 실현되는 것도 마찬가지 현상이다.

38) '배키'는 중앙어 '박히다'의 활용형 '박히어'에 해당하는 이 지역 방언형이다. 이
    지역 방언에서는 어간 말음이 모음 '이'로 끝날 경우 경상도 방언에서와 마찬가
    지로 연결어미 '-어'가 나타나지 않는 것이 특징이다. '배키'는 '박다'의 피동사
    '박히다'의 어간 '박히-'의 움라우트형 '백히-'에 연결어미 '-어'가 연결된 '백히어'
    의 이 지역 방언형 '백히'의 음성형이다.

39) 중앙어에서 '배판(排判)'은 '일정한 비례에 맞추어 여러 몫으로 나누어 차림'을 뜻
    하는데 여기에서는 '일정한 지역을 차지하고 자리를 잡음' 정도의 뜻으로 쓰였다.

40) '-재믄'은 중앙어 '-려면'이나 '-자면'에 대응하는 어미다. '무엇을 하려고 하거나
    어떤 가상(假想)의 일이 사실로 실현되기 위해서는'의 뜻을 나타내는 연결 어미
    다. 예문의 '사재믄'은 '사자면'이나 '사려면' 정도로 바꾸어 쓸 수 있다.

41) '종종찬'은 '종중산'의 잘못이다.

42) '몰르구'는 중앙어 '모르다'의 활용형 '모르고'에 해당하는 이 지역 방언형이다.
    중앙어에서는 '모르다'가 '모르다, 모르구, 모르지, 몰러'와 같이 불규칙활용 하
    는데 충북 방언에서는 중앙어와 같이 불규칙활용 하는 경우와 '몰르다, 몰르구,
    몰르지, 몰러'와 같이 규칙활용 하는 경우가 있는데 예문의 '몰르구'는 규칙활용

을 보여주는 예다.

43) '근'은 중앙어의 '그것은'에 해당하는 이 지역 방언형이다. 중앙어의 '그것은'에 대응하는 이 지역 방언형으로 '근' 외에 '그거는'과 '그건'도 쓰인다는 점에서 '근'은 '그거는→그건→근'의 과정을 거친 것으로 파악된다.

44) '꺼적거리구'는 '꺼적거리다'의 활용형이다. 예문에서는 '호미나 괭이 같은 연장으로 땅을 긁거나 파서 농사를 짓다'의 의미로 쓰였다. 이 지역에서 쓰이는 '꺼적거리다'는 '먹고 살기 위해 어떤 일을 하다' 또는 '살아가기 위해 몸을 움직이다'와 같이 넓은 의미로도 쓰인다.

45) '나물끄리'는 '나물이 될 만한 재료'의 뜻을 가진 중앙어 '나물거리'에 대응하는 이 지역 방언이다. 이 지역 방언형으로 '나물끄리' 외에 '나물끄루'도 쓰인다. 주 47) 참조.

46) '이우재니'는 중앙어 '에우다'의 활용형 '에우자니'에 대응하는 이 지역 방언형이다. 어미 '-재니'는 형태상으로 보면 중앙어의 '-자니'의 방언형으로 보이지만 의미상으로는 '-으려고 하니' 정도가 된다. 주로 '때'나 '끼니'와 함께 '때를 이우재니, 끼니를 이우재니'와 같이 관용적인 용법으로 쓰이며 '때우다'나 '잇다' 정도의 의미를 갖는다. 예문에서는 '잇다'의 의미로 쓰였다.

47) '나물끄루'는 중앙어 '나물거리'에 대응하는 말로 '나물이 될 만한 재료'를 뜻한다. 이 지역 방언형으로 '나물끄루' 외에 '나물끄리'도 쓰인다. 주 45) 참조.

48) '꼬라지'는 '꼴'을 낮잡아 이르는 말로 '꼴+아지'로 분석된다. '-아지'는 부정적인 의미를 나타내는 지소접미사다. '꼬라지'는 중앙어 '꼬락서니'에 대응하는 이 지역 방언형이다.

49) '씨쿠'는 중앙어 '씻다'의 활용형 '씻고'에 대응하는 이 지역 방언 음성형이다. 이 지역 방언에서 '씿다, 씿구, 씿지, 씬넌다, 씨'와 같이 활용하므로 '씿다'가 기본형이다.

50) '베끼'는 중앙어 '벗기다'의 활용형 '벗겨' 또는 '벗기어'에 대응하는 방언형이다. 이 지역 방언의 '베끼'는 중앙어 '벗기다'의 어간 '벗기-'가 움라우트에 의해 '베끼-'로 실현된 다음 여기에 어미 '-어'가 연결된 형태로 분석된다. 그런데 이 지역 방언에서는 어간이 모음 '이'로 끝나고 여기에 연결어미 '-어'가 결합되면 '미기 준다(먹여 준다), 기 간다(기어 간다), 이 준다(이어 준다)' 등에서와 같이 어미 '-어'를 탈락시키는 경향이 있는데 '베끼'도 이러한 예 가운데 하나다.

51) '안체'는 중앙어 '앉히다'의 활용형 '앉히어'의 축약형 '앉혀'에 대응하는 말이다.

52) '농마'는 '녹말'의 이 지역 방언형이다.

53) '내키덛'은 중앙어 '내다'에 뒤 절의 내용이 앞 절의 내용과 거의 같음을 나타내
    는 연결 어미 '-듯이'의 준말 '-듯'이 결합된 '내듯'에 대응하는 이 지역 방언이다.
    '내키덛'은 '내다'의 이 지역 방언형 '내키다'의 어간 '내키-'에 연결어미 '-듯'이 결
    합된 것이다. '내키다'는 '내다'의 어간 '내-'에 사동접사 '-키-'가 결합되어 파생된
    사동사다.

54) '안뜩'은 중앙어 '앎듯' 또는 '앎듯이'에 해당하는 이 지역 방언형이다.

55) '근내래넌'은 중앙어 '건너라는(건너+라는)'에 대응하는 이 지역 방언형이다. '근
    내'는 '건너'의 이 지역 방언형으로 장음(長音)으로 실현되는 어두 음절 모음 '어:'
    가 '으:'로 고모음화한 것이다.

56) '토막집'은 중앙어의 '통나무집'에 해당하는 이 지역 방언형이다. 충북 방언에서
    '토막'은 짤막한 물건이나 도막을 나타내기도 하지만 잘라놓은 통나무를 '토막'
    이라고도 한다. '토막집'은 잘라놓은 통나무로 지은 집이라는 뜻으로 쓰인 것이다.

57) '오이씨니까'는 중앙어 '오셨으니까'에 해당하는데 일종의 개인어라고 할 수 있
    다. 이 지역 방언형으로는 '오셨으니까[오시쓰니깨]'나 '오셨이니까[오시씨니깨]'
    가 된다.

58) 여기서의 '등치'는 어떤 사물의 근간이 되는 '몸통' 정도의 뜻으로 쓰였으나 충
    북 방언에서는 일반적으로 몸집을 의미하는 '덩치'의 뜻으로 쓰인나.

59) '재하꾜'는 '대학교'를 잘못 발음한 것이다.

60) '메 태'는 '몇 해(年)'의 이 지역 방언 음성형이다. '몇'이 단모음화와 음절말 중
    화로 '멛'으로 실현된 다음 'ㄷ'이 후행하는 '해'의 'ㅎ'과 함께 유기음 'ㅌ'으로 실
    현된 것이다.

61) '마실'은 중앙어 '마을'에 대응하는 이 지역 방언형이다. '마을'은 중앙어에서 국
    어사적으로 'ᄆᆞᄉᆞᆯ〉ᄆᆞᄋᆞᆯ〉ᄆᆞ을〉마을'의 변화를 거친 것으로 알려져 있으나 이 지
    역 방언을 비롯한 충북 방언에서는 주로 '마실'로 나타난다. '마실'이 예문에서와
    같이 '마을' 또는 '동네'의 뜻으로 쓰이기도 하지만 '마실 간다'와 같이 쓰이면 '이
    웃에 놀러 간다' 또는 '이웃에 간다'는 뜻이 된다.

62) '지패 이:꾸'는 '집(을) 해 이었고'에 대응하는 이 지역 방언형이다. 예전에는 초
    겨울이 되면 해마다 초가집 지붕을 해 이었다. 가을에 벼 타작을 하고 남은 짚
    으로 이엉을 엮은 다음 썩은 지붕을 걷어내고 새로 엮은 이엉으로 지붕을 이었
    다. 엮어서 말아놓았던 이엉을 처마 쪽에서부터 펴면서 지붕을 한 바퀴 두르고
    그 위에 겹쳐서 또 한 바퀴 두르고 하면서 지붕 꼭대기 쪽으로 이엉을 돌려 덮
    는다. 지붕의 꼭대기는 ∧ 모양으로 엮은 용마름을 길게 덮어 마무리 한다. 예

문의 '지패 이꾸'는 '집을 해 이었고' 정도로 풀이할 수 있으며 볏짚으로 이엉을 엮
어서 지붕을 이었다는 뜻이다.

63) '지패 이:면'은 '집을 해 이면'에 대응하는 이 지역 방언형이다.

64) '모해지만'은 중앙어 '무엇하지만'에 대응하는 이 지역 방언형인다. 이 지역에서
는 이중모음 '위'에 자음이 선행하면 단모음 '오'로 실현되는 경향이 있는데 '모'
도 그런 예 가운데 하나다. 이와 같은 예로, 그 수량이 둘쯤임을 나타내는 관형
사 '두어'도 축약되어 '둬'가 되면 축약되어 '도'로 실현된다. 축약에 의한 이중모
음 '위'가 단모음 '오'로 될 때는 장모음으로 실현되는 것이 보통이다.

65) '온'은 뜻밖의 일로 언짢을 때 내는 중앙어의 감탄사 '원'이 단모음화한 것이다.
주로 문장 첫머리에서 쓰이지만 이 지역에서는 예문에서와 같이 문말에서도 흔
히 쓰인다.

66) '말딴'은 어떤 일이 어그러져 도무지 손을 쓸 수 없을 정도로 된 상태를 뜻하는
이 지역 방언이다.

67) '시'는 '셋'의 관형사형 '세'의 이 지역 방언형이다. 이 지역 방언에서는 '세'나 '셋'
이 장음으로 발음되면 '시'나 '싯'으로 고모음화 한다.

68) '서포사리'는 '서포살이'의 음성형으로 집이 없는 사람이 남의 집에 있는 여분
의 방을 빌려서 생활하는 '곁방살이'와 본채와 떨어져 있어서 딴살림을 하게 되
어 있는 집채에서 생활하는 '협호살이'를 포괄하는 의미로 쓰인다. '서포살이'는
'협호살이'가 'ㅎ' 구개음화와 단모음화를 차례로 겪은 것이다.

69) '노는'은 '놀다'의 활용형인데 '사용하지 않다' 정도의 뜻으로 쓰인 것이다. 따라
서 '노는 방'은 '사용하지 않고 있는 빈 방'을 의미한다.

70) '으:더'는 중앙어 '얻다'의 활용형 '얻어'의 이 방언 음성형이다. '집이나 방 따위
를 빌리다'의 뜻으로 쓰였다. 중앙어 '얻다'와 마찬가지로 이 지역 방언형 '을다'도
'주는 것을 거저 가지다'의 뜻과 '빌리다'의 뜻이 내포되어 있다.

71) '보양'은 '봉양'의 이 지역 방언형이다. '보양'은 충북 제천시 봉양읍을 가리킨다.
이 지역 방언에서는 첫째음절과 둘째음절의 말음이 비자음 'ㅇ'이나 'ㄴ'일 때
선행음절의 말음을 탈락시키는 경향이 있다. 이에 따라 '단양(丹陽)→다양, 공연
히→고연히, 공양(供養)→고양 등으로 실현되기도 한다.

72) '드러완'은 '드러온'을 잘못 발음한 것이다.

73) '하켠'은 '학현'의 음성형으로 충북 제천시 청풍면에 속하는 동리 이름이다.

74) '배 부리다'는 '배에 실었던 짐 등을 내려놓다'의 뜻으로 쓰이는 말이다. '배를
부린다'는 뜻이 아니고 '배에 있는 짐을 부린다'는 뜻이다.

75) '천동상'은 '천등산'의 이 지역 방언형 '천동산'을 잘못 발음한 것이다. '천등산'
은 충북 제천시 백운면에 있는 산이다. '울고 넘는 박달재'라는 제목의 가요에
'천등산 박달재는 …'으로 시작하는 가사가 있는데, 이때의 천등산은 제천시 백
운면에 속해 있는 산이다. '천등산'에 있는 고개는 '박달재'가 아니고 '다릿재'다.
흔히 천등산 박달재라고 하는데 천등산에는 다릿재가 있고, 박달재는 제천시
봉양면과 백운면의 경계에 있는 구학산과 시랑산 사이에 있는 고개다. 과거에
는 충주에서 제천을 가려면 38번 국도를 따라 다릿재와 박달재를 차례로 넘어
다녀야 했는데 최근에 충주와 제천을 잇는 38번 국도가 확포장 하면서 뚫은 터
널로 다닐 수 있게 되어 지금은 '다릿재'와 '박달재'의 옛 추억을 더듬으려는 사람
들 외에는 넘어 다니는 일이 적어졌다.

76) '장사찝'은 '장삿집'의 음성형이다. 본래 의미는 장사를 지내는 집을 가리키는
말인데 여기에서는 '초상집'의 뜻으로 쓰였다. '장삿집'은 초상이 나서 장사를 지
내는 집을 가리키므로 장사를 지내는 날에만 쓰이는 말인데 비해 '초상집'은 사
람이 죽어서 장사를 지낼 때까지의 일을 치르는 집을 가리킨다.

77) '우트게다'는 중앙어 '어찌하다가' 또는 '어떻게 하다가' 정도에 해당하는 이 지
역 방언형이다. 이 지역에서는 중앙어의 '어떻게'가 '우트게'로 실현된다는 점에
서 형태상으로는 '어떻게 하다가'와 관련이 있어 보이지만 문맥상 '어떠한 이유
때문에, 어떤 이유로 해서' 정도의 의미로 쓰인다는 점에서 '어찌하다가'의 의미
도 내포하고 있음을 알 수 있다.

78) '모핸'은 중앙어 '무엇하다'의 활용형 '무엇한'의 축약형 '뭣한'에 대응하는 이 지
역 방언형이다. 그러나 예문에서 보듯이 문맥상 '조금 나은' 또는 '형편이 괜찮
은' 정도의 의미로 쓰였다는 점에서 중앙어 '무엇하다'보다 의미 영역이 더 넓다
는 것을 알 수 있다. '모핸'은 '모해다, 모해구, 모해서, 모해니깨, 모핸, 모해지'
등과 같이 활용한다. 중앙어 '하다'가 이 지역 방언에서는 '해다'와 '하다'의 쌍형
어로 쓰이는데 일상적인 발화에서는 '해다' 형이 더 일반적으로 쓰인다.

79) '즈'는 이미 말하였거나 나온 바 있는 사람들을 도로 가리키는 삼인칭 대명사
'저희'에 대응하는 이 지역 방언형이다.

80) '난두'는 중앙어 '나도'에 대응하는 이 지역 방언형이다. 일인칭 대명사 '나'는
예문에서와 같이 특수조사 '-는'이나 '-도'가 연결되면 주로 '난'으로 실현되지만
주격이나 목적격 조사가 연결될 때는 각각 '내'와 '나'로 나타난다. 특수조사 '-만,
-까지, -조차' 등과 함께 쓰일 때도 '나'로 나타난다.

81) '장사찝'은 '장삿집'의 음성형으로 장사(葬事)를 지내는 집을 말하고 '초상집'은

초상이 난 집을 말하는데 장삿집을 초상집이라고 하기도 한다. 충청도에서는 '장삿집'과 '초상집'을 엄격히 구별하여 쓰지 않는 경우가 보통이나 장사지내는 날을 특별히 가리킬 때는 '장삿집'이라고 하기도 한다.

82) '부주'는 중앙어 '부조(扶助)'의 잘못으로 이 지역 방언이다.

83) '모냥으로'는 '모냥+으로'로 분석할 수 있다는 점에서 보면 '모냥'이 명사지만 '거모냥으루' 전체의 문맥 의미를 고려하면 '것처럼'과 같이 해석된다는 점에서 '모냥으루' 전체가 중앙어의 조사 '-처럼'이나 '-같이'와 같은 기능을 한다고 보아야 할 것이다.

84) '노녀'는 중앙어 '나누다'의 활용형 '나누어(나눠)'에 해당하는 이 지역 방언형이다. '노녀'는 '노느다, 노느구, 노느지, 노녀'와 같이 활용한다는 점에서 기본형은 '노느다'가 된다. 따라서 '노녀'는 '노느+어'로 분석된다. 중앙어의 '나누다'가 충청도 방언에서는 '노느다' 외에 '논다'와 '논구다'도 쓰인다. '논다'와 '논구다'는 각각 '논다, 논고([논꼬]), 논지([논찌]), 논어서([노너서]), 논잔어([논짜네])'와 '논구다([농구대, 논구구([농구구]), 논구지([농구지], 논고서(농고서]), 논구잔어([농구자네])'와 같이 활용한다.

85) '웂쓸 끄구'는 중앙어 '없을 것이고'에 해당하는 이 지역 방언형이다. 이 방언에서 중앙어 '것이고'에 해당하는 '끄구'는 주로 '꺼구'로 실현되지만 선행하는 말의 어간 모음에 따라 '끄구'와 '꺼구'가 수의적으로 선택되는 것으로 보인다.

86) '호래이'는 중앙어 '호랑이'에 해당하는 이 지역 방언형이다. '호래이'는 '호랑이'가 움라우트에 의해 '호랭이'가 된 다음 비자음(鼻子音) 'ㅇ'이 탈락된 것이다. 충청도 방언에서는 '호랭이, 지팽이, 아지랑이, 호맹이(=호미), 가마니, 어머니' 등과 같이 모음 '이'로 끝나는 단어가 어말 모음 '이'와 그에 선행하는 모음 사이에 비자음 'ㄴ'이나 'ㅇ'이 개재되면 이 비자음이 약화되거나 탈락하면서 뒤에 오는 모음 '이'를 비모음화 하여 발음하는 것이 일반적인데 예문의 '호래이'도 그런 예 가운데 하나다.

87) '니리온다더'는 중앙어의 선택 의문형 '내려온다든가' 정도에 해당하는 이 지역 방언형이다.

88) '우해다'는 '사람이나 사물을 소중히 여기다'의 뜻을 가진 중앙어 '위하다'에 해당하는 이 지역 방언형이다.

89) '장선니'는 충북 제천시 금성면에 있는 마을 이름인 '장선리'의 음성형이다.

생업활동

논농사

이 동내는 주로 머를 마니 해요? 이:를 농사를?

⎺ 이: 농사래넝 검 머:, 옌:나래넌 비:류두 이써써요? 비:류두 우:꾸, 논두 갈: 뜨더 가주설랑애 푸생기[1] 처 가주구 베 해니 베가 요르캐 되:짜나요. 그래니 머: 소출날 끼 별루 모: 이써써요? 왜정 때구 머 업:써짜너유. 지그믄 비:루 머 너머 조: 가주 쥐기구 머 별끼 다: 이짜너유, 지끔.

그 가리라능 개 머요?

⎺ 갸:리, 갸:리 저.

이파리 널릉 거 그거요?

⎺ 어, 널븐 거 여여여 갸:리래넝 거 왜, 그 저 풀.

도토리 가치 달리능 거요?

⎺ 야, 야. 그 그기 갈:, 그기 갈:, 갈:라무래넝 거유, 그기. 그기, 그기 인재 자꾸 까꺼서 인재 그 뚜거지가[2] 뚜거지애 인재 깍, 까끄면 인재 또 그 이드매 이래 나오면 그거 또 까꺼다가 노내 느쿠, 그래 가주설랑애 인재 소루다가 쓰래루다가 푸생기 무럴 대:구 가러 가주구, 게서 방:송 핸, 해너라구.

예, 그렁 거뚜 이꾸.

⎺ 그런, 그런 시기로구나.

이거뚜 인재 그러캐 노그믈 하능 거요. 그개 푸생, 푸상기친다능 겅가요?

⎺ 예:, 예.

⎺ 가:럴 페구 아이를 가러 가주구 인재 건생길[3] 치자너유, 건생기.

건생기는 또 머요?

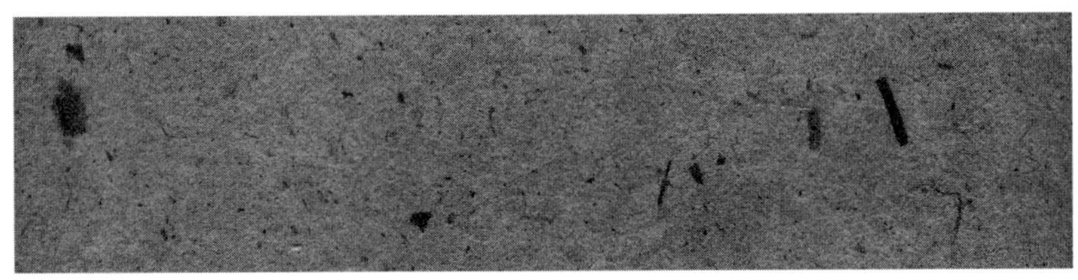

이 동네는 주로 무엇을 많이 해요? 일을 농사를?

─ 이 농사라는 것은 뭐, 옛날에는 비료도 있었어요? 비료도 없고 논도 갈 뜯어 가지고서 푸상기 쳐 가지고 벼 하니 벼가 요렇게 됐잖아요. 그러니 뭐 소출날 것이 별로 뭐 있었어요? 왜정 때고 뭐 없었잖아요. 지금은 비료 뭐 너무 줘서 죽이고 뭐 별게 다 있잖아요, 지금.

그 갈이라는 것이 뭐예요?

─ 갈이, 갈이 저.

이파리 넓은 것 그것인가요?

─ 어, 넓은 거 여여여 갈이라는 것 왜, 그 저 풀.

도토리 같이 달리는 거요?

─ 예, 예. 그 그것이 갈, 그것이 갈, 갈나무라는 거요, 그게. 그것이, 그것이 이제 자꾸 깎아서 이제 그 뚜거지가 뚜거지에 이제 깎, 깎으면 이제 또 그 이듬해 이렇게 나오면 그거 또 깎아다가 논에 넣고, 그래 가지고서 이제 소로 써레로 푸상기 물을 대고 갈아 가지고, 그래서 방송한, 하느라고.

예, 그런 것도 있고.

─ 그런, 그런 식이로구나.

이것도 이제 그렇게 녹음을 하는 거예요. 그것이 푸상(기), 푸상기친다는 것인가요?

─ 예, 예.

─ 갈을 펴고 애벌 갈아 가지고 이제 건삶이를 하잖아요, 건삶이.

건삶이는 또 뭐예요?

⎺ 건, 건생기래능 기 노:늘 가러쓰니까루 인재 무럴 대:구설랑애 살머서
펴:내개 해, 해 해개 되자너요, 건상기래넝 기. 그 인재 물 무루:애 인재
이거 해씨니까루 가:를 뜨더다 인재 거기다 는넌다구. 가따 인재 뜨더다
노쿠 페: 가주구, 또 또 저기 또 간:다구. 갈, 갈:믄 호기 더피자나요. 덥
더피먼 인재 그 그기 인재 쓰:래 가주설랑애 인재 푸생기래능 기유, 그기.
그래 이리 끌:구 댕기구 저리 끌:구 댕기구 그래먼 푸리 고만 주거서 이
이 이 이기 전 이 흐개 무치서 이, 이짜너. 그래니깨 푸생기래넝 거여, 이
기. 그래 가주설랑애 인재 시머유.

소느루 시머짜나요?

⎺ 그러치유. 손 소느루 심:찌유. 아이, 야:이구 말두 모: 태. 그러치유,
매:기라넝[4] 건 이재 멘 마논, 함 마지기애 머 을, 멘 마노니라구 할 꺼 거
트먼, 그걸 머여 참 건, 새복 새보개 나가서 그 매기서 마터서 해머넌 함
마지기애 얼마래넝 건 알:구, 단 마지김 단 마지기, 스: 마지기 스: 마지기,
메치 심:넌대넝 건 인재 이러캐 가주구, 깡깜:해개 껑껌핸대 나가서 부럴
해: 노쿠 추운대, 그래 가주구 시머서 그르캐 해서 소누루다가 훔지서 해
구, 호매이루다 매구 푸리 마느먼 그래써요.

그 매기라구 하능 거는 그르닝까 이망크믈 해 주면 얼마 주겠다 이렁거지요?

⎺ 그러, 그지유, 그 매:기래능 기.

인재 푸무루 하능 거는 하루 해 주면 얼마구 그르치요?

⎺ 그러치유.

매기는 그르닝까, 머 함 마지기애 얼마씩 주개따 이렁 거지요?

⎺ 그러, 그러치유.

하루애 하든 이트래 하든 머 하이튼 다 해주면 준다구.

⎺ 아, 그러치. 그럼. 그러키 되유. 그래구 이 매:기 논두 푸리 마:너서
시머만 놈: 몰: 해요. 소누루 매: 가지두 안 되면 호매이루다가 매: 어퍼요
매: 어퍼, 모시믕 거럴. 새이루, 시믄 새이를 매: 어퍼 가주구, 매: 어풍 거

˭ 건 건삶이라는 것이 논을 갈았으니까 이제 물을 대고서 삶아서 평평하게 하, 하 하게 되잖아요, 건삶이라는 것이. 그래 이제 물, 물위에 이제 이것을 했으니까 갈을 뜯어다 거기에다 이제 거기에다가 넣는다고. 가져다 이제 뜯어다 놓고 펴 가지고, 또 또 저기 또 간다고. 갈(면), 갈면 흙이 덮이잖아요. 덮, 덮이면 이제 그 그것이 이제 써려 가지고서 이제 푸상기라는 거예요, 그것이. 그래 이리 끌고 다니고 저리 끌고 다니고 그러면 풀이 그만 죽어서 이 이 이 이것이 전부 이 흙에 묻혀서 있, 있잖아. 그러니까 푸상기라는 거야, 이것이. 그래 가지고서 이제 심어요.

손으로 심었잖아요?

˭ 그렇지요. 손 손으로 심지요. 아이, 아이고 말도 못 해. 그렇지요, 매기라는 것은 이제 몇 만원, 한 마지기에 뭐 얼(마), 몇 만 원이라고 할 것 같으면 그걸, 뭐야 참 거, 새벽 새벽에 나가서 그 매기서 맡아서 하면 한 마지기에 얼마라는 것은 알고, 닷 마지기면 닷 마지기, 서 마지기면 서 마지기, 몇이 심는다는 것은 이제 이렇게 가지고, 깜깜하게 껌껌한데 나가서 불을 해 놓고 추운데, 그래 가지고 심어서 그렇게 해서 손으로 훔쳐서 하고, 호미로 매고 풀이 많으면 그랬어요.

그 매기라고 하는 것은 그러니까 이만큼을 해 주면 얼마 주겠다 이런 것이지요?

˭ 그렇(지), 그렇지요, 그 매기라는 것이.

이제 품으로 하는 것은 하루 해 주면 얼마고 그렇지요?

˭ 그렇지요.

매기는 그러니까 뭐 한 마지기에 얼마씩 주겠다 이런 것이지요?

˭ 그렇(지), 그렇지요.

하루에 하든지 이틀에 하든지 뭐 하여튼 다 해주면 준다고.

˭ 아, 그렇지. 그럼. 그렇게 돼요. 그리고 이 매기 논도 풀이 많아서 심어만 놓으면 뭘 해요. 손으로 매 가지고도 안 되면 호미로 매 엎어요 매 엎어, 모심은 것을. 사이로, 심은 사이를 매 엎어 가지고, 매 엎은 것을 이제

럴 인재 이르캐 머여 거기다 어퍼 노:먼 푸리 썩짜너? 푸리 써그먼 소누
루다 또 인재 훔진다구.[5] 훔진대닝 기 인재, 인재 그 엉크러캐[6] 인재 해쓰
니까루 이개 너푸, 너푸단:해개 호매이루 글거서 너푸단:해개 되:짜너유?
인재 펴:내개 맨들민 푸럴 뽀브민 쑤시 느: 가민 인재 아이[7] 매:따, 아이래
능 기지 아이. 소누루 호매이루 맹 건 아이 매:꾸, 이듬핸대능 건 인재 즈:
서[8] 인제 그러캐 해능 기 인재 펴: 내개 맨들구 풀 뽑꾸 인재 이래서 항
기 그기 이드미래능 기래유.

그리구 또 함 번 더 하자너요, 마지마개.

  ˘ 그래닝깐 잘: 핼래먼 인재 함 번 더 하능 기지.

그건 머라 그래요? 이드미라구 안 하구.

  ˘ 그뚜, 그뚜 저기 이드, 이드미 저기 머 이, 이듬 이, 이름버더두 그양,
머, 머이.

아이 머 이듬 이르캐게.

  ˘ 어, 아:이, 이듬 그래요. 그양 그르캐 해먼 되요.

여기는 주로 머 시머써요? 그 모심꾸 벼농사 하구.

  ˘ 벼농사.

이렇게 뭐야 거기다 엎어 놓으면 풀이 썩잖아? 풀이 썩으면 손으로 또 이제 훔친다고. 훔친다는 것은 이제, 이제 그 엉크렇게 이제 했으니까 이것이 높다, 높다랗게 호미로 긁어서 높다랗게 되었잖아요? 이제 평평하게 만들면서 풀을 뽑으면서 쑤셔 넣어 가면서 이제 애벌 맸다. 애벌이라는 것이지 애벌. 손으로 호미로 맨 것은 애벌 맸고, 이듬한다는 것은 이제 저어서. 이제 그렇게 하는 것이 이제 평평하게 만들고 풀 뽑고 이제 이렇게 한 것이 그게 이듬이라는 것이에요.

그리고 또 한 번 더 하잖아요, 마지막에.

�－ 그러니까 잘 하려면 이제 한 번 더 하는 것이지.

그것은 뭐라고 해요?

�－ 그것도, 그것도 저기 이듬, 이듬이 저기 뭐 이, 이듬 이, 이름보다도 그냥 뭐, 무엇이.

애벌 뭐 이듬 이렇게.

�－ 예, 애벌, 이듬 그래요. 그냥 그렇게 하면 돼요.

여기는 주로 뭐 심었어요? 그 모심고 벼농사 하고.

�－ 벼농사.

젤 마니 하능 개 머요, 여기서? 그저내 마니…

⌐ 담:배두 해꾸유, 담:배. 담:밸 마이 해써찌유.

그거뚜 소니 마니 가자너요?

⌐ 야:이, 마이 가지유. 거뚜 품 사이 되구 인재, 거뚜 그르캐 해썬넌대 고만 지끄면 머, 개 인재 노려기 즈:그니까 인재 자꾸 저기 쉬:운 걸루 해 느라구 오래 콩 농사럴 마이 해 난:는대 장녀내 삼마눤 씨근, 삼마눤 사: 마눤 바더꺼덩 함 마래.

⌐ 긴대 오래넌 이 농초니래넝 기, 이 이기, 이기 문재라구우. 좀 나:때면 말짱 집쭝얼 해내, 글루우:. 그래니 이거 쌀, 쌀: 쑤배끼 더 인넝 거여? 이 래 모: 싸라요오:, 더군다나아:.

너두 나두 가치.

⌐ 그루움: 그래니까 나:따구 인재 해니까. 그래 인재 주로 인저 꼬추래 넝 건 이재 머 주로 해니까 꼬추래넝 건.

그럼 여기는 지금 콩 마이 심꾸 꼬추.

⌐ 꼬추, 방:콩,[9] 뭐 질궁콩, 머 굴칭콩, 머 힝콩이래넝 거.

힌 콩?

⌐ 예, 헤.

⌐ 두:부 해: 머꾸 그래능 거.

두부 해 먹고?

⌐ 어 그러치 힌콩.

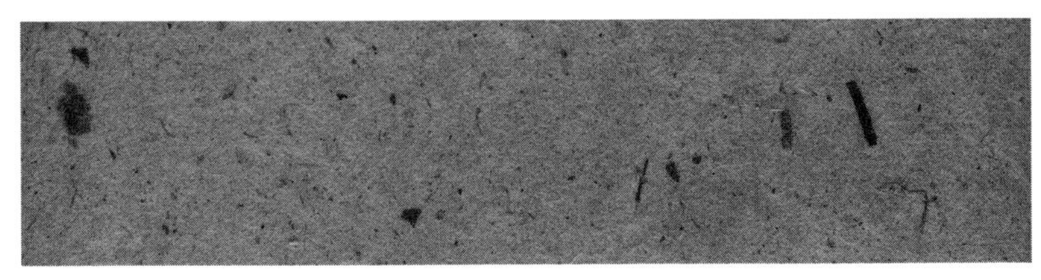

제일 많이 하는 것이 뭐예요, 여기서? 그전에 많이…

- 담배도 했고요, 담배. 담배를 많이 했었지요.

그것도 손이 많이 가잖아요.

- 아이, 많이 가지요. 그것도 품을 사야 되고 이제 그것도 그렇게 했었
는데 그만 지금은 뭐, 그래 이제 노력이 적으니까 이제 자꾸 저기 쉬운
것으로 하느라고 올해(는) 콩 농사를 많이 해 놨는데 작년에 삼만 원씩은,
삼만 원, 사만 원 받았거든 한 말에.

- 그런데 올해는 이 농촌이라는 것이, 이 이것이, 이것이 문제라고. 조
금 낫다면 모두 집중을 하네, 그쪽으로. 그러니 이것이 쌀, 쌀 수밖에 더
있는 거야? 이래서 못 살아요, 더군다나.

너도 나도 같이.

- 그럼 그러니까 낫다고 이제 하니까. 그래 이제 주로 이제 고추라는
것은 이제 뭐 주로 하니까 고추라는 것은.

그럼 여기는 지금 콩 많이 심고 고추.

- 고추, 밤콩, 뭐 기름콩, 뭐 굴친콩, 뭐 흰콩이라는 것.

흰 콩?

- 예, 헤.

- 두부 해 먹고 그러는 것.

두부 해 먹고?

- 어 그렇지 흰콩.

메주 쑤구?

― 예, 메주 쑤능 거, 그기 힌 콩.

방:콩은요?

― 방:콩은 뭐 그 속:태라구[10] 소기 새파라야 약콩이라구 그래 가주구, 그기 좀 빈, 비싸구 그래썬넌대 하두 마:이 해니 머이 되개써유. 머 옥씨기 두 저 저 저 해:두.

― 장녀내년 옥시기 저 해: 가주두 기:약끄멀 띠:구설랑애[11] 장사꾸니 앙 가주 가써유. 날:릴 만내써유, 아주 날릴. 그렁 기 오래넌 뭘, 머 삼십 오 마노이 사:심 마노이 그래넌대 모르개써요, 오래 그르키 되는지.

옥쑤수 싱꾸 또?

― 뭐 팓, 콩 저 팓, 콩.

콩두 아까 질긍콩은 그개?

― 질궁콩애 질금[12] 내: 멍녕 거. 콩나물, 콩나물, 콩나물 그기 질궁콩이여.

파뚜 이꾸.

― 파:뚜 이꾸.

― 인재, 인재 해선 그저낸 다 해찌만 오곡, 오:고기래능 기 인재, 점부 그 오:고기래능 기 그, 그거래요. 콩, 판, 머 녹뚜 으, 머 별거 핸대, 오:고 기래능 기 그르캐 해썬넌대 인잰 쉬:운 대루 해느라구 머 그래유.

― 아:, 참 한심해지.

― 츠:매는 여자 풍깝뚜 이:마농 가덩 기 자꾸 올러가 가주구 이지경이 되구. 지금 와선 기름 깝씨 얼러간대니까루 매:사가 또 다 얼러가니 기름 때무내, 기름 깝씨 얼러가니 매:사가 다 얼러가넌대 농촌 물문먼[13] 싸, 쌍 거래요, 무조끈. 농촌만 주거나능 기지 모:.

― 정부애서 그래서 그기 낭패 아니라구, 낭패라구 그래능 거 아니래요,

메주 쑤고?

ᅳ 예, 메주 쑤는 거, 그것이 흰 콩.

밤콩은요?

ᅳ 밤콩은 뭐 그 속태라고 속이 새파래야 약콩이라고 그래 가지고 그것이 좀 비(싸), 비싸고 그랬었는데 하도 많이 하니 뭐가 되겠어요. 뭐 옥수수도 저 저 저 해도.

ᅳ 작년에는 옥수수 저 해 가지고도 계약금을 떼이고서 장사꾼이 안 가지고 갔어요. 난리를 만났어요, 아주 난리를. 그런 것이 올해는 뭐 뭐 삼십 오만 원이니 사십 만원이니 그러는데 모르겠어요, 올해 그렇게 되는지.

옥수수 심고 또?

ᅳ 뭐 팥, 콩, 저 팥, 콩.

콩도 아까 기름콩은 그것이?

ᅳ 기름콩에 콩나물 내 먹는 것. 콩나물, 콩나물, 콩나물 그것이 기름콩이야.

팥도 있고.

ᅳ 팥도 있고.

ᅳ 이제, 이제 해서 그전에는 다 했지만 오곡, 오곡이라는 것이 이제, 전부 그 오곡이라는 것이 그 그것이에요. 콩, 팥, 뭐 녹두 어, 뭐 별거 하는데 오곡이라는 것이 그렇게 했었는데 이제 쉬운 데로 하느라고 뭐 그래요.

ᅳ 아, 참 한심하지.

ᅳ 처음에는 여자 품삯도 이만 원 가던 것이 자꾸 올라가 가지고 이지경이 되고. 지금 와서는 기름 값이 올라간다니까 매사가 또 다 올라가니 기름 때문에, 기름 값이 올라가니까 매사가 다 올라가는데 농촌 물건만 싼 거예요, 무조건. 농촌만 죽어나는 거지 뭐.

ᅳ 정부에서 그래서 그것이 낭패 아니라고, 낭패라고 그러는 것이 아니

게:두 봐: 준다구 해능 기래는대. 야, 인재 비:루, 비:루 깝쪼차 얼러가니
또 비:루 나 장, 장년 올, 오래 얼러가기 저내 내년 껄 사 나:써요. 사 나:
씨니 그러치 안 사 나:씨먼 내녀내 아이 요소 함 포애 머 마:노니 가느니
을마 가느니 떠들던대 머 머 머 그래니, 야 농사지: 머께써요? 비:루 깝
그러치 머머 우티개 사러 글쌔. 이기 증:기가 저 증:기 기름 때무내 이 매:
사가 다 이러캐 되자너요. 기름, 기름만 안, 갑씨 아널러가먼 다 갠:차는대.

 머 두 배는 올릉 거 가튼대요?

⌐ 글쌔, 그래니 그쌔 매:사가 다 얼러가니 나먼 깝씨구 뭐 뭐 뭐 자:관
기, 기르만 드르가군 머 되능 기 웁:짜너요. 그래니까루 그러구 농초니래
넌 대년 비:루하구 풍깝 인재 단순한 그거지, 그르차나요?

⌐ 그른대 그거뚜 뭐 뭐 갑씨 또 머 그러차너, 글쌔. 그래이 싸자너유.
그래 이: 중는다구 그래지이:. 풍까파, 풍까벌 그쌔 쌀 항 가마 십칠마눠
이나 시팔마눤 파러, 파러 가지구 사:라믈 남자를 하나 살래먼 사:마눠니
나 오:마눤 조여 사넌대:. 거 술 담:배 드르가지:, 새이,[14] 증:심, 오식 미기
여지 따지고 보먼 메 푼 나머요오:.

⌐ 그저내는 쌀 함 말, 그쌔 닫, 닫 저기 으: 쌀 함 마래 푸멀 다써깰 해:
주구, 이러캐 함 말 가따 머그먼 다서깰 해: 주구설랑애 때워 넹기구 그래
써유, 예:저내넌. 그랭 기 그러키 되유.

⌐ 그래니 농촌 물건만 아주 이래키 되니 해꾜두 모: 까르켜유.[15] 여간
싸람 농초내 모: 깔킨다구우:,[16] 니아까애다[17] 해던지 푸멀 팔드래두 도해
지 가 파러여지 되자너어:. 그애 모: 쌀지이:. 그래이까 우리 거튼 늘개이
만 살:구, 절믄 사람덜두 빙:싱 거틍 거나 머 와서 이찌 다: 띠: 나가지,[18]
서우리구 어디구 어딘 가 비러먹뜨래두 다: 나갈라 그래지 농초내서 여기
서 애:덜 가리킬 쑤가 웁짜너어:. 아이 요 점 메 태전만 해두 니아까끌:구
해:두. 중하꾜, 고등해꾜, 대하꾜 다: 가리키써유, 나가서 니아까 끌:구.
차, 차가 그저낸 즈:거짜너, 그래서.

에요. 그래도 봐 준다고 하는 것이라는데. 야, 이제 비료, 비료 값조차 올라가니 또 비료를 나는 작, 작년 올, 올해 올라가기 전에 내년 것을 사 놨어요. 사 놨으니 그렇지 안 사 놨으면 내년에 아이 요소 한 포에 뭐 만 원이 가느니 얼마 가느니 떠들던데 뭐 뭐 뭐 그러니 야, 농사지어 먹겠어요? 비료 값 그렇지 뭐 뭐 어떻게 살아 글쎄. 이것이 전기가 저 전기 기름 때문에 이 매사가 다 이렇게 되잖아요. 기름, 기름만 안, 값이 안 올라가면 다 괜찮은데.

뭐 두 배는 오른 것 같은데요?

˘ 글쎄, 그러니 글쎄 매사가 다 올라가니 라면 값이고 뭐 뭐 뭐 좌우간 기(름), 기름 안 들어가고는 뭐 되는 것이 없잖아요. 그러니까 그리고 농촌이라는 데는 비료하고 품삯 이제 단순한 그것이지, 그렇잖아요?

˘ 그런데 그것도 뭐 뭐 값이 또 뭐 그렇잖아 글쎄. 그러니 싸잖아요. 그러니 이 죽는다고 그러지. 품삯, 품삯을 글쎄 쌀 한 가마니에 십칠만 원이나 십팔만 원(에) 팔아, 팔아 가지고 사람을 남자를 하나 사려면 사만 원이나 오만 워 줘야 사는데 거 술 담배 들어가지, 새참, 점심, 다섯 끼 먹여야지. 따지고 보면 몇 푼 남아요.

˘ 그전에는 쌀 한 말에 글쎄 다섯, 다섯 저기 어, 쌀 한 말에 품을 다섯 개를 해 주고 이렇게 한 말 가져다 먹으면 다섯 개를 해 주고서 때워 넘기고 그랬어요, 예전에는. 그런 것이 그렇게 돼요.

˘ 그러니 농촌 물건만 아주 이렇게 되니 학교도 못 가르쳐요. 여간 사람(은) 농촌에서 못 가르친다고. 리어카로 하든지 품을 팔더라도 도회지에 가서 팔아야지 되잖아. 그러니 못 살지. 그러니까 우리 같은 늙은이들만 살고, 젊은 사람들도 병신 같은 것이나 뭐 와서 있지 다 뛰어 나가지, 서울이고 어디고 어디 가 빌어먹더라도 다 나가려 그러지 농촌에서 여기서 아이들 가르칠 수가 없잖아. 아이, 요 전 몇 해 전만 해도 리어카 끌고 해도 중학교, 고등학교, 대학교 다 가르쳤어요, 나가서 리어카 끌고. 차, 차가 그전에는 적었잖아, 그래서.

그르치요. 예.

ㅡ 차가 즈:그니까루 니아까 끌:구 가:개에 그 한 군, 도: 군대 증:해 노:먼 니아까루 끄, 끄:러가다 배달해 주구 이래먼 이래 가주구 도:니 돼:짜너. 그래서 애덜 가리키구 그래찌. 우리 거틍 건 머 그양 이래 메 푸너치 웁:찌마넌 땅이라:구 이씨니 이래구 그랜대.

ㅡ 난:두 인잰 고만 게 한 사날이구 한 이트리구 이래 꿈저거리먼[19] 병워내 가여 돼:요. 우리보덤 카:드[20] 때무내 그래두 이기 사:능 거지. 예:저내 츠:매 시자캘 째 으리보험[21] 카드를 다: 반:댈 해짜너:. 나버틈두 반:댈 해써유. 도:니 어디써서 농초내서 주너냐 이른대, 게 인 인재 와서넌 잘 되때넌 얘:기지.

그기 더 싸지요?

ㅡ 싸지.

ㅡ 게 모미 아퍼서 다리, 오늘두 병워내 가따 와꿈, 침 마꾸 머 물리치료해구 머:, 양 먹꾸 그래, 가 처노배궈니나 뭐 어, 메 푼 지구설랑애 인재 이거 해니까루 싸:자너요. 차비하구 인재 그 그러쿠. 야, 인 큰 병워는 가며는 으:, 도니 또 마이 드러 카:돌 피로 웁:짜너. 이래니 이 크니라니여 또. 소소항 거넌 시내애 가먼 처노배권, 뭐 무효두[22] 이꾸, 뭐 처노배권 주머넌 되넌대.

ㅡ 그래요. 스: 저:, 저 머여, 끄 저저 이 이: 모:시 저 모교일날 강:사루 간대대 세명대. 저기 저 그 침 논는 사:래미. 거 강:사루 간다 그래대. 모교일날 네: 시. 네: 시 되먼 끈나구 고만 가이 모교일랄만 간다구 그러드라구. 동양하:니원인, 동양하:니원 이워니 게 세:명대 강:사루 간다 그러드라구. 그래 나두 거기두 가서 뜸질해:구, 부왕 부치구 피 빼구 나뿐 피 빼구. 나뿐 피럴 빼니까 좀 나:꾸. 까이 저 가는 침 마저 가주 뜸질해: 가주넌 안 드러 머거요. 게 이 통찡이 오구 자꾸 그래요. 이래 가주 그쌔 한사날 일:해먼 가서 침 마꾸.

그렇지요. 예.

￣ 차가 적으니까 리어카 끌고 가게에 그 한 군(데), 두어 군데 정해 놓으면 리어카로 끌, 끌어다가 배달해 주고 이러면 이래 가지고 돈이 됐잖아. 그래서 아이들 가르치고 그랬지. 우리 같은 것은 뭐 그냥 이렇게 몇 푼어치 없지만 땅이라고 있으니 이러고 그러는데.

￣ 나도 이제 그만 그 한 사날이고 한 이틀이고 이렇게 꿈지럭거리면 병원에 가야 되요. 우리보다는 카드 때문에 그래도 이것이 사는 것이지. 예전에 처음에 시작할 때 의료보험 카드를 다 반대를 했잖아. 나부터도 반대를 했어요. 돈이 어디 있어서 농촌에서 주느냐 이랬는데, 그래 이 이제 와서는 잘 되었다는 얘기지.

그것이 더 싸지요?

￣ 싸지.

￣ 그래 몸이 아파서 다리, 오늘도 병원에 갔다 왔구만, 침 맞고 뭐 물리치료 하고 뭐, 약 먹고 그래, 가 천오백 원이나 뭐 어, 몇 푼 쥐고서 이제 이것 하니까 싸잖아요. 차비하고 이제 그 그렇고. 야, 이 큰 병원은 가면 어, 돈이 또 많이 들어 카드가 필요 없잖아. 이러니 이 큰일 아니야 또. 소소한 것은 시내에 가면 천오백 원, 뭐 무료도 있고, 뭐 천오백 원 주면 되는데.

￣ 그래요. 세:(명대) 저, 저 뭐야, 그 저저 이 이 무엇이 저 목요일 날 강사로 간다더라고 세명대. 저기 저 그 침놓는 사람이. 거기 강사로 간다 그러대. 목요일 날 네 시에. 네 시 되면 끝나고 그만 가니 목요일 날만 간다고 그러더라고. 동양한의원인, 동양한의원 의원이 그래 세명대 강사로 간다(고) 그러더라고. 그래 나도 거기도 가서 뜸질하고, 부황 붙이고 피 빼고 나쁜 피 빼고. 나쁜 피를 빼니까 좀 낫고. 까짓 저 가는 침 맞고 뜸질해 가지고는 안 들어먹어요. 그래 이 통증이 오고 자꾸 그래요. 이래 가지고 글쎄 한 사날 일하면 가서 침 맞고.

무르피요?

⌐ 예:. 그래 이, 이래 해고 무릎 또 이 해면 또 수수럴 헬 싸라면 수수 럴 해여 되자너요. 그렁 거 닫, 근[23] 카드애 안 드러가요.[24] 그기 문재래 요.

카드루 해요. 해는대,

⌐ 해는대 그래 안 써 조:유.

마니 안 써 주지요.

⌐ 안 써 조유. 에이 안 써 조유. 소소항 거 그거뿌니여.

그래잉까 저두 저내 수수를 해꺼든요.

⌐ 예:.

⌐ 안 써 주지유?

아니요. 월래 제가 돈을 내면 천이뱅 마눠늘 조야 되는대,

⌐ 어.

사뱅마눤만 바뜨라구요.

⌐ 어:.

그 카드루 하니까.

⌐ 그 카드.

그건 그르캐 되요. 그르캐 하능 거요. 마니 낼 껄 덜 내능 거지.

⌐ 아, 그지.

예, 그래니까 조그만 병원두 거기는 마니 내능 기 아니구 쪼꼼 내능 거애서 또 까꺼 줘서 쪼꼼 내능 거구.

⌐ 그르캐찌유.

⌐ 그래:서 오래 살:기년 사:넌대 참 머 소:기 시언차나서 잘 몸: 머꾸 이 래여 죽찌, 죽찌넌 안 해요. 다리 아푸구 머: 등이 아푸구 머 이거지. 그 래요.

그거 머 절므셔쓸 때 모믈 마니 쓰셔서 그르치요.

무릎이요?

⁻ 예. 그래 이, 이렇게 하고 무릎 또 이 하면 또 수술을 할 사람은 수술을 해야 되잖아요. 그런 것은 다 그것은 카드에 안 들어가요. 그것이 문제예요.

카드로 해요. 하는데,

⁻ 하는데 그래 안 써 줘요.

많이 안 써 주지요.

⁻ 안 써 줘요. 에이 안 써 줘요. 소소한 것 그것뿐이야.

그러니까 저도 전에 수술을 했거든요.

⁻ 예.

⁻ 안 써주지요?

아니요. 원래 제가 돈을 내면 천이백 만원을 주어야 되는데,

⁻ 예.

사백만 원만 받더라고요.

⁻ 어.

그 카드로 하니까.

⁻ 그 카드.

그것은 그렇게 돼요. 그렇게 하는 거예요. 많이 낼 것을 덜 내는 것이지.

⁻ 아, 그렇지.

예, 그러니까 조그만 병원도 거기는 많이 내는 것이 아니고 조금 내는 것에서 또 깎아 줘서 조금 내는 것이고.

⁻ 그렇겠지요.

⁻ 그래서 오래 살기는 사는데 참 뭐 속이 시원찮아서 잘 못 먹고 이래야 죽지, 죽지는 않아요. 다리 아프고 뭐 등이 아프고 뭐 이것이지. 그래요.

그것은 뭐 젊으셨을 때 몸을 많이 쓰셔서 그렇지요.

⌐ 아아: 그럼요. 말:두 모: 타지유 머. 아이 심자랑 해느라구 바:소고리
가 짜개지드룩 흐걸 즈구 아이 서루 그래썬는대유 머. 그래 여 저 점 월
리미래는 대 여 모 몬, 저기 해:찌마넌 거 하꼬띠기²⁵⁾ 해넌대, 하꼬띠기래
능 기 저 하꼬럴 이르키 짜 가주구설랑애 해:서 그 아내다 한 하꼬 해:서
을마 을마 이르캐 해닝 건대 그걸 하꼬띠기두 해: 바:써유. 그 해:여지유.

뭘로요?

⌐ 지개루. 지 지개루 저여지 바:소고리다가 바:소고릴.

멀, 머를 흐기요?

⌐ 그럼.

흐글 거기다가?

⌐ 야, 파서 질머저서.

으음:.

⌐ 가따가 하꼬애 거기 그러 채워서 지기 을 요기 얼 하나먼 시붜니먼
시붜니다, 배궈님 배궈니다 인재 이래 가주설랑애 인재 그걸 하나꼬 해머
넌 을마나 본:대넌 인재 그거 때매 그래니까 주거나지 몰: 그래유.

그거 해서 머 할라 그래써요.

⌐ 머꾸 사:느라 그래지:.

아니 그 쪼개서는.

⌐ 거 모 모 모 몬, 모뚱 망너라구우: 모뚝.

저수지.

⌐ 예:, 모뚝.

그 못.

⌐ 저수지 모 몬.²⁶⁾

뚱 망느라구?

⌐ 예:.

⌐ 게 여 여기넌, 여긴 여 월림리래넌 대 거기 몬 가 보시써유?

⌐ 아아, 그럼요. 말도 못 하지요 뭐. 아이 힘자랑 하느라고 발채가 찢어
지도록 흙을 지고 아이 서로 그랬는데요 뭐. 그래 여 저 저 월림이라는
데 여 모 못, 저기 했지만 그 상자떼기 하는데, 상자떼기라는 것은 저 상
자를 이렇게 짜 가지고서 해서 그 안에다 한 상자씩 해서 얼마 얼마 이렇
게 하는 것인데 그것을 상자떼기도 해 봤어요. 그 해야지요.

무엇으로요?

⌐ 지게로. 지 지개로 져야지 발채에다가 발채를.

무엇을, 무엇을 흙이요?

⌐ 그럼.

흙을 거기에다가?

⌐ 예, 파서 짊어져서.

예.

⌐ 가져다가 상자에 거기 그렇(게) 채워서 지기 얼(마) 요것이 얼(마) 하나
면 십 원이면 십 원이다, 백 원이면 백 원이다 이제 이래 가지고서 그걸 한
상자 하면 얼마나 번 다는 이제 그것 때문에 그러니까 죽어나지 뭘 그래요.

그것을 해서 뭐 하려고 그랬어요.

⌐ 먹고 사느라고 그러지.

아니 그쪽에서는.

⌐ 거 모 모 모 못, 못 둑 막느라고 못 둑.

저수지.

⌐ 예, 못 둑.

그 못.

⌐ 저수지 못, 못.

둑 막느라고?

⌐ 예.

⌐ 그래 여 여기는, 여기는 여 월림리라는 데 거기 못 가 보셨어요?

예, 예.

￣걷 걱 그기 우, 우리내가 질, 질머저서 하꼬띠길 해 가주설랑애 그 마
꾸. 구루마 또 외구룸 저 나무 구루마럴 해:서 나무럴 이 팔뚝 거틍 거럴
해서 이: 가주설랑애 나묻, 나무때기[27] 바꾸럴 이러캐 해: 가주구 해:서 구
루말 해:서 굴:리[28] 가서 하나꼬애 얼마 그르캐 해서 채응 거래유, 그기.

으음:, 그르캐 하싱 거구나.

￣아이구 머 상: 거 머, 애:기 햄 머, 몰:러유. 이저버링 거뚜 만치 머, 그
래니. 헤헤헤헤.

예, 예.

⎯ 거 그, 그것이 우리네가 짊어져서 상자떼기를 해 가지고서 그 막고. 달구지 또 외달구(지) 저 나무 달구지를 해서 나무를 이 팔뚝 같은 것을 해서 이어 가지고 나무, 나무 바퀴를 이렇게 해 가지고 해서 달구지를 해서 굴려 가서 한 상자에 얼마 그렇게 해서 채운 것이에요, 그게.

예, 그렇게 하신 것이구나.

⎯ 아이고 뭐 산 거 뭐, 얘기하면 뭐, 몰라요. 잊어버린 것도 많지 뭐, 그러니. 헤헤헤헤.

1) '푸생기'는 예전에 비료가 풍부하지 않을 때 모내기를 하기 전에 산에서 갈 잎을 뜯어다가 논에 고루 펴 넣고 물을 댄 다음 써레질을 해서 갈잎과 풀이 흙에 덮이도록 하여 풀은 죽고 갈잎은 썩게 하는 일을 '푸생기'라고 하고 그렇게 하는 것을 '푸생기 친다'고 한다. 주로 '친다'와 함께 관용적으로 쓰인다. '푸생기'는 충북 지역에 넓게 분포하여 쓰이는데 이에 대응하는 표준어가 없다. 중앙어에서 '마른 논을 써레로 썰고 나래로 골라 흙을 부드럽게 고르는 일'을 뜻하는 '건삶이'에 해당하는 이 지역 방언형(충북 방언형)이 '건생기'라는 점을 고려하면 '푸생기'의 대응 표준어는 '푸삶이'라고 할 수 있으나 사전에 등재되어 있지 않다. 참고로, 중앙어에서는 '논에 물을 대서 써레질을 하고 나래로 고르는 일 또는 물을 대어 써레질을 한 논'을 '무삶이'라고 한다. 〈표준국어대사전〉에 의하면 중앙어에서는 '번지'와 '나래'가 별개 종류의 농기구로 설명되어 있는데 충청도 방언에서는 중앙어의 '나래'만을 '번지'라고 한다. 따라서 '번지단다'고 하면 써레에 송판을 대어 논을 판판하게 고를 수 있도록 준비한다는 뜻으로도 쓰이고, 써레에 송판을 대어 논을 판판하게 고른다는 뜻으로도 쓰인다. 그런데 '번지 달았다'고 하면 송판을 대어 논을 판판하게 고를 준비를 했다는 뜻보다는 논을 판판하게 골랐다는 뜻으로 쓰인다는 점에서 이때의 '번지 달았다'는 번지로 논을 판판하게 골랐다는 의미로만 쓰이는 '번지친다'나 '번지쳤다'의 뜻이 된다. 대신에 써레에 송판을 대어 논을 판판하게 고를 수 있게 준비한다는 뜻으로는 '번지를 붙이다'와 '번지를 얹는다'를 써서 '쓰레에 번지를 붙있다', '쓰레에 번지를 붙이라'와 같이 쓰거나 '쓰레에 번지를 얹는다'와 같이 쓰인다.

2) '뚜거지'는 나무를 베고 남은 그루터기 둘레에 돌려난 새순을 뜻하는 이 지역 방언이다. 그루터기 둘레에 돋은 새순을 해마다 베거나 따 내면 그루터기의 베어낸 부분이 뭉툭하게 되는데 봄이 되면 여기에 새순이 돋아난다. 나무를 베어낸 밑동의 지름이 2~3cm에서부터 5~10cm 정도 되는 베어낸 자리에소 봄에 새순이 소복하게 돋아나는데 이것을 '뚜거지'라고 한다. 밑동이 가는 줄기를 낫으로 베고 남은 그루터기 여럿이 모여 있는 부분에 새로 돋아나는

새순도 '뚜거지'라고 한다.

3) '건생기'는 중앙어의 '건삶이'와 유사하다. 중앙어의 '건삶이'는 마른논을 써 레로 썰고 나래로 골라 흙을 부드럽게 고르는 일을 뜻한다. 그런데 이 지역 을 비롯한 충북 방언에서는 모내기를 하기 전에 갈잎을 뜯어다가 논에 펴고 논을 간 다음에 물을 대고 큰 흙덩어리들을 깨는 일을 '건생기'라고 하고, 그 렇게 하는 것을 '건생기 친다'고 한다는 점에서 중앙어와 의미 차이가 있다. 논을 갈아서 물을 대고 큰 흙덩어리 정도만 깨지도록 애벌 삶는 일을 '건생 기'라고 하고 그렇게 하는 것을 '건생기 친다' 또는 '건상기 친다'고 한다.

4) '매기'는 표준어의 '삯메기'와 비슷한 의미를 갖지만 얼마간의 차이가 있다. 중앙어의 '삯메기'는 농촌에서, 끼니는 먹지 않고 품삯만 받고 하는 일을 가 리킨다. 이에 비해 이 지역 방언의 '매기'는 끼니나 새참 등은 주인이 제공하 지 않는 조건으로 일정한 면적에 대하여 하루에 하든 이틀에 하든 기간은 정하지 않고 일정한 돈을 받기로 하고 떼어 맡아서 하는 일을 의미한다. 즉 일정한 돈을 주기로 하고 어떤 일을 떼어 맡기는 일을 '매기'라고 한다. 충청 도에서는 흔히 '논매기 한다', '모 심는 걸 매겼다', '논매기를 준다'와 같이 논일 에 주로 쓰이는데 '버리 비는 걸 매겼다'와 같이 밭일에도 쓰인다. 특히 모심는 일을 떼어 맡아 일을 할 때는 '고지 먹는다'고 한다.

5) '훔지다'는 중앙어 '훔치다'에 대응하는 이 지역 방언형이다. 모를 심은 논에 난 풀을 호미로 매거나 긁어서 흙과 함께 뒤집어 놓았던 것을 손으로 긁으 면서 평평하게 하거나 풀을 흙 속으로 쑤셔 넣으면서 매는 것을 '훔진다'고 한다.

6) '엉크러캐'는 '엉크렇다'의 활용형 '엉크렇게'의 음성형이다. '엉크렇다'는 논이 나 밭이 매끄럽거나 평평하지 않은 모양 또는 베어놓은 풀이나 볏단 등이 가지런하지 않고 엉성한 모양을 뜻하는 말이다. 예문에서는 모내기 한 논에 난 풀을 호미로 매면서 풀을 흙으로 덮기 때문에 그 부분이 덩이져 있거나 불룩하게 솟아 있어 매끄럽거나 평평하지 못하다는 뜻으로 쓰였다.

7) '아이'는 같은 일을 여러 차례 거듭하여야 할 때에 맨 처음 대강하여 낸 차 례를 의미하는 중앙어 '애벌'에 대응하는 이 지역 방언형이다. 이 지역 방언 의 '아이'나 중앙어 '애벌'의 '애'는 '처음'을 뜻하는 중세국어 '아ᅀᅵ'(訓蒙字會 下:12)에 소급한다. 논이나 밭을 맬 때는 '아이 맨다'고 하고, 빨래를 할 때는 '아시 빤다' 또는 '아이 빤다'고 하고 그런 빨래는 '아시 빨래' 또는 '아이 빨래' 라고 한다.

8) '즈:서'는 중앙어 '젓다'에 대응하는 이 지역 방언 '즛:다'의 활용형이다. 중앙
어 '젓다'가 이 지역에서는 '즛는다, 즛게, 즛지, 즛구, 즈서, 즈니깨'와 같이
활용하는 ㅅ불규칙 용언이다. 이 지역 방언에서는 어두음절의 모음 '어'가
장음으로 실현되면 고모음화하여 '으'로 실현되는 특징이 있는데 '젓:다'가
'즛:다'로 실현되는 것도 같은 현상이다.

9) '방콩'은 중앙어 '밤콩'에 해당하는 이 지역 방언이다. 빛깔이 검고 맛은 밤
맛과 비슷하며 꽤 굵은 콩이다. 껍질은 검고 속이 푸른색을 띠는 것을 좋은
품질로 친다.

10) '속태'는 껍질이 검은 '밤콩' 가운데 속이 푸르스름한 빛을 띠는 것을 일컫는
말이다. 이 지역에서는 '밤콩' 가운데 품질이 특히 우수한 것을 '속태'라고 한다.

11) '띠:다'는 중앙어 '떼이다'에 해당하는 이 지역 방언형이다. '떼이다'는 '떼다'
의 어간에 피동접사 '-이-'가 결합된 형태다. '띠다'는 피동사 '떼이다'의 어두
음절 모음 '에'가 '이'로 고모음화한 다음 동일모음이 축약된 결과로 해석된
다. 즉 '떼+이+다→띠이다→띠다'의 과정을 거친 것으로 '띠다, 띠구, 띠지,
띠, 띠니깨' 등과 같이 활용한다.

12) '질금'은 이 지역 방언에서 두 가지 의미로 쓰인다. 하나는 예문에서와 같이
'콩나물'의 뜻으로 쓰이고 다른 하나는 '엿기름'의 뜻으로 쓰인다. '엿기름'의
뜻으로 쓰이는 '질금'은 보리를 물에 담가 싹을 틔워 만든다.

13) '물문먼'은 '물견만'의 잘못이다. 중앙어 '물건'에 해당하는 이 지역 방언은
'물견'인데 이것을 제보자가 잘못 발음한 것이다.

14) '새이'는 중앙어 '새참'에 대응하는 이 지역 방언이다. 농부나 일꾼이 끼니와
끼니 사이에 먹는 음식 또는 그 음식을 먹을 무렵을 뜻하는 말이다. '새이'로
먹는 음식은 주로 술이나 국수 등이다. '새이'를 먹을 무렵을 '새이' 또는 '새
이때'라고도 한다.

15) '가르키다'는 중앙어 '가르치다'에 대응하는 이 지역 방언이다. 이 지역 방언
에서는 '가르치다'의 뜻으로 '가르키다' 외에 '가르키다'가 축약된 '갈키다'도
쓰이고 '가리키다'와 '가르치다'도 쓰인다. 충청도 방언에서는 '갈키다'의 구개
음화형인 '갈치다'도 쓰인다. 주 16) 참조.

16) '모:깔킨다구우:'는 '못 갈킨다구::'의 마지막 음절이 길게 발음되는 것을
두 음절로 표기한 것이다. '갈킨다'는 중앙어 '가르친다'에 해당하는 이 지역
방언으로 '가르키다'가 축약된 형태다. 주 15) 참조.

17) '니아까'는 자전거 뒤에 달거나 사람이 끄는, 바퀴가 둘 달린 작은 수레다.

외래어 표기법에 의하면 '리어카(rear car)'가 되는데 두음법칙에 의해 '니아까'로 발음한 것이다. '손수레'로 순화하였다.

18) '띠 나가지'는 중앙어 '뛰어 나가지'에 대응하는 이 지역 방언형이다. '띠다'는 중앙어 '뛰다'에 대응하는 방언형이다. '띠: 나가다'의 '띠:'는 '뛰다'의 어간 '뛰-'가 단모음화한 '띠-'에 연결어미 '-어'가 결합된 형태로 해석된다. 이 지역 방언에서는 어간말음이 모음 '이'로 끝나는 경우 연결어미 '-어'가 연결될 때 어미 '-어'가 생략되는 대신 보상적으로 장모음화하는 현상이 있는데 '띠:'도 이 경우에 해당한다.

19) '꿈저거리먼'은 이 지역 방언형 '꿈적거리다'의 활용형이다. 중앙어에서는 '꿈적거리다'가 '몸을 둔하고 느리게 자꾸 움직이다'의 뜻을 가지지만 예문에서 보듯이 방언에서는 둔하고 느리다는 뜻은 없고 '몸을 움직여 일을 하다'의 뜻으로 쓰인다. 충청도 방언에서 '몸을 둔하고 느리게 자꾸 움직이다'의 뜻으로는 주로 '꿈적꿈적하다'가 쓰인다.

20) '카드'는 '의료보험 카드'를 이르는 말이다.

21) '으리보험'은 '의료보험'을 뜻하는 말로 제보자의 개인어다.

22) '무효'는 '무료'의 잘못이다. 제보자의 개인어다.

23) '근'은 '그것은'의 축약형이다. '그것은→그건→근'의 과정을 거친 걸으로 이해된다.

24) '카드에 안 들어간다'는 말은 의료보험 카드를 이용하여 치료할 수 없다는 뜻이다. 즉 의료보험의 적용이 안 된다는 뜻이다.

25) '하꼬띠기'는 '하꼬+띠기'로 분석된다. '하꼬'는 '상자(箱子)'의 일본말이고 '띠기'는 앞에 오는 말을 단위 조건으로 하여 매매하거나 일정한 비용을 쳐 줄 때 쓰이는 중앙어 '떼기'에 해당하는 이 지역 방언형이다. '하꼬띠기'는 한 상자에 얼마씩 받기로 하고 하는 일을 가리킨다. 따라서 하루 일한 대가로 품삯을 받는 일당과는 달리 일을 한 상자의 수효만큼 돈을 받는다. 참고로 '차띠기루 팔었다(차떼기로 팔았다), 가마이띠기를 했다(가마니떼기를 했다)'고 하면 각각 '차 한 대 분량당 얼마씩 쳐서 팔았다'와 '한 가마니에 얼마씩 받기로 하고 일을 했다' 또는 '한 가마니에 얼마씩 받았다'의 뜻이 된다.

26) '몯'은 '못(池)'의 음성형이다. '저수지'가 '못'보다 큰 것인데 이 지역에서는 '못'과 '저수지'를 뚜렷하게 구별하지 못하는 것으로 보인다. 아주 작은 것만 '연못'이라고 하는데 이것도 본래의 뜻인 '연꽃을 심은 못'이라는 뜻에서 의미가 전와(轉訛)되어 '작은 못'이라는 정도의 의미로 쓰인다.

27) 〈표준국어대사전〉에는 '나무때기'를 조금 길고 가느다란 나뭇조각으로 뜻풀
    이하고 있으나 이 지역 방언(충북 방언)에서는 조금 길고 가느다란 것뿐만
    아니라 둥근 것과 넓은 것, 납작하고 좁다란 것 등 재료로서의 나무를 통틀
    어 일컫는다. 또한 '나무때기'의 '때기'는 '송판때기, 양철때기, 상판때기' 등에
    서와 마찬가지로 비하의 뜻을 가지고 있다. 따라서 '나무때기'는 '나무를 속
    되게 이르는 말'로 쓰인다.

28) '굴리'는 중앙어 '굴리다'의 활용형 '굴리-어'의 이 지역 방언형이다. 이 지역
    방언에는 어간의 끝 음절이 '이' 모음으로 끝나는 경우 연결어미 '-어'가 결합
    되면 이 어미를 생략하는 특징이 있는데 '굴리-다'도 이러한 예에 속한다. 어
    간 말음이 모음 '이'로 끝나는 용언 어간에 연결어미 '-어'가 결합되면 어간말
    모음과 이 어미가 축약되면서 어미를 생략하는 특징은 경상도 방언의 영향을
    받을 것으로 보인다.

일생 의례

하라버니믄은 성함이 어트개 되새요?

⎯ 내가요?

예.

⎯ 난 저 어:씨래요. 고기 어짜.

고기 어짜.

⎯ 예:, 우리 저 함종 어간대 저:기,

함정?

⎯ 중국, 중국 중, 중국 함종이 이써유.

예, 예.

⎯ 중국 함종이래는대.

예, 예.

⎯ 거기서 와끼 때매 함종 어씨래유.

예.

⎯ 그, 그 충주 어씨가 이써유, 또. 충주 어씨가 지 어씨가 충주 어씬대 인재 그:: 선대애서 하라부지내가 해 잡쑤써요. 인재 베시럴 해 잡썬넌대 지씨가 비누리 예:저내 여기 저드래이예[1] 지씨가 이써때요, 콩: 기. 그래서 '넌 고기 어짜럴 맨드러여 된다' 그래 가주 그 지씨가 지 어씨루다 충주 어씨가 돼:써유. 제천두 충주 어씨가 이써유. 우리넌 만:, 만:창쿠요.[2] 서우래 인재 줌 망:쿠. 인재 각 처애 벌써 만:차너요, 우리는 소:니.

그러면, 그러구 함짜는 어트개 대요?

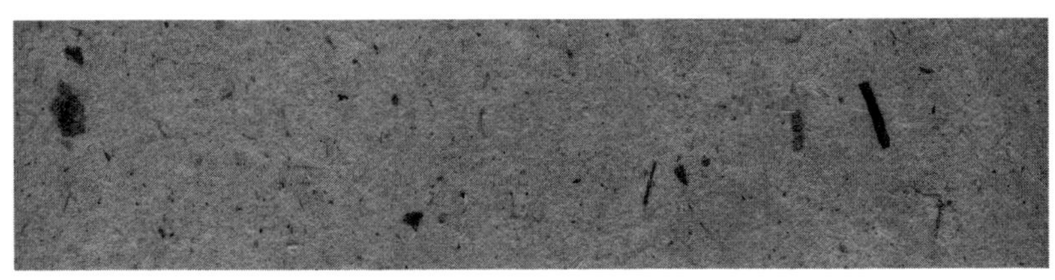

할아버님은 성함이 어떻게 되시나요?

¯ 나요?

예.

¯ 나는 저 어씨예요. 고기 어자.

고기 어자.

¯ 예, 우리 저 함종 어가인데 저기,

함정?

¯ 중국, 중국 중, 중국에 함종이 있어요.

예, 예.

¯ 중국 함종이라고 하는데.

예, 예.

¯ 거기에서 왔기 때문에 함종 어씨예요.

예.

¯ 그, 그 충주 어씨가 있어요, 또. 충주 어씨가 지 어씨가 충주 어씨인데 이제 그 선대에서 할아버지가 해 잡수셨어요. 이제 벼슬을 해 잡쉈는데 지씨가 비늘이 예전에 여기 겨드랑이에 지씨가 있었대요, 큰 것이. 그래서 '너는 고기 어자를 만들어야 된다' 그래 가지고 그 지씨가 지 어씨로 충주 어씨가 되었어요. 제천에도 충주 어씨가 있어요. 우리는 많, 많지 않고요. 서울에 이제 좀 많고. 이제 각 처에 벌써 많지 않아요, 우리는 손이.

그러면, 그리고 함자는 어떻게 되요?

⌐ 내가유? 야:이, 삼시 변애 기:령 해써유.

삼시 변?

⌐ 삼.

삼수 변애 길 영짜?

⌐ 자맥찔핼 룡:, 자맥찌랠 룡:, 모: 쏘짜.

몯 소?

⌐ 예:.

삼수 변애.

⌐ 예:, 고기가,

예:.

⌐ 인재: 고기, 고기 고기가,

으음:.

⌐ 저: 모, 모새서 자맥찌럴 해구 이따. 그래선 내 이르멀 읃:소라구[3] 그
러키 지:써유.

예.

⌐ 게 고기가 모새서 자맥찔 핼 룡:이니까 자맥찔 해구 그러키 징: 거래
유.

이름 조으시내요.

⌐ 머 조음 몯: 해유. 이러가 사이, 살:두 모:태구 이지가서 먀:넌 누무개
머이 조어유, 조키넌. 흐흐.

예.

연세는 이른 일고비라 그르셔찌요?

⌐ 예:.

그러면 이십, 이십 면 년생이요? 이십 팔년 생?

⌐ 그르치유.

무슨 띠시지요?

- 나요? 아이 삼수 변에 길 영 했어요.

삼수 변?

- 삼.

삼수 변에 길 영자?

- 자맥질할 영, 자맥질할 영, 못 소자.

못 소?

- 예.

삼수 변에.

- 예, 고기가,

예.

- 이제 고기, 고기 고기가,

예.

- 저 못, 못에서 자맥질을 하고 있다. 그래서 내 이름을 영소라고 그렇게 지었어요.

예.

- 그래 고기가 못에서 자맥질 할 영이니까 자맥질 하고 그렇게 지은 것이래요.

이름 좋으시네요.

- 뭐 좋으면 뭐 해요. 이렇게 사니, 살지도 못하고 이렇게 하고 마는 놈의 것이 뭐가 좋아요, 좋기는. 흐흐.

예.

연세는 일흔 일곱이라고 그러셨지요?

- 예.

그러면 이십, 이십 몇 년 생이에요? 이십 팔년 생?

- 그렇지요.

무슨 띠시지요?

⁻ 그래이까 원 원, 원 머시끼루넌[4] 경오생이 되구.

경오생, 예.

⁻ 어: 경호생우루 되유. 경오생 말띠.

말띠.

⁻ 에.

생녀눠리는 어트개 되시는대요?

⁻ 시비뤨: 따리래유.

시비뤨 딸.

⁻ 동진딸.

음력으로?

⁻ 예:.

⌐ 그러니까 원 원, 원 무엇으로는 경오생이 되고.

경오생, 예.

⌐ 어 경오생으로 돼요. 경오생 말띠.

말띠.

⌐ 예.

생년월일은 어떻게 되시는데요?

⌐ 십일월 달이에요.

십일월 달.

⌐ 동짓달.

음력으로?

⌐ 예.

하라버지는 그 시눨리애서 태어나시구,

￣ 예, 나:끼.

선친두 거기서 태어나셔써요?

￣ 거 하라부지가 그저내 거기 기:시써찌유, 그저내:.

으음:.

￣ 딴 대서 글루 오시찌: 그래니까. 나만 나:서 인재 거, 거기서 일곱 쌀 머거 이, 이사럴 일리 와때는 거시지 머.

하라버진 하라번니믄 그러면 그러잉까 하라버지애 조부, 조부 되시는 부는.

￣ 다: 여 여워선 저기 모신써요.

으음:.

￣ 여기다 모시써.

이쪼그루 오셔서 도라가션나 보내요.

￣ 야, 야 예.

그럼 그 저내는 어디서 사셔써요?

￣ 그저낸 그: 안쌔워리라는대[5] 거 대해꼬. 저내, 거기 거 선대 하라부지 두 기시썬넌대 산소 한 장두 윙기라 그래서 그거 윙깅 걸.

왜요? 하꼬 때무내?

￣ 거 하꼬: 때무내 거 모:띠르가니까.

으음:.

￣ 거 윙기짜너.

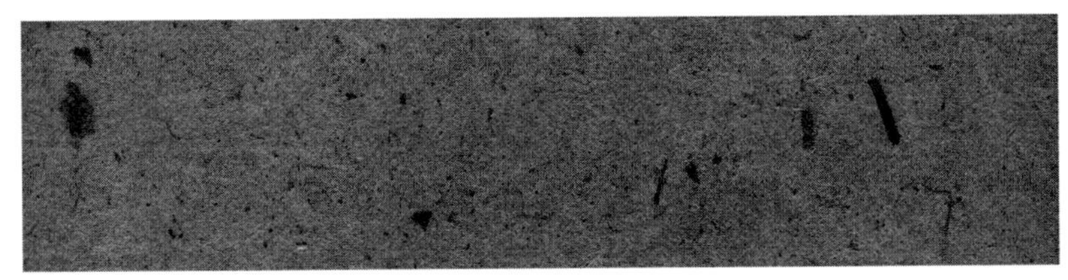

할아버지는 그 신월리에서 태어나시고,

⎺ 예, 낳기(는).

선친도 거기에서 태어나셨어요?

⎺ 거기 할아버지가 그전에 거기 계셨었지요, 그전에.

예.

⎺ 다른 데서 그리로 오셨지 그러니까. 나만 낳아서 이제 거기, 거기서 일곱 살 먹어 이, 이사를 이리 왔다는 것이지 뭐.

할아버지는 할아버님은 그러면 그러니까 할아버지의 조부, 조부 되시는 분은.

⎺ 다 여, 여의어서 저기 모셨어요.

예.

⎺ 여기에 모셨어.

이쪽으로 오셔서 돌아가셨나 보네요.

⎺ 야, 예.

그러면 그전에는 어디에서 사셨어요?

⎺ 그전에는 그 안새월이라는 데 거 대학교. 전에, 거기 거 선대 할아버지도 계셨었는데 산소 한 장도 옮기라고 그래서 그것 옮긴 걸.

왜요? 학교 때문에?

⎺ 거기 학교 때문에 거기 못 들어가니까.

예.

⎺ 거기 옮겼잖아.

그럼 태생은 안새워리라구 하는,

‾ 나넌 태생이 거기래유.

신월리구.

‾ 예.

‾ 게: 여 와서 느꾸 인능 기지유 머. 그래구유.

여기 와서 칠씸 년 사션내. 거기서 일곱 살 때 오셔쓰니까.

‾ 그러치유.

으음:

그럼, 뭐 말, 저 말띠라 그러셔짜너요, 경오생이시고.

‾ 예, 예. 경호생.

그럼 여기 와서 크싱 거구.

‾ 아이 여그서 사.

예.

‾ 느꾸 고만 주걷찌, 여기서 중넝 기지 머.

하꾜는 어디 다니셔써요?

‾ 하꾜 내 고까이도라구[6] 왜정 때, 겐 느깨 가찌. 연상소[7] 때매 그뚜 가찌.

예?

‾ 연상소.

아:, 예.

‾ 왜정 때.

예.

‾ 연상소 해먼 데려가짜너:. 군대 가구 여:자두 데려가구 연상소 여자 연상소두 데려가짜너:.

‾ 왜정 때.

예.

그러면 태생은 안새월이라고 하는,

⎺ 나는 태생이 거기예요.

신월리고.

⎺ 예.

⎺ 그래 여기 와서 늙고 있는 거지요 뭐. 그러고요.

여기 와서 칠십 년 사셨네.

⎺ 그렇지요.

아 아.

그럼, 뭐 말, 저 말띠라고 그러셨잖아요, 경오생이시고.

⎺ 예, 예. 경오생.

그럼 여기 와서 크신 것이고.

⎺ 아이 여기서 사.

예.

⎺ 늙고 그만 죽었지. 여기서 죽는 것이지 뭐.

학교는 어디 다니셨어요?

⎺ 학교 내 공회당이라고 왜정 때, 그래 늦게 갔지. 연상소 때문에 그것
도 갔지.

예?

⎺ 연상소.

아, 예.

⎺ 왜정 때.

예.

⎺ 연상소 하면 데려갔잖아. 군대 가고 여자도 데려가고 연상소 여자 연
상소도 데려갔잖아.

⎺ 왜정 때.

예.

˚ 고 강 기지 저기 여자더런 가서 시사해짜너어:. 고, 고 저기 보:수 왜 저기 일번 눔더리 군, 군인 인는데 가짜너어:. 여자럴 여자럴 연.

위안부라고 그러는 거 마리지요?

˚ 거 연사, 연상소:.

예.

˚ 여자 연상소 시집 안 보낼라 그래이 나이 마:너두 그래서 시집 보내구 그랭 거여 그기.

으음:.

˚ 일번 눔 군인 인년대 보내줘짜너:.

그러치요. 예.

˚ 연상소 해간, 보내 가주구 여자더런.

예, 예.

˚ 남자더런 으, 부국 저 가서.

군대.

˚ 군대 가년, 군대두 앙 가구 부국때루[8] 가능 거여 그게 부국때.

예.

˚ 일:해러 강 거여 구닌덜.

˚ 그눔드리 그르키 아캐개 지도캐개 핸 눔 새끼더리여, 그기 일번 눔드리.

그때 하꾜는 면 년 다니셔써요?

˚ 면 년, 머 한 이:.

˚ 한 이:년 댕기다 마런나? 한 이:년 댕….

으음:.

˚ 이:년 댕기다 말:개 고까이도라구 이써써 고까이도 이: 아래. 해꾜 공회당, 공회당얼 고까이도라 그래따구.

예.

˚ 거기 댕기다가 동막 핵꾜가 생기 가주구 그리 증:그늘 해써유. 내가

˼ 그 간 것이지 저기 여자들은 가서 시사했잖아. 그, 그 저기 보수 왜 저기 일본 놈들이 군, 군인 있는데 갔잖아. 여자를, 여자를 연(상소).

위안부라고 그러는 것 말이지요?

˼ 그 연사, 연상소.

예.

˼ 여자 연상소 시집 안 보내려고 그러니 나이 많아도 그래서 시집보내고 그런 거야 그것이.

예.

˼ 일본 놈 군인 있는데 보내줬잖아.

그렇지요. 예.

˼ 연상소 해깄, 보내 가지고 여자들은.

˼ 남자들은 어, 보국(대로) 저 가서.

군대.

˼ 군대 가는, 군대도 안 가고 보국대로 가는 거야, 그것이 보국대.

예.

˼ 일하러 간 거야 군인들.

˼ 그놈들이 그렇게 악하게 지독하게 한 놈 새끼들이야, 그것이 일본 놈들이.

그때 학교는 몇 년 다니셨어요?

˼ 몇 년, 뭐 한 이(년).

˼ 한 이년 다니다 말았나? 한 이년 다니….

예.

˼ 이 년 다니다 말았는데 공회당이라고 있었어, 공회당 이 아래. 학교 공회당, 공회당을 고까이도라고 그랬다고.

예.

˼ 거기 다니다가 동막 학교가 생겨 가지고 그리로 전학을 했어요. 내가

그리 가따꾸. 유캉녀느루 드르가따구. 가서 성탄눅 캐다가 해방 되:써.

그럼 머 한 삼 년 다니다가 마르싱 거내.

ˉ 삼 년두 모:댕기찌 머.

으음:.

ˉ 한 일런 여기서 공회당애, 그 함:무늘 노인내가 가리킬래니 혼자 그쌔 이기 좀 배울라 해먼 동무더리[9] 와서 어, 우리 또래가 와서 불러내니 주거두 마저 뒤저두[10] 가 나가야 된:다구. 그래니까루 부모덜한태 뚜디리 마꾸 몽댕이 뜸질 해구 이 지경우루 사라짜너. 그래니 공부가 모이 돼. 거기두 으, 하날 데리구 해지 말:구 한 서넌만 데리씨믄 내가 착씰해개 함:무늘 잘 배워찌이:.

그르치요. 다 노는대 혼자만.

ˉ 그래니 글쌔 자꾸 불러내:니 모이가 돼 그래. 고 자꾸 뜀박찔[11] 해:구 도러댕기개 되니, 그래니까 고만.

그때가 멷 쌀쯤 되써요?

ˉ 그때 머 머 머, 한 여 저이, 여이 저기 일고 여덜 머, 열 쌀 그, 그때 그, 그시기지 머 머 머. 지금 여 여, 여기 저 여 공회당애 댕긴 저 궁민해꾜 댕기던 사람더리 저 공회당 선상해구 그래짜너:.

예.

ˉ 그 초동하꾜 선상두 해구 다: 그래썬는대 머.

그래두 뭐 글 쓰시고 뭐 이렁 건 다: 배우셔쓰꺼 아니요?

ˉ 아이 머 배워두 다: 그렁 거 생가캐구, 머꾸 사:느라구.

ˉ 다이 그 공부래능 기 냉정해:.

예.

ˉ 냉정해다구. 다: 이저버리써유, 다 이저버려. 이저버리개 매려니여.

그쌔 어른드리 절믄 애들한태 맨날 공부두 때가 이따 그래는대 애들이.

ˉ 아이그: 그럼 때.

그리 갔다고. 육학년으로 들어갔다고. 가서 성탄욕 캐다가 해방 됐어.

그럼 뭐 한 삼 년 다니다가 마신 것이네.

ㅡ 삼 년도 못 다녔지 뭐.

예.

ㅡ 한 일 년 여기에서 공회당에(서), 그 한문을 노인네가 가르치려니 혼자 글쎄 이것이 좀 배우려고 하면 동무들이 와서 어, 우리 또래가 와서 불러내니 죽어도 맞아 돼져도 가 나가야 된다고. 그러니까 부모들한테 두드려 맞고 몽둥이찜질 하고 이 지경으로 살았잖아. 그러니 공부가 뭐가 돼. 거기도 응, 하나를 데리고 하지 말고 한 서넛만 데리고 했으면 내가 착실하게 한문을 잘 배웠지.

그렇지요. 다 노는데 혼자만.

ㅡ 그러니 글쎄 자꾸 불러내니 뭐가 돼 그래. 거 자꾸 뜀박질 하고 돌아다니게 되니, 그러니까 그만.

그때가 몇 살쯤 되었어요?

ㅡ 그때 뭐 뭐 뭐, 한 여 저, 여이 저기 일곱 여덟 뭐 열 살 그 그때 그 그식이지 뭐 뭐 뭐. 지금 여여 여기, 저 여기 공회당에 다닌 저 국민학교 다니던 사람들이 저 공회당 선생하고 그랬잖아.

예.

ㅡ 그 초등학교 선생도 하고 다 그랬었는데 뭐.

그래도 뭐 글 쓰시고 뭐 이런 것은 다 배우셨을 거 아니에요?

ㅡ 아이 뭐 배워도 다 그런 것 생각하고, 먹고 사느라고.

ㅡ 다 그 공부라는 것이 냉정해.

예.

ㅡ 냉정하다고. 다 잊어버렸어요, 다 잊어버려. 잊어버리게 마련이야.

글쎄 어른들이 젊은 애들한테 매일 공부도 때가 있다 그러는데 애들이.

ㅡ 아이고, 그럼 때.

몰 아라 드짜나요.

￣ 아이 거 때가 이찌이: 그럼. 건 당연핸 얘기래요. 그래요, 근 만넌 얘기여.

그리구 그때 그럼 인제 그르캐 하구 군대는 가따 오셔써요?

￣ 군대 나 앙 가써유, 군대럴. 절라도 군산꺼정 가따 와찌. 이 손꼬라걸이, 이 이래 되짜너요. 이기 왜 그르캐 된:냐 하머넌 작뚜.

예.

￣ 왜정 때, 게 어무니가 아부지넌 일:해러 가시구 소 미길래니[12] 여무리 웁:써따넌 얘기여. 그래서 내가 이 북띠기를[13] 미기넌대[14] 강키 드르 가주 이 쪼개저서 이러케 되써유. 그래 가주 군대 앙: 가써. 그래 절라도 군산 홀:련소애꺼정 가따가 떠러저 와찌.

으음:.

￣ 그래서 앙 가:찌. 그래자늠[15] 가구 말구 머 머 머. 그때 가 주건, 주건 넌지 사런넌지두 모:르능 걸, 몰:르지 그러캐.

그때가 면 년돈대요?

￣ 고때 뭐 뭐 뭐 저 한 이:십 시저리니까.

육, 육 유기오 지나궁가요?

￣ 유기오, 유기오 저니지. 전, 저내.

전애요?

￣ 그럼. 해: 가주설랑애 유기, 유기오 때 저기 저 즌:장이 을:마나 쎄:써:.

예.

￣ 군대 가구 그때 그랭걸요.

으음:.

￣ 그 저니지요.

그럼 저 그리구 나서는 게속 여기서 인재 농사지꾸 사신 거내요?

못 알아듣잖아요.

ㅡ 아이 거 때가 있지 그럼. 그것은 당연한 얘기예요. 그래요, 그것은 맞는 얘기야.

그리고 그때 그럼 이제 그렇게 하고 군대는 갔다 오셨지요?

ㅡ 군대 나 안 갔어요, 군대를. 전라도 군산까지 갔다 왔지. 이 손가락을 이, 이 이렇게 됐잖아요. 이것이 왜 그렇게 되었느냐 하면 작두.

예.

ㅡ 왜정 때, 그래 어머니가 아버지는 일하러 가시고 소(를) 먹이려니 여물이 없었다는 얘기야. 그래서 내가 이 북데기를 먹이는데 감겨 들어가서 이것이 쪼개져서 이렇게 됐어요. 그래 가지고 군대 안 갔어. 그래 전라도 군산 훈련소에까지 갔다가 떨어져서 왔지.

예.

ㅡ 그래서 안 갔지. 그렇지 않으면 가고 말고 뭐 뭐 뭐. 그때 가서 죽었, 죽었는지 살았는지도 모르는 걸, 모르지 그렇게.

그때가 몇 년도인데요?

ㅡ 그때 뭐뭐뭐 저 한 이십 시절이니까.

육, 육 육이오 지나고인가요?

ㅡ 육이오, 육이오 전이지. 전(에), 전에.

전에요?

ㅡ 그럼. 해 가지고서 육이(오), 육이오 때 저기 저 전쟁이 얼마나 세었어.

예.

ㅡ 군대 가고 그때 그랬는데요.

예.

ㅡ 그 전이지요.

그럼 저 그리고 나서는 계속 여기서 이제 농사짓고 사신 거네요?

̄ 아:이 그럼요. 그래구 여기 이써찌요 머.

으음:.

̄ 벨진 다: 해능 기지 머, 해:찌 머, 절머서넌. 흐흐. 장사두 해: 보구 별진 다: 해봐:찌 머. 노인내가 지팡칸 읍:씨 맨드러 줸:넌대 내가 보:로여지 머꾸 사:넌대 우티기 안 볼: 쑤가 이써? 그때 그래두 그러개 그때는 소: 함 바리, 농지 함 바리, 큰 거 함 바리머넌 노널 담 마지길[16] 사써요.

으음:.

̄ 그래만 알:지 머. 세:상이 그르캐 조:워써. 그거만 해두. 그래 배내쏘[17] 미기 가주구 송아지 함 바리[18] 인, 저기 인넌 사럼한태 그드믄[19] 그 송아지 큰 소를 맨드러 주면 송아질 함 마리 조: 가주구 그걸 길러 가주구 노늘 단 마지길 사넝 거여.

예.

̄ 그러캐 되:써유, 그저내. 그저내 그.

그러캐 마니 하구?

̄ 아: 그러캐 사러따구:, 그러캐 사러따구.

그걸 배내쏘라 그래요?

̄ 거 배내쏘지.

으음:.

그래~잉까 송아지 나키 저내 소를 키워 가주구,

̄ 그러치.

그 송아지 나:면 송아지를 내가 간는 거지요?

̄ 그러, 그러치.

큰 소는 인재 주구.

̄ 그어: 그 가주 가구. 그럼 배내쏘, 배내쏘는 미김 대능 기구 배내쏘.

으음:.

⌐ 아이 그럼요. 그리고 여기 있었지요 뭐.

예.

⌐ 별짓 다 하는 것이지 뭐, 했지 뭐, 젊어서는. 흐흐. 장사도 해 보고 별짓 다 해봤지 뭐. 노인네가 집 한 칸 없이 만들어 줬는데 내가 벌어야지 먹고 사는데 어떻게 안 벌 수가 있어? 그때 그래도 그렇게 그때는 소 한 마리, 농지 한 마리, 큰 거 한 마리면 논을 닷 마지기를 샀어요.

예.

⌐ 그러면 알지 뭐. 세상이 그렇게 좋았어. 그것만 해도. 그래 배냇소 먹여 가지고 송아지 한 마리 있(는), 저기 있는 사람한테 얻으면 그 송아지를 큰 소로 만들어 주면 송아지를 한 마리 줘 가지고 그것을 길러 가지고 논을 닷 마지기를 사는 거야.

예.

⌐ 그렇게 됐어요, 그전에. 그전에 그.

그렇게 많이 하고?

⌐ 아 그렇게 살았다고, 그렇게 살았다고.

그것을 배냇소라고 그래요?

⌐ 그것이 배냇소지.

예.

그러니까 송아지 낳기 전에 소를 키워 가지고,

⌐ 그렇지.

그 송아지 낳으면 내가 갖는 것이지요?

⌐ 그러, 그렇지.

큰 소는 이제 주고.

⌐ 거 그것을 가지고 가고. 그럼 배냇소, 배냇소는 기르면 되는 것이고 배냇소.

예.

˚ 그 옌:날 이 지끔 거터먼 머 다 이저버리지 머. 우리내 주그먼 배내쏘가 먼:지 머.

그거 모르지요.

˚ 몰:르지 몰:러. 허허허 <u>흐흐흐</u>.

저두 이렁, 이렁 거 저두 이캐 이렁 걸 마니 해 봐꺼든요.

˚ 응.

마니 해 반는대 할 때마다 이르캐 첨: 든는 소리드리 이써요.

˚ 아이 옌:나랜 버리, 버리방알 찌:두, 아이구 방아, 디딜빵아 찌채먼 참 심드러요, 심드러.

요샌 업찌요, 여기?

˚ 읍:찌 머.

˚ 저기, 저저 여 우애 매방아가[20] 버리 매방아가 이썬넌대 그거 이떤 지비 그 이 선, 이 선상이라구 그거 저개 이: 아주 엄청나개 개씸해개 생가캐구 탄동내[21] 샤:니까 기양 나두. 아까 그 무러보더니 그가 파라머거써. 남우 해 사 농걸 거.

어 어:.

˚ 거 땅얼 거 사씨니까 거 인닝건대 딴 사래미 와서 고만 사가땀 마리여.

예.

˚ 그래 가주설랑애 아:주 들: 조아 해찌,[22] 그 사래미. 그 사래미야 그러차너. 문화재 그기 근대.

그 무거웅 걸.

˚ 커 무굽찌요. 매방아 그 소루다가 돌리능 거 아니여 그기.

예.

˚ 그 쿵: 거 이 이 이, 이 아람도리 그러캐 그래써유.

그렁 거는 어트개 만드러다 나써요? 그 돌두 위에 올리구 그 무거웅 걸.

˭ 그 옛날 이 지금 같으면 뭐 다 잊어버리지 뭐. 우리네 죽으면 배냇소가 뭔지 뭐.

그것을 모르지요.

˭ 모르지 몰라. 허허허 흐흐흐.

저도 이런, 이런 것 저도 이렇게 이런 것을 많이 해 봤거든요.

˭ 응.

많이 해 봤는데 할 때마다 이렇게 처음 듣는 소리들이 있어요.

˭ 아이 옛날에는 보리, 보리방아를 찧어도, 아이고 방아, 디딜방아 찧으려면 참 힘들어요, 힘들어.

요새는 없지요, 여기?

˭ 없지 뭐.

˭ 저기 저저 여기 위에 연자방아가 보리 연자방아가 있었는데 그거 있던 집이 그 이 선(생), 이 선생이라고 그거 저기 이 아주 엄청나게 괘씸하게 생각하고 한동네 사니까 그냥 나두(지). 아까 그 물어보던 그가 팔아 먹었어. 남의 것 사 놓은 것을 거.

아 아.

˭ 거기 땅을 거기 샀으니까 거기 있는 것인데 다른 사람이 와서 그만 사갔단 말이야.

예.

˭ 그래 가지고서 아주 덜 좋아 했지, 그 사람을. 그 사람이야 그렇잖아. 문화재 그것이 그런데.

그 무거운 것을.

˭ 무겁지요. 연자방아 그 소로 돌리는 것 아니야 그것이.

예.

˭ 그 큰 것, 이 이 이, 이 아름드리 그렇게 그랬어요.

그런 것은 어떻게 만들어다 놨어요?

ᄀ 그래: 이저내 다: 그 곰:더리여, 곰:더리여, 고:미여. 그 심이 조태넌
얘기여. 고:미여. 그 장:사가 해여, 장:사. 히히히.

할머니는 월래 아까 중땀?

ᄀ 중땀.[23)]

거기 세워리라구두 해요?

＝ 야:.

ᄀ 중땀 밑 저 세워리 미테 중땀.

＝ 거기서, 거기서 열한 살 머거서 여기 와써유.

열한 살 먹거서 어디루 오셔써요?

＝ 여기 새터.[24)]

ᄀ 으 여:기.

여기 드러오다가 저쪽?

ᄀ 야 야.

ᄀ 거기저 왜 저 삼, 머여 저: 수꾼눈:다[25)] 그래자너 왜. 이쪽, 이쪽 근:내.

수 꾸는다 그래니까 마즌 편?

ᄀ 어 마즌편 근:내 질까애, 질까애.

＝ 고속또로 나니 고속또로 난 고: 동:내 미테 똥내.

거기 숟 요새두 꿔요? 옌나래부터 꾸워써써요?

ᄀ 아이 옌:나랜 안: 해:찌, 안해:써 인제.

＝ 인제 한 삼:년 되나?

ᄀ 삼녀닌가 이탱가 그를 꺼여, 아마.

＝ 삼녀는 돼:쓸 꺼여.

ᄀ 이제 삼년 돼:깨꾸나. 삼년 돼꾸.

＝ 수꾼넌 데 해 논 대가.

ᄀ 삼년 돼:께써.

ᐨ 그래 이전에 다 그 곰들이야, 곰들이야, 곰이야. 그 힘이 좋다는 얘기
야. 곰이야. 그 장사야, 장사. 히히히.

할머니는 원래 아까 중담?
ᐨ 중담.
거기 세월이라고도 해요?
ᐷ 예.
ᐨ 중담 밑 저 세월이 밑에 중담.
ᐷ 거기서, 거기서 열한 살 먹어서 여기 왔어요.
열한 살 먹어서 어디로 오셨어요?
ᐷ 여기 새터.
ᐨ 으 여기.
여기 들어오다가 저쪽?
ᐨ 예예.
ᐨ 거기 저 왜 저 삼 뭐야 저 숯 굽는다 그러잖아 왜. 이쪽, 이쪽 건너.
숯 굽는다 그러니까 맞은 편?
ᐨ 어 맞은 편 건너 길가에, 길가에.
ᐷ 고속도로 난 고속도로 난 그 동네 밑에 동네.
거기 숯 요새도 구워요? 옛날부터 구웠었어요?
ᐨ 아이 옛날에는 안 했지, 안 했어 이제.
ᐷ 이제 한 삼면 되나?
ᐨ 삼년인가 이태인가 그럴 거야, 아마.
ᐷ 삼년은 됐을 거야.
ᐨ 이제 삼년 됐겠구나. 삼년 되었고.
ᐷ 숯 굽는 데 해 놓은 데가.
ᐨ 삼년 됐겠어.

그 수꾼는 이르케 뚱그러캐 돼짜나요, 흐그루.

￣ 야, 뚱구러캐.

그걸 머라 그래요?

￣ 수까마, 숟까마. 숟 꾼는 가마.

＝ 그래 거, 거기다가 사람덜 또 찜질방 해: 노쿠서넌 거 드르가서 찜질 해드라구.

그럼 열한 살 때 오션내 거길루.

￣ 야.

＝ 야, 열한 살 때 거기 가써요.

그래서 언제 겨론하셔써요?

＝ 열여더래. 헤헤헤헤헤. 열여더래 결혼해써유.

열여덜?

＝ 야.

그럼 할버지는 열다서이내?

￣ 예레섣.

열려섣?

￣ 그때 연상소, 연상소 댕기구 일본 눔덜 나와서 그럴 쩌게 꼭 껄리가거덩,[26] 여자더런. 연상소보더두 남자더런 저기 저 연상소르 배워 가주구 설랑에 군인 부:소그루두 가구 인제 말짱 그랜넌데.

＝ 전방으로 가찌요, 말짱.

￣ 여자, 아:니. 첨방[27] 아니여. 그래구 여, 여 여:자는 거 훌:련 갈키 가주구 일본 눔 군대, 군대 생활하넌 대 그 저 아실꺼여 아마, 글루 보내써어:. 그래느라구 그러기 때매 고만 여잔 나이 먀:느나 즈:그나 얼릉 겨론 씨깅 거여:. 그러키 돼:써 그저내.

그 숯 굽는 이렇게 둥그렇게 되었잖아요, 흙으로.

― 예, 둥그렇게.

그걸 뭐라 그래요?

― 숯가마, 숯가마. 숯 굽는 가마.

= 그래 거, 거기다가 사람들 또 찜질방을 해 놓고는 거기 들어가서 찜질하더라고.

그럼 열한 살 때 오셨네 거기로?

― 예.

= 예, 열한 살 때 거기 갔어요.

그래서 언제 결혼하셨어요?

= 열여덟에. 헤헤헤헤헤. 열여덟에 결혼했어요.

열여덟?

= 예.

그럼 할아버지는 열다섯이네?

― 열여섯.

열여섯?

― 그때 연상소, 연상소 다니고 일본 놈들 나와서 그럴 적에 꼭 끌려가거든, 여자들은. 연상소보다도 남자들은 저기 저 연상소를 배워 가지고 군인 부속으로도 가고 이제 모두 그랬는데.

= 전방으로 갔지요, 모두.

― 여자, 아니. 전방 아니야. 그리고 여, 여 여자는 훈련 가르쳐 가지고 일본 놈 군대, 군대 생활하는 데 그 저 아실거야 아마, 그리로 보냈어. 그러느라고 그렇기 때문에 그만 여자는 나이 많으나 적으나 얼른 결혼 시킨 거야. 그렇게 됐어 그전에.

겨로는 언재 하셔써요, 하라버진?

⎯ 나요?

예.

⎯ 겨론 머: 일:찍 캐:써유.

멷 싸래 하션는대요?

⎯ 흐헤헤헤.

⎯ 겨론 머할라구 무러유, 그걸. 허허 허허.

옌날:은 요새하구 또 다르자나요.

⎯ 에: 그때 해꼬 댕기민선 겨론 해써유. 에레서 싸레 해써.

예.

그래먼 이팔청추니내요 뭐.

⎯ 이팔. 헤헤헤헤. 해꼬 댕기, 동무 해꼬럴 댕기씨니까.

예:.

⎯ 장:개가구 댕기써.

할머니두 거기서 만나싱 거요? 학교애서?

⎯ 거 아:니지, 아니지 여기서 만:내찌. 거 연상소 가개 되구 인재 말짱 그래니까루 말짱 고만.

으음:.

할머님 고향은?

⎯ 월림, 월림.

결혼은 언제 하셨어요, 할아버지는?

ㅡ 나요?

예.

ㅡ 결혼 뭐 일찍 했어요.

몇 살에 하셨는데요?

ㅡ 흐헤헤헤.

ㅡ 결혼 뭐하려고 물어요, 그것을. 허허 허허.

옛날은 요새하고 또 다르잖아요.

ㅡ 에, 그때 학교 다니면서 결혼했어요. 열여섯 살에 했어.

예.

그러면 이팔청춘이네요 뭐.

ㅡ 이팔. 헤헤헤헤. 학교 다녔(으니까), 동무 학교를 다녔으니까.

예.

ㅡ 장가가고 다녔어.

할머니도 거기에서 만나신 거예요?

ㅡ 거 아니지, 아니지 여기서 만났지. 거 연상소 가게 되고 이제 모두 그
러니까 모두 그만.

예.

할머님 고향은?

ㅡ 월림, 월림.

월림리라 그러셔찌요? 월림리.

⌐ 아: 예:, 시뉠리지 거:뚜. 살:기는 시뉠리서 나:서 와써.

할머니두?

⌐ 그럼.

⌐ 시뉠리구. 미태 똥내.

그러면 월래 거기 다 고향은 가트내요? 태어난 대는.

⌐ 그러치, 고 미태 똥내.

으음:.

⌐ 아래똥내서 살:구. 그래 우리 자:인, 처가찌비 신장노 고 저 새터라넌
데 거 질까애 바루 뒤애 거긴대 머.

으음:.

그러다가 이쪼그루 이사 오싱 거내요? 거기두?

⌐ 거:기두 그.

처가찜뚜.

⌐ 어:.

⌐ 그 다: 거, 거 저 강능 김씨애두 원족떠리유.[28] 저 강안도서 거 저 강
능서 원족떠리여, 강능 김씨애. 거거섣 그 크나부지구 노:인더리 학짜구
선상이구 그래써요. 글빵[29] 선상.

그럼 할머니는 어트개 만난는지.

⌐ 아:이 근 아:, 저기 중신해:서 서로가 행 기지. 자:인,

으음:.

⌐ 장:모 다: 기:실 쩌개.

으음:.

⌐ 우리두 아:부지 쩌 ** 인재 서루 인재 이, 이근.

그때.

⌐ 지 지끄믄.

월림리라 그러셨지요? 월림리.

⎯ 아 예, 신월리지 거기도. 살기는 신월리에서 낳아서 왔어.

할머니도?

⎯ 그럼.

⎯ 신월리고. 밑에 동네.

그러면 원래 거기 다 고향은 같네요? 태어난 데는.

⎯ 그렇지, 그 밑에 동네.

예.

⎯ 아랫동네에서 살고. 그래 우리 장인 처갓집이 신작로 그 저 새터라는 데 거기 길가에 바로 뒤에 거긴데 뭐.

예.

그러다가 이쪽으로 이사 오신 거네요? 거기도?

⎯ 거기도 그.

처갓집도.

⎯ 예.

⎯ 그 다 거, 거 저 강릉 김씨 중에도 원족들이에요. 저 강원도에서 거기 저 강릉에서 원족들이야, 강릉 김씨의. 거기서 그 큰아버지고 노인들이 학자고 선생이고 그랬어요. 글방 선생.

그럼 할머니는 어떻게 만났는지.

⎯ 아이 그것은 어, 저기 중신해서 서로가 한 것이지. 장인,

예.

⎯ 장모 다 계실 적에.

예.

⎯ 우리도 아버지 저 ** 이제 서로 이제 이, 이것은.

그때.

⎯ 지, 지금은.

저기 왜정 때니까.

⎯ 그럼, 건.

안 끌려가구 그럴라구.

⎯ 그럼.

빨리 시킹 거내요?

⎯ 그러치. 그러캐 됭 거.

으음:.

⎯ 그래군 지끄른, 지끄른 으:내해구 머 서로가 서로 해:서 이개 해지마
는 그저는 그래써.

그러먼 어른드리 이르캐 으음.

⎯ 아이, 그럼. 그럼 가래먼 가구 그때는.

예.

⎯ 고만두램 고만두구 그르캐 돼:써. 부모 마:리먼 다: 고만 승낙되구.
다: 그러캐 되:따구 예:저낸. 지끄른 어디 그래? 버니니 다: 서루 마저야
되지. 아: 난:두 메누리를 바:찌마넌,[30] 아 여기서둔 내가 그래두 여기서
그래두 아넌 대가 망쿠 그래서, 참 메누리 볼라그래니까루 아:덜 하난대
사: 남매애 아:덜 하나여. 긴대 개: 뭐여, 겨로널 씨기여[31] 되개넌대, 나이
가 삼시비 다: 대가 가넌대, 마:럴 드러머거? 날: 봐:서두 시아버이 머하다
구 겨로널 씨길라구 딴 사람더리 칭구더리 그래구 모두 아지.[32] 그 여자
덜두 머하구 그랜대 사:방서두 청호니 디루오는대, 야 이누미 마:를 더 안
드러 먹짜너. 거이 히안, 히안해. 그래 대구루 해써유, 대구.

대구 음:.

⎯ 참: 나: 이:상하지.

하하.

⎯ 다서쌀 들: 머그나한트루 가써. 간, 데루왔어.

옛날부터 염부는 따루 이때면서요 뭐.

저기 왜정 때니까.

˘ 그럼, 그것은.

안 끌려가고 그러려고.

˘ 그럼.

빨리 시킨 것이네요.

˘ 그렇지. 그렇게 된 것(이지).

예. 아아.

˘ 그리고 지금은, 지금은 연애하고 뭐 서로가 서로 해서 이렇게 하지만 그전은 그랬어.

그러면 어른들이 이렇게 으음.

˘ 아이, 그럼. 그럼 가라면 가고 그때는.

예.

˘ 그만 두라면 그만 두고 그렇게 됐어. 부모 말이면 다 그만 승낙되고. 다 그렇게 됐다고 예전에는. 지금은 어디 그래? 본인이 다 서로 맞아야 되지. 아, 나도 며느리를 봤지만, 아 여기서도 내가 그래도 여기서 그래도 아는 데가 많고 그래서, 참 며느리 보려고 그러니까 아들 하난데 사 남매에 아들 하나야. 그런데 그 뭐야, 결혼을 시켜야 되겠는데, 나이가 삼십이 다 되어 가는데, 말을 들어먹어? 나를 봐서도 시아버지 뭐하다고 결혼을 시키려고 다른 사람들이 친구들이, 그리고 모두 알지. 그 여자들도 뭐하고 그런데 사방에서도 청혼이 들어오는데, 아 이놈이 말을 안 들어 먹잖아. 그거 희한, 희한해. 그래서 대구로 했어요, 대구.

대구 음.

˘ 참 나 이상하지.

하하.

˘ 다섯 살 덜 먹은 애한테로 갔어. 갔(어), 데려왔어.

옛날부터 연분은 따로 있다면서요 뭐.

⁻ 몰:르개써요, 글쌔.

⁻ 그래 가, 가써르내 겨론해:구 우리 메누린 수물 따서새 시지보구 그래 따구.

하라버님미 그러먼 겨론 일찍 하션는대 그때두 야코니나 뭐,

⁻ 에이: 그렁 건.

사:주 보내구 이런 거.

⁻ 그럼 사:주지.

사주는 하구?

⁻ 그럼 사:주.

야코는 안 하셔써요?

⁻ 아:이 그 야코니 먼 야코니여, 사:주가먼 야코니여 다.

으음:.

⁻ 사:주 가먼, 날 태길³³⁾ 차서 가먼 사:주 저기.

그건 어티개 하능 거요?

⁻ 그 인재 저 해:서 이러:케 해서 보루 싸구 아주 그: 참 크개 하지.

종이에다가 이렇게 묶어 가주구요?

⁻ 아: 그럴 써: 가주구 기가 매키개 해지. 아주 저 보루 싸: 가주구 이거 해:서 아주 그, 그기 제:일:, 젤: 계:야긴대 그기. 잘해예지 머. 그래거서 사: 람두 사 가주 보내는 수가 이꾸 저: 버닌두 가는 수가 이꾸 대중웁써유.

⁻ 그 인재 가서,

그거 머:, 머 머 가주 가요, 그럴 때?

⁻ 거 날 태길 행 그어해서 저기 메 쌀 해구 메 씨에 인재 머 항 거 그 태길 그거지 머, 그거여. 그 사주, 사:주래능 기 그기.

그래서 인재 날 잡는 거지요?

⁻ 그러치.

˚ 모르겠어요, 글쎄.

˚ 그래서 갓, 갓 서른에 결혼하고 우리 머느리는 스물다섯에 시집오고 그랬다고.

할아버님이 그러면 결혼 일찍 하셨는데 그때도 약혼이나 뭐.

˚ 에이 그런 것은.

사주 보내고 이런 것.

˚ 그럼 사주지.

사주는 하고?

˚ 그럼 사주.

약혼은 안 하셨어요?

˚ 아이고 그 약혼이 무슨 약혼이야, 사주 가면 약혼이야 다.

예.

˚ 사주 가면 날 택일해서 가면 사주 저기.

그것은 어떻게 하는 거예요?

˚ 그 이제 저 해서 이렇게 해서 보자기로 싸고 아주 참 크게 하지.

종이에다 이렇게 묶어 가지고요?

˚ 아, 글을 써 가지고 기가 막히게 하지. 아주 저 보자기로 싸 가지고 이것 해서 아주 그, 그것이 제일, 제일 계약인데 그것이. 잘해야지 뭐. 그래서 사람도 사 가지고 보내는 수가 있고 저 본인도 가는 수가 있고 대중없어요.

˚ 그 이제 가서,

그것 뭐, 무엇 무엇 가지고 가요, 그럴 때?

˚ 그것 날 택일한 그것해서 저기 몇 살 하고 몇 시에 이제 뭐 한 거 그 택일 그거지 뭐, 그거야. 그 사주, 사주라는 것이 그것이.

그래서 이제 날 잡는 것이지요?

˚ 그렇지.

결론 날짜.

⌐그, 그럼, 그럼, 그럼 다: 고만 그램[34] 거 어머이 아부지가 고만 승나캐먼 고 끈나닝 거여 다. 머 주그램 죽꾸. 딸 여, 여자구 남자구 알:구 모:루구 가내 가래믄[35] 가구 그르키 돼:써, 그저낸. 근[36] 그르키.

그 사주: 보내면 사주 가주구 궁합뚜 보자너요.

⌐아 그럼 궁합뿌구 다: 보구 까찌. 그럼, 그럼 그거야 머 머.

요새는 머 궁합 보구 그런 거 안 하나요?

⌐아:이고, 궁하비 공일랄두[37] 공일라리먼 되닝 거구. 날:두 움는 누무 걸[38] 모. 공일라리먼 나링 걸 몰:. 지끔 어디 아이 그저내는 날: 태길 해구 말구 아주 저 아:넌 사럼한태[39] 가서 날: 태길 해 가주구 참 기가 매키게 해찌:. 그른대 지끄믄 머 날: 태길두 머 머 머. 아 메씨에 핸대닝 거 머 머 머. 공일랄루먼 하먼 날: 태길 해: 가주 해능 기지 모 모, 모: 이써 머? 헤헤헤헤.

그러먼 그 겨론 할 때는: 또 뭐 저쪽 찌비나 이쪽 찌비나 신랑 찌비나 신부 찌배: 뭐 또 해: 보내구 그르자나요.

⌐근 야:중에 인재 저 함:쏘:기래능 기 이찌, 함:쏙:. 치마조고리.

예.

⌐인재 그거여.

누구 꺼요?

⌐그애 저: 심부.

심부 치마저고리.

⌐시, 치마저고리.

신랑은?

⌐실랑은 모 이써 모. 실랑은 사:주 보내면.

아무 거뚜 안 해줘요?

⌐그거 그 허허허허. 그러치 머. 허허허허.

결혼 날짜.

ᵀ 그, 그럼, 그럼, 그럼 다 그만. 그러면 어머니 아버지가 그만 승낙하면 그 끝나는 거야 다. 뭐 죽으라면 죽고. 딸 여, 여자고 남자고 알고 모르고 간에 가라면 가고 그렇게 됐어 그전에는. 그것은 그렇게.

그 사주 보내면 사주 가지고 궁합도 보잖아요.

ᵀ 아, 그럼 궁합 보고 다 보고 갔지. 그럼, 그럼 그거야 뭐 뭐.

요새는 뭐 궁합 보고 그런 것 안 하나요?

ᵀ 아이고, 궁합이 공휴일 날도 공휴일 날이면 되는 것이고. 날도 없는 놈의 것을 뭐. 공휴일 날이면 날인 것을 뭘, 지금 어디 아이 그전에는 택일을 하고 말고, 아주 저 아는 사람한테 가서 날 택일 해 가지고 참 기가 막히게 했지. 그런데 지금은 뭐 날 택일도 뭐 뭐 뭐. 아 몇 시에 한다는 것 뭐 뭐 뭐. 공휴일 날로만 하면 날 택일 해 가지고 하는 것이지 뭐 뭐, 뭐가 있어 뭐? 헤헤헤헤.

그러면 결혼 할 때는 또 뭐 저쪽 집이나 이쪽 집이나 신랑 집이나 신부 집에 뭐 또 해보내고 그러잖아요.

ᵀ 그것은 나중에 이제 저 함속이라는 것이 있지, 함속. 치마저고리.

예.

ᵀ 이제 그거야.

누구 것이에요?

ᵀ 그게 저 신부(것).

신부 치마저고리.

ᵀ 치마저고리.

신랑은?

ᵀ 신랑은 뭐 있어 뭐? 신랑은 사주 보내면.

아무 것도 안 해줘요?

ᵀ 그거 그 허허허허. 그렇지 뭐. 허허허허.

요새는 다 하자너요 또.

￢ 지끄먼 머 한다덩구먼[40] 모:르지 머. 흐헤헤헤헤. 해넌지 반지 해:주구 목꺼리 해:주구 모 다: 해주니까 그, 그 그걸루다 해능 기지 머.

겨론 하구서 뭐 신행 간다 그르나요? 신행?

￢ 그럼뇨. 예:. 내 외손자두[41] 장녀내, 금녀내, 금녀내 가꾸먼, 금년 보매. 갸:두[42] 구미 궁대[43] 그 저 박쩡히가 왜 행 거, 거 그 정부애서 항 거 아니여, 구미 궁대.

금오공대 예.

￢ 공대 그 저 궁대, 구미 스 기개짜 사:년재 나와써요:.

예.

￢ 그래 가주 다번[44] 즈, 즌:자[45] 회사애 드르가써짜너. 대반 드르가 배고 심마눠 타구 대반 드르간는대 머, 해꾜서 나오민.[46] 그른대 아 이느미[47] 머여 한 이, 이:삼 년 댕기더니 여기두 조:찬태능[48] 거여. 이거 이래다가 회:사래닝거넌 저기 시언차너 진다구.

으음:.

내: 노쿠 공부럴 해닝 거여, 공부럴. 아:[49] 베린넌 줄 아러써유.

어 어:.

￢ 한 일 련 공부럴 해써유.

으음:.

￢ 그 청주 시:청애.

공무원.

￢ 거 대반 저기 여럴, 하나 뽑넌대 그째 여러시 완넌대 그기 돼:짜너.

으음:.

￢ 그래 와써요. 그래구 즈:[50] 식꾸두 머 그 누가 저기 거 시:내 이씨니까 거 갸:개 보구 인재 즈, 즈 애미[51] 시:내 이씨니까. 거 조 으림핵 저 으

요새는 다 하잖아요 또.

￣ 지금은 뭐 한다더구먼 모르지 뭐. 흐헤헤헤헤. 하는지 반지 해주고 목걸이 해주고 뭐 다 해주니까 그, 그 그것으로 하는 것이지 뭐.

결혼 하고서 뭐 신행 간다고 그러잖아요? 신행?

￣ 그럼요. 예. 내 외손자도 작년에, 금년에, 금년에 갔구먼, 금년 봄에. 그 애도 구미 공대 그 저 박정희가 왜 한 것, 거 그 정부에서 한 것 아니야, 구미 공대.

구미공대[52] 예.

￣ 공대 그 저 공대, 구미 기계과 사년제 나왔어요.

예.

￣ 그래 가지고 대번 전, 전자 회사에 들어갔었잖아. 대번 들어가 백오십만 원 타고 대번 들어갔는데 뭐, 학교에서 나오면서. 그런데 아, 이놈이 뭐야 한 이삼 년 다니더니 여기도 좋지 않다는 거야. 이것이 이러다가 회사라는 것은 저기 시원찮아 진다고.

예.

￣ 내놓고 공부를 하는 거야, 공부를. 애 버리는 줄 알았어요.

예.

￣ 한 일 년 공부를 했어요.

예.

￣ 그 청주 시청에.

공무원.

￣ 거기 대번에 저기 여럿 (중에서), 하나 뽑는데 글쎄 여럿이 왔는데 그것이 됐잖아.

예.

￣ 그래 왔어요. 그리고 제 식구도 뭐 그 누가 저기 거기 시내에 있으니까 거기 가게 보고 이제 제, 제 어미 시내(에) 있으니까. 거기 저 의림학

림, 으림, 으림해꾜 여선상으루 인는 아가씨럴 얘길 해: 가주구 그 즈:끼
리[53] 그먼. 대반 저 이거 해 가주설랑애 거 실, 저기 시:청애 드르가기 저
내 하마 증:근행 걸 멀:, 글루.[54]

　으음:.

　‾ 청주루다가 그래 가주 겨론해 가주 지끔 오래 겨론 살:지.

　으음:.

　‾ 게 지끔 지금 그러캐 되는 누무 거[55] 뭐 장개:, 중신 핼 쑤두 우:꾸, 중
시는, 마:른 이:[56] 주믄 조:워. 이르, 이:주넝 거야 상과니써 머? 즈:가 ＊＊＊
마즈믄 해능 기구 암 마즈믄 모:타능 기지, 몰:.

　예:.

　‾ 지그믄.

　‾ 지금두 으:내래닝 거넌 어리서 으:내가[57] 되지. 하마 크먼 으:내가 안
되요:.

　예:.

　‾ 그러차나요?

멈모를 때.

　‾ 그럼:, 그기 으:내여 으:내.

　예:.

　‾ 그러지.

　‾ 지끄먼 꽁:지[58] 맨지구 대가리[59] 맨지넌 시기여 아니여. 우:두 보구 아
래두 보구 다: 보구설랑애 가기 때무내 심:드러요. 나이 머거서 가기 때무
내 틀리자너어:.[60]

　으음:.

　‾ 저: 사래미 날 소:걸 씨길래나 나 바벌 미기[61] 살릴래나 다: 가치 노려
걸 해:서 가치 살: 싸라밍가. 갸:들 저 저 저 외:구구루[62] 그 여행가따 와찌
마넌. 거 느: 잘 되:따[63] 애. 거 하나 월그번 탕 건 느: 맨 저기 예:금해

(교) 저 의림, 의림, 의림학교 여선생으로 있는 아가씨를 얘기를 해 가지고 그 저희끼리 그만. 대번 저 이거 해 가지고서 거기 저기 시청에 들어가기 전에 벌써 전근한 것을 뭘, 그리로.

예.

￢ 청주로 그래 가지고 결혼해 가지고 지금 올해 결혼(해서) 살지.

예.

￢ 그래 지금 지금 그렇게 되는 놈의 것을 뭐 장가, 중신 할 수도 없고, 중신은, 말은 이어주면 좋아. 이어주는 것이야 상관있어, 뭐? 저희가 *** 맞으면 하는 것이고 안 맞으면 못하는 것이지, 뭘.

예.

￢ 지금은.

￢ 지금도 연애라는 것은 어려서 연애가 되지. 벌써 크면 연애가 안돼요.

예.

￢ 그렇잖아요?

멋모를 때.

￢ 그럼, 그것이 연애야 연애.

예.

￢ 그렇지.

￢ 지금은 꽁지 만지고 대가리 만지는 식이 아니야. 위도 보고 아래도 보고 다 보고 가기 때문에 힘들어요. 나이 먹어서 가기 때문에 다르잖아.

예.

￢ 저 사람이 내 속을 썩이려나 나 밥을 먹여 살리려나 다 같이 노력을 해서 같이 살 사람인가. 그애들 저 저 저, 외국으로 그 여행 갔다 왔지만. 거 너희 잘 됐다 애. 그것 하나 월급은 탄 것은 너희 저기 예금하고 하

고 하나 타능 거넌 느:[64] 가영[65] 쓰구 먹꾸 살먼 되개따 그래떠니 씩: 우떠
니. 히히흐흐. 그 주, 주각이 마저 그러캐 카넝 거넌 잘됭 거지요. 짐 그
르키 만내 가기가 쉬:워요? 나: 아: 베리는 베리는 줄 아러써유. 어 어 기
개까 사:년대만 해두: 줌 잘라와찌요, 구미궁대 그래두.

예:.

⎯ 궁까[66] 나온년대 그래 근 그쌔 거길 내: 노쿠서 그 마:한[67] 녀서기 그
쌔 아이구 거벌 내써유, 아 실망 대까 바.[68] 안되먼: 시험처서 안되먼: 사:
람 베리넝 거래요.

에이 그런 정도루 의지가 이쓰먼 뭘 해두 다: 해요.

⎯ 그쌔 그래두: 거비 나자나요:.

예:.

⎯ 아이고, 나이 여 서른 두:래 가써요, 시, 장:개럴.

으음:.

⎯ 아이 마:한 누무 자식 내 그러캐 ***정 거.

그래 잘: 가짜나요.

⎯ 잘: 가긴.

허허허.

⎯ 모:깐년지 근 잘 즈: 잘: 사러바야 아능 기구.

그럼 어티개 만나셔써요?

⎯ 만내긴 머 노인내더리 저기 뭐해:서 해:찌, 머 머. 지끔 모냥으루 머
어디 머 머, 으:내가 이써 머 이써.

⎯ 그른대 노인내더리 시널리서 살:구 인재 거 중땀서 사러쓩까루 바깬
하라부지더런 다: 내용얼 알:자나유. 우리 아부지두 그러쿠 여 우리 시,
시아부지도 그러쿠 우리 저 하라부지두 종주하라부지두 그러쿠. 그래니
까루 인재 아:는 사람찌리 인재 왕래해 가주고서는 그 중시늘[69] 해서 그르

나 타는 것은 너희 가용 쓰고 먹고 살면 되겠다 그랬더니 씩 웃더니. 히히흐흐. 그 주, 주각이 맞아서 그렇게 하는 것은 잘된 거지요. 지금 그렇게 만나 가기가 쉬워요? 나 애 버리는 줄 알았어요. 어, 기계과 사년제만 해도 좀 잘 나왔지요, 구미 공대 그래도.

예.

ᐨ 공과 나왔는데 그래 근 글쎄 거기를 내 놓고서 그 망할 녀석이 글쎄 아이고 겁을 냈어요, 애 실망할까봐. 안되면 시험처서 안되면 사람 버리는 거예요.

에이 그런 정도로 의지가 있으면 무엇을 해도 다 해요.

ᐨ 글쎄 그래도 겁이 나잖아요.

예.

ᐨ 아이고, 나이 서른둘에 갔어요, 시(집), 장가를.

예.

ᐨ 아이, 망할 놈의 자식 내 그렇게 ***진 것.

그래서 잘 갔잖아요.

ᐨ 잘 가긴.

허허허.

ᐨ 못 갔는지 그것은 잘 저희(가) 잘 살아봐야 아는 것이고.

그럼 어떻게 만나셨어요?

ᐨ 만나긴 뭐 노인네들이 저기 뭐해서 했지, 뭐 뭐. 지금 모양으로 뭐 어디 뭐 뭐, 연애가 있어 뭐 있어.

ᐣ 그런데 노인네들이 신월리에서 살고 이제 거기 중담에서 살았으니까 바깥 할아버지들은 다 내용을 알잖아요. 우리 아버지도 그렇고 여 우리 시, 시아버지도 그렇고 우리 저 할아버지도 종주할아버지도 그렇고. 그러니까 이제 아는 사람끼리 이제 왕래해 가지고는 그 중신을 해서 그렇게

캐 움:는 지부루 주드라구유.

또 으른들끼리 중신하싱 거내?

= 야:.

‾ 그럼유.

= 아부지더리 그르캐 해:찌 머, 그저낸. 하라버지 저기 우리 큰 아부지 하구 핸:내 저기 머여 윙경 하라부지하구 쏙따기리 가주구 그르캐 해써, 멀:.

‾ 그저낸 지끄면, 지끄면 저기 서루 저기 저 중신핸다 그래야 애:기만 해주지. 만내서 즈:찌리 참 조:워여지 끈나지, 암만 세상 꾸:럴 부짜너[70] 세상 움써두 안되거딩. 안되자녀요. 지금 과:부닝 앙 그래요? 과:부두 과: 부가 외래 시지까기가 더 시미드러요. 장:개, 호래비가 장:개 잘 더 모:깐 다구. 왜냐해며넌 지그믄 재산꿔늘 주, 주:끼 때매 천마눤 이:천마눤 가주 구는 통장에 느: 주두 앙 가유. 그르, 그르캐 되:유, 세:상이.

‾ 게 여자 여, 여자 그 호:주가 되: 가주설랑에 지끄믄 이호니 쉽:짜너. 지금 고등하꾜 으 된, 가써두 가는대 우트가능 거여, 여자가 이혼해구. 그 몰:, 몰: 우트가느라구[71] 가녕건지 모:르지만 그쌔 그런 세월 아니여, 지끔. 그래니 호:주가 남자두 호:주 여자두 호:주니까 지금 여자 세:상이여. 여 자가 더 나:따는 애:기여, 지끔. 지금 궐리가 권하니 그러케 되:써유. 남자 는 헨니리야, 헨닐. 태:도가 더 여자가 더 나아:.

야코는 따루 하셔써요? 그때?

‾ 그럼, 야코는 읍:찌유. 사:주만 서로 보내면, 애:기해 가주구 승나기 떠러지면 사:주만 가구 오믄 고만 끈나구 그래써요.

= 내가 여:기서 이재 애:기 말:해지. 사:주가 오구서넌 우리 어머이넌, 우리 어머이하구 아부지하구넌 아주 안할라 그래써요. 안핼라 그래구, 사:주 바더 노쿠 우리 어머이는 퇴혼해자구 도로 보내자구 그랜대. 우리 크나부지가 그러키:, 우리 크나부지하구 하라부지하구넌 학자 선상으로

없는 집으로 주더라고요.

또 어른들끼리 중신하신 거네.

＝ 예.

￢ 그럼요.

＝ 아버지들이 그렇게 했지 뭐, 그전엔. 할아버지 저기 우리 큰아버지하고 한내(寒泉) 저기 뭐야 원경 할아버지하고 속닥거려 가지고 그렇게 했어, 뭘.

￢ 그전엔 지금은, 지금은 저기 서로 저기 중신한다 그래봐야 얘기만 해 주지. 만나서 저희끼리 참 좋아야지 끝나지, 아무리 세상 꿀을 부어도 세상없어도 안되거든. 안되잖아요. 지금 과부는 안 그래요? 과부두, 과부가 오히려 시집가기가 더 힘이 들어요. 장가, 홀아비가 장가 더 못 간다고. 왜냐하면 지금은 재산권을 주 주었기 때문에 천만 원 이천만 원 가지고는 통장에 넣어 줘도 안 가요. 그렇(게), 그렇게 돼요, 세상이.

￢ 그래 여자, 여자 그 호주가 되어서 지금은 이혼이 쉽잖아. 지금 고등학교 어 된, 갔어도 가는데 어떻게 하는 거야, 여자가 이혼하고. 그 뭘, 뭘 어떡하느라고 가는 것인지 모르지만 글쎄 그런 세월 아니야, 지금. 그러니 호주가 남자도 호주 여자도 호주니까 지금 여자 세상이야. 여자가 더 낫다는 얘기야, 지금. 지금 권리가 권한이 그렇게 됐어요. 남자는 헛일이야, 헛일. 세도가 더 여자가 더 나아.

약혼은 따로 하셨어요? 그때?

￢ 그럼, 약혼은 없지요. 사주만 서로 보내면, 얘기해 가지고 승낙이 떨어지면 사주만 가고 오면 그만 끝나고 그랬어요.

＝ 내가 여기서 이제 얘기 말하지. 사주가 오고는 우리 어머니는, 우리 어머니하고 아버지하고는 아주 안하려고 그랬어요. 안하려 그러고, 사주 받아 놓고 우리 어머니는 퇴혼하자고 도로 보내자고 그랬는데. 우리 큰아버지가 그렇게, 우리 큰아버지하고 할아버지하고는 학자 선생으로만 앉

만 안저서 글만 보지 야:무 거뚜 몰르시써유. 그랜는대두 우리 아부지는 헝님 마리래먼 고만이여 또. 일녀내 농사지:먼 큰지배 쌀 항 가마씩 보내 조:야 되:요. 지:사, 저 지:사 지내구 그랜다구.

＝ 그래구 크나부지 헝님 마:리래먼 머, 아주 머 머 거:절 모:태지. 그래 가주서넌 그러캐 그래 사:주 바더 노쿠 내가 만:날⁷²⁾ 내가 시러 가주구선 맨날 우러써:. 소무니 다: 나짜너. 아이구 그지밴 사:주 바더 노쿠 맨날 운다구. 아주 이지배 오기 시러 가주 내가 얼:매나 내가 우런넌지. 그래 우리 어머이가 사:주 퇴혼 해자구 막 그래두 우리 아부지가 머 크나, 헝님 마:럴 거:절 모:탠다구 그양, 그냥 해시자너. 우리 크나부지 때매 난 이리 오개 됭걸 머.

　그때 머 궁합뚜 보구 그래요?

＝ 궁합:뚜 암 보구 그냥 해써요. 그냥 무조껀 그냥 해써요.

아서 글만 보지 아무 것도 모르셨어요. 그랬는데도 우리 아버지는 형님 말이라면 그만이야 또. 일 년에 농사지으면 큰집에 쌀 한 가마씩 보내 줘야 돼요. 제사, 저 제사 지내고 그런다고.

 = 그리고 큰아버지 형님 말이라면 뭐, 아주 뭐 뭐 거절 못했지. 그래 가지고는 그렇게 그래 사주 받아 놓고 내가 매일 내가 싫어 가지고는 매일 울었어. 소문이 다 났잖아. 아이고 그집에는 사주 받아 놓고 만날 운다고. 아주 이집에 오기 싫어 가지고 내가 얼마나 내가 울었는지. 그래 우리 어머니가 사주 퇴혼 하자고 막 그래도 우리 아버지가 뭐 큰아(버지), 형님 말을 거절 못한다고 그냥, 그냥 하시잖아. 우리 큰아버지 때문에 난 이리 오게 된 것을 뭐.

 그때 뭐 궁합도 보고 그래요?

 = 궁합도 안 보고 그냥 했어요. 그냥 무조건 그냥 했어요.

그 겨로날 때: 예:물두 주자나요.

￣ 예:무런 채:단 그거뿌니여. 채:단이래능 거유, 채:단.

채단.

￣ 채:다니, 채:다니 그거여. 채:다니 저 예:저내넌 우리, 우리 장:개가구 시직갈 째두.

예:.

￣ 채:다니 웁:써요.

￣ 바무루, 그전 왜정 때기 때무내 바무루 베트래 언저 안저서 그 저.

￣ 눙애꼬추.

예:.

￣ 그거럴 뽀버 가주설랑애 맨드러, 채:다늘 맨들구, 새파라캐 해구 빨가케 해구 치마 그걸루 해써요. 채:말[73] 채:다니래능 기 그거여.

￣ 나넌 장:개간대니까루 배:그벌 주넌대 운동화 하나 으:더 싱:꾸, 배:급 쏘애서.

으음:.

￣ 그래구 두루.

왜정 때?

￣ 어:, 두루매기는, 두루매기넌 저 명:[74] 두루매기 명, 그 그뚜, 그뚜 저 모카, 모카.

예:.

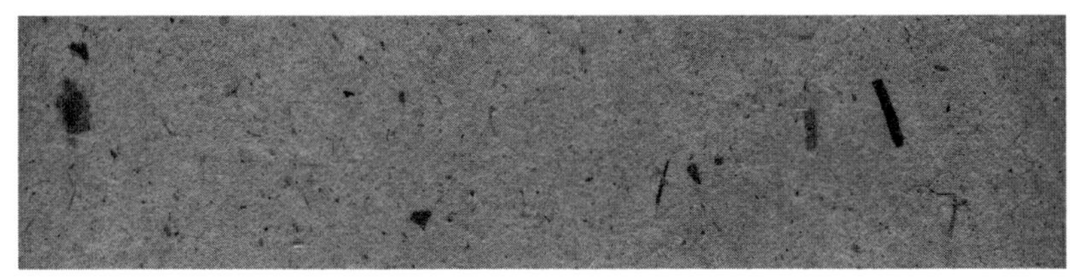

그 결혼할 때 예물도 주잖아요.

  ￣ 예물은 채단 그것뿐이야. 채단이라는 거예요, 채단.

채단.

  ￣ 채단이, 채단이 그거야. 채단이 저 예전에는 우리, 우리 장가가고 시집갈 때도.

예.

  ￣ 채단이 없어요.

  ￣ 밤으로, 그전 왜정 때기 때문에, 밤으로 베틀에 올라앉아서 그 저.

  ￣ 누에고치.

예.

  ￣ 그것을 뽑아 가지고서 만들어, 채단을 만들고, 새파랗게 하고 빨갛게 하고 치마 그것으로 했어요. 치마를 채단이라는 것이 그것이야.

  ￣ 나는 장가간다니까 배급을 주는데 운동화 하나 얻어 신고 배급소에서.

예.

  ￣ 그리고 두루(마기).

왜정 때?

  ￣ 어, 두루마기는, 두루마기는 저 무명 두루마기 무명. 그 그것도, 그것도 저 목화, 목화.

예.

ㄱ 해 가주설랑애 그뚜 바매 짜 가주구 들키면 자:관 크일라니까.

으음:.

ㄱ 들키지 앙캐 바매 짜 가주구 명 두루매기 해 이꾸 이래구 가써, 왜정
때. 그래씨니 머, 그래구 해쬬라구 궁민해쬬도[75] 새로 동마개 진:넌대 걸[76]
가따가 그때 망해 그느, 그 사람더리 망해넌 파닌대.

ㄱ 거 양화리래넌대 서낭이 이써써유. 보신나유? 모:뽀시찌? 서낭, 서낭
이 이써써, 양화리예.

예:.

ㄱ 저 쬬 여 여, 여기서 드르가자먼 왼:손쪼그로[77] 산 그 거기 그 경노당
이꾸 그랜대 거기 이써따구, 산. 거기다 모 해 노쿠설랑애 그 나무뿌래이
그 저:, 이 광:술하구, 광:술하구 이 진:, 좌:관 송:진 나능 건 다 모해:씨니
까. 그때 캐: 가주구 그 기름 내:서 비양:갠지 모 모 하넌대 해넌지 그때
그 기름 내:너라구 차애두 쓰구 그래느라구 그때 그거 캐:다가 고만 해방
돼써유.

해방 되구 나서는 면 년 이따가 또 뭐 사변 나구:.

ㄱ 그러치유. 게 그 또 그 지경되구. 아이구 말:두 모:태찌유, 머 그래.

해방되구 나서 겨로난 사람드른 어티개 해써요, 그 예무를?

ㄱ 일.

일재 때, 왜정 때는, 왜정 때는 모타개 하고,

ㄱ 그.

배급주구 그래서 모태짜나요. 근대 인재 그 뒤:애.

ㄱ 그 인재 거 저.

사변 나고 나서 인재 쪼꼼 사람들 살 만한 사람드른 쪼꼼 더 뭐 하구 그랜나
요?

ㄱ 그래 인재 시:장애 인재 비:다니구 모 그기 나짜너.

예:.

˻ 해 가지고 그것도 밤에 짜 가지고 들키면 좌우간 큰일 나니까.

예.

˻ 들키지 않게 밤에 짜 가지고 무명 두루마기 해 입고 이러고 갔어, 왜정 때. 그랬으니 뭐, 그리고 학교라고 국민학교도 새로 동막에 지었는데 거기에 갔다가 그때 망해(서) 그놈(들), 그 사람들이 망하는 판인데.

˻ 거기 양화리라는 데 서낭이 있었어요. 보셨나요? 못 보셨지? 서낭, 서낭이 있었어, 양화리에.

예.

˻ 저 쪽(에) 여 여, 여기에서 들어가자면 왼손쪽으로 산, 그 거기 그 경로당 있고 그런데 거기 있었다고 산. 거기다 뭐 해 놓고서 그 나무뿌리 그 저 이 관솔하고, 관솔하고 이 진, 좌우간 송진 나는 것은 다 뭐했으니까. 그때 캐 가지고, 그 기름 짜서 비행기인지 뭐 뭐 하는데 하는지 그때 그 기름 짜느라고 차에도 쓰고 그러느라고 그때 그것 캐다가 그만 해방 되었어요.

해방 되고 나서는 몇 년 있다가 또 뭐 사변 나고.

˻ 그렇지요. 그래 그 또 그 지경이 되고. 아이고, 말도 못했지요, 뭐 그래.

해방되고 나서 결혼한 사람들은 어떻게 했어요, 그 예물을?

˻ 일.

일제 때, 왜정 때는, 왜정 때는 못하게 하고,

˻ 그.

배급을 주고 그래서 못했잖아요. 그런데 이제 그 뒤에.

˻ 그 이제 거 저.

사변 나고 나서 이제 조금 사람들 살만한 사람들은 조금 더 뭐 하고 그랬나요?

˻ 그래 이제 시장에 이제 비단이고 뭐 그것이 나왔잖아.

예.

ˉ 그래 인재 그거 *끄너다가*[78] 해:찌.

이불두 뭐 해쓸거 아니요?

ˉ 그 이:불두 하구 깜두 나구 인재 그르캐 돼:찌.

머:머 해써요? 그러면 그럴 때는 혼수까무루.

ˉ 혼수깜 머, 그 저 채:다니래능 기 그기래요.

ˉ 명

저기 하라버니믄 자재가 사, 사: 남매라 그러셔짜너요?

ˉ 예.

사: 남매. 따리 세시구.

ˉ 예.

아드리 하나구.

ˉ 예.

망냉가요, 아드리?

ˉ 아드, 아들 셰:째래요.

세:째, 망내가 따리구?

ˉ 예.

으음:, 그러면 저:기.

ˉ 채:단.

자재분들 겨론시킬 때는 어티개 해써요?

ˉ 꺼이 채:단 모, 그: 저 시:장애 이씨니까 그건 함:쏘:기래능 기여, 함:쏙:.

예:.

ˉ 함:쏙 그거 사서 느쿠 그거지 머. 그래구 예:무리래능 거 모 무, 모꺼리 머 반지니 머:니 인재 이거 해 해먼 고만 끈나구 그래찌 머.

그래두 딸 딸들.

ˉ 딸덜두 그러치 머.

˗ 그래 이제 그거 끊어다가 했지.

이불도 뭐 했을 것 아니에요.

˗ 그 이불도 하고 (이불)감도 나고 이제 그렇게 됐지.

무엇 무엇 했어요? 그러면 그럴 때는 혼수 감으로.

˗ 혼수 감 뭐, 그 저 채단이라는 것이 그것이에요.

˗ 미영.

저기 할아버님은 자제가 사, 사 남매라 그러셨잖아요?

˗ 예.

사 남매 딸이 셋이고.

˗ 예.

아들이 하나고.

˗ 예.

막낸가요, 아들이?

˗ 아니, 아들이 셋째예요.

셋째, 막내가 딸이고.

˗ 예.

아, 그러면 저기.

˗ 채단.

자제분들 결혼시킬 때는 어떻게 했어요?

˗ 그것 채단 뭐, 그 저 시장에 있으니까 그건 함속이라는 것이야, 함속.

예.

˗ 함속 그것을 사서 넣고 그것이지 뭐. 그리고 예물이라는 것은 뭐 뭐,
목걸이 뭐 반지니 뭐니 이제 이것 하 하면 그만 끝나고 그랬지 뭐.

그래도 딸 딸들.

˗ 딸들도 그렇지 뭐.

시집 보낼라먼 가서 덥꾸 자능 거뚜 해 줘야 될 거 아니요.

￣ 아:이구 그, 그건 농, 농두 해:구.

그쌔 그렁 거. 그렁 걸 다 어떵 거 어떵 거 해써요?

￣ 근 농:.

농하구.

￣ 그 농, 농두 즈:가 돈 가주 가서 즈: 맘:대루 해써. 거기먼 여기서 인재 제처니구 제처나나 온: 저 충주나 청주나 가서 한다구 할 꺼 거텀 즈:가 돈: 가주 가서 즈:가 마처 가주구 해: 농거 사찌, 머 머. 지끔하구 비스타지 모 그때는, 그거는.

이불두 여러 가지가 이찌 아나요?

￣ 그러치유. 이불, 이불, 이부리 모 채:단 여러, 여러 가지 이찌만 머 근,[79] 근 아:러서 버닌더리 아:러서 해개찌유 머. 흐헤헤헤.

아이 그러니깐 하라버님두 절머셔쓸 때는.

￣ 아이 그때는, 그때는 채:단두 저 명, 명지루[80] 해:구 빨가캐 해:구 새파라캐 해:구 그르킨대 모이가 이불, 이불두 저, 저 솜:이부리구. 이 그 저: 모카릴 저기 따 가주구 해 가리[81] 가주설랑애 가망대이루[82] 해서 그걸 인재 머여 소:멀 틀자너요.[83] 트넌대 이짜너 시:장에, 그 여기 초내두 이써써요.

예:.

￣ 그 모콰릴 트러 가주구 쐐:기루[84] 인재 이래 씨럴 빼: 가주구 그래서 이부럴 해넝기 저, 저 그거여. 명, 명지 명:, 명:으루 해써요. 모카, 모카. 모카루 저 짜 가주구 그걸루 이부럴 해때이까. 그 땐 채, 저기 비:다니 읍:써써유.

예:.

이불:.

￣ 이불두 그걸루 해써유, 모카루.

이불두 껍때기만 인능 거뚜 이꾸 소개 솜 넝 거뚜 이꾸 그르차나요.

시집보내려면 가서 덮고 자는 것도 해 줘야 될 것 아니에요.

￣ 아이고 그, 그건 농, 농도 하고.

글쎄 그런 것. 그런 것을 다 어떤 것 어떤 것 했어요?

￣ 그것은 농.

농하고.

￣ 그 농, 농도 저희가 돈 가지고 가서 저희 맘대로 했어. 거기면 여기서 이제 제천이고 제천이나 원, 저 충주나 청주나 가서 한다고 할 것 같으면 저희가 돈 가지고 가서 저희가 맞춰 가지고 해 놓은 것을 샀지, 뭐 뭐. 지금하고 비슷하지 뭐 그때는, 그것은.

이불도 여러 가지가 있지 않아요?

￣ 그렇지요. 이불, 이불, 이불이 뭐 채단 여러, 여러 가지(가) 있지만 뭐 그것은, 그것은 알아서 본인들이 알아서 하겠지요, 뭐. 흐헤헤헤.

아이 그러니까 할아버님도 젊으셨을 때는.

￣ 아이 그때는, 그때는 채단도 저 명, 명으로 하고 빨갛게 하고 새파랗게 하고 그렇게 했는데 뭐가 이불, 이불도 저, 저 솜이불이고. 이 그 저 목화를 저기 따 가지고 해 심어 가지고서 몰래 해서 그것을 이제 뭐야 솜을 틀잖아요. 트는데가 있잖아 시장에, 그 여기 촌에도 있었어요.

예.

￣ 그 목화를 틀어 가지고 쐐기로 이제 이렇게 씨를 빼 가지고 그래서 이불을 하는 것이 저, 저 그것이야. 명, 명주 명, 무명으로 했어요. 목화, 목화. 목화로 저 짜 가지고 그것으로 이불을 했다니까. 그 때는 채(단), 저기 비단이 없었어요.

예.

이불.

￣ 이불도 그것으로 했어요, 목화로.

이불도 껍데기만 있는 것도 있고 속에 솜 넣은 것도 있고 그렇잖아요.

⁻ 아이 그땐, 그땐 자:관 뭐 왜정 땐.

겨우래는 그럼 뭘루 더퍼요.

⁻ 겨울개 금 까능 거, 그니까루 머 머 머. 모칸 그쌔 쐐:기루 트러 가주[85] 씨럴 빼: 가주구 솜트래 가서 이 해 가주설랑애 이 저: 길쌈, 기 기, 길쌈 짜자너.[86] 길 길쌈이라 그래지 길쌈. 길싸민대 글 짜 가주구 이, 이 부럴 해구 그래써요. 그 인재 시커머캐두 해구, 해구 인재 그러차너 시커 머캐. 시커머캐두 해구 이부럴, 이부럴 그 저 지선 저 빨가캐 물딜구[87] 그 래면 이부리 됭 거 아니여. 그러캐 해찌 모 모. 지끄면 앙 그래? 지끔두 이부리래능 검 모 빨:가구 저기 저 지, 지선 빨가캐 해짜너. 지끔, 지끔두 앙 그런가? 지끔 머 몰러 머. 허:여캐두 해넌지 머해구 머 그래지만 그저 낸 그러캐 해써유.

여르매 덤는 이부른 머요?

⁻ 여르매두 여, 여르매는.

얄릉 거.

⁻ 거 해: 농 거, 껍띠기.[88] 그 그 그거지 머:.

그걸 머라 무슨 이부리라 그래요?

⁻ 끄 몸, 모:르갠내 내 그건. 그 저 그걸 머여, 이배 돌:민서두 머. 껍띠 기, 이불껍띠기 그 저 그걸 모:라 구르, 모:라 그러더라? 그, 그거루다 혼 니불, 어 혼니불.

혼니불.

⁻ 어 혼니불 뻬끼서 더퍼찌 머 여러무룬, 혼니불.

그거 한, 그렁 건 혼니부리구 그 이캐 두 겨브루 됭 거뚜 이짜너요, 두투마 개?

⁻ 모 이써?

겨우래, 겨우래는 인재.

⁻ 아이 겨우래, 이거. 그 그, 그기.

ˉ 아이, 그때는, 그때는 좌우간 뭐 왜정 때는.

겨울에는 그러면 무엇으로 덮어요?

ˉ 겨울에는 그럼 까는 것, 그러니까 뭐 뭐 뭐. 목화는 글쎄 쐐기로 틀어 가지고 씨를 빼 가지고 솜틀에 가서 이(것을) 해 가지고 이 저 길쌈, 기기, 길쌈 짜잖아. 길, 길쌈이라 그러지 길쌈. 길쌈인데 그것을 짜 가지고 이, 이불을 하고 그랬어요. 이제 시커멓게도 하고 이제 그렇잖아 시커멓게. 시커멓게도 하고 이불을, 이불을 그 저 깃은 빨갛게 물들이고 그러면 이불이 된 것 아니야. 그렇게 했지, 뭐 뭐. 지금은 안 그래? 지금도 이불이라는 것은 뭐 빨갛고 저기 저 깃, 깃은 빨갛게 했잖아. 지금, 지금도 안 그런가? 지금 뭐 몰라 뭐. 하얗게도 하는지 뭐하고 뭐 그러지만 그전에는 그렇게 했어요.

여름에 덮는 이불은 뭐예요?

ˉ 여름에도 여, 여름에는.

얇은 것.

ˉ 그 해 놓은 것, 껍데기. 그 그 그거지 뭐.

그것을 뭐라 무슨 이불이라 그래요?

ˉ 그 모(르), 모르겠네 내(가) 그것은. 그 저 그것을 뭐야, 입에 돌면서도 뭐. 껍데기, 이불껍데기 그 저 그것을 뭐라 그러(더라), 뭐라 그러더라? 그 그것으로 홑이불, 어 홑이불.

홑이불.

ˉ 어, 홑이불 벗겨서 덮었지 뭐, 여름으로는 홑이불.

그렇게 한, 그런 것은 홑이불이고 그 이렇게 두 겹으로 된 것도 있잖아요, 두 툼하게?

ˉ 뭐 있어?

겨울에, 겨울에는 이제.

ˉ 아이 겨울에, 이것. 그 그 그것이.

솜 너 가주 그지요?

⁻ 그러치 솜.

소무루.

⁻ 솜: 능 거, 그거지 머.

예.

⁻ 그거여.

그건 머라 그래지요? 겸, 점니부리라 그래요? 겸니불?

⁻ 머 점니부린지 먼:지 이부리라 그래찌 머, 이불. 이부리지 머여.

이러캐 막:

⁻ 아, 이러캐.

이러캐 항 거는 머라 그래요? 이러캐, 이러캐.

⁻ 요: 요:.

아니 이부를 이러:캐. 솜 아너, 아너 와따 가따 하자나요, 소개. 몬, 몬 까개.

⁻ 지치자너 지처.[89]

예:.

⁻ 실:루.

예:.

⁻ 실:루 저기 이래 몰:리지 앙캐루 드문드문, 저기 저 여자더런 생가캐면 알:지 몰:그래. 저기 이러캐, 이러캐 화:서, 화:서.[90]

예.

⁻ 저기 드문드문 해먼 몰:리지 안차너.

예.

⁻ 그러캐 해:찌, 몰:.

으음:.

그런 이부른 머 뉘비이부리라 그래나요? 그렁 거 이써요?

⁻ 누비럴[91] 맨들먼 누비이뷔리닝 기지 머.

솜 넣어 가지고 그렇지요?

- 그렇지 솜.

솜으로.

- 솜 넣은 거, 그것이지 뭐.

예.

- 그거야.

그것은 뭐라 그러지요? 겹, 겹이불이라 그래요? 겹이불?

- 뭐 겹이불인지 무엇인지 이불이라 그랬지 뭐, 이불. 이불이지 뭐여.

이렇게 막.

- 아, 이렇게.

이렇게 한 것은 뭐라 그래요? 이렇게, 이렇게.

- 요 요.

아니 이불을 이렇게. 솜 안, 안 왔다 갔다 하잖아요, 속에. 못, 못 가게.

- 시치잖아 시쳐.

예.

- 실로.

예.

- 실로 저기 이렇게 몰리지 않게 드문드문, 저기 저 여자들은 생각하면 알지 뭘 그래. 저기 이렇게, 이렇게 화서, 화서.

예.

- 저기 드문드문 하면 몰리지 않잖아.

예.

- 그렇게 했지, 뭘.

예.

그런 이불은 뭐 누비이불이라 그러나요? 그런 것 있어요?

- 누비를 만들면 누비이불이 있는 거지.

어트개 하능 거요?

⌐ 그 다 그러치 머. 거기서 화:서 발버, 발피서 하넌 이런 시그루다 하개찌 머. 우리가 그렁거꺼정이야 우트개[92] 아러, 내가.

예.

⌐ 남자더리.

⌐ 이부, 이부리라구 더퍼 주먼 더꾸. 허허허허허. 그러치 몰:. 하하하.

여기.

⌐ 근 여자덜한태 무러. 나 마넌 여자덜한태 무러 보넝 기 더 나:.

예:.

⌐ 저.

그래서 제가 할머니한태.

⌐ 아이 교, 교수 아이 우리 식, 시꾸두 귀가[93] 가능귀 머거서 가능기가 머거써.

그래서 제가 할머니 고향이 어딩가 여쭤봉 거요.

⌐ 아이 여기, 여기.

글쌔 그래서 인재 나중애 할머니 가치 게시먼 그렁 거 무러보먼 할머니가 그렁 건 다 잘 아시자나요, 살림하능 건.

⌐ 모:르지 머. 누가 아러? 히ㅎㅎㅎㅎ.

저렁 건 머라 그래요? 저저.

⌐ 몰:?

저 우에 올려 농 거, 저렁 거. 잘 때 이러캐 머리애 하능 거.

⌐ 비:개.

저거, 저거 껍때기는 머라 그래요?

⌐ 비:개 껍띠기지 머, 머여. 머머 흐헤헤헤헤.

어떻게 하는 거예요?

ⁿ 그거 다 그렇지 뭐. 거기서 화서 밟아, 밟혀서 하는 이런 식으로 하겠지 뭐. 우리가 그런 것까지야 어떻게 알아, 내가.

예.

ⁿ 남자들이.

ⁿ 이불, 이불이라고 덮어주면 덮고. 허허허허허. 그렇지 뭘. 하하하.

여기.

ⁿ 그것은 여자들한테 물어. 나이 많은 여자들한테 물어 보는 것이 더 나아.

예.

ⁿ 저.

그래서 제가 할머니한테.

ⁿ 아이 교, 교수 아이 우리 식, 식구도 귀가 가는귀(가) 먹어서 가는귀가 먹었어.

그래서 제가 할머니 고향이 어디인가 여쭤본 것이에요.

ⁿ 아이 여기, 여기.

글쎄 그래서 이제 나중에 할머니(가) 같이 계시면 그런 것 물어보면 할머니가 그런 것은 다 잘 아시잖아요, 살림하는 것은.

ⁿ 모르지 뭐. 누가 알아? 히흐흐흐흐.

저런 것은 뭐라 그래요? 저 저.

ⁿ 뭐?

저 위에 올려놓은 것 저런 것. 잘 때 이렇게 머리에 하는 것.

ⁿ 베개.

저것, 저것 껍데기는 뭐라 그래요?

ⁿ 베개 껍데기지 뭐, 뭐야. 뭐 뭐 흐헤헤헤헤헤.

시커머지면 빨자나요.

ㅡ 그래 빠능 기지 머. 베끼 가주 빠능 거지 머. 빠러따가 또 너러서 말리따가 또 씨우먼 되넝 거구 그러치유.

그걸 머라 그래요?

ㅡ 머 비:개 껍띠기지 머.

비개 호청이라곤 안 해요? 비개 호청, 비개, 비갠, 비갠닏?

ㅡ 그러치, 비갠니피라구 그래꾸 그러치. 그러치 머 그뚜 그러캐 해두.

이렁 걸 머라 그래요, 이렁 건? 깔구 안증 거요.

ㅡ 그 모 모 모 머.

안증 거요.

ㅡ 고 모 머 머, 여기 다: 몰:러유? 방서기지.

이거뚜 똥그랑 거뚜 이꾸, 이러캐 네모루 됭 거뚜 이꾸 그르차나요. 그거 이르미 갇, 다 또까터요?

ㅡ 또까짠치.[94] 그런대 몰:르갠내유, 걸.[95] 근 안 해 봐:서 몰:러유. 근[96] 몰:러유.

그런대 비개는 저 아내 멀 너써요? 저 아내 드릉개 머요?

ㅡ 거 저 저, 뭐여 주로 저기 그 왕개럴 느태요? 왕개, 왕개.

왜 그걸 는나요?

ㅡ 베, 몰:러요. 왜 그런지 왕개를 마이 느터라구. 그래구 머, 퇴:치미래넝 기 인넌대 퇴:치먼[97] 저:기 그 저: 하꼴[98] 저기 성파널[99] 짜 가주구.

예.

ㅡ 저 비:갠니펄 저 이피먼.

퇴침.

ㅡ 퇴:치미 되능 기구 머 그러치 머.

그냥 통나무루요, 짤라 농건요?

ㅡ 통나문 목침, 목치미지 목침.

시커매지면 빨잖아요.

ㄱ 그래 빼는 것이지 뭐. 벗겨 가지고 빼는 것이지 뭐. 빨았다가 또 널어서 말렸다가 또 씌우면 되는 것이고 그렇지요.

그것을 뭐라 그래요?

ㄱ 뭐 베개 껍데기지 뭐.

베개 호청이라고는 안 해요? 베개 호청, 베갯, 베갯잇.

ㄱ 그렇지, 베갯잇이라고 그랬고 그렇지. 그렇지 뭐 그것도 그렇게 해도.

이런 것을 뭐라 그래요, 이런 것은? 깔고 앉은 거요.

ㄱ 그 뭐 뭐 뭐 뭐.

앉은 거요.

ㄱ 그 뭐 뭐 뭐, 여기 다 몰라요? 방석이지.

이것도 동그란 것도 있고, 이렇게 네모로 된 것도 있고 그렇잖아요. 그것 이름이 같(아), 다 똑같아요?

ㄱ 똑같지 않지. 그런데 모르겠네요, 그것을. 그것은 안 해 봐서 몰라요. 그것은 몰라요.

그런데 베개는 저 안에 무엇을 넣었어요? 저 안에 들은 것이 뭐예요?

ㄱ 그 저 저, 뭐야 주로 저기 왕겨를 그 넣데요? 왕겨, 왕겨.

왜 그것을 넣나요?

ㄱ 베, 몰라요. 왜 그런지 왕겨를 많이 넣더라고. 그리고 뭐, 퇴침이라는 것이 있는데 퇴침은 저기 그 저 상자를 저기 송판을 짜 가지고.

예.

ㄱ 저 베갯잇을 저 입히면.

퇴침.

ㄱ 퇴침이 되는 것이고 뭐 그렇지 뭐.

그냥 통나무로요, 잘라 놓은 것은요?

ㄱ 통나무는 목침, 목침이지 목침.

그래잉까.

⁻ 목침.

목치민대 목치매다가 저거 싸면 퇴치미 되능 경가요?

⁻ 아니지.

퇴치믄 따루 송파느루?

⁻ 그럼, 그럼.

그럼 가운대가 비어 이깬내요, 퇴치믄?

⁻ 그러치. 비워 이찌. 비:[100] 이찌.

으음:.

⁻ 모스루 바거서 저기 해, 해 나:짜너. 그래니까 인재 퇴:침 껍띠기 인재 껍띠기럴 인재 시:장에두 이 이, 이찌마넌 인재 맨드러서 그러캐서 씨웅 기, 씨원:[101] 기 그기 그거지.

예.

그냥 목침, 목치매다가 씨우먼 댈탠대 왜 그러캐 송파느루 꼭 그러캐 짜요?

⁻ 그 야물, 야물개[102] 인재 퇴:치미래능 기 그거지 머.

으음:.

저건 머라 그래요?

⁻ 머유.

저거 저, 저 우애 누렁 거 저 두 개 올려농 거.

⁻ 비:개.

그 여패두 요로캐 이짜너요, 똥그러캐.

⁻ 비갬마:구리.

비갬마구리라 그래요?

⁻ 그럼 마:구리.[103]

거기 수두 노쿠 그래지요?

그러니까.

⁻ 목침.

목침인데 목침에다가 저것(을) 싸면 퇴침이 되는 것인가요?

⁻ 아니지.

퇴침은 따로 송판으로?

⁻ 그럼, 그럼.

그러면 가운데가 비어 있겠네요, 퇴침은?

⁻ 그렇지. 비어 있지. 비어 있지.

예.

⁻ 못으로 박아서 저기 해, 해 놨잖아. 그러니까 이제 퇴침 껍데기 이제 껍데기를 이제 시장에도 이, 이 있지만 이제 만들어서 그렇게 해서 씌운 것이, 씌운 것이 그것이, 그것이지.

예.

그냥 목침, 목침에다가 씌우면 될 텐데 왜 그렇게 송판으로 꼭 그렇게 짜요?

⁻ 그 야물, 야물게 이제 퇴침이라는 것이 그것이지 뭐.

예.

저것은 뭐라 그래요?

⁻ 뭐요.

저거 저, 저 위에 누런 것 저 두 개 올려놓은 것.

⁻ 베개.

그 옆에도 요렇게 있잖아요? 동그랗게.

⁻ 베갯모.

베갯모라 그래요?

⁻ 그럼 마구리.

거기 수도 놓고 그러지요?

⁻ 그러치 수두 노쿠.

⁻ 그 비갬마:구리라 그래유.

그거 저거 쌍 거는요?

⁻ 저건 비:개껍띠기 아니유, 껍띠기 씨웅 거, 씨우넝 거니까. 비:개껍띠
기 씨우능 거.

옌나래는 저거 저 광모그루 마니 해찌요?

⁻ 광:모기지 머 순.

예.

⁻ 글 꼬:매 가주설랑에 그 해서 그래따구.

저 아내는 줌 머 너언나요? 머를 너요?

⁻ 주로 그 왕갤 마:이 느태유.

왕개?

⁻ 어.

왜 그걸 마니 느요?

⁻ 모:르개써유.

⁻ 비:개, 비:개 소:개 왕갤 마:이 느치? 비:개 소:개?

＝ 어.

＝ 왜 왕:개만 너:, 메물 껍띠기두 느쿠 머:.

⁻ 아이 머, 그렁 거나 머 왕:개나 항가지지 머 그런….

＝ 미물 껍띠기두 느쿠 머 그러치 머.

미물 껍기요?

⁻ 아이 미물 껍띠기나 마:나 왕:개.

미무른 안 느쿠 껍띠기를 너요?

⁻ 왕:개, 미무를 멍넝걸 머 거 느:.

＝ 미물, 미무리래는 거뚜 일찍 그거 매또래 따 봐, 타[104] 봐 껍띠기 나:자
너. 미물 껍띠기두 마:이 느:요. 우린 메무럴 안 해니 그러치. 미물 해넌

ˉ 그렇지 수도 놓고.

ˉ 그(것을) 베갯모라 그래요.

그거 저거 싼 것은요?

ˉ 저것은 베개 껍데기 아니야, 껍데기 씌운 것, 씌우는 것이니까. 베개 껍데기 씌우는 것.

옛날에는 저거 저 광목으로 많이 했지요?

ˉ 광목이지 뭐 순전히.

예.

ˉ 그것을 꿰매 가지고 그 하(고) 그랬다고.

저 안에는 좀 뭐 넣었나요? 무엇을 넣어요?

ˉ 주로 그 왕겨를 많이 넣데요.

왕겨?

ˉ 어.

왜 그걸 많이 넣어요?

ˉ 모르겠어요.

ˉ 베개, 베개 속에 왕겨를 많이 넣지? 베개 속에?

= 응.

= 왜 왕겨만 넣어, 메밀 껍데기도 넣고 뭐.

ˉ 아이 뭐, 그런 것이나 뭐 왕겨나 한가지지 뭐 그런….

= 메밀 껍데기도 넣고 뭐 그렇지 뭐.

메밀 껍데기요?

ˉ 아이 메밀 껍데기나 마나 왕겨.

메물은 안 넣고 껍데기를 넣어요?

ˉ 왕겨, 메밀을 먹는 것을 뭐 거 넣어.

= 메밀, 메밀이라는 것도 일찍 그것 맷돌에 타 봐, 타 봐 껍데기가 나오 잖아. 메밀 껍데기도 많이 넣어요. 우리는 메밀을 안 하니 그렇지. 메밀

데넌 미물 껍떠기두 느:요.

‐ 하긴 농사 상꼴 거튼 댄 그러캐 해는지 모:르지.

그럼 그 겨론할 때 혼수두 줌비하구 그래자나요. 예물두 줌비하구.

＝ 야.

‐ 예:무른 머 머, 명지, 명지 바:므루 명지 짜: 가주구 왜 일번 정치 땐대 명지, 명지실:. 그 저 눙애, 눙애 처 가주구설랑애 꼬추 진: 거 그거 뻔대기 저기 나오구 그래자너유. 실: 캐 가주설랑애 빨강거해, 빨간 저기 물디리구 시퍼런 물디리구 채:단 해구.

＝ 그때 나 올 쩨는요. 이 지배서 열따서쌀 머근 아덜 장:개디릴 생각뚜 안해:찌. 그랜는대 그러키, 으:른더리 그르키 서드러 가주고선 그르키해 니까루 머 혼수고 머고 아:무 거뚜 웁:써지유 머.

＝ 그른대 인재 그 저기 우리 이:사람 고모애, 우리 종조하라부지 외손자 따리 하나 이써써유. 그 지배두 아:덜두 우:꾸 외손자딸 딸 하나여. 그때 그: 따런 그저 핵꾜꺼정 가르치구 그랜넌대 혼수해줄라구 명지럴 해: 나: 써때요. 명지를 해 난:넌대 이이넌 어 아무 거뚜 웁:서찌. 그랜대 그 혼:수 를 꼬: 가주구서넌 채:다늘 해뜨래요. 그 채:다늘 꼬: 가주고서넌 거기다 가 빨간 물 디리 가주서넌 함:소:기 와뜨라구요. 머 저기 그저넨 머여 황: 사[105] 거튼 거 머이, 똥 머 뱀:허물 거텅 거 그거 하나 하:구 그 명지초마 하:구 채:다니라구 완넌데, 그거 명지처마 해, 그 채:단 바더 가주구 내:가 시집와 가주구서넌 명지럴 짜: 가주 그걸 해 가퍼줸:는대요.

‐ 신두, 신두 저기 장:개가넌대 아주 별나게 그거스 저기 배:급, 배:급 저기 주넝 건대 운:동화 항 커리 으:더 싱꾸.

＝ 그래서.

‐ 그뚜 특별나게 운:동화두 항 커리 으:더 시너써.

＝ 그때 두루매기두유, 시커먼 무럴 명, 며 명:얼 고:깨두 안 해구 아주

하는 데는 메밀 껍데기도 넣어요.

‐ 하기는 농사 산골 같은 데는 그렇게 하는지 모르지.

그럼 그 결혼할 때 혼수도 준비하고 그러잖아요. 예물도 준비하고.

= 예.

‐ 예물은 뭐 뭐, 명주, 명주 밤으로 무명 짜 가지고 왜 일본 정치 땐데 명주, 명주실. 그 저 누에, 누에 쳐 가지고 고치 지은 것 그것 번데기 저기 나오고 그러잖아요. 실 켜 가지고 빨간 것(을) 해(서), 빨간 저기 물들이고 시퍼런 물들이고 채단 하고.

= 그때 나 올 때는요. 이 집에서 열다섯 살 먹은 아들 장가들일 생각도 안 했지. 그랬는데 그렇게, 어른들이 그렇게 서둘러 가지고는 그렇게 하니까 뭐 혼수고 뭐고 아무 것도 없었지요 뭐.

= 그런데 그 저기 우리 이 사람 고모의, 우리 종조할아버지 외손녀딸이 하나 있었어요. 그 집에도 아들도 없고 외손녀딸 딸 하나야. 그때 그 딸은 그저 학교까지 가르치고 그랬는데 혼수 해주려고 명주를 해 놓았었대요. 명주를 해 났는데 이이는 아무 것도 없었지. 그런데 그 혼수를 꿔 가지고는 채단을 했더래요. 그 채단을 꿔 가지고는 거기에다 빨간 물을 들여 가지고는 함속이 왔더라고요. 뭐 저기 그전에는 뭐여 황사(黃沙)같은 것 뭐, 꼭 뭐 뱀허물 같은 것 그것 하나 하고 그 명주치마하고 채단이라고 왔는데 그거 명주치마 하고 그 채단 받아 가지고 내가 시집와 가지고는 명주를 짜 가지고 그것을 해 갚아 줬는데요.

‐ 신도, 신도 저기 장가가는데 아주 별나게, 그것을 저기 배급, 배급 저기 주는 것인데 운동화 한 켤레 얻어 신고.

= 그래서.

‐ 그것도 특별나게 운동화도 한 켤레 얻어 신었어.

= 그때 두루마기도요, 시커먼 물을 명, 명 무명을 곱게도 안 하고 아주

굴:깨 자: 햏 명:얼 시커먼 물 디려서 두루매기라구 해: 이피고.

할머니는 그거 채단 바다 가지구 결국 받응 거 도루 가펀내, 일해가 저 시지 오셔 가주구?

ᵕ 그래 가주구서넌 그거넌 내가 해, 초마럴 해: 이버찌요. 해: 이꾸 채:다는 명주를 짜: 가주구서넌 그걸 가퍼 줘:때니까유.

그러니깐요.

ᵕ 야.

그러니까 결국 할머니 치마 할머니가 해 이브싱거내유 머.

ᵕ 하하하하 하하하하.

이불가틍 거는 어트개써요.

ᵕ 이부런 내가 그래두 우리 친정애서 살:기가 갠자느니까루 이부런 양금[106] 해: 가주 와찌유. 이불하구 농하구 난 다: 해 가주 와써요. 그저낸 머 살림사리가 머 이써요? 농하구 이불함만 해 가주 와두 잘해 가주 와따 그래지.

이불두 머 여러 가지가 이짜나요.

ᵕ 이불두 저기 광복 꺼멍 니불 가목하고 갸:몽니부리니지 머, 미영:니불. 물디리 가주구 꺼멍 거.

⎺ 모카, 모카 저기 시머 가주구 가망쩌래[107] 행거. 왜정 때 그 해능 거니까 모콰 해: 가주구 솜:이불 그걸루 해:구 그래찌.

ᵕ 무명 이부리여. 무명을 ** 시커먼.

모콰 씨 빼 가주구.

⎺ 그럼 씨 빼: 가주 그때는.

그냥 해요? 그거 솜을 또 따루

⎺ 아이 타여지.

씨 뺀 담에?

⎺ 그러면 쐐:기루다가,[108] 쐐:기루다가, 쐐:기루다가 이러캐 씨럴 빼자너,

굵게 자아서 한 무명을 시커먼 물을 들여서 두루마기라고 해 입히고.

할머니는 그것 채단 받아 가지고 결국 받은 것 도로 갚았네요, 일해가(지고) 저 시집오셔 가지고?

= 그래 가지고는 그것은 내가 치마를 해 입었지요. 해 입고 채단은 무명을 짜 가지고는 그것을 갚아 줬다니까요.

그러니까요.

= 예.

그러니까 결국 할머니 치마 할머니가 해 입으신 거네요 뭐.

= 하하하하 하하하.

이불 같은 것은 어떻게 했어요?

= 이불은 내가 그래도 우리 친정이 살기가 괜찮으니까 이불은 양금을 해 가지고 왔지요. 이불하고 농하고 난 다 해 가지고 왔어요. 그전엔 뭐 살림살이가 뭐 있어요? 농하고 이불만 해 가지고 와도 잘해 가지고 왔다 그러지.

이불도 여러 가지가 있잖아요?

= 이불도 저기 광목 검은 이불 광목하고 광목 이불이지 뭐, 무명 이불. 물들여 가지고 검은 것.

⁻ 목화, 목화 저기 심어 가지고 몰래 한 것. 왜정 때 그 하는 것이니까 목화 해 가지고 솜이불 그것으로 하고 그랬지.

= 무명 이불이야. 무명을 ** 시커먼.

목화 씨 빼 가지고?

⁻ 그럼 씨 빼 가지고 그때는.

그냥 해요? 그것 솜을 또 따로?

⁻ 아이 타야지.

씨 뺀 다음에?

⁻ 그럼 쐐기로, 쐐기로, 쐐기로 이렇게 씨를 빼잖아, 빼는 돌려서. 이 가

빼넌 돌리서. 이 가라기 이써요, 두 개가. 그래 가주 글루.

▯ 그래 가주구서넌 솜트래 가서 소멀 트러[109] 가주구 가서 이르키 마러요. 그래 미영: 잘:라구 그래 마러 가 그거뚜 나:잰 모:까요. 바:매 가서 트러오지. 솜:틀찌배 가서. 그거뚜 들킬까바. 바:매 가망동으루[110] 가서 트러와써요. 가망동으루 트러다가서넌 미영얼[111] 짜 가주구서넌 거기다가 인재 꺼멍물 디리 가주구서넌 이부럴 해찌.

▯ 그 종주하라부지가[112] 인재 그 친해구 그래니까 그 여 면:, 면:써기루 신월리서 여기 금성며:내 와 인는대, 다른 사람들 다: 보내구설랑애 혼자 데러와서 조사럴 완넌대 명:이불 명지 짜구 인재 이래넝 거뚜, 가맛 바무루 바매 처, 나:즈루두 처이 되구, 가마두 처이 되구 그런대, 가망대이루[113] 데러와서 인사럴 해구, 하라부지한태 인사럴 해구 인재 이래 가니까 조사꾸는 그래 심:해개 안 드러와찌. 그랜 사:래미 이써써. 그러키 사라써유.

이불두 종뉴가 여러 가지가 이써요?

▯ 몰:러요. 먼지.

▯ 이:부른, 아이 광모기여. 이거이 아이 옌:나랜 업:써.

▯ 옌:나랜 명:주, 잘:해면 아주 명:지애다가 연두색 무럴 디리 가주고서넌 빨간 집 달:구 그르캐 해서 하얀 동:정[114] 달:구 이불 해지유.

▯ 그래구 이부리 인재 고:깨 해넝 건 인재 명주 이불 해구 또 무명 이불 해구. 그 양:금 해: 가주 온다 그래자녀유, 양:금.

그럼 두, 두 채내요? 양금이요?

▯ 그럼요. 그럼. 두: 채지 두: 채. 잘:해 가주 와:찌. 그래니까 농두 저기 마초 가주설랑에 부:자찌비니까.

▯ 그 이:사 청주루 저 충주로 이:사 대니느라고 내 농언 다 망거징걸 머. 거 가따가 또 와따가 그래니까루 그만 농이 또 망거져때요.

▯ 다: 망거져찌, 다: 망거져찌.

이부리 머 혼니불두 이꾸.

락이 있어요, 두개가. 그래 가지고 그것으로.

˭ 그래 가지고는 솜틀에 가서 솜을 틀어 가지고 가서 이렇게 말아요. 그래 무명을 자으려고 그래 말아 가(지고) 그것도 낮에는 못 가요. 밤에 가서 틀어오지. 솜틀집에 가서. 그것도 들킬까봐. 밤에 몰래 가서 틀어 왔어요. 몰래 틀어다가는 무명을 짜 가지고는 거기에다 이제 검은 물을 들여 가지고는 이불을 했지.

˭ 그 종조할아버지가 이제 그 친하고 그러니까 그 여기 면, 면서기로 신월리에서 여기 금성면에 와 있는데, 다른 사람들 다 보내고서 혼자 들어와서 조사를 왔는데 명 이불 명주 짜고 인제 이러는 것도, 가마니 밤으로 밤에 처, 낮으로도 쳐야 되고, 가마니도 쳐야 되고 그런데, 몰래 들어와서 인사를 하고 할아버지한테 인사를 하고 인제 이래 가니까 조사원은 그리 심하게 안 들어왔지. 그런 사람이 있었어. 그렇게 살았어요.

이불도 종류가 여러 가지가 있어요?

˭ 몰라요. 무엇인지.

˭ 이불은, 아이 광목이야. 이것이 아이 옛날엔 없어.

˭ 옛날에는 무명, 잘하면 아주 명주에다가 연두색 물을 들여 가지고는 빨간 집 달고 그렇게 해서 하얀 동정 달고 이불 하지요.

˭ 그리고 이불이 이제 곱게 하는 것은 이제 명주 이불 하고 또 무명 이불 하고. 그 양금 해 가지고 온다 그러잖아요, 양금.

그럼 두, 두 채네요? 양금이요?

˭ 그럼요. 그럼. 두 채지 두 채. 잘해 가지고 왔지 그러니까 농도 저기 맞춰 가지고서 부잣집이니까.

˭ 그 청주로 저 충주로 이사 다니느라고 내 농은 다 망가진 것을 뭐. 거기 갔다가 또 왔다가 그러니까 그만 농이 또 망가졌어요.

˭ 다 망가졌지, 다 망가졌지.

이불이 뭐 홑이불도 있고.

˥ 혼니불, 거 저기 이부래 해: 주자너요.

˭ 혼니불두 저기 그저내넌 솜:하구 안, 안 인재 미영: 껍띠기, 미영 이래 해서 소:그루 이르케 해서 이걸 해구 인재 그래구는 인재 고만 혼:니부럴 씨워써요. 시방은 왜 속:싸구 이불해구 그래자너유. 그저넨 속:뚜 안싸구 그양 껍띠기하구 안하구 솜:하구 이르케 고만 이르케 해 가주구서넌 그: 우애다가 고만 혼니부럴 씨우뜨라구유. 그래 가주구 이부럴 해 가주 와찌유.

˥ 뚜꺼우먼 인제 껍띠기만 베끼 가주 빨:구.

˭ 그래 혼니불 삐끼서 빨:구.

˥ 그러치 머, 그러케 해써유.

˭ 아이구 옌:나래넌 우리 사라나강 거.

˥ 거기두 그러케, 그러케 써써유?

아니 여기는 그렁 건 업꾸요. 이불가틍 거는 어떵 거시 인는지 그르키 인재 여쭤 보능 거지요. 또 이르캐 누빙 거뚜 이짜나요?

˥ 누빈 이부른.

˭ 누비이불두 인넌데 우린 누비이부른 안 해써요.

보료라는 거뚜 이써요, 보료?

˥ 보:료가 먼:지 모르갠네. 보:료라는 게 먼: 지 모르, 보:료가 머여. 몰:르갠는대 보려.

솜, 소믄 인재 모콰 시머서 하능 거지요?

˥ 모콰, 솜:.

˭ 야.

˥ 모카, 모카럴 시머 가주구 피면, 피먼 따: 가주구 까가 쩌기 따: 가주 설랑에 쐐:기루 트러 가주구 맨드러찌요.

˭ 우리 쐐:기두 상가[115] 이써요. 우리 아:가 저 바깨다 나두떠이만,[116] 아주 가:두 얼매나 우멍핸지[117] 가따가 방애다 가따노쿠. 헤헤헤.

˘ 홑이불, 거 저기 이불을 해 주잖아요.

= 홑이불도 저기 그전에는 솜하고 안, 안 이제 무명 껍데기, 무명 이렇게 해서 속으로 이렇게 해서 이것을 하고 이제 그러고는 이제 그만 홑이불을 씌웠어요. 시방은 왜 속 싸고 이불하고 그러잖아요. 그전엔 속도 안 싸고 그냥 껍데기하고 안하고 솜하고 이렇게 그만 이렇게 해 가지고는 그 위에다가 그만 홑이불을 씌웠더라고요. 그래 가지고 이불을 해 가지고 왔지요.

˘ 두꺼우면 이제 껍데기만 벗겨 가지고 빨고.

= 그래 홑이불 벗겨서 빨고.

˘ 그렇지 뭐, 그렇게 했어요.

= 옛날에는 우리 살아 나간 것.

˘ 거기도 그렇게, 그렇게 썼어요?

아니 여기는 그런 것은 없고요. 이불 같은 것은 어떤 것이 있는지 그렇게 이제 여쭤보는 거지요. 또 이렇게 누빈 것도 있잖아요?

˘ 누빈 이불은.

= 누비이불도 있는데 우린 누빈 이불은 안 했어요.

보료라는 것도 있어요, 보료?

˘ 보료가 뭔지 모르겠네. 보료라는 게 뭔지 모르겠어, 보려가 뭐야. 모:르겠는데 보료.

솜, 솜은 이제 목화 심어서 하는 거지요?

˘ 목화, 솜.

= 예.

˘ 목화, 목화를 심어 가지고 피면, 피면 따 가지고 까 가(지고) 저기 따 가지고서 쐐기로 틀어 가지고 만들었지요.

= 우리 쐐기도 아직 있어요. 우리 애가 저 밖에 나두었더니만, 아주 걔도 얼마나 의뭉한지 가져다가 방에다 갖다 놓고. 헤헤헤.

ᄀ 우리 저:기 저 행거구. 아이 우리 아, 저기 가나내: 가주구 조:흔거 그

쌔 그 예:저내 베실해 머긍거 그쌔 모:항 건[118] 다 파라 잡소써유, 우리 아

부지가. 머꾸 살:기가 골란해니 그래 가주 나머지두 그거 나두라[119] 그래

가주구 지금 궤:짜개 이써요. 그래서 저: 아래 이 저, 저 노인회:애서 그거

가따가 그래두 머 상타완나, 그때 멀: 해써.

ᄂ 냄비 타와써.

ᄀ 냄비 타완나? 허.

ᄂ 거 어버이날, 어버이날이여.

그게 먼대요?

ᄀ 옌:나레.

ᄂ 옌:나레 베실행 거.

ᄀ 도:장두[120] 열:항갱가 메 깽가 인는대. 이기 저 하꾸, 하꾸 됭: 거여 하꾸.

ᄂ 가주와?

ᄀ 아이.

ᄂ 가주와?

ᄀ 아하이구, 야:중애 해지 머. 자꾸 머 머 머 그거 가주오라 구러니. 흐

흐흐해. 그래서 그 아주 동내 하:문하넌[121] 사라먼 아주 잘: 매끼 나두라구

서울 저 케비에쓰[122] 가따가 함분 방:송얼 해라구 여부개[123] 그 소리꺼정

해능걸. 열:항 갱가 그 열두 갱가 네모 반뜨탱 거. 그 이:조 때 해:잡쏜거.

ᄂ 근대 이지비 손:만 이쓰먼 아주 저기 골뚱푸미 마:늘틴데 소:니 움써

저 가주구 고만 말짱 고만 풍수박사니 되: 가주구.

그 괄리할 수 인는 주이늘 만나야지 앙그러먼,

ᄀ 아 그쌔.

그나마두 업써지구.

ᄀ 아이 그쌔, 그쌔 인만행 거 고만 파라잡, 저기 저 파러서 저기 싱냥 사

잡쒀때니까 머 머. 나 어릴 쩌개 그래씨니 이기 답답팰 리리 아니여, 그쌔.

⌐ 우리 저기 저 한 것이고. 아이 우리 아, 저기 가난해 가지고 좋은 것 글쎄 그 예전에 벼슬해 먹은 것 글쎄 뭐한 것은 다 팔아 잡수셨어요, 우리 아버지가. 먹고 살기가 곤란하니 그래 가지고 나머지도 그것 놔두라고 그래서 지금 궤짝에 있어요. 그래서 저 아래 이 저 저 노인회에서 그거 갖다가 그래도 뭐 상타왔나 그때 뭘 했어.

= 냄비 타왔어.

⌐ 냄비 타왔나? 허.

= 그 어버이날, 어버이날이야.

그게 뭔데요?

⌐ 옛날에.

= 옛날에 벼슬한 거.

⌐ 도장도 열한 갠가 몇 갠가 있는데. 이것이 저 ** ** 된 거야 **.

= 가져와?

 ⌐ 아니.

= 가져와?

⌐ 아이고, 나중에 하지 뭐. 자꾸 뭐 뭐 뭐 갖고 오라 그러니. 호호호해. 그래서 그 아주 동네 한문하는 사람은 아주 잘 맡겨 놔두라고 서울 저 케이비에스 갖다가 한 번 방송을 하라고 여북해서 그 소리까지 하는 것을. 열한 갠가 열두 갠가 네모반듯한 것. 그 이조 때 (벼슬)해 잡수신 거.

= 그런데 이집이 손만 있으면 아주 저기 골동품이 많을 텐데 손이 없어져 가지고 그만 모두 그만 풍비박산이 되서.

그 관리할 수 있는 주인을 만나야지 안 그러면,

⌐ 아 글쎄.

그나마도 없어지고.

⌐ 아이 글쎄, 글쎄 웬만한 것 그만 팔아 잡(수시고), 저기 저 팔아서 저기 식량 사 잡수셨다니까 뭐 뭐. 나 어릴 적에 그랬으니 이것이 답답할 일이

일번가서 점부 그쌔 저기 도:넌 해:서 내:보냉 거 그쌔 이: 노인내가 그쌔 기양 안저서 잡쑤꼬 골패지리나 해구 이래구 사:시씨니 머 애기핼끼 머 이써. 그래나:쓰니 머 머 머, 하이구 참 말:두 모:타지유 머.

　￣ 개이 그 저, 저 교수니먼 저 남 저, 저 샤:는 머시끼럴[124] 다 핼라구 그래요.

아니야. 글쎄 일본 가서 전부 글쎄 저기 돈을 벌어서 내보낸 것 글쎄 이 노인네가 글쎄 그냥 앉아서 잡숫고 골패질이나 하고 이러고 사셨으니 뭐 얘기할 게 뭐 있어. 그래놨으니 뭐 뭐 뭐, 아이고 참 말도 못하지요 뭐.
ᄀ 괜히 그 저, 저 교수님은 저 남 저, 저 사는 무엇을 다 하려고 그래요.

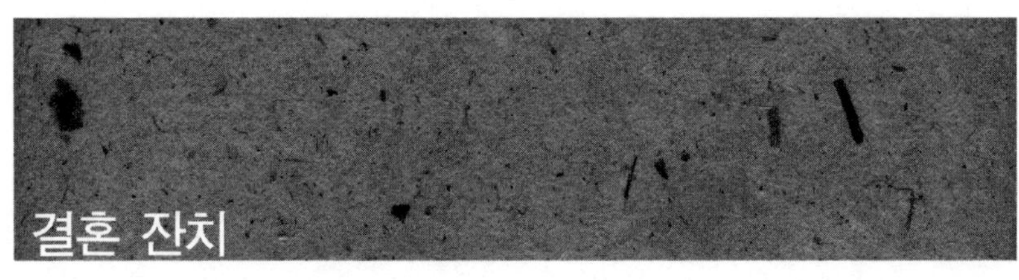

결혼 잔치

옌나래 그 겨론식 할 때요, 옌나래. 하라버지 할머니 겨론 할 때두 다 머 동내 싸람들 청해 가꾸 하구 그르자나요.

 아이 그럼 청해지.

어트개 해요, 그때는?

 청첩짱 내넝 거?

아니 다. 청첩짱 내능 거부터 해 가주구 그날,

 잔치라구.

잔치를 다 하자나요?

 그 잔치.

고거 어떠캐 줌비해서 어떤 이캐 절차루 이르캐 하는지, 옌나래는 어트캐….

 아 떠 캐구 국씨 눌:러다 예:저낸 국씨 눌:러다가, 기개트리 이써 기개틀,[125] 떡 저기 저 국씨틀 국씨 해넝 거 국씨트리 이써. 그 이제 거: 가서 잔친날 바더 노먼 거: 가서 해:다가 눌:러다가 말리 가주 가따 놔:따가 잔치, 잔치핸다구 인제 잔치국쑤[126] 쌀머서 이거 해구. 부치기, 부치기 저기 구:꾸. 뭐 이 여:러 가지 머 과:일 이래넝 거 머. 점부 능금,[127] 배: 머 과:자:, 마꽈자 그거지. 지끔 어디 조응 과자 그렁 고그비 이써요? 마꽈자지. 마꽈자 머 이렁 거 해서.

 마:꽈자두 인넌 지비나 이찌 머.

 그럼.

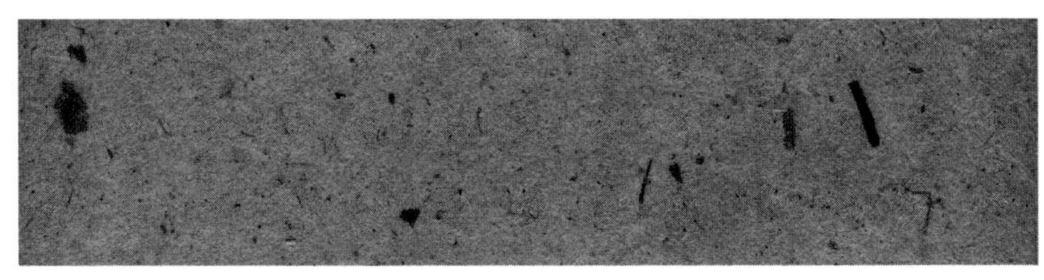

옛날에 결혼식 할 때요, 옛날에. 할아버지 할머니 결혼할 때도 다 뭐 동네 사람들 청해 가지고 하고 그러잖아요.

￢ 아이, 그럼 청하지.

어떻게 해요, 그때는?

＝ 청첩장 내는 것?

아니 다. 청첩장 내는 것부터 해 가지고 그날,

￢ 잔치라고.

잔치를 다 하잖아요?

￢ 그 잔치.

그거 어떻게 준비해서 어떤 이렇게 절차로 이렇게 하는지, 옛날에는 어떻게…(했어요)?

￢ 아 떡하고 국수 눌러다 예전에는 국수 눌러다가, 기계틀이 있어 기계틀, 떡 저기 저 국수틀 국수 하는 것 국수틀이 있어. 그 이제 거기 가서 잔칫날 받아 놓으면 거기 가서 해다가 눌러다가 말려 가지고 갖다 놨다가 잔치, 잔치한다고 이제 잔치 국수 삶아서 이것 하고. 부침개, 부침개 저기 부치고. 뭐 이 여러 가지 뭐 과일 이라는 것 뭐. 전부 능금, 배 뭐 과자, 막과자 그것이지. 지금 어디 좋은 과자 그런 고급이 있어요? 막과자지. 막과자 뭐 이런 것 해서.

＝ 막과자도 있는 집이나 있지 뭐.

￢ 그럼.

⌐ 그래서 이 노쿠.

= 막껄리, 그저내넌 옌:나래 만날[128] 수럴 해 가주구선 수럴 걸러 가주구 막껄리 잔:치럴 해:찌유. 아주 옌:나레 크닐 치르재면 수럴 한:통썩 해: 느쿠.

⌐ 아이:, 그거 저 잗 그거 때무내 술조:사[129] 때무내.

= 아이, 그래두 술조사가 댕기두 맨날[130] 그거 해:찌.

⌐ 아이구::, 그래두 저 그래두 저 도가애서는[131] 마:이 안 사찌, 안 사기럴. 그래 해기는 가망대이루[132] 끄러 무꾸, 구대이다 파구 끄러 무꾸 이래서.

= 그래 가주구.

가망대이가 머요?

⌐ 가마:니.

⌐ 가마:니 구대이루다 파구 수를 해: 는는다.

가망대이라능 개?

⌐ 가마니 가마니. 가마:니:.

몰래?

⌐ 몰:래.

⌐ 가마:니라두 먼 가만 줄 알지마넌, 몰:래 그럼, 몰:래 그럼. 그래서 구대일 파구 무꾸 수럴 해: 느쿠, 머글 째 걱쩡이여 껄리면.

= 시방언 모두 기개, 기개가서 떠걸 해지. 옌:나래넌 지배서 디딜빵아빠: 가주구서넌 인재 떠걸 해써요.

⌐ 시루떵 머 그 저 저.

= 그래 가주구서넌 떠캐서 크니리라구 치르찌 머, 시방거치 음시기 흔해써요? 그래 가주구서넌 인제 여자덜 멍넝 거넌 파껍띠기 떠기라구 싸:래기 줌 빠:서 느쿠 파껍띠기를 쩌 가주구서넌 파껍띠기디리 서꺼 가주 쯔먼 여자더런 인제 그거만 머꾸, 인제 힌 떠근 해: 가주구 인제 손님 제

˭ 그래서 이 놓고.

˭ 막걸리, 그전에는 옛날에 만날 술을 해 가지고는 술을 걸러 가지고 막걸리 잔치를 했지요. 아주 옛날에 큰일 치르려면 술을 한 통씩 해 넣고.

˭ 아이, 그거 저 잣 그거 때문에 술 조사 때문에.

˭ 아이, 그래도 술 조사가 다녀도 만날 그것 했지.

˭ 아이고, 그래도 저 그래도 저 도가에서는 많이 안 샀지, 안 사기를. 그래 하기는 몰래 끌어 묻고, 구덩이에다 파고 끌어 묻고 이래서.

˭ 그래 가지고.

가망대이가 뭐예요?

˭ 가만히.

˭ 가만히 구덩이를 파고 술을 해 넣는다.

가망대이라는 것이?

˭ 가만히, 가만히, 가만히.

몰래?

˭ 몰래.

˭ 가마니(가만히)라도 무슨 가마니(가만히)인 줄 알지마는, 몰래 그럼, 몰래 그럼. 그래서 구덩이를 파고 묻고 술을 해 넣고, 먹을 때 걱정이야 걸리면.

˭ 시방은 모두 기계, 기계에 가서 떡을 하지. 옛날에는 집에서 디딜방아에 빻아 가지고는 이제 떡을 했어요.

˭ 시루떡 뭐 그 저저.

˭ 그래 가지고는 떡을 해서 큰일이라고 치렀지 뭐, 시방같이 음식이 흔했어요? 그래 가지고는 이제 여자들 먹는 것은 팥 껍데기 떡이라고 싸라기 좀 빻아서 넣고 팥 껍데기를 쪄 가지고는 팥 껍데기들을 섞어 가지고 찌면 여자들은 이제 그것만 먹고, 이제 흰 떡은 해서 가지고 이제 손님 대

끼만[133] 해구 그랜넌대요 머.

ᄀ 거 다 쌀 귀:해구,[134] 인제 귀:해 가주구 인제 그러캐구. 농사지: 노:면 저기 저 이 일본 싸:람더리 으, 비양즈구그루다가 가따, 동내두 농사지: 노:면 가따 싸: 노쿠설랑애 창고애다 가따 싸: 노쿠설랑애 배:급 주넌 시 그루다 이 저 일번 그눔더리 그래짜너어:. 그래니까 싸리 귀:해지유.

잔친나른 그럼 이제 국씨 하자나요?

ᄀ 그러치. 국씨 쌀머서 그 국씨하:구 막껄리 머그먼.

쌀므먼 거기 아무 거뚜 안 너요 뭐?

ᄀ 몰: 싸.

국씨 쌀머서.

ᄀ 국씨 쌀:믄대는 저, 저 실:꼬치[135] 저기 저 해서 빨가캐 그 저 가늘개 저 실:꼬치 써:, 가늘개 요러캐 써:러 가주설랑애 그걸 꾸미다[136] 눌르뜽 그래.[137] 게:라널, 게:라널 저:기 깨: 가주설랑애 또 후라이럴[138] 해서.

＝ 시방은 거 서기버서시[139] 안 나넝 거여?

ᄀ 아이 왜 이때대. 서기 버시라구 사내서 나넝 거.

＝ 상꼬래서 나오넝 거.

미끌미끄라구.

ᄀ 그거여.

＝ 바우애서 나넌 버서시 이때대유. 그거럴 인재 사다가서넌 끄런 무래다 튀:해먼[140] 시커먼 무리 우러나드라구유. 그래 그거 실, 실:고치 쓰:는 대서 쓰:러 가주구 꾸미라구 이르캐 언뜨라구.

ᄀ 그거하:구 저 그거 하:구 게란, 게란.

＝ 게란두 잘해넌 지비나 그거 부치니까. 하하하하.

ᄀ 그럼 게란. 잘하넌 지번 하지. 그러치만 그걸 하구 꾸미 는넝 건 실:꼬치 쓰:러서 그거하구 세: 가지, 세: 가지 그 참 그리여. 꾸미라구 기양 언넝 건 그거여. 고기 꾸미두 우:꾸.

접만 하고 그랬는데요 뭐.

ㅡ 그 다 쌀 귀하고, 이제 귀해 가지고 이제 그렇게 하고. 농사지어 놓으면 저기 저 일본 사람들이 어, 비상저곡으로다 갖다, 동네도 농사지어 놓으면 갖다 쌓아 놓고서 창고에다 갖다 쌓아 놓고서 배급 주는 식으로 이저 일본 그놈들이 그랬잖아. 그러니까 쌀이 귀하지요.

잔칫날은 그럼 이제 국수를 하잖아요?

ㅡ 그렇지. 국수 삶아서. 그 국수하고 막걸리 먹으면.

삶으면 거기 아무 것도 안 넣어요 뭐?

ㅡ 뭘 싸.

국수 삶아서.

ㅡ 국수 삶은 데는 저, 저 실고추 저기 저 해서 빨갛게 그 저 가늘게 저 실고추 썰(어서), 가늘게 요렇게 썰어 가지고 그것을 꾸미에다 눌렀더군 그래. 계란을, 계란을 저기 깨 가지고서 또 프라이를 해서.

＝ 시방은 거 석이버섯이 안 나는 거야?

ㅡ 아이 왜 있다대. 석이버섯이라고 산에서 나는 것.

＝ 산골에서 나오는 것.

미끌미끌하고.

ㅡ 그거야.

＝ 바위에서 나는 버섯이 있다대요. 그거를 인제 사다가 끓은 물에다 튀하면 시커먼 물이 우러나더라고요. 그래 그것(을) 실, 실고추 써는 데서 썰어 가지고 꾸미라고 이렇게 얹더라고.

ㅡ 그거하고 저 그거하고 계란, 계란.

＝ 계란도 잘하는 집이나 그거 부치니까. 하하하하.

ㅡ 그럼 계란. 잘하는 집은 하지. 그렇지만 그것을 하고 꾸미 넣는 것은 실고추 썰어서 그거하고 세 가지, 세 가지 그 참 그래. 꾸미라고 그냥 얹는 것은 그거야. 고기 꾸미도 없고.

시커멍거 이르캐 넙쩌캉거 구워 가주구 부셔서 올려노키두 하던대.

‾ 그거넌 지:멀 뿌셔서 는녕 거 아니래유? 지:미지 짐:.

‗ 엔:나래는 그거뚜 안 해써유.

‾ 지:미 어디써?

‗ 엔:나랭 그거뚜 안 해구 서기버서설 쓰:러 가주 실:꼬치하구 이르키
언저써.

‾ 음:넌 사람더리 머: 그렁거, 짐:꺼정 사서 머글 그기.

음시근 그러캐 하구요.

시커먼 것 이렇게 넓적한 것 구워 가지고 부셔서 올려놓기도 하던데.

˝ 그것은 김을 부셔서 넣는 것 아니에요? 김이지 김.

˝ 옛날에는 그것도 안 했어요.

˝ 김이 어디 있어?

˝ 옛날엔 그것도 안 하고 석이버섯을 썰어 가지고 실고추하고 이렇게 얹었어.

˝ 없는 사람들이 뭐 그런 것, 김까지 사서 먹을 그것이.

음식은 그렇게 하고요.

그럼 인재 고 예시근 또 할 꺼 아니요? 상 차려 노쿠 머 이르캐.

＝ 상 채려 놓능 거요?

절두 하구 머 그러자너요? 어뜨캐 차려 입꾸 어떠캐 해요? 그거는?

￣ 샤:모각, 샤:모관대 해자너. 샤:모, 샤:모관대 해:구 거 임녕 거 이짜너 그거, 그거 하구. 여자넌 족또리[141] 낭자[142] 하구 또 그뚜 임녕 기 이짜너.

오슨 머 이버요?

＝ 오설?

￣ 아이 그거 다: 거기 원:사미지 머, 원:삼. 그래 원삼, 원삼.

원삼쪽뚜리내 그럼?

￣ 남자넌 인제, 저 저 저, 그 샤:모관대 해고 그거고.

＝ 시방두 거 샤:모광대 나오던대 머 태래비애.

￣ 아이 지금 저 저기두 이짜너. 저, 저 피:박 반넌 대 거 이짜너 왜. 그 기이 그거여.

피박?

￣ 그: 피:박 반는대 왜 남자 임녕 거 그거여 그거. 장:개갈 째 그 캐능 거 그거야.

치마조고리는 어떵 거 이버요?

＝ 초마조고리 머 머, 그저내 머 인넌 사:람 몰:러두 우리내넌 명지초마[143] 명지조고리지.[144] 그거뚜 아주 잔친날 잘:해, 잘:해느라구.

새가른 이꾸요?

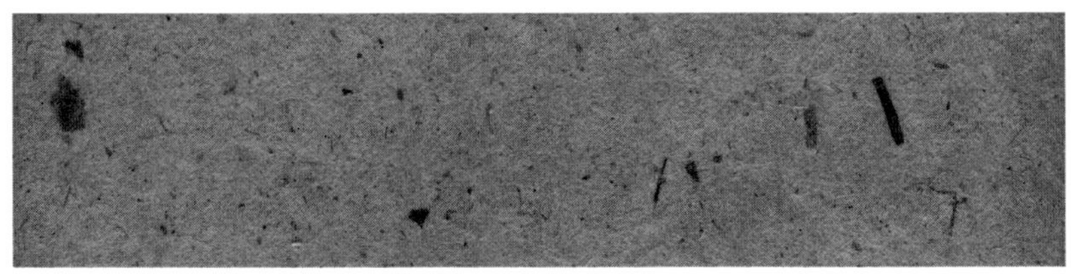

그럼 이재 그 예식은 또 할 것 아니에요? 상 차려 놓고 뭐 이렇게?

= 상을 차려 놓는 거요?

절도 하고 뭐 그러잖아요? 어떻게 차려 입고 어떻게 해요? 그것은?

ⁿ 사모 관(대), 사모관대 하잖아. 사모, 사모관대 하고 그 입는 것 있잖아. 그것, 그것 하고. 여자는 족두리 낭자 하고 또 그것도 입는 것이 있잖아.

옷은 뭐 입어요?

= 옷을?

ⁿ 아이 그거 다 거기 원삼이지 뭐, 원삼. 그래 원삼, 원삼.

원삼 족두리네 그러면?

ⁿ 남자는 이제, 저 저 저, 그 사모관대 하고 그것이고.

= 시방도 그 사모관대 나오던데 뭐 텔레비전에.

ⁿ 아이 지금 거, 저기도 있잖아 저저 폐백 받는 데 그 있잖아 왜. 그것이 그것이야.

폐백?

ⁿ 그 폐백 받는데 왜 남자 입는 것이 그것이야, 그것. 장가갈 때 그 하는 것 그것이야.

치마저고리는 어떤 것 입어요?

= 치마저고리 뭐 뭐, 그전에 뭐 있는 사람은 몰라도 우리네는 무명치마 무명저고리지. 그것도 아주 잔칫날 잘하, 잘하느라고.

색깔은 있고요?

‾ 새까른 파:래쿠 빨가쿠 그러치, 머 머 머.

치마조고리가?

‾ 그럼.

처마조고리가?

‾ 그 채:다니 그러니까루 그러치, 머 머 머.

부:농처마애.

= 꼴뚜선처마예,[145]

‾ 몰:러 알:은 머.

= 노랑 조고링가 그르캐 해찌?

‾ 모:르개써 난.

어떤, 어떤 처마애 노랑조고리요?

= 꼴뚜선초마 노랑조고리지 머.

　꼬뚜선초마가 머요?

= 꼴뚜선초마만 **뻴:**간 꼴뚜산.[146]

　꼬뚜산?

= 야.

‾ 그거뚜 여 여, 여기, 여기다가 머 머, 파:란 건지 머 머, 무내 인넝건지 몰:루 해서 또 달지 왜.

= 끄똥?

‾ 음 끄똥.

= 끄똥 다는 오뚜 이꾸 끄똥 안 다는 오뚜 이꾸.

실두 이짜너요. 실두 새깔 인는 실 그렁 거는 안 하나요?

‾ 청홍.

그거는 언재 하능 거요?

‾ 청홍.

예.

¯ 색깔은 파랗고 빨갛고 그렇지, 뭐 뭐 뭐.

치마저고리가?

¯ 그럼.

치마저고리가?

¯ 그 채단이 그러니까 그렇지, 뭐 뭐 뭐.

분홍치마에.

＝ 꼴두선치마에,

¯ 몰라 알면 뭐.

＝ 노랑 저고린가 그렇게 했지?

¯ 모르겠어 난.

어떤, 어떤 치마에 노랑 저고리예요?

＝ 꼴뚜선치마 노랑 저고리지 뭐.

꼴두선치마가 뭐예요?

＝ 꼴두선 치마만 빨간 꼴두선.

꽃두산?

＝ 예.

¯ 그것도 여 여, 여기, 여기다가 뭐 뭐, 파란 것인지 뭐 뭐, 무늬 있는
것인지 무엇으로 해서 또 달지 왜.

＝ 끝동?

¯ 음 끝동.

＝ 끝동 다는 옷도 있고 끝동 안 다는 옷도 있고.

실도 있잖아요. 실도 색깔 있는 실 그런 것은 안 하나요?

¯ 청홍.

그것은 언제 하는 거예요?

¯ 청홍.

예.

˜ 그거 거 소내다 거러 가주설랑에 이 잔 얼릴 쩌개, 잔 올릴 쩌개 이 가머 가주구 이래.

고걸 자새히 함 번 설명 줌 해조 보새요. 저는 고걸 자새히 본 저기 업꺼든요? 예저내 뭐 닥뚜 뭐 이르키 가따 노쿠 상 위애다 올리구.

＝ 상애다 가따 논능 거요? 닥뚜 가따 노쿠.

˜ 암:탁.

＝ 용떠걸, 용떠걸[147] 이짜개 하나 노쿠 이짜개 하나 노쿠 그래유, 용떠걸. 일찍 그저낸 지배서 절펴널 해:짜너요. 시방은 기개 가서 해지만 절펴늘 해서 용떠걸 맹글드라구요. 용떠걸 해서 여기 하나 노쿠 여기두 해:노쿠 거기다가 머여 쌀두 노쿠, 쌀두 노쿠, 머:럴 나 또.

˜ 좁쌀.

＝ 좁쌀?

˜ 좁쌀.

＝ 쌀두 느쿠 좁쌀두 느쿠.

˜ 그러치 좁쌀 쌀, 좁쌀 쌀 이래서 암:딱, 암:따 캄마리 수따 캄마리. 그애 상 우애다, 인재 지:쌍[148] 우애다 인재 이래 양쪼개서 들구 이꾸. 여:자 남자라능 기지[149] 그기.[150]

다글?

˜ 그러치. 닥:. 그러치.

으음:.

˜ 그래니까 수:딱 암따기니까 여자.

여자 남자.

˜ 어 어, 그러치.

＝ 그래 가주구 인재 그 용떠걸 인재 사흘마내 그걸 가주 떡구걸 끄리드라구요. 용떠걸 쓰:러서 사흘마내, 그 떠글 쓰:러서 머여 아침 새복조반도 국 끼리 주구 그래대. 엔:나래 그래넝 거만 봐:찌 우링 그르캐 해: 보던 안

˘ 그거 거 손에다 걸어 가지고서 이 잔 올릴 적에, 잔 올릴 적에 이 감아 가지고 이래.

그것을 자세히 한 번 설명 좀 해줘 보세요. 저는 고걸 자세히 본 적이 없거든요. 예전에 뭐 닭도 뭐 이렇게 갖다 놓고 상위에 올리고.

= 상에다 갖다 놓는 것이요? 닭도 갖다 놓고.

˘ 암탉.

= 용떡을, 용떡을 이쪽에 하나 놓고 이쪽에 하나 놓고 그래요, 용떡을. 일찍 그전엔 집에서 절편을 했잖아요. 시방은 기계에 가서 하지만 절편을 해서 용떡을 만들더라고요. 용떡을 해서 여기 하나 놓고 여기도 해 놓고 거기에다 뭐야 쌀도 놓고, 쌀도 놓고, 뭐를 놔 또.

˘ 좁쌀.

= 좁쌀?

˘ 좁쌀.

= 쌀도 넣고 좁쌀도 넣고.

˘ 그렇지 좁쌀 쌀, 좁쌀 쌀 이래서 암탉, 암탉 한 마리 수탉 한 마리 그래 상 위에다 이제 제상 위에다 이제 이래 양쪽에서 들고 있고 여자 남자라는 것이지 그것이.

닭을?

˘ 그렇지. 닭. 그렇지.

예.

˘ 그러니까 수탉 암탉이니까 여자.

여자 남자.

˘ 어 어, 그렇지.

= 그래 가지고 이제 그 용떡을 이제 사흘만에 그것을 가지고 떡국을 끓이더라고요. 용떡을 썰어서 사흘만에, 그 떡을 썰어서 뭐야 아침 새벽조반도 국 끓여 주고 그러데. 옛날에 그러는 것만 봤지 우리는 그렇게 해

해써두 그건 보기만 해:찌. 히히히.

˝ 그래 머 저기 머여 밤:, 밤: 대:추 노쿠 그래지 아마? 그거뚜 밤: 대:추 두 노:쿠.

˝ 그때 그 이 가:는 사람 그 대:래청애서[151] 나온 싸:럴 가따가 이배 머구 먼 그 이럴 앙 간대. 그기 야:기래요, 대래청에서 나온 쌀두.

˝ 그 밤: 대:추 노쿠.

그러먼 대래청을 맨드러 논능 거내요?

˝ 그럼. 무를, 무럴 한 냥푼 또 떠다 나:이 돼. 그래 메:나리를 쩌기 서너 뿌리 뽀브다가.

˝ 그래두 똑떠기 반:내 머. 난: 몰:러. 어허허허.

˝ 그걸 뽀버다가 무래다 힝고 가주설랑애 뿌리럴 씨: 가주구 그래서 이래 느: 논는다구 항, 쟁바내다 이러캐.

˝ 그래 양푸니지 머.

˝ 양푼, 양푼. 그러캐 해:따구.

거 왜 그래요?

˝ 누가 아러? 그쌔 왜 그래는지.

˝ 그거 무신 방버빙가 부지유 머.

˝ 그, 그러캐 해써.

˝ 무신 방버빙가 부지 머.

˝ 그리구 잔 올리구.

절두 하자나요?

˝ 저런 남, 남, 남자가 이:배[152] 해먼 여자는 사:배 해구 그래써.

오슨 어떤 오슬 이버요?

˝ 오슨 그러태이까 멀. 그 그 그.

˝ 사:모광대 이구 그래찌.

˝ 사:모광대행 거 그거지 머여. 지금 쪽또리 쓰, 저 해구 왜 저 저, 피:박

보지는 않았어도 그건 보기만 했지. 히히히

ㅡ 그래 뭐 저기 뭐여 밤, 밤 대추 놓고 그러지 아마? 그것도 밤 대추도 놓고.

ㅡ 그때 그 이가는 사람 그 대례청에서 나온 쌀을 가져다가 입에 먹으면 그 이를 안 간대. 그게 약이래요, 대례청에서 나온 쌀도.

ㅡ 그 밤 대추 놓고.

그러면 대례청을 만들어 놓는 거네요?

ㅡ 그럼. 물을, 물을 한 양푼 또 떠다 놔야 돼. 그래 미나리를 저기 서너 뿌리 뽑아다가.

ㅡ 그래도 똑똑히 봤네 뭐. 난 몰라. 어허허허.

ㅡ 그것을 뽑아다가 물에다 헹궈 가지고서 뿌리를 씻어 가지고 그래서 이래 넣어 놓는다고, 쟁반에다 이렇게.

ㅡ 그래 양푼이지 뭐.

ㅡ 양푼, 양푼. 그렇게 했다고.

그거 왜 그래요?

ㅡ 누가 알아? 글쎄 왜 그러는지.

ㅡ 그것이 무슨 방법인가 보지요 뭐.

ㅡ 그, 그렇게 했어.

ㅡ 무슨 방법인가 보지 뭐.

ㅡ 그리고 잔 올리고.

절도 하잖아요?

ㅡ 절은 남, 남, 남자가 이배 하면 여자는 사배 하고 그랬어.

옷은 어떤 옷을 입어요?

ㅡ 옷은 그렇다니까 뭘. 그 그 그.

ㅡ 사모관대 입고 그랬지.

ㅡ 사모관대한 것 그것이지 뭐야. 지금 족두리 쓰(고), 저 하고 왜 저저

받년 그러키 해구 핸대니까 멀.

　사모관대라고 하는 거는 과노시예요?

　￣ 그러치. 그거 거, 그거 인재 이래 쓰구, 쓰구 이 거 이꾸, 그래구 피:박바들 째 남자넌 그러쿠, 여자넌 쪽또리 해구 해자녀. 그래니까 그, 그시 그루 해써, 옌:나레두. 지끔두 저기 별나개 해넌 사라먼 그러캐 해:, 예:식 짱애 앙 가구. 예:식짱애 가두 그러캐 핼라먼 해구 그랜다구. 해넝 거. 그 사:모광대래넝 거.

　￣ 저 왜 선상 손자메누리 볼 찌개 지배서 잔치행 걸.

　￣ 어:, 그럼 그러캐 해지 머. 핼람[153] 그러캐 핼라[154] 그래찌 머. 그러캐 핼라 그래지 머.

　옌나래 저기 그러캐 인재 겨론하자너요? 그러면 재미인는 일두 만차너요? 골려주기두 하구 머.

　￣ 하:이구.

　천날 빠매 문두 찌꾸 그런다면서요? 그런 얘기 혹씨 재미 이써떤 일 이쓰면 하나 나매, 나매 얘기든지 머.

　￣ 저기 그 천날빠매 저기 머여 그.

　＝ 신방 채리능 거.

　￣ 신방 차리넝 거.

　￣ 뭉꾸녀글 이 신, 저 문, 문 저기 그걸루 해나왔어요, 문쪼우. 이누무걸 구녀걸 안 뚤버지면 치멀 발러 가주구 구녕얼 뚤버서 이래 가주구, 그 두:내우 우트개 해능가 보너라구 문 인:넌 대루 다: 뚤버 노쿠, 짜개, 짜개구 막 이래구 디다다보자녀.

　＝ 아이 장난이 심해 그 문 다: 뜨더나요.

　￣ 그래구 실랑 저기 나갈 쩌개 구라멀[155] 까러, 미태다가, 자리 미태다가. 그래, 그래구설랑에 나가다가 나가떠러지는 수도 이따구 또.

　＝ 콩얼, 콩얼 느턴지.

폐백 받는(것은) 그렇게 하고, 한다니까 뭘.

사모관대라고 하는 것은 관옷이에요?

˘ 그렇지. 그거 인제 이래 쓰고, 쓰고 이 거 입고, 그리고 폐백 받을 때 남자는 그렇고 여자는 족두리 하고 하잖아. 그러니까 그, 그식으로 했어, 옛날에도. 지금도 저기 별나게 하는 사람은 그렇게 해, 예식장에 안 가고. 예식장에 가도 그렇게 하려면 하고 그런다고. 하는 것. 그 사모관대라는 것.

˭ 저 왜 선생 손자며느리 볼 적에 집에서 잔치한 걸.

˘ 어, 그럼 그렇게 하지 뭐. 하려면 그렇게 하려고 그랬지 뭐. 그렇게 하려고 그러지 뭐.

옛날에 저기 그렇게 이제 결혼하잖아요? 그러면 재미있는 일도 많잖아요? 골려주기도 하고 뭐.

˘ 아이고.

첫날밤에 문도 찢고 그런다면서요. 그런 얘기 혹시 재밌었던 일 있으면 하나 남의 얘기든지 뭐.

˘ 저기 그 첫날밤에 저기 뭐야 그.

˭ 신방 차리는 것.

˘ 신방 차리는 것.

˘ 문구멍을 이 신, 저 문, 문 저기 그것으로 해 놓았어요, 문종이. 이놈의 것을 구멍을 안 뚫어지면 침을 발라 가지고 구멍을 뚫어서 이래 가지고, 그 두 내외 어떻게 하는가 보느라고 문 있는 대로 다 뚫어 놓고, 찢 찢고 막 이러고 들여다보잖아.

˭ 아이 장난이 심해 그 문 다 뜯어놓아요.

˘ 그리고 신랑 저기 나갈 적에 굴밤을 깔아, 밑에다가, 자리 밑에다가. 그래 그러고서 나가다가 나가떨어지는 수도 있다고 또.

˭ 콩을, 콩을 넣든지.

⌐ 콩.

ᵞ 그 장나니지, 장나니 심:한 사라미지.

⌐ 그, 그눔더리 그랜다구. 콩얼, 콩얼 도짜리 미태다가, 자릴 까러여 되니까. 샤:모괌대 해구 그 해자면, 게구 나올 쩌개 망신 씨기너라구 그눔새끼더리¹⁵⁶⁾ 그래자너. 그래자너 콩얼, 콩얼 가따가 깔, 깔:던지 자리 미태다. 그럼 미끄러, 미끄러저 나가 떠러지자너 샤:모광대 해구. 치:, 지라리지.

⌐ 별짓 다해지. 그래구 실랑 다러¹⁵⁷⁾ 멍넌다구 나오면 다 버서 노쿠넌 다러 멍는다구 이우찌배 끌:구 가서. 난 달리¹⁵⁸⁾ 바:써, 달리 보기는.

ᵞ 아이, 나이가 어리니까루 맘마이 보구 ***.

⌐ 아, 요눔 새끼더리 지개꼬리 참바,¹⁵⁹⁾ 지개꼬리, 지개꼬리럴 가따가 이, 이 양쪽 여기 발모글 이래 가주구 매:다러.

꺼꿀루?

⌐ 대달뽀. 그럼 꺼꾸루 매:달지. 매:다러 노쿠설랑에.

어따가요?

⌐ 아, 대달뽀에다가 매:달지, 방. 그래군 몬, 몬: 바거 논: 데 매다러 놔:써. 그래 내: 둘:째 처나미, 저 저, 큰 처나미지 그래니까 내 미치지마넌, 아, 승:지리 나:서 니:기 와서 니:미¹⁶⁰⁾ 막 지라럴 뻐드민선¹⁶¹⁾ 그래민선 나설 가주구 니:미 막 참바럴 막 끄너 노쿠 그래 가주구 갠자너써요. 아, 여: 가 발모기 아퍼 주깬넌대 머 우트개넝 거여, 매달리 가주구.

왜, 왜그래능 거요?

⌐ 그 다러믈, 단대능 기지 다러 멍너라구. 아, 머 머 머, 머, 머글 꺼 머글라 그래는지 다, 단대는대 우트개넝 거여, 나: 드루워. 별:노무 꼴 다 봐:찌.

발빠닥뚜 때리구 그런다면서요?

⌐ 아:, 그럼요.

⌐ 다러 가주 뚜드리 패자너. 망치루다 저저 방매이루 때리던지 저 까:

- 콩.
= 그 장난이지, 장난이 심한 사람이지.
- 그, 그놈들이 그런다고. 콩을, 콩을 돗자리 밑에다가, 자리를 깔아야 되니까. 사모관대하고 그 하려면, 그리고 나올 적에 망신시키느라고 그놈새끼들이 그러잖아. 그렇지 않으면 콩을, 콩을 갖다가 깔, 깔든지, 자리 밑에다. 그럼 미끄러(져), 미끄러져 나가떨어지잖아, 사모관대 하고. 지랄이지.
- 별짓 다하지. 그러고 신랑 달구쳐 먹는다고 나오면 다 벗어 놓고는 달구쳐 먹는다고 이웃집에 끌고 가서. 난 달려 봤어, 달려 보기는.
= 아이, 나이가 어리니까. 만만히 보고 ***.
- 아, 요놈 새끼들이. 지게꼬리, 참바 지게꼬리, 지게꼬리를 갖다가 이, 이 양쪽 여기 발목을 이래 가지고 매달아.

거꾸로?
- 대들보. 그럼 거꾸로 매달지. 매달아 놓고서.

어디에요?
- 아, 대들보에다 매달지, 방(에). 그러고는 못, 못 박아 놓은데 매달아 놨어. 그래 내 둘째 처남이 저 저, 큰 처남이지 그러니까 내 밑이지마는, 아 성질이 나서 네기 와서 네미 막 난리를 치면서 그러면서 낫을 가지고 네미 막 참바를 막 끊어 놓고 그래 가지고 괜찮았어요. 아, 여기가 발목이 아파 죽겠는데 뭐 어떻게 하는 거야, 매달려 가지고.

왜, 왜 그러는 거예요?
- 그 달구쳐, 달구친다는 것이지. 달구쳐 먹느라고. 아, 뭐 뭐 뭐, 뭐, 먹을 것 먹으려 그러는지 달, 달구친다는데 어떻게 하는 거야, 나 더러워. 별놈의 꼴 다 봤지.

발바닥도 때리고 그런다면서요?
- 아, 그럼요.
- 달구쳐 가지고 두드려 패잖아. 망치로 저 저, 방망이로 때리든지 저 거

꾸루 세워 노쿠설랑애 때린다구.

　동내 청년드리 그래는 거요?

－ 그러치.

칭구드리 그래요? 아니면 따른 사람이?

－ 아이 딴:[162] 눔더리 그러치. 그 동, 동네 심:해, 심:해니까.

＝ 이이넌 처가찌배 와서 천날빠멀 지:내짜너요.

처가찌비 처가 똥내에서 그런다구요?

＝ 그러면. 처가 똥내서.

－ 그럼. 그, 그동내서 그래지. 왜 이 여 저 내: 동내서 그래 왜?

색씨 빼서 가따구?

－ 그래지 머.

－ 드:루워서.[163] 아이 여보캐 콩얼 까러 나:쓸 째 머 나가 떠러지넌대 머 우트개능 거여, 머 머 머. 사:모관대럴 해구설랑에 나가넌데 자리 미태다가 콩얼 까라 놘:는대 그럼 그르키 암 미끄러져? 엔:나렌 그러키 심:해써.

－ 오:짜글

재미로 하능 거자너요, 그래두?

－ 어?

재미로 하능 거자너요?

－ 재:미가 머여 무리루 그래능 기지.

＝ 그래두 그 장난꾸니 재:미루 그래지:.

－ 아:이구, 재:미가 머여. 아이구 주거유 주거.

＝ 장난꾸니 그래두 재:미루 그래지.

－ 주거, 주거, 주거. 장:개 한: 번 갈래먼 주거, 주거.

＝ 아, 저 맘:부기는[164] 처가찌배서 모:짜구서 바매 달려 와때자너.

－ 중저니[165] 을:마나 심:핸댄대 거.

＝ 그래 바매 그쌔 올러 와뜨래:.

꾸로 세워 놓고서 때린다고.

동네 청년들이 그러는 거예요?

⁻ 그렇지.

친구들이 그래요? 아니면 다른 사람이?

⁻ 아이, 다른 놈들이 그러지. 그 동, 동네(가) 심하, 심하, 심하니까.

⁼ 이이는 처갓집에 와서 첫날밤을 지냈잖아요.

처갓집이 처가 동네에서 그런다고요?

⁼ 그럼. 처가 동네서.

⁻ 그럼. 그, 그 동네에서 그러지. 왜 이 여 저저 내 동네에서 그래 왜? 색시 빼앗아 갔다고?

⁻ 그러지 뭐.

⁻ 더러워서. 아이, 여북하면 콩을 깔아 놓았을 때 뭐 나가떨어지는데 뭐 어떻게 하는 거야, 뭐 뭐 뭐. 사모관대를 하고서 나가는데 자리 밑에다가 콩을 깔아 놨는데 그럼 그렇게 안 미끄러져? 옛날에는 그렇게 심했어.

*****

재미로 하는 것이잖아요?

⁻ 어?

재미로 하는 것이잖아요?

⁻ 재미가 뭐야 일부러 그러는 것이지.

⁼ 그래도 그 장난꾼이 재미로 그러지.

⁻ 아이고, 재미가 뭐야. 아이고, 죽어요, 죽어.

⁼ 장난꾼이 그래도 재미로 그러지.

⁻ 죽어, 죽어, 죽어. 장가 한 번 가려면 죽어, 죽어.

⁼ 아, 저 만복이는 처갓집에서 못 자고는 밤에 달려 왔다잖아.

⁻ 중전(마을)이 얼마나 심한 데인데 거(기가).

⁼ 그래 밤에 글쎄 올라 왔더래.

- 야:이구, 중저니 을:마나 쎄:다 구려:, 어이구:. 아, 저 자:인, 자, 자:이니 죽떤지 장:모가 죽떤지 해먼 연초때럴[166] 질머 지키 가주설랑애 니:기 다러 멍넌대 참 지:독해다구.

- 지끄미니 그러치, 지끄먼 아:러서 돈 암매 주:마, 아주 이래, 이래자너. 그런대 그전앤 그기 웁:써:. 연토때럴[167] 질머 지키구 아유 대단해:. 다러 멍넌다구 다러.

- 야:이고.

- 아이고, 중전이 얼마나 세다 그래, 아이고. 아, 저 장인, 장, 장인이 죽든지 장모가 죽든지 하면 연춧대를 짊어지워 가지고서 네기 달구쳐 먹는데 참 지독하다고.

- 지금이니 그렇지, 지금은 알아서 돈 얼마 주마, 아주 이래 이러잖아. 그런데 그전에는 그것이 없어. 연춧대를 짊어지우고 아휴 대단해. 달구쳐 먹는다고 달구쳐(먹는다고).

- 아이고.

그러면 겨론 하시구 시논살림 할 때는.

￣ 신혼살리, 신혼살리미 시어머이 시아부지 머 다: 가치 사러찌 몰: 어딜 가. 엔:나랜 그러차너:. 형제가니구 머:구 다: 가치 살림두 안 나구 사러써.

살림사리는 멀 장만하셔써요?

￣ 장만핼 끼 모: 이써? 움:넌 뉘미[168] 모: 장만할 끼 이써. 머꾸 살:기두 골란항기 몬: 살림사리를,[169] 몰: 장만해요.

그래두 머 저기 겨로날 때 피료항 거는 한두 가지 장만하셔쓸 꺼 아니요?

￣ 장만해봐야 머 그까녀너.

＝ 우린 아:무거뚜 장만하지두 안 해구 그양 인는 대루 그양 사러써.

￣ 아 밥끄르타:구 수깔 이씀 머꾸 살:지 머 머 머, 우트개.

＝ 우리 동새두 저기 수정이를 나: 가주 나가씨니 미태마내 나가써?

￣ 수정이 나: 가주 머.

＝ 미 태 되찌?[170]

￣ 어우:, 갸:가.[171]

＝ 한 대: 태[172] 한 지배 사라찌?

￣ 갸:가 서른 며치여?

＝ 아이, 지나마나 한 지배 사러 나갈 찌개.

￣ 갸:가 해씨먼 메태 인닝 걸 알:지.

큰, 큰.

＝ 서른스:잉가[173] 서른느:잉가[174] 되:쓰껄. 수광이가 서른, 서르니 아니여?

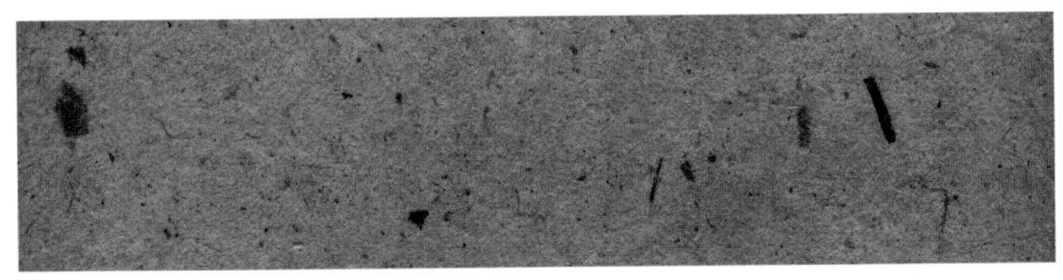

그러면 결혼하시고 신혼살림 할 때는.

- 신혼살림, 신혼살림이 시어머니 시아버지 뭐 다 같이 살았지 뭘 어디
가. 옛날엔 그렇잖아. 형제간이고 뭐고 다 같이 살림도 안 나고 살았어.

살림살이는 그럼 뭘 장만하셨어요?

- 장만할 것이 뭐 있어? 없는 놈이 뭐 장만할 것이 있어. 먹고 살기도
곤란한 것이 무슨 살림살이를, 뭘 장만해요.

그래도 머 저기 결혼할 때 필요한 것은 한두 가지 장만하셨을 것 아니에요?

- 장만해봐야 뭐 그까짓 것.

= 우리는 아무것도 장만하지도 안 하고 그냥 있는 대로 그냥 살았어.

- 아, 밥그릇하고 숟가락 있으면 먹고 살지 뭐 뭐 뭐, 어떻게.

= 우리 동서도 저기 수정이를 낳아서 나갔으니 몇 해만에 나갔어?

- 수정이 낳아 가지고 뭐.

= 몇 해 됐지?

- 아휴 걔가.

= 한 댓 해 한 집에 살았지?

- 걔가 서른 몇이야?

= 아이 지나마나 한 집에 살아 나갈 적에.

- 걔가 했으면 몇 해 있는 것을 알지.

큰, 큰.

= 서른셋인가 서른넷인가 되었을 걸. 수광이가 서른, 서른이 아니야?

⁻ 가: 서른하낭가 멘녀?[175]

＝ 수광이.

⁻ 서르닝가 몰:러, 가 나인.

＝ 수광이가 서른하나니까루 서른니:시나[176] 그러캐 되:써.

⁻ 서른넫: 되깨따. 그러면 세: 살 머거서 나가써? 나가씨면, 머, 먼: 애:기 할라구.

＝ 아니, 그쌔 우리 동새두 그쌔 한 지배서 그러캐 사러따구.

⁻ 한 삼년씩 사:년씩 머: 보통 사:닝 거 머:. 심:년두 조:쿠 머 대중업:써써요. 그땐 다 가치 사:닝 걸 멀:. 한 지배서 사러써. 아이, 저 저 저, 저 머여 저, 팔, 저기 저 육춘, 팔춘 한마당애서 팔춘꺼정은 안 매즈머넌 육춘꺼정언, 사:춘꺼정언 머 보:통 사렁걸 몰:.

＝ 우리 상: 거만 그르치 머 나무 상: 거 마, 말햄 머(해).

⁻ 아:니 그쌔 안 살:어두 사:춘꺼정언 산: 걸, 함마당에 몰:. 사라써 함마당에. 그래이까 머 사: 팔춘꺼정 사는 펴니지 머, 사춘.

큰, 큰 아이, 큰 맨 마지가 따리라 그래짜너요, 마딸.

⁻ 으:.

크나이 가져쓸 때 어트개 하셔써요?

⁻ 몰: 우투개:, 날: 때면 바:래찌 머.

＝ 큰 딸, 큰 딸 우리 날: 쩨는요, 저기 칙뿌리럴 캐:다가서넌 칙 뛰디리서 마당어서 인재 치걸 뛰디리서 인재 걸:루구 인재 그래써요. 칙뿌릴 캐다가 뛰디리구 걸:루구 그랜넌대 그걸 울구다가서는[177] 가:럴 사:월 초이 랜날 난:넌대 다: 모:둘구구 가:럴 나: 써, 마따럴.

으음:.

그저네 저기 저 처매 가져쓸 때는 입, 입떡 가틍 거 안 하셔써요?

⁻ 배고풍 기 머.

⌐ 걔가 서른하나인가 몇이야?

= 수광이.

⌐ 서른인가 몰라, 걔 나이는.

= 수광이가 서른하나니까 서른넷이나 그렇게 되었어.

⌐ 서른넷 되었겠다. 그럼 세살 먹어서 나갔어? 나갔으면 뭐, 무슨 얘기 하려고.

= 아니, 글쎄 우리 동서도 글쎄 한 집에서 그렇게 살았다고.

⌐ 한 삼년씩 사년씩 뭐 보통 사는 것 뭐. 십년도 좋고 뭐 대중없었어요. 그때는 다 같이 사는 것을 뭘. 한 집에서 살았어. 아이, 저 저 저, 저 뭐야 저, 팔(촌), 저기 저 육촌, 팔촌 한마당에서 팔촌까지는 안 맺으면 육촌까지는, 사촌까지는 뭐 보통 산 것을 뭘.

= 우리 산 것만 그렇지 뭐 남이 산 걸 말 말하면 뭘 해.

⌐ 아니, 글쎄 안 살아도 사촌까지는 산 것을, 한마당에 뭘. 살았어 한마당에. 그러니까 뭐 사(촌) 팔촌까지 사는 편이지 뭐, 사촌.

큰, 큰 아이, 큰 맨 맏이가 딸이라 그랬잖아요, 맏딸.

⌐ 응.

큰 아이 가졌을 때 어떻게 하셨어요?

⌐ 뭘 어떻게 해, 낳을 때만 바랐지 뭐.

= 큰 딸, 큰 딸 우리 낳을 때는요, 저기 칡뿌리를 캐다가는 칡 두드려서 마당에서 이제 칡을 두드려서 이제 거르고 이제 그랬어요. 칡뿌리를 캐다가 두드리고 거르고 그랬는데 그것을 우리다가는 걔를 사월 초이렛날 낳았는데 다 못 우리고 걔를 낳았어, 맏딸을.

예.

그전에 저기 저 처음에 가졌을 때는 입, 입덧 같은 것 안 하셨어요?

⌐ 배고픈 것이 뭐.

˭ 입떠선 해:두 난 내 마:미 그래서 남한탠 마:럴 안 해써요. 멀 머꾸 수 풍거 줌 이, 이따 해:두 남한태 애:기두 안 해구 부부가내두 말: 함 마디 안 해써. 아:주 몰:러써요, 아주.

ˉ 지끄미 날:리지, 머 머:.

하라버지 그 저기 태어나셔서 쭉 사라 온 얘기 함 번 줌 해주셔요.

ˉ 사러 온 얘기 머.

ˉ 사러 온 얘기 머 우트개 해여 되나?

맨 처:매 인제 태어나신 대 어디서 태어나셔꼬.

ˉ 안쌔워리래넌[178] 데서 시널리[179] 안쌔워리래넌 데서 일곱쌀 머거서 여기 와씨니까 머 그때야 멀: 아러요?

여기 와서는 어터카셔써요?

ˉ 여기 와서넌 머.

˭ 머 배웅 기 이써?

ˉ 배우긴 머 함:문 그쎄, 데리구 혼자 데리구설랑에 가리키니 마:럴 드러머거? 애:덜, 친구덜 저기 저 와서 자꾸 불러내:구 머 뚜드리[180] 마끼만 해:구 쬐끼[181] 나가먼 그래찌 머. 허허허크크.

하라부지 무슨 띠시죠?

ˉ 경오생.

말띠.

ˉ 어:.

쭉 농사만 지시고.

ˉ 농사지:찌유 머.

˭ 농사진네. 농사지:민 소 장사 댕긴다구 거, 거기 댕긴 대 거기 어:딘지, 어:딘지 다: 애:기해자너유. 거 만날 거러 댕기써유, 거기럴. 소 장사 댕기느라구. 농사 쪼끔 벌리[182] 노쿠넌 소 장사 핸다구.

＝ 입덧은 해도 난 내 마음이 그래서 남한테는 말을 안 했어요. 뭘 먹고 싶은 것 좀 있다 해도 남한테 얘기도 안 하고 부부간에도 말 한 마디 안 했어. 아주 몰랐어요, 아주.

⁻ 지금이 난리지, 뭐 뭐.

할아버지 그 저기 태어나셔서 죽 살아온 얘기 한 번 좀 해 주세요.

⁻ 살아 온 얘기 뭐.

⁻ 살아 온 얘기 뭐 어떻게 해야 되나?

맨 처음에 이제 태어나신 데, 어디에서 태어나셨고.

⁻ 안새월이라는 데서 신월리 안새월이라는 데서 일곱 살 먹어서 여기 왔으니까 뭐 그때야 뭘 알아요?

여기 와서는 어떻게 하셨어요?

⁻ 여기 와서는 뭐.

＝ 뭐 배운 것이 있어?

⁻ 배우기는 뭐 한문 글쎄, 데리고 혼자 데리고서 가르치니 말을 들어먹어? 애들, 친구들 저기 저 와서 자꾸 불러내고 뭐 두드려 맞기만 하고 쫓겨나가면(서) 그랬지 뭐. 허허허크크.

할아버지 무슨 띠시지요?

⁻ 경오생.

말띠.

⁻ 어.

죽 농사만 지으시고.

⁻ 농사지었지요 뭐.

＝ 농사짓네. 농사지으면서 소 장사 다닌다고 거(기), 거기 다닌 데 거기가 어딘지, 어딘지 다 얘기하잖아요. 거 항상 걸어 다녔어요, 거기를. 소 장사 다니느라고. 농사 조금 벌려 놓고는 소 장사 한다고.

⁻ 마:차[183] 끌:구 도러댕기구.

＝ 마차도 *** 머여.

⁻ 시:내, 시:내.

⁻ 그때는 비:료두 저기 장 가:개에 가서 사와야 되유. 배:그비 저 여 여, 여기서 농혀비구 그름 거, 거 가서 사와써유.

＝ 게 농사지:두 가따 팔래면 마:차애다 실:꾸 제천 가서 파러짜나유. 이 바자개서[184] 먼: 농살 징 거.

농사진 거럴?

＝ 야 농사징 거를.

⁻ 비:로두 가:개에서 사오구.

＝ 마:차에다 실:꾸 댕기, 게 어슬 새복, 새복버텀 나가유. 나가면 집쩝마등 그 물견 시르다가 머 파는 거 그거: 저다구선 마:차에다 언저 가주구 나가고 마:차.

⁻ 그때 추러구루 댕기넌대 추러긴, 추러기 저:써, 나한테.

으음:.

⁻ 그때 곡석 항 가마애 그때 삼배권씩 핼 때여. 삼처눠니 아니구 삼배 곤, 삼배곤 핼 째 난 삼백오:시버늘 날: 주구 고:사텔 다 디리가자너. 차는 지럴 안 따까나서 몬, 몬: 나가요. 그 지바펠 모: 뜨러가구 모, 몬 해기 때매 천상 날:[185] 주느라구 점부 그래 매일:가치 제처널, 제처널.

⁻ 그전 포:장두 안해구 소가 주거나찌 머. 매:일 가써유, 매:일.

⁻ 그래구 바메 그, 그 고개래넌대 그 너머오넌대 갈가진지 머 호:래이 가 이써던 모내~이야 아마. 그 중가내 그 새:미써유.[186] 그 집 찐대 그 왜 골짜구이 집 찌짜너 왜, 두: 채. 이쪼개두 지:꾸 고: 우애 아래층애두 지: 꾸 그래짜너. 고 미태 거 새:미 이써써, 샘:. 새:매 거기 소가 먼저 아러 소 가. 샤:람한트루 자:꾸 파구드러.

소가?

˗ 마차 끌고 돌아다니고.

˭ 마차도 *** 뭐야.

˗ 시내, 시내.

˗ 그때는 비료도 저기 장, 가게에 가서 사와야 돼요. 배급이 저 여, 여 여기서 농협이고 그럼 거기, 거기 가서 사왔어요.

˭ 그래 농사지어도 갖다 팔려면 마차에다 싣고 제천에 가서 팔았잖아요. 이 바닥에서 무슨 농사를 지은 것(이 있어).

농사지은 것을?

˭ 예, 농사지은 것을.

˗ 비료도 가게에서 사오고.

˭ 마차에다 싣고 다녀, 그래 어스름 새벽, 새벽부터 나가요. 나가면 집집마다 그 물건 실어다가 뭐 파는 것 그것 져다가는 마차에다 얹어 가지고 나가고 마차.

˗ 그때 트럭으로 다니는데 트럭은, 트럭이 졌어, 나한테.

예.

˗ 그때 곡식 한 가마에 그때 삼백 원씩 할 때야. 삼천 원이 아니고 삼백 원, 삼백 원 할 때 나는 삼백오십 원을 나를 주고 고샅을 다 들어가잖아. 차는 길을 안 닦아 놔서 못 나가요. 그 집 앞을 못 들어가고 못 하기 때문에 천생 나에게 주느라고 전부 그래 매일같이 제천을, 제천을 (다녔어).

˗ 그전에는 포장도 안하고 소가 죽어났지 뭐. 매일 갔어요, 매일.

˗ 그리고 밤에 그, 그 고개라는데 거기 넘어오는데 갈가진지 뭐 호랑이가 있었던 모양이야 아마. 그 중간에 그 샘이 있어요. 그 집을 지은 데 그 왜 골짜기에 집 지었잖아 왜, 두 채. 이쪽에도 짓고 그 위에 아래층에도 짓고 그랬잖아. 그 밑에 거기 샘이 있었어, 샘. 샘에 거기 소가 먼저 알아 소가. 사람한테로 자꾸 파고들어.

소가?

⁻ 으어, 바메, 바메 밤, 밤쭝에 나오넌대:. 그리이까 머이, 머이 호:래이나 머이 짐성이 이써따는 얘:기지. 그라[187] 소릴 질르민 가자구 마리여 소럴 몰:구 인재 이래.

⁻ 자우간 제천.

゠ 제천 가따 오넌데?

⁻ 그러치.

⁻ 집씨길 사므면, 그저낸 집씨기 사머 시너짜나요. 상:꾸서는 나오는대 머여, 머 머 먼, 집식 신 항 커리 사물 무래배 그러캐 하니까루 지녁 다:머꾸 모두 개니까 아마 초지녀기 좀 콱 돼:찌. 그래서 나오넌데 그 소가 사람한트루 자꾸 비구드러여 미수워서. 그럴 짼 머 호:래이가 이써던 모애이여,[188] 거 무인지경이여 거가. 거가 옌:나랜 참 무인지경이여. 그런 대 댕기써요.

아니 옌날 싸람드리 어트개 사란는지 그 이러캐 들어 봐야지 알지요 머.

⁻ 드러보나마나 말:두 모:태찌유, 머 머.

⁻ 다:, 다:.

゠ 그래 가주구 이이가 일찍 겨론해: 가주구서넌 시꾸덜 거 버:러 미:기 느라구.

⁻ 에:이:.

゠ 저그 저 저, 머여 내생고개 너매 그 지밴 그저낸 여 지리 웂:써짜나유, 차가 안 댕기구. 그래니까루 마:차두 모: 땡기써요.

゠ 발매핸[189] 낭구: 하루 쵱일 저니리써유. 저다그서는 저 장터애. 우리 그 집 드르오는 장터애 거기 저능게. 하루 쵱일 그 낭구 저디리군 바매 밤새:두룩 그쌔 자믈 모:짜드래니까루. 어:깨가 아퍼 죽넌다구 머 밤:새두룩 잠두 안자구 밤새두룩 우:러요. 그 발매핸 낭구 전 너, 닝기 주느라구. 그래니 얼:매나 머꾸 사:능 게 고생시러워.

˹ 어, 밤에, 밤에 밤, 밤중에 나오는데. 그러니까 뭐 호랑이나 뭐 짐승이 있었다는 얘기지. 그래 소리를 지르면서 가자고 말이야 소를 몰고 이제 이래.

˹ 좌우간 제천.

˭ 제천 갔다가 오는데?

˹ 그렇지.

˹ 짚신을 삼으면, 그전에는 짚신을 삼아 신었잖아요. 삼고서는 나오는데 뭐야, 뭐 뭐 뭐, 신 한 켤레 삼을 무렵에 그렇게 하니까 저녁 다 먹고 모두 그러니까 아마 초저녁이 좀 꽤 됐지. 그래서 나오는데 그 소가 사람 한테로 자꾸 파고들어요, 무서워서. 그럴 때는 뭐 호랑이가 있었던 모양이야 거기 무인지경이야, 거기가. 거기가 옛날에는 참 무인지경이야. 그런 데 다녔어요.

아니 옛날 사람들이 어떻게 살았는지 그 이렇게 들어봐야지 알지요 뭐.

˹ 들어보나 마나 말도 못했지요, 뭐 뭐.

˹ 다, 다.

˭ 그래 가지고 이이가 일찍 결혼해 가지고는 식구들 그 벌어 먹이느라고.

˹ 에이.

˭ 저기 저 저, 뭐야 내생고개 너머 그 집에는 그전에는 여기 길이 없었잖아요, 차가 안 다니고. 그러니까 마차도 못 다녔어요.

˭ 발매한 나무(를) 하루 종일 져 내렸어요. 져다가는 저 장터에, 우리 그 집 들어오는 장터에 거기 지는 것이. 하루 종일 그 나무 져 들이고는 밤에 밤새도록 글쎄 잠을 못자더라니까. 어깨가 아파 죽는다고 뭐 밤새도록 잠도 안 자고 밤새도록 울어요. 그 발매한 나무 져(다가) 넘겨주느라고. 그러니 얼마나 먹고 사는 것이 고생스러워.

˝ 서른 다짠, 서른 다짠 머, 보:통 서른 다꽈는 저여 되:니까. 아:이구 그 누무걸 저울루 와서 다러서 넹기구 이 지경 하는대 말:두 모:태찌유 머, 머꾸 사:는 개.

˝ 밤새:두룩 그쌔 잠두 모:짜유. 어깨 아퍼 주깨따구:, 어깨 아퍼 주깨따구 밤새두룩 어깨가 아프다구선 소리 질르구[190] 그쌔 자믈 모:짜드라구.

˝ 어, 여 여 여, 이 너매 저 월럼니 가보시따는 얘기는 뭐해지마넌 거기 그쌔 저기 하꼬띠기 해는대 그쌔 아이고 말: 모:태찌유 머, 말:두 모:태찌. 그기 며 쌀 때 쯤이요.

˝ 그때가, 그때가 한, 한 스물 대여섯 대:쓸꺼여. 그때 그래두 시미 조:워서 이거 핸는대, 우떤 사람 등깝때기[191] 다 버꺼지구 중넝다구 해구 머 모두 날리천넌대유 머.

˝ 모, 모:파느라구 그전 그 하꼬띠기를 해:때대유. 미타꼬 미타꼬 하꼬띠기럴 해넌대 남 두 목썰[192] 해때요. 나미 그래는대 그 사라먼 남 두 모걸 핸다구 소:무니 나써요. 하꼬띠기, 하꼬띠기 해: 가주구 도:늘 바드라구.

˝ 벨 진 다: 해지, 그래다가 마:차 끌:다가, 마:차 끌:다가 소:장사 하다 머 벨진 다:해찌 머. 그래니 머꼬 사러여 되넌데 우트가능 거여. 그래이 머 머 머, 아이 그쌔 노인내가 두랑[193] 읍:씨 자꾸 그래나:쓰니 내가 그때만 해:두 으 철부, 처리 나씨먼 그러키 되:나?

˝ 소두 그쌔 저 내: 육춘널 그쌔 저 배내쏘[194] 미기 가주, 송아지 함 바리 일년 미기 가주 큰 소 맨드러 주먼 새끼 나:먼 그거 저: 함 바리 은:능 거유, 송아지럴. 큰 소 맨드러 주먼. 그래 그걸 난: 누무걸 그쌔 큰 소럴 그쌔 꼬: 달랜다구 그래 육추널 꼬:주짜너. 그쎄 이런, 난:두 살:기가 시:미 드는대 그래니 그쌔 우트개유, 그쌔. 나 이런 제:기랄 그러키 덩두란 노인 내가 이씨니. 나 살:쌩각 안해구설랑애 꼬: 달랜다구 그래 꼬: 주먼 나넌 안 사러?

˝ 그때는 소 함 바리믄 논기 함바리 주먼 노늘 단마지기 사요, 단마지

˝ 서른 닷 관, 서른 닷 관 뭐, 보통 서른 닷 관은 져야 되니까. 아이고 그놈의 것을 저울로 와서 달아서 넘기고 이 지경을 하는데 말도 못했지요 뭐, 먹고 사는 것이.

˝ 밤새도록 글쎄 잠도 못 자요. 어깨 아파 죽겠다고, 어깨 아파 죽겠다고 밤새도록 어깨가 아프다고는 소리 지르고 글쎄 잠을 못 자더라고.

˝ 어, 여 여 여, 이 너머에 저 월림리 가보셨다니까 얘기는 뭐하지만은 거기 글쎄 저기 상자떼기 하는데 글쎄 아이고 말 못했지요 뭐, 말도 못했지.

그게 몇 살 때쯤이에요?

˝ 그때가. 그때가 한 한 스물 대여섯 되었을 거야. 그때 그래도 힘이 좋아서 이것(을) 했는데, 어떤 사람은 등껍질 다 벗겨지고 죽는다고 하고 뭐 모두 난리쳤는데요 뭐.

˝ 못, 못 파느라고 그전에는 그 상자떼기를 했다대요. 몇 상자 몇 상자 상자떼기를 하는데 남 두 몫을 했대요. 남이 그러는데 그 사람은 남 두 몫을 한다고 소문이 났어요. 상자떼기 상자떼기를 해 가지고 돈을 받느라고.

˝ 별 짓 다하지 그러다가 마차 끌다가, 마차 끌다가 소 장사 하다 뭐 별 짓 다했지 뭐. 그러니 먹고 살아야 되는데 어떻게 하는 거야. 그러니 뭐 뭐 뭐, 아이 글쎄 노인네가 생각 없이 자꾸 그래놨으니 내가 그때만 해도 응 철부(지), 철이 났으면 그렇게 되나?

˝ 소도 글쎄 저 내 육촌을 글쎄 저 배냇소 키워 가지고 송아지 한 마리 일 년 키워 가지고 큰 소 만들어 주면 새끼 낳으면 그것 저 한 마리 얻는 것이에요, 송아지를. 큰 소 만들어주면. 그래 그것을 낳은 놈의 것을 글쎄 큰 소를 글쎄 꿔 달란다고 그래 육촌을 꿔 줬잖아. 글쎄 이런, 나도 살기가 힘이 드는데 그러니 글쎄 어떻게 해요, 글쎄. 나 이런 제기랄 그렇게 덩둘한 노인네가 있으니. 나 살 생각 안하고서 꿔 달란다고 그래 꿔 주면 나는 안 살아?

˝ 그때는 소 한 마리면 농기 한 마리 주면 논을 닷 마지기 사요, 닷 마

기: 그래 머 머 머, 돈: 볼:기 시:운대 이 두량얼 안 해 가주구설랭애 남맘:만 조캐 해: 주구 시꾸 사:는 생가글 안 해 주니 우트개. 그래 가주구 내가 이르개 주글 고상해:찌유 머.

＂ 그래 가주구서넌 하:두 살:기가 골란시루니까루 우리 아부지가 글쌔 소 함 바리 파라 가주구선 여 논 스: 마지기 사 줘써요. 우리가 지반 저:너매 논 인넝 거 그거 우리 친정아부지가 사 줘써. 하두 머꾸 살:기가 우수우니 품아시래두, 저 푸빠시미래두 해: 머그라구 논 스: 마지기 사 주드라구, 소 함 마리 파라 가주구. 그래 가주구 내가 저 논 스: 마지긴 친정아부지한태 으:더 가주 와때니까.

그건 언재 사 주싱 건대요?

＂ 아:이구, 옌:나래 왜정 때지.

＂ 아니 왜정 때가 아니지. 아이 내가 저 시집와서 그해 저기 왜 이재 해:방이 된:넌대. 우리 충주 이사 가따가 와 가주구서넌.

＂ 그래.

＂ 여기 와서 고상시루우니까루 아부지가 노널 사 줘찌. 논 스: 마지기 사 줘찌.

＂ 어 어 어, 그래 참 그렇캐 되:꾸나.

＂ 그래 또 저기 공회당애 또 댕기다가 연상소 껄리간다구 해 가주설랑애 공회당애 한 이태 댕기다가 동마그루다가, 동막 큰 핵꾜 거 진:, 진:대 거길 가넌대 그 처가쩜 마:뚜그루¹⁹⁵⁾ 댕기써요. 논 마:뚜그루다 댕기구 그 아프루두 신장노루두 모: 땡기구. 장:개가 가주구 그 남사시러워 그래따구. 그래다가 성탄, 그 저: 광:술 따구 나무, 소나무 비:먼 뿌랭가지가 왜 광:수리 되자너유, 왜. 그거 캐구 그래다 해방됭 걸 멀:.

＂ 그 양화리라는¹⁹⁶⁾ 데 거 거기, 거기 저: 머여 이르키 된 데 저:, 거.

＂ 농공단지 인넌데?

＂ 어 농공단지 이: 아리여. 이: 아린대 거 산뿌롱가지애 거기, 거기다가

지기. 그래 뭐 뭐 뭐, 돈 벌기 쉬운데 이 생각을 안 해 가지고 남 마음만 좋게 해 주고 식구 사는 생각을 안 해 주니 어떻게 해. 그래 가지고 내가 이렇게 죽을 고생했지요 뭐.

▪ 그래 가지고는 하도 살기가 곤란하니까 우리 아버지가 글쎄 소 한 마리 팔아 가지고는 여기 논 서 마지기 사 줬어요. 우리가 집안 저 너머에 논 있는 것 그것 우리 친정아버지가 사 줬어. 하도 먹고 살기가 어려우니까 품앗이라도, 저 풋바심이라도 해 먹으라고 논 서 마지기 사 주더라고, 소 한 마리 팔아 가지고. 그래 가지고 내가 저 논 서 마지기는 친정아버지한테 얻어 가지고 왔다니까.

그것은 언제 사 주신 것인데요?

▪ 아이고 옛날에 왜정 때지.

▪ 아니 왜정 때가 아니지. 아이 내가 저 시집와서 그해 저기 왜 이제 해방이 됐는데. 우리 충주 이사 갔다가 와 가지고는.

▪ 그래.

▪ 여기 와서 고생스러우니까 아버지가 논을 사 줬지. 논 서 마지기 사 줬지.

▪ 어 어 어, 그래 참 그렇게 되었구나.

▪ 그래 또 저기 공회당에 또 다니다가 연상소 끌려간다고 해 가지고서 공회당에 한 이태 다니다가 동막으로, 동막 큰 학교 거기 지은데 거기를 가는데 그 처갓집 마뚝으로 다녔어요. 논 마뚝으로 다니고 그 앞으로도 신작로로도 못 다니고. 장가가 가지고 그 남우세스러워(서) 그랬다고. 그러다가 성탄, 그 저 관솔 따고 나무, 소나무 베면 뿌리가 왜 관솔이 되잖아요, 왜. 그것 캐고 그러다 해방된 걸 뭘.

▪ 그 양화리라는 데 거 거기, 거기 저 뭐야 이렇게 된 데 저, 거기.

▪ 농공단지 있는데?

▪ 어 농공단지 이 아래야. 이 아래인데 그 산기슭에 거기에, 거기에다

광:술 거 지름 내:넝걸 맨드러 가주설랑애, 동막 핵꾜는 그: 아내 인는대 인재 여긴 나와 가 캐: 가다가.

" 그 저런 저 아가씨 거튼 사람조찬 내 숭얼 보개 되:니 우트개능 거여. 나: 이런 참 나:, 참 그거. 아이 교:, 교:수는 머 상관 엄:는데 그거 참:. 아주, 아주, 아주 날: 아주 숭 대다이 보개 해:내:. 그러키 사라따니까 그거.

옌:날 싸람들 다 그러캐 사라찌요 머.

" 아:이구 말두 마러유.

" 옌:날 사람두 그래두 우리거치 이르키 고생핸 사라면 웁써요.

" 아 붐배받넝 걸 그쌔 저:기 노인내가 그걸 배짱애 그쌔 난 어리지. 이 아패 논 저 일곱 마지기가 여기, 저기 부치다가 글쌔 그걸 모: 빤는다구 그쌔. 그때는 아 이탱가 삼녀닌가 왜 해: 가주구 왜 저기 그 며:내다가 바치자너 왜. 그래 가주구 땅얼, 내 땅얼 맨드러짜너. 이걸 모: 탠다내. 이런 마:한 꼬라지가[197] 이써, 이 노인내가. 그쎄 그래 가주군 날 더 고상얼 씨기짜너:. 지금 붐:배바든 땅들 쌔:짜너유.[198] 지금 내 땅보더두 머 그런 사람더리 지끔 현:재두 인넝걸 머. 벼, 불거자면 몰르까 응. 내 동내두 저기 즈: 하라버이 아:푸루 인넝 기 이:꾸, 지벌 지, 시:에서 지벌 지: 주넌 그 병:시닌가 글쌔 그기 인넝 걸 몰:. 그, 그기 마:리돼 글쎄.

" 내가 저기 고상, 왜 새사람 드러오구 삼년 나기 어렵다 그래자나요. 내가 드러오자마자 삼년마내 우리 어머니미 도러가시써요. 그래 가주구서 넌 시동상 나: 노쿠 그 이듬해 고만 도러가시짜너. 그래 나: 오던 해애 그 시동상얼 가저 가주구서넌 스:따래 나:써요. 그래 가주구서넌 그 일녀널 인재 저절 미기 노쿠넌 고만 도러가시써. 그래 가주구서넌 살:기가 골란시루꾸 인재 다 어, 우리 아버니미 어머니미 도러가시쓰니까루 고만 마:미 환:장이 되자너요. 그래니까루 고만, 아무 거뚜 안 해구 고만 저 충주루 이 살 가써유. 그뚜 나무 마:럴 드꾸서넌 머 거기 가면 한 지바니 마:느니까루,

가 관:솔 그 기름 짜는 것을 만들어 가지고서, 동막 학교는 그 안에 있는
데 이제 여길 나와(서) 가(서) 캐 가다가.

￢ 그 저런 저 아가씨 같은 사람조차 내 흉을 보게 되니 어떻게 하는 거야.
나 이런 참 나, 참 그거. 아이 교(수), 교수는 뭐 상관없는데 그거 참. 아주,
아주, 아주 나를 아주 흉(을) 대단히 보게 하네. 그렇게 살았다니까 그거.

옛날 사람들 다 그렇게 살았지요 뭐.

￢ 아이고 말도 말아요.

＝ 옛날 사람도 그래도 우리같이 이렇게 고생한 사람은 없어요.

￢ 아 분배받는 것을 글쎄 저기 노인네가 그걸 배짱에 글쎄 난 어리지.
이 앞의 논 저 일곱 마지기가 여기, 저기 부치다가 글쎄 그것을 못 받는
다고 글쎄. 그때는 아 이태인가 삼년인가 왜 해 가지고 왜 저기 그 면에
다 바치잖아 왜. 그래 가지고 땅을 내 땅을 만들었잖아. 이걸 못 한다네.
이런 망할 꼴이 있어, 이 노인네가. 글쎄 그래 가지고는 나를 더 고생을
시켰잖아. 지금 분배받은 땅들 많잖아요. 지금 내 땅보다도 뭐 그런 사람
들이 지금 현재도 있는 것을 뭐. 병(신) 불구자면 모를까 응. 내 동네도
저기 제 할아버지 앞으로 있는 것이 있고, 집을 짓, 시에서 집을 지어 주
는 그 병신인가 글쎄 그것이 있는 것을 뭘. 그, 그게 말이 돼 글쎄.

＝ 내가 저기 고생, 왜 새사람 들어오고 삼 년 나기 어렵다고 그러잖아
요. 내가 들어오자마자 삼 년만에 우리 어머님이 돌아가셨어요. 그래 가
지고는 시동생 낳아 놓고 그 이듬해 그만 돌아가셨잖아. 그래 나 오던 해
에 그 시동생을 가져 가지고는 섣달에 낳았어요. 그래 가지고는 그 일 년
을 이제 젖을 먹여 놓고는 그만 돌아가셨어. 그래 가지고는 살기가 곤란
스럽고 이제 다 어, 우리 아버님이 어머님이 돌아가셨으니까 마음이 환장
이 되잖아요. 그러니까 그만 아무 것도 안 하고 그만 저 충주로 이사를
갔어요. 그것도 남의 말을 듣고는 뭐 거기 가면 한 집안이 많으니까,

⌐ 여러났:나?

═ 지바니 마:느니까루 땅을 줄 꺼라구. 땅을 주먼 가서 으:더 노쿠 가야 해넌대 으:더 노치두 안 해구 그냥 무조끈 가먼 줄 쫑 알:구 간넌대 머이 누가 농토럴 줘:유? 암만 지바니 가까워두 농토를 안 줘:유. 그래니까루 농사진:는 사래미 농사질: 끼 웁씨니까루 삼녀널 거가 인넌대 아주 참 빰빠이 굼:따시피 해찌 머. 빰빠이 굼:따시피 해 가주구서넌 우리 종주하라부지가[199] 거기 기:시넌대 시눨리, 시눨리 인재 저기 딸:래지비 이써서, 인재 나: 멍넝 걸루 애:더럴 한 수럴 더 미기야지 내:가 여 이따 보면 애:덜 굴머 주긴다구 고만 시눨리 딸:래 지브루 오시써요. 시눨리 딸래 지브루 오세 가주구서넌, 오시따구. 인재 딸래 지배 또 미칠 기:시니까루 실쩡이 나지 머. 그래 가주구서믄[200] 여 핸내, 우리 핸내 여 당숙 둘째찌비 인넌대 거길 조카덜 지부루 이제 차저 오시느라구, 그저낸 차가 업:씨니까루 저 노:인내가 한치째루, 저 한치째 고개루 너머 오시때. 한치째 고개 너머 오 션넌데 한치째 지리, 한 오시다가 그 고개 너머 오넌대 당:채 발짜굴 모: 동기 노캐뜨래요. 당:채 발짜굴 모:뒹기 노캐써서 간:새이 와 가주구서넌 새터 우리 친정으루 드러오시뜨라구. 친정으루 인재 드러오시 가주구서 넌, 그래니까루 인재 내가 구완핼: 껄 우리 친정어머이가 인재 구와늘 해: 써, 그 종주하라부지럴. 아이구: 거기서 아:무 거뚜 모: 짭수뜨래유. 좁쌀 미우멀 해:다 디리두 모: 짭쑤꾸, 감주를 해:서 좀 한 수깔 떠 디릴라구 디 리두 모: 짭쑤꾸, 아무 거뚜 모: 짭쑤뜨래. 그래가지구 그 이튿날 한 사 날[201] 된:내 차가 웁:씨니까루 우리 아부지가 식저내[202] 인재 여길 핸:내루 오시때유. 핸내루 오시 가주구 아이구 안 되겐내 암만 해두 으:중해니까 우트개나 와서 사돈한태 와서 그래쓰니까루 여 핸내서 우리 조카더리.

═ 그저낸 싱개파탕,[203] 싱개파탕 이써때대. 가:매, 가:매, 가:매 싱개파탕 바:래 그거지. 그거 행상 미넌 그기 싱개파탕이래.

⌐ 아:니, 아:니.

˗ 열어났나?

˭ 집안이 많으니까 땅을 줄 거라고. 땅을 주면 가서 얻어 놓고 가야 하는데 얻어 놓지도 않고 그냥 무조건 가면 줄 줄 알고 갔는데 뭐 누가 농토를 줘요? 아무리 집안이 가까워도 농토를 안 줘요. 그러니까 농사짓는 사람이 농사지을 게 없으니까 삼 년을 거기 가 있는데 아주 참 판판이 굶다시피 했지 뭐. 판판이 굶다시피 해 가지고는 우리 종주할아버지가 거기 계시는데 신월리, 신월리 이제 저기 딸네 집이 있어서 이제 나 먹는 것으로 애들을 한 술을 더 먹여야지 내가 여기 있다 보면 애들 굶어 죽인다고 그만 신월리 딸네 집으로 오셨어요. 신월리 딸네 집으로 오셔 가지고는 오셨다고. 이제 딸네 집에 또 며칠 계시니까 싫증이 나지 뭐 그래 가지고는 여 한내(寒泉), 우리 햇네 여기 당숙 둘째집이 있는데 거기를 조카들 집으로 이제 찾아오시느라고, 그전엔 차가 없으니까 저 노인네가 한치재로, 저 한치재 고개로 넘어 오셨대. 한치재 고개(를) 넘어 오셨는데 한치재 길이, 한(치재로) 오시다가 그 고개 넘어 오는데 당최 발짝을 못 옮겨 놓겠더래요. 당최 발짝을 못 옮겨 놓겠어서 간신히 와 가지고는 새터 우리 친정으로 들어오셨더라고. 친정으로 이제 들어오셔 가지고는, 그러니까 이제 내가 구완할 것을 우리 친정어머니가 이제 구완을 했어, 그 종주할아버지를. 아이고 거기서 아무 것도 못 잡숫더래요. 좁쌀 미음을 해다 드려도 못 잡숫고, 감주를 해서 좀 한 숟가락 떠 드리려고 드려도 못 잡숫고, 아무 것도 못 잡숫더래. 그래 가지고 그 이튿날 한 사나흘 된 뒤에 차가 없으니까 우리 아버지가 식전에 이제 여기를 한내로 오셨대요. 한내로 오셔 가지고, 아이고 안 되겠네 아무리 해도 위중하니까 어떻게 하나 와서 사돈한테 와서 그랬으니까 여 한내에서 우리 조카들이.

˭ 그전엔 신개바탕, 신개바탕이 있었대. 가마, 가마, 가마 신개바탕 발에 그것이지. 그거 상여 메는 그것이 신개바탕이래.

˗ 아니, 아니.

= 아니여?

‾ 가:매, 갸:매 바탕 그, 그거지 인재 꾸미질….

위애 언능 거.

‾ 그러치 그걸 꾸미여 되넌대.

앙 꾸밍 거.

‾ 바탕. 그 바탕만 가주 싱개빠탕이라 그래지 싱개빠탕.

예 싱개빠탕.

= 신개파탕얼 인재 가주구 인재 오셔 가주구 손님, 우리 종주하라부질 모셔 와때유. 모셔다가 가따노니까루 그 이튼날 도러가시짜너. 그 이튼날 도러가싱까루.

= 우리가 충주루 이사가 가주구서넌 거 가서 삼장[204] 굴머십따 해다시 피. 여기서 갈 쨈 그래두 옌:날 무근살림사릴,

‾ 한: 찰 드르가:써요, 한 추럭.

= 큰 차루 한: 차루 드르가써요. 그런대 올 째넌 마:차루, 마:차루.

‾ 간: 마차두 모: 까주웅걸, 다: 내버리구.

= 그래구서넌 우, 인재 도러가시따 소리 드꾸 우리 이재 아번니미 인제 우리 장:조카, 우리 아번니미 장:, 종주하라부지 장:조카 아니래유. 우리 아번니미 상:큰 그 종주하라부지 산철 부모 모:셔쓰니, 근대 도러가긴 엉: 뚱핸 대 와 도러가시니 우리 아번니믄 근: 보라미 웁뜨라구유. 평상얼 종 조하라부질 모:션넌데, 그래 인재 여와 도러가시 가주구 인재 그래니까루 거기서 인재 충주서 거러서 인재 저: 선치째,[205] 선치째래넌대 인재 거길 인재 너머 오넌대, 그저낸 머 신바리나 머 똑똑행 기 이써.

‾ 아이 집씨기 사머 싱:꾸 미:투리,

= 집씨기 사머 싱:꾸.

‾ 미:투리 사머 싱:꾸 그럴 때.

= 엔:나레 저기 고무신 머 배:금나오넝 거.

ᵇ 아니야?

ᵀ 가마, 가마 바탕 그, 그것이지 이제 꾸미지를….

위에 얹는 것.

ᵀ 그렇지 그걸 꾸며야 되는데.

안 꾸민 것.

ᵀ 바탕. 그 바탕만 가지고 신개바탕이라 그러지 신개바탕.

예 신개바탕.

ᵇ 신개바탕을 이제 가지고 이제 오셔 가지고 손님, 우리 종주할아버지를 모셔 왔대요. 모셔다가 갖다 놓으니까 그 이튿날 돌아가셨잖아. 그 이튿날 돌아가시니까.

ᵇ 우리가 충주로 이사가 가지고는 거기 가서 계속 굶다시피. 여기서 갈 때는 그래도 옛날 묵은 살림살이를,

ᵀ 한 차로 들어갔어요, 한 트럭.

ᵇ 큰 차로 한 차로 들어갔어요. 그런데 올 때는 마차로, 마차로.

ᵀ 간 마차도 못 가지고 온 것을, 다 내버리고.

ᵇ 그러고는 이제 돌아가셨다는 소리(를) 듣고 우리 이제 아버님이 이제 우리 장조카, 우리 아버님이 장(조카), 종주할아버지 장조카 아니에요. 우리 아버님이 계속 그 종주할아버지를 사철 부모로 모셨는데, 그런데 돌아가시기는 엉뚱한 데 와 돌아가시니 우리 아버님은 그 보람이 없더라고요. 평생을 종주할아버지를 모셨는데, 그래 이제 여기 와 돌아가서 가지고 인제 그러니까 거기서 이제 충주에서 걸어서 이제 저 선치재, 선치재라는데 이제 거기를 이제 넘어 오는데, 그전엔 뭐 신이나 뭐 쓸 만한 것이 있어.

ᵀ 아이 짚신 삼아 신고 미투리,

ᵇ 짚신 삼아 신고.

ᵀ 미투리를 삼아 신고 그럴 때.

ᵇ 옛날에 저기 고무신 뭐 배급 나오는 것

- 아이구 그거 뿌니여?

= 배:금 나오능 꺼먹 꼬무시널 인재 그거뚜.

- 여간, 여간해선, 여간해선 모: 드더요.

= 거기 저 선치째루 인재 너머 와써요. 아주: 선치째 너머 오년대,

- 저기 고만 끈치, 저거. 저거 빼: 고만. 그 자:꾸 머할라구 끄리여.

- 옥쑤수를 자꾸 끄리자너.

쉴까바?

- 쉴:까봐 그래지.

= 선치째럴 인재 너머 오년대 글쌔 발빠다기 붕키 가주구, 발빠다기 이르키 붕키 가주구 아휴 와: 가주구 그 이튼날 머 한 사흘꺼정언 발빠다글 몯: 쑹 걸. 지리 머 요렁 *****. 아이구 그래가 가주구서는 인재 난 거 가보두 모:태구 고만, 이사를 좀 이사찌멀 배애 실리 가주구서넌 완넌대, 선치째루 인재 와때넌대 이 동내 사:래미 가서 인재 지갤 가주 가서 그 지멀 바더 지구 동내 싸:래미 이사찜 바더 주러 지배 가때. 동내 싸래미 그 이사 오년대.

- 거 구모골 알:갠네 구모골, 구모골 몰:러? 구모골꺼정 마:차가 와써.

= 그래 가주구서넌 이사찌멀, 이사찌멀 가 지구 오년대 우습짜넌 좁쌀 한 오쿰 웅꾸 아무거뚜 웁뜨래.

- 갈강지.

= 동내 싸:람더리 '아이고 세상애 그지밴 멀: 머꾸 사러써'. 허허허허. '그 지밴 멀: 머꾸 사러써' 그래드래자너. 구모골 꼬개 그 선치째 왜 저 그리, 그리 와따구. 이 저 모래, 모래재래는데[206) 왜 모래재루 해서. 아이 모래재럴 이 선치째래 선치째.

- 아이 선치째가 거기여. 글루 해:서루 와짜너 이사찌멀 지구. 동네 싸:래미 이사찌멀 지구 글루 와써유.

= 일루루 와따구?

˘ 아이고 그것 뿐이야?

˭ 배급 나오는 검은 고무신을 인제 그것도

˘ 여간, 여간해서는, 여간해서는 못 얻어요.

˭ 거기 저 선치재로 이제 넘어 왔어요. 아주 선치재 넘어 오는데,

˘ 저기 그만 끊지, 저것. 저것 빼 그만. 그 자꾸 뭐하려고 끓여.

˘ 옥수수를 자꾸 끓이잖아.

쉴까봐?

˘ 쉴까봐 그러지.

˭ 선치재를 이제 넘어 오는데 글쎄 발바닥이 부어 가지고 발바닥이 이렇게 부어 가지고 아휴 와 가지고 그 이튿날 뭐 한 사흘까지는 발바닥을 못 쓴 걸. 길이 뭐 이런 ****. 아이고 그래가 가지고는 이제 나는 거기 가보지도 못하고 그만, 이사를 좀 이삿짐을 배에 실려 가지고는 왔는데, 선치재로 이제 왔다는데 이 동네 사람이 가서 이제 지게를 가지고 가서 그짐을 받아 지고 동네 사람이 이삿짐 받아주러 집에 갔대. 동네 사람이 그이사 오는데.

˘ 거 구모골 알겠네 구모골, 구모골 몰라? 구모골까지 마차가 왔어.

˭ 그래 가지고는 이삿짐을, 이삿짐을 가서 지고 오는데 우습잖은 좁쌀한 움큼 없고 아무것도 없더래.

˘ 갈가지(=호랑이 새끼).

˭ 동네 사람들이 '아이고 세상에 그 집은 뭘 먹고 살았어'. 허허허허. '그 집은 뭘 먹고 살았어' 그러더라잖아. 구모골 고개 그 선치재 왜 저 그리, 그리로 왔다고. 이 저 모래, 모래재라는데 왜 모래재로 해서. 아이 모래재를 이 선치재래 선치재.

˘ 아이 선치재가 거기야. 그리로 해서 왔잖아 이삿짐을 지고. 동네 사람이 이삿짐을 지고 그리로 왔어요.

˭ 이리로 왔다고?

ㅡ 그럼. 모래재루, 모래재루 해서 저기 와짜너. 선치째가 저기 이꾸, 모
래재 너매 저기구.

＝ 우리는 저: 매상고개루²⁰⁷⁾ 너머 완넌대.

ㅡ 아:니여.

＝ 우린 매:상고개루 너머 와써.

ㅡ 우린 사:라믄 그래찌마는, 샤:라믄 글루 와찌만 동네 싸래미 이사찌믄
거가서 가주와써. 구모고리라넌 대, 보양면²⁰⁸⁾ 그걸, 거 거기가, 거가 머:
라그래드라? 거 장평, 장평 거 고거 거 골짜구이 구모고리라는 대 거 디
러오넌 구렁이²⁰⁹⁾ 이써. 글루 해서 이 세:거리라는 데 상거리, 상거리 글루
와써. 글루 지구 와따구.

＝ 그래 가따 노니 머 이사찌미라는 건 머, 머 이써.

ㅡ 반: 차두 모: 까주 와씨니, 저 마:차루. 한 차, 저기 추러구루 그래두
한 차 가주간누무기 다 내:버리구 와씨니 그 머, 이사찌미 그래두 그 무근
살림이라²¹⁰⁾ 엄청난대 글쌔 다 내버리써.

＝ 그래 가주구 우리 친정어머이가: 아이구: 딸 때매 고상두 마이 해꾸
속뚜 마이 써거써. 그래 가면 머, 저 중무리래두 끼리 머그라구 좁쌀하구
쌀하구두 서꺼서 함 말 주구.

머 끄리 머그라구요?

＝ 또 쌀두 줌 함 말 주구 머, 버리쌀두 줌 주구 머.

ㅡ 죽 끄리 머그라구.

＝ 아:이구.

ㅡ 베럴 칠십썩씩 해넌대 부:잔대 머. 옌:나래 거 그때는 그땐 칠십썩 이
상해면 부:자래요:, 왜정 때. 통가리가²¹¹⁾ 니기²¹²⁾ 크::다부닝 기²¹³⁾ 아주 노
쿠 이썬넌대 노널, 노널 한: 섬지길 부친넌대 베 엄청나개 해써요.

⎺ 그럼. 모래재로, 모래재로 해서 저기 왔잖아. 선치재가 저기 있고, 모
래재 너머에 저기고.

＝ 우리는 저 매상고개로 넘어 왔는데.

⎺ 아니야.

＝ 우리는 매상고개로 넘어 왔어.

⎺ 우린 사람은 그랬지만은, 사람은 그리로 왔지만 동네 사람이 이삿짐
은 거기 가서 가지고 왔어. 구모골이라는 데, 봉양면 그거 거, 거기가, 거
기가 뭐라 그러더라? 거 장평, 장평 거, 거기 거 골짜기 구모골이라는 데
거기 들어오는 구렁이 있어. 그리로 해서 이 세거리라는 데 삼거리, 삼거
리 그리로 왔어. 그리로 지고 왔다고.

＝ 그래 갖다 놓으니 뭐 이삿짐이라는 것이 뭐, 뭐 있어.

⎺ 반 차도 못 가지고 왔으니 저 마차로. 한 차, 저기 트럭으로 그래도
한 차 가지고 간 놈의 것을 다 내버리고 왔으니 그 뭐, 이삿짐이 그래도
그 묵은 살림이라 엄청난데 글쎄 다 내버렸어.

그래 가지고 우리 친정어머니가 아이고 딸 때문에 고생도 많이 하고 속
도 많이 썩었어. 그래 가면 뭐, 저 죽물이라도 끓여 먹으라고 좁쌀하고
쌀하고도 섞어서 한 말 주고.

뭐 끓여 먹으라고요?

뭐 쌀도 좀 한 말 주고 뭐, 보리쌀도 좀 주고 뭐.

⎺ 죽 끓여 먹으라고.

＝ 아이고.

⎺ 벼를 칠십 석씩 하는데 부자인데 뭐. 옛날에 거 그때는 그땐 칠십 석
이상하면 부자예요, 왜정 때. 통가리가 아주 커다란 것을 아주 놓고 있었
는데 논을, 논을 한 섬지기를 부쳤는데 벼 엄청나게 했어요.

나이가 만 육씹쎄요, 육씹 쌀.

- 야.

예순 살, 마느루.

- 만:으로.

그러면 인재 우리 나이루 예순 한 사리자너요.

- 그러치.

그때 되면 머 해요?

= 항:갑?

예, 항가파지요?

- 항:가패:찌.

그 항갑때는 어트개 해요?

- 몰: 어트개?

= 우린, 우린 항:가벌 지배서 해써유.

예 어트캐 해요, 그러면?

= 음:식 장만해 가주구 지배서 해유.

- 돼:지 자꾸 머 다: 해찌요.

- 그래 가주 사:름 청첩짱 내: 가주구²¹⁴⁾ 다: 오:구.

예.

= 그 딸래드리²¹⁵⁾ 우기 가주구 아더런 느깨 돼:쓰니까루, 이이 항:갑 때 그거뚜 모: 태써요. 아덜.

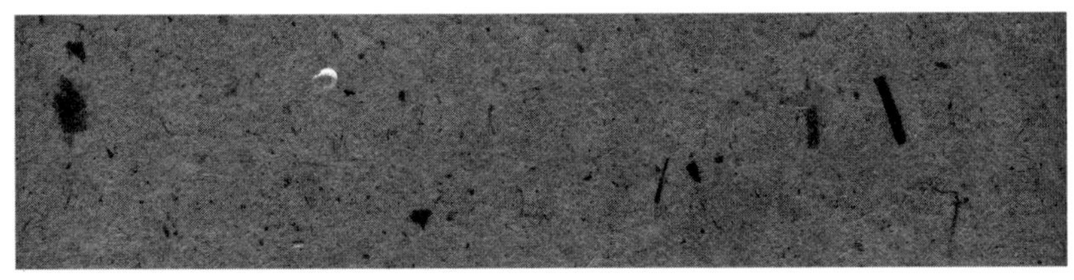

나이가 만 예순 살이요, 예순 살.

⎺ 예.

예순 살, 만으로.

⎺ 만으로.

그러면 이제 우리 나이로 예순 한 살이잖아요.

⎺ 그렇지.

그때 되면 뭐 해요?

＝ 환갑?

예, 환갑 하지요?

⎺ 환갑 했지.

그 환갑 때는 어떻게 해요?

⎺ 뭘 어떻게?

＝ 우린 우린 환갑을 집에서 했어요.

예. 어떻게 해요, 그러면?

＝ 음식 장만해 가지고 집에서 해요.

⎺ 돼지 잡고 뭐 다 했지요.

⎺ 그래 가지고 사람(들에게) 청첩장 내 가지고, 다 오고.

예.

＝ 그 딸네들이 우겨 가지고, 아들은 늦게 됐으니까, 이이 환갑 때 그것
도 못 했어요. 아들.

- 큰따리, 큰따리 다 해:다시피 해:써 큰따리.

= 아:덜두 겨론두 모: 시키써요.

- 그애, 마따리 큰아들 노르설 해:써 큰아들.

= 그래 가주구.

- 지끔거저두[216] 나 병워내 한 사:, 사:년 저내 병워내 가 이쓸 째두 갸:더리 다 댕걸 몰:, 도널.

- 주앙시장에선 시지까 가주서 늘거써, 늘거써. 내 아꺼두 얘:기해찌만 사우년 조:실부모 해:꾸, 형 미태서 고상해민 고등해꾜 나와 가주 커꾸. 그래 하:닐 세:민꽝애[217] 가따가 좌:관 도랑이 저 시 시, 시:내 도랑이 이써써요, 도랑. 도랑이 이썬넌대 지그먼 도랑얼 메우구 우:에다 이르캐 해 놔:짜너.

= 하, 하천 뜰.

- 하천뚜개 거기 낭가개럴 해노쿠설랑애 일쭈이래 함 번씩 서우럴 가요, 서우럴. 그래 난: 인재 저 큰지배 가너라구 그 사춘덜 만내구 큰지배 가느라구 광:주 가느라구 내가 인재 바매 따라가 봐:써. 가니까 큰 그 서울 시장애 아마 이 안:만 핼 꺼여, 그 지비. 머 이, 이 안만 핼 꺼여.

= 거 무신 시장이래 거기?

- 거 먼: 시장인대 커:여. 가서 머 가야 머 능수가 나씨니까 가서 어디 어디 가서 머: 사구 머: 사구, 지개루다가 절, 즈구 즈:군[218] 지개꾸니 나오더라구 지개꾸니. 그래 지개 새:뿌리[219] 크구 지개목빠런[220] 짤르구, 그에 지 마친 지비니까. 그래 거 큰:대 이 이, 이 도리안만[221] 핼 꺼여, 아마. 그러캐 공장이 커요. 거그서 사: 가주 인재 나넌 인재 그 저 거기가 거 큰지부루 가구, 아부지 인재 큰집에 가구 가:넌 네러오구 그래. 그래 이, 일쭈이래 함 번씩 꼭: 바매 가서 해: 가주구 새보개 내러와 가주구 장사럴 해넝 거유. 그러캐 해씨니까 도:널 보:러찌.

- 전두[222] 고상해:구 사우두 조실부모 해:꾸, 고상핸 사래미구. 그르캐

⎯ 큰딸이, 큰딸이 다 하다시피 했어 큰딸이.

〓 아들도 결혼도 못 시켰어요.

⎯ 그 맏딸이 큰아들 노릇을 했어 큰아들.

〓 그래 가지고.

⎯ 지금*** 나 병원에 한 사(년), 사년 전에 병원에 가 있을 때도 걔들이 다 댄 걸 뭘, 돈을.

⎯ 중앙시장에서 시집가서 늙었어, 늙었어. 내 아까도 얘기했지만 사위는 조실부모 했고, 형 밑에서 고생하면서 고등학교 나와 가지고 컸고. 그래 한일 시멘트 공장에 갔다가 좌우간 도랑이 저 시, 시(내), 시내에 도랑이 있었어요, 도랑. 도랑이 있었는데 지금은 도랑을 메우고 위에다 이렇게 해 놨잖아.

〓 하, 하천 둑.

⎯ 하천 둑에 거기 난가게를 해 놓고서 일주일에 한 번씩 서울을 가요, 서울을. 그래 나 이제 저 큰집에 가느라고 그 사촌들 만나고 큰집에 가느라고 광주 가느라고 내가 이제 밤에 따라가 봤어. 가니까 큰 그 서울 시장에 아마 이 안만큼 할 거야, 그 집이. 뭐 이, 이 안만큼 할 거야.

〓 거 무슨 시장이래 거기?

⎯ 거 무슨 시장인데 커요. 가서 뭐 걔야 뭐 능수가 났으니까 가서 어디어디 가서 뭐 사고 뭐 사고, 지게로 저, 지고 지고는 지게꾼이 나오더라고 지게꾼이. 그래 지게뿔이 크고 지게 목발은 짧고, 그래 맞춘 집이니까. 그래 거 큰데 이 이, 이 도리안만큼 할 거야, 아마. 그렇게 공장이 커요. 거기서 사 가지고 이제 나는 이제 그 저 거기가 거 큰집으로 가고, 아버지 이제 큰집에 가고 걔는 내려오고 그래. 그래 이, 일주일에 한 번씩 꼭 밤에 가서 해 가지고 새벽에 내려와 가지고 장사를 하는 거예요. 그렇게 했으니까 돈을 벌었지.

⎯ 저도 고생하고 사위도 조실부모 했고, 고생한 사람이고. 그렇게 해

해: 가주구 지금, 나 여 애:기가 그 애:기 아니여. 서울 가서두 여의도 가서 그래두 삼 층짜리 지판채 사먼 엄청낭 거래요.[223] 참 돈 마:너요.

　그 따리.

－ 여기, 여기두 지끔 제천두 터가 이래두 한 백 평 또 이써유. 그래두 가:개 해구, 즈 아파뜨 크개 가주 이꾸, 그기 그르키 사려요.

　그 따리 황갑?

－ 그럼요. 갸:가 다: 핻, 다 해찌, 그 머 머.

　항가븐 어떠캐 해요? 절차가 어트개 돼요, 첨부터? 이르캐 아까 청첩 돌리구.

－ 청첩 쓰구[224] 아직 음:석 장만해 가주구, 음:석 장만해 가주설랑에 아무 나리라구 청처벌 해:찌. 그래 오, 오 와:짜너. 오먼 이재 술하구, 여기다 하우스를[225] 크게 지:꾸설랑에 이 아패다 바태다 따꺼[226] 가주 지: 가주구 그르캐 손님 오먼 동내 싸람더리 대:접해구 난 인사나 해구.

＝ 항:갑쌍은, 항:갑쌍은요.

　항갑쌍 차려 노쿠 거기 또 뭐 그거뚜 하자너요?

－ 예.

－ 절, 절해:지.

＝ 우리 친정 동상이 그거 해써요. 상포가개 해넌대 음시글 다: 해 노쿠 이르키 항갑패넌 대두 상얼 채리 노쿠 해구. 그 시방은 그기 움:넌대 그 저네넌 상을 채리따가 그기 또 도러온대대. 항:갑쌍얼 채리따가 그래 가주구 그 우리 동상 항:갑상 채링 거 가따 노쿠 항:갑상얼 채리구 도루 가주가찌.

　사진 찌글라구?

－ 그래 사진 찡느라구, 아패 꺼넌.

＝ 야, 사진 찡너라구.

－ 그래구 인잰.

가지고 지금, 내 여 얘기가 그 얘기야. 서울 가서도 여의도 가서 그래도 삼 층짜리 집 한 채 사면 엄청난 거예요. 참 돈 많아요.

그 딸이.

‑ 여기, 여기도 지금 제천에도 터가 이래도 한 백 평 또 있어요. 그래도 가게 (운영)하고 저희 아파트 크게 가지고 있고, 그것이 그렇게 살아요.

그 딸이 환갑?

‑ 그럼요. 걔가 다했, 다 했지, 그(것을) 뭐 뭐.

환갑은 어떻게 해요? 절차가 어떻게 돼요, 처음부터? 이렇게 아까 청첩 돌리고.

‑ 청첩 쓰고 아직, 음식 장만해 가지고, 음식 장만해 가지고는 아무 날이라고 청첩을 했지. 그래 오, 오 왔잖아. 오면 이제 술하고, 여기다 (비닐)하우스를 크게 짓고 이 앞에다 밭에다 (터를)닦아 가지고 지어 가지고. 그렇게 손님 오면 동네 사람들이 대접하고 나는 인사나 하고.

= 환갑상은, 환갑상은요.

환갑상 차려 놓고 거기 또 뭐 그것도 하잖아요?

‑ 예.

‑ 절, 절하지.

= 우리 친정 동생이 그것 했어요. 상포가게 하는데 음식을 다 해 놓고 이렇게 환갑잔치 하는 데도 상을 차려 놓고 하고. 그 시방은 그것이 없는데 그전에는 상을 차렸다가 그것이 또 돌아온대. 환갑상을 차렸다가 그래 가지고 그 우리 동생 환갑상 차린 것 갖다 놓고 환갑상을 차리고 도로 가져갔지.

사진 찍을라구?

‑ 그래 사진 찍느라고, 앞에 것은.

= 예, 사진 찍느라고.

‑ 그러고 이제는.

고 황갑잔치는.

￣ 에이 과:, 과:일, 과:일 인재 저 저기 뭐행 거년, 뭐행 거년 인재 저기 사서 노코:, 인재 거기 아패 노쿠, 인재 자:타구 머 이 괴:녕 거 나뿡 거년 점부 이 그 저 해: 농기 이써요. 상포애 해 농기 인넌대 그 가따 빌리다가 가따 아패 노쿠 사진 찍느라구. 그래구 또 땅 거뚜 인재 해구 인재.

그런대 고 순서가 어트개 대요?

￣ 거머 순.

항갑잔치 하는 고 순서가?

￣ 순선 머 저기, 과:일이면 과:일 쭐 노쿠, 떠김 떡 노쿠 머, 이 닥뚜 마리: 이씨면 닥뚜, 지, 자:관 지:물 해던 그런 시그루 해요.

그래서 다 차려 노코 그 다메 인재 어트개, 그 다메요?

￣ 그래 절 바더요. 그래구 인재, 그래구 인재.

저른 어떠캐 바더요?

￣ 우리 두:리 해면 인재 아더리 먼저 저럴 먼저 해지. 먼저 두: 내우가.

＝ 인재 아:덜 겨론두 안 행 걸 멀.

￣ 그때.

＝ 아:덜 저 망내하군 겨론두 안 해써.

￣ 아이 그쌔 그런대 인제 그러캐 해구, 인재 딸, 딸더리 인재 두: 내우가 인재 잔 얼리구 그러치요. 우리 두:리, 두:리 이래 안저씨면 자:우루.

＝ 그래구 이재 삼춘, 삼춘들 여패 안저꾸.

￣ 그 자:관 인재 내 동상이면 동상언 다: 절 바더여 되니까루 당숙떠림 당숙떨,

＝ 고모:꺼정.

￣ 고모 머 다: 절 바더여 되구, 애:더런 절해이 되구 인재 그러치 머 절, 절 바꾸, 잔 얼리구 그거지.

그 환갑잔치는.

- 에이 과, 과일, 과일 이제 저 저기 뭣한 것은, 뭣한 것은 이제 저기 사서 놓고, 이제 거기 앞에 놓고, 이제 잣하고 뭐 괴는 것 나쁜 것은 전부 이 그 저 해 놓은 것이 있어요. 상포에 해 놓은 것이 있는데 그것을 가져다 빌려다가 갖다 앞에 놓고 사진 찍느라고. 그리고 또 다른 것도 이제 하고 이제.

그런데 그 순서가 어떻게 되요?

- 거 뭐 순(서).

환갑잔치하는 그 순서가?

- 순서는 뭐 저기, 과일이면 과일 죽 놓고, 떡이면 떡 놓고 뭐, 이 닭도 마리 있으면 닭도, 제(물), 좌우간 제물 하던 그런 식으로 해요.

그래서 다 차려 놓고 그 다음에 이제 어떻게, 그 다음에요?

- 그래 절 받아요. 그러고 이제, 그러고 이제.

절은 어떻게 받아요?

- 우리 둘이 하면 이제 아들이 먼저 절을 먼저 하지. 먼저 두 내외가.

= 이제 아들 결혼도 안 한 것을 뭘.

- 그때.

= 아들 저 막내하고는 결혼도 안 했어.

- 아이 글쎄 그런데 이제 그렇게 하고, 인제 딸 딸들 이제 두 내외가 이제 잔 올리고 그렇지요. 우리 둘이, 둘이 이래 앉아 있으면 좌우로.

= 그리고 이제 삼촌 삼촌들 옆에 앉았고.

- 좌우간 이제 내 동생이면 동생은 다 절 받아야 되니까 당숙들이면 당숙들,

= 고모까지.

- 고모 뭐 다 절 받아야 되고, 아이들은 절해야 되고 이제 그랬지 뭐. 절, 절 받고, 잔 올리고 그것이지.

자는 얼망큼?

⁻ 아이 쪼금 머꾸

⁼ 샤:진, 사:진 찍어찌유 머.

⁻ 샤:진 찍꾸.

절, 절하면 고걸루 끈낭 거요, 고거는?

⁻ 그러치. 그거 그래구 인재 사진찍꾸.

⁼ 샤:진 찍꾸 그래궁 고만 끝나닝기지요 머.

⁻ 그거지 머.

그러구 인재 바까태 동내 싸름들이.

⁻ 야 야, 인재 와서 인재 모이구 이래면 그 사람덜 대:접해구 동내 싸람더리.

⁼ 그래 그때만 해:두 엔:나랜대, 그때만 해두 우리 항:갑핼 째두 엔:나리래요. 그때 동내 사:람더리 있어 가주구 동내 여자더리 다: 모이서 동내 잔치 이:럴 다: 잘 봐 줘써.

⁻ 지그믄 예:식짱애 가: 점:부 해지마넌.

⁼ 시방어넌 동내 사:래미 읍써 가주서구 아:무 거뚜 모태.

⁻ 아이구 사:람 귀:경할래두 읍:씨니 머.

잔은 얼마만큼?

￣ 아이 조금 먹고.

＝ 사진, 사진 찍었지요 뭐.

￣ 사진 찍고.

절, 절하면 그것으로 끝난 거예요, 그것은?

￣ 그렇지. 그거 그러고 이제 사진 찍고.

＝ 사진 찍고 그리고는 그만 끝나는 것이지요 뭐.

￣ 그것이지 뭐.

그리고 이제 바깥에 동네 사람들이.

￣ 예 예, 이제 와서 이제 모이고 이러면 그 사람들 대접하고 동네 사람들이.

＝ 그래 그때만 해도 옛날인데 그때만 해도 우리 환갑잔치 할 때도 옛날이에요. 그때 동네 사람들이 있어 가지고 동네 여자들이 다 모여서 동네의 잔치 일을 다 잘 봐 줬어.

￣ 지금은 예식장에 가서 전부 하지만.

＝ 시방은 동네 사람이 없어 가지고 아무 것도 못해.

￣ 아이고, 사람 구경하려 해도 없으니 뭐.

그 사라미 인재 나이가 드르먼 죽짜나요?

‒ 예:.

주그먼 인재 장:녜 치러야 대자너요?

‒ 걸 죽으먼.

고건 어떠캐 치러요? 고 순서대루 차래차래 이러캐 자세히 설명 줌 함 번 해 조 보새요. 첨에 인재 주그먼.

‒ 죽으믄 수새[227] 거더이지, 수새럴.

예.

‒ 이 저 누널 앙 까머씸 누널 이래 씨다드머 주고, 씨다드머 주구, 흐어, 저기 이벌 벌:리 이씨먼 이벌 다무리 주구,[228] 저기 여길 괴: 조이[229] 되구 여기럴.

으 예.

‒ 터걸.

‒ 암 보그러저씨먼[230] 게 눈: 깜:키 주구, 그래구 머, 코, 코 이:번 풀쏘미[231] 이씸 풀쏘무루다가 이래 마거 조:이 되구. 바라미 드르가믄 분:는담 마리여. 에 인재 그러캐 해구. 그래 가주서 손발 이러캐 이러캐 해구, 쩜:매:구, 시: 매 발꼬락 여기 둘: 이러캐 해서, 이러캐 해서 쩜:매구, 여 엄지 송꾸락두 인재 이:래서 이러캐 해구, 그래 인제 여기 쩜:매구 인제 셰:, 셰 허리 매:구, 그러치 머.

세 번, 세 번.

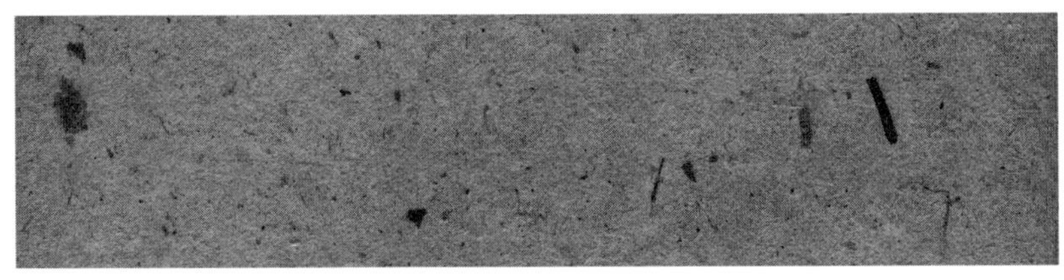

그 사람이 이제 나이가 들면 죽잖아요?

　￣ 예

죽으면 이제 장례 치러야 되잖아요?

　￣ 그럼 죽으면.

그것은 어떻게 치러요? 그 순서대로 차례차례 이렇게 자세히 설명 좀 한 번 해 줘 보세요. 처음에 이제 죽으면.

　￣ 죽으면 수시(收屍) 걷어야지, 수시를.

예.

　￣ 이 저 눈을 안 감았으면 눈을 이래 쓰다듬어 주고, 쓰다듬어 주고, 흐어, 저기 입을 벌리(고) 있으면 입을 닫아주고, 저기 여기를 괴어 주어야 되고 여기를.

　으 예.

　￣ 턱을.

　￣ 안 보그러졌으면 그래 눈 감겨 주고, 그리고 뭐, 코, 코 입은 풀솜이 있으면 풀솜으로 이래 막아 줘야 되고. 바람이 들어가면 붓는단 말이야. 에 이제 그렇게 하고. 그래 가지고 손발 이렇게 이렇게 하고, 동여매고 세 마디 발가락 여기 둘 이렇게 해서, 이렇게 해서 동여매고, 여 엄지손가 락도 이제 이래서 이렇게 하고, 그래 이제 여기 동여매고 이제 세, 세 허 리 매고, 그렇지 뭐.

　세 번, 세 번.

‾ 세: 번, 그럼. 셰:버, 셰:번, 세:버니지. 그러캐 매:구 그래서 머여, 머여 느:.[232] 저기 번지나 머 저기 이: 저 논, 논 삼:째먼 왜 번지친다 그래자녀? 예.

‾ 그 번질 가따가, 성판[233] 웁:씨먼 그걸루 해구. 가따가 인제 언저 괴:먼 세, 셰:개럴 노치, 세:개. 세:개럴 노코설랑에 언저 노쿠 거기다 이래 근:드리지 앙캐 쩜:매[234] 노먼 되지. 그때 셰: 매[235] 또 매. 그래 노쿠 그르캐.

" 시방은 머 저.

‾ 아이 지끄먼 앙, 그저낸 그러캐 해써, 그저낸. 지끄먼 머 저 예:식짱애 가서 점 저 장:녜 거, 거기 가서 머 한대덩구먼 머. 지그먼 주그먼, 숨:떠러지먼 머 간대넝 걸 멀, 데러 간대더구먼, 몰:러. 지그먼 그르캐 해:는지 저르캐 핸:느지 몰:러두 그저낸 그러캐 해써.

‾ 그러캐따 야:중애 손: 웁:넌 날루, 그: 사리 이, 이꺼, 이쓰먼 안 되거덩. 그래니까 그날 그 이튼나리래두 사리 이씨먼 그 이튼날 해던지 그날 되넌 날두 이꾸, 인재 그르캐 되지. 그래서 으:멀[236] 핸다넝 기 인재 이, 이 저기 거 오셜, 오셜 맨, 맨등 걸 사다가 해던지 해: 농거 이씨먼 수이럴 해 이피던지 그래 쩜:매 일곰 매끼[237] 첨:매구서 꼬깔 씨워서 인재 그래서 푹 더퍼서 고만 싸:매:넝 기지 머. 싸: 매:서 하:매 늘:, 늘: 하:매다 느:서 그래서 굉:거, 세: 군대 괴:서 얼리서 그래 노쿠설랑애 이 장:산날 고만 행상, 행상으루 할래먼 상여루다가 해:서 사느루 가능 기구.[238] 구대이루 사:래미 파구 예:저낸 그래써. 그런대 지끄먼 머 그기 우:꾸, 지끄먼 머 기양 저기 코크링이[239] 고만 다: 해:니까 머 머. 코크링 불르먼 다: 되넝 거구. 지끔 해:, 봉군해:서[240] 해:능 거뚜 머 코크링이 해:구. 지금 모:여 그, 그거 하는 거 모:여, 저 저 저.

‾ 으:, 몰: 해다 내 이저버린나 몬 :소릴 해다가 또.

봉분하능 거.

‾ 아:, 봉군해넝 거, 떼, 떼[241] 이피넝 건 동네 싸:래미 인재 이피 주구,

▔ 세 번, 그럼. 세 번, 세 번, 세 번이지. 그렇게 매고 그래서 뭐야, 뭐야 넣어. 저기 번지나 뭐 저기 이 저 논, 논 삼으려면 왜 번지친다 그러잖아? 예.

▔ 그 번지를 갖다가, 송판 없으면 그것으로 하고. 갖다가 이제 얹어 괴면 세 세 개를 놓지, 세 개, 세 개를 놓고서 얹어 놓고 거기에다 이래 건드리지 않게 동여매 놓으면 되지. 그때 세 매 또 매. 그래 놓고 그렇게.

═ 시방은 뭐 저.

▔ 아이 지금은 안, 그전에는 그렇게 했어 그전에는. 지금은 뭐 저 예식장에 가서 저 장례 거, 거기 가서 뭐 한다더구먼 뭐. 지금은 죽으면, 숨 떨어지면 뭐 간다는 것을 뭘. 데리고 간다더구먼, 몰라. 지금은 그렇게 하는지 저렇게 하는지 몰라도 그전에는 그렇게 했어.

▔ 그렇게 했다가 나중에 손 없는 날로, 그 살이 있, 있으면 안 되거든. 그러니까 그날 그 이튿날이라도 살이 있으면 그 이튿날 하든지 그날 되는 날도 있고, 이제 그렇게 되지. 그래서 염을 한다는 것이 이제 이, 이 저기 거 옷을, 옷을 만, 만든 것을 사다가 하든지 해 놓은 것이 있으면 수의를 해 입히든지 그래 동여매고 일곱 마디 동여매고서 고깔 씌워서 이제 그래서 푹 덮어서 그만 싸매는 것이지 뭐. 싸매서 함에 널, 널 함에 넣어서 그래서 괸 것, 세: 군데 괴어서 올려서 그래 놓고서 이 장삿날 그만 행상, 행상으로 하려면 상여로 해서 산으로 가는 것이고. 구덩이를 사람이 파고 예전에는 그랬어. 그런데 지금은 뭐 그것이 없고, 지금은 뭐 그냥 저기 포클레인이 그만 다 하니까 뭐 뭐, 포클레인 부르면 다 되는 것이고. 지금 해, 봉분해서 하는 것도 뭐 포클레인이 하고. 지금 뭐야 그, 그거 하는 것 뭐야, 저 저 저.

▔ 염, 뭘 하다가 내가 잊어버렸나 무슨 소리를 하다가 또.

봉분하는 것.

▔ 아, 봉분하는 것, 떼, 떼 입히는 것은 동네 사람이 이제 입혀 주고,

그저 그거지 머. 서우렁 가니까 사발미:루[242] 해드라구 사발미, 뚱:구러캐 사발미루.

여긴 어트개 해요?

⎺ 여기는 기양 떼럴 이피 가주 기양 해자너 그런대, 거기는 아주 떼럴 바가서 아주.

사발미라구 하능 거는.

⎺ 사발 에: 뚱고라캐 해능 기 사발미지.

봉구늘?

⎺ 어.

봉구늘 뚱그러캐?

⎺ 어.

여기는 어트개 해요?

⎺ 여:기는 여, 머:리, 머:리 맨들구 날개[243] 맨들구 이래서 해자너.

이르캐?

⎺ 그러:치.

그 저기 사모관대할 때 그 사모처럼 이르캐 하지요? 가운대를 낄쭉카개 하구 이르캐 뚱그렇캐.

⎺ 그 모가지꺼정 해구 그랜는대 저:긴 앙 그래.

⎺ 서:우런 가보니까 뚱그라캐 기양 사발미루다 고만 봉구널 맨들더라구. 여:긴 안직, 안직뚜 그르캐 해. 근대 그기, 그기 사발미:가 갠장:킨 갠장:캐떠구먼. 그 여긴 해넌 대루 해넝거지마넌 그래.

그저내 머 초종이니 머 소려미니 이런 말두 이써요? 머 소렴 대렴 머 이렁 거뚜 이써요? 그런 마를 써요 성보칸다든지 머.

⎺ 성복찌낸다능[244] 기지 머, 성복.

성보근 어트개 지내요?

⎺ 성복찌내능 기 인제 음:해 노코, 음:해 노코설랑에 인재 다: 해 노코

그저 그것이지 뭐. 서울은 가니까 사발묘로 하더라고 사발묘, 둥그렇게 사발묘로.

여긴 어떻게 해요?

‑ 여기는 그냥 떼를 입혀 가지고 그냥 하잖아 그런데, 거기는 아주 떼를 박아서 아주.

사발묘라고 하는 것은.

‑ 사발 왜 둥그렇게 하는 것이 사발묘지.

봉분을?

‑ 어.

봉분을 동그랗게?

‑ 어.

여기는 어떻게 해요?

‑ 여기는 머리, 머리 만들고 날개 만들고 이래서 하잖아.

이렇게?

‑ 그렇지.

그 저기 사모관대 할 때 그 사모처럼 이렇게 하지요? 가운데를 길쭉하게 하고 이렇게 둥그렇게.

‑ 그 목까지 하고 그랬는데 저긴 안 그래.

‑ 서울은 가보니까 동그랗게 그냥 사발묘로 그만 봉분을 만들더라고. 여기는 아직, 아직도 그렇게 해. 그런데 그것이, 그것이 사발묘가 괜찮기는 괜찮겠더구먼. 그 여기는 하는 대로 하는 것이지만 그래.

그전에 뭐 저기 초종이니 뭐 소렴이니 이런 말도 있어요? 뭐 소렴 대렴 뭐 이런 것도 있어요? 그런 말을 써요? 성복한다던지 뭐.

‑ 성복 지낸다는 것이지 뭐, 성복.

성복은 어떻게 지내요?

‑ 성복지내는 것이 이제 염을 해 놓고, 염을 해 놓고서 이제 다 해 놓고

건 머여.
　＝ 상재덜 봉님넝[245] 거래요, 성보기[246].
　⎺ 인재 음:해 노코 보기꾸 인재 곡, 곡캐구 이르개서 인제 성보길룬,[247]
올리넝 거 그기.
　＝ 성보기지 저 상재, 상재덜 저기 봉님넝 기, 상주 상.
　그저내는 어트개요, 그럼? 염 안 해쓸 때는.
　⎺ 안 해유:.
　＝ 염: 안 해쓸 째는 그기 성보기 웁:찌유. 성보걸 지내야 보걸 입찌.
　⎺ 그저내는, 지끄먼 머 어디 머 두루매기가 인나 머 기양 양복때기루[248]
기양 해니 머 누가 알 쑤가 이써.
　⎺ 어끄저깨 내.
　＝ 아이 그래두 저기 여 삼베루 여기 둘러짜너. 그기 봉님넝 거지 머여.
　⎺ 아:이구 그깐누무거 원, 저 그 상얼 당해먼 이:, 저 왼:쪽 파럴, 그 두
루매기럴 안 이버 한 쪼건, 오른팔만 이래 이꾸 이꾸. 그래구설랑에 인재
이래 이따가 인재.
　＝ 시방은 머 그런 거.
　⎺ 지끄먼, 지끄먼 그러캐 안 해자너.
　요즘두 그러캐 하는 사람들 이써요.
　⎺ 으:?
　요새두.
　⎺ 이르케?
　그런 사람들 이낀 이써요.
　⎺ 어:, 이써.
　⎺ 게: 그런대 그래 그르캐 핸다구.
　고거 고렇게 항 거는 성복해따구 안 하능 건가요?
　⎺ 아니 상복 인재 저기 음: 해, 핸, 해기 저내 인재 그르캐 해구 음:해먼

그것은 뭐야.

＝ 상제들 복 입는 것이에요, 성복이.

￣ 이제 염을 해 놓고 복 입고 이제 곡, 곡을 하고 이렇게 해서 이제 성복 입는, 올리는 것(이지) 그것이.

＝ 성복이지 저 상제, 상제들 저기 복 입는 것이, 상주[249] 상(주).

그전에는 어떻게 해요, 그럼? 염 안 했을 때는.

￣ 안 해요.

＝ 염 안 했을 때는 성복이 없지요. 성복을 지내야 복을 입지.

￣ 그전에는, 지금은 뭐 어디 뭐 두루마기가 있나 뭐 그냥 양복 떼기로 그냥 하니 뭐 누가 알 수가 있어.

￣ 엊그저께 내.

＝ 아이 그래도 저기 여 삼베로 여기 둘렀잖아. 그것이 복 입는 것이지 뭐야.

￣ 아이고 그까짓 놈의 것 원, 저 그 상을 당하면 이, 저 왼쪽 팔을, 그 두루마기를 안 입어 한쪽은, 오른팔만 이래 입고 있고. 그리고서 이제 이렇게 있다가 이제.

＝ 시방은 뭐 그런 것.

￣ 지금은, 지금은 그렇게 안 하잖아.

요즘도 그렇게 하는 사람들 있어요.

￣ 응?

요새도.

￣ 이렇게?

그런 사람들 있긴 있어요.

￣ 어, 있어.

￣ 그래, 그런데 그래 그렇게 한다고.

그것 그렇게 하는 것은 성복했다고 안 하는 것인가요?

￣ 아니 상복 이제 저기 염을 하(기), 한, 하기 전에 이제 그렇게 하고 염

인재 버서 노쿠 인재 보걸 이버이지 다시.

다른 오슬 임는 거지요?

⌐ 그러, 그러치. 삼베 오설.

삼배오슬요?

⌐ 어, 그 입찌 보걸.

⌐ 굴건지, 장:개간 사라먼 굴건지:고걸[250] 해구, 옌:나랜 왜 지끄먼 그 뭐 건만 쓰구 말:자너, 지끄먼. 예:저낸 이 저 띠럴 매:서 머리애 여기 굴건지:보걸 해자너, 요르캐 해서 또 이르캐.

⌐ 시방두 그러캐 해는 사람 이쓰껄? 건, 건 우:애, 건 우:애다가 이러키 이러키 대:서, 이래 이러캐 해:서 굴건지:보걸 해자너요, 테두리 해:서.

⌐ 지끄믄 어디 그거두 안 해구 고면 기양 그 대강 몰: 굴건지:보캐구 그 르캐 해지.

그러면 아까 그 성보칸다능개 두루매기 한 쪽 팔.

⌐ 아이 그건 인재 저기.

그건 성보캐따구 안 한 거지요?

⌐ 근 네. 건 성보캥 기 아니지.

아니지요?

⌐ 건 저: 운명해구설랑에 임닝 거여.

예:.

⌐ 운명해구 이꾸:, 버서 노쿠 인재 성복지낼 째넌 **음**:해, **음**:핼 쩌개 인 재 그걸 이꾸 인재 이 해구설랑에 인재 보걸 입, 입, 이불 쩌개 인재 무럴 떠다 노쿠 쟁바내다 무럴 떠다 노쿠 상 우:애다 언저 노쿠 인재 고걸 해 민선 처쌍재가 인재 고걸 해먼 다: 따러서 해구 인재 아남파기 고걸 해구 인재 서로 모이서 빽: 돌리, 그래 가주 인재 오설 조: 입찌, 고걸 해민선. 그래 그르캐 되지 머.

조상이라능 건 머요, 조상?

을 하면 이제 벗어 놓고 이제 복을 입어야지 다시.

다른 옷을 입는 것이지요?

― 그러, 그렇지. 삼베옷을.

삼베옷을요?

― 어, 그 입지 복을.

― 굴건제(복), 장가간 사람은 굴건제복을 하고, 옛날엔 왜 지금은 그 뭐 건만 쓰고 말잖아, 지금은. 예전에는 이 저 띠를 매서 머리에 여기 굴건 제복을 하잖아, 요렇게 해서 또 이렇게.

＝ 요즘도 그렇게 하는 사람 있을 걸? 건, 건 위에, 건 위에다가 이렇게 이렇게 대서, 이래 이렇게 해서 굴건제복을 하잖아요, 테두리 해서.

― 지금은 어디 그것도 안 하고 그만 그냥 그 대강 뭘 굴건제복하고 그 렇게 하지.

그러면 아까 그 성복한다는 것이 두루마기 한 쪽 팔.

― 아이 그것은 이제 저기.

그것은 성복했다고 안 한 거지요?

― 그런데 예. 그것은 성복한 것이 아니지.

아니지요?

― 그것은 저 운명하고서 입는 거야.

예.

― 운명하고 입고, 벗어 놓고 이제 성복지낼 때는 염을 할, 염을 할 적에 이제 그걸 입고 이제 이 하고서 이제 복을 입, 입, 입을 적에 이제 물을 떠다 놓고 쟁반에다 물을 떠다 놓고 상 위에다 얹어 놓고 이제 곡을 하면 서 첫 상제가 이제 곡을 하면 다 따라서 하고 이제 안팎이 곡을 하고 이 제 서로 모여서 빙 둘러(서), 그래 가지고 이제 옷을 주어 입지, 곡을 하 면서. 그래 그렇게 되지 뭐.

조상이라는 것은 머예요, 조상?

⌐ 조:상이 주근 사:래미 조:상이 되지 머.

아니 요기 장사질 때 조상한구 하능 거.

⌐ 어:, 조:상. 건 상, 상재한태[251] 인재 박 교순니미 상얼 당해씨먼 내가 가서 인사럴 해여 되자녀, 부모님 운명하신 대. 개이까 인재 근 저 지끄먼 머 그저내년 이: 저 베럴 이 건 모냥으루 이러캐 해서 해:써. 해:서 이러캐 노쿠 상 우:애다 언저 노쿠 이러캐 핸:넌대 지끄먼 사지널 지끄먼 보통 사진 가따 노쿠 기양 그 이: 해자녀, 상 우애다.

예, 예.

⌐ 밤: 대:추 이 삼색실가 노쿠 인재 그래니까 그르캐 해먼 되넌대 인재 인사럴 해:여 되넌대 인사럴 해재먼 그기, 그기 그거여. 문, 문 조 저 그 인재 내가 인재 인사, 인사하러 강 거니까 인재 거기다 대:구 인재 이래구 어:이 어이 해넝 거 아니여. 어:이 어이 해구 절 두: 번 해구 상주하구[252] 인사 해구 인재 이래능 기 인재 그기 그거지 머. 다릉개 아니구 그거여.

천구한다는 말두 써요?

⌐ 어?

천구한다구.

⌐ 천구가 멍가?

관 옴기능 거, 늘 옴기능 거.

⌐ 늘: 잉:기넝 거?

예.

⌐ 느:럴 모, 모:세서 우트개서 욍기넝 건지 아나. 잉기넝 건 머, 아이 여기 일: 당해 가주설랑애 저기 사느루 갈 쩌개 잉:기넝 겅가 머여.

그럴 때는 어트개 해요?

⌐ 그 상, 저:기 행상,[253] 행상얼 마:니래 핸대먼 행상애다 여기다.

행상은, 행상은 마당에 이짜나요.

˚ 조상이 죽은 사람이 조상이 되지 뭐.

아니 여기 장사지낼 때 조상한다고 하는 것.

˚ 어, 조상. 그건 상, 상제한테 이제 박 교수님이 상을 당했으면 내가 가서 인사를 해야 되잖아, 부모님 운명하신 데. 그러니까 인제 그저 지금은 뭐 그전에는 이 베를 이 건 모양으로 이렇게 해서 했어. 해서 이렇게 놓고 상 위에다 얹어 놓고 이렇게 했는데 지금은 사진을 지금은 보통 사진 갖다 놓고 그냥 그 위에 하잖아, 상 위에다가.

예, 예.

˚ 밤 대추 이 삼색실과 놓고 이제 그러니까 그렇게 하면 되는데 이제 인사를 해야 되는데 인사를 하자면 그것이, 그것이 그것이야. 문 문(상) 조(상) 저. 그 이제 내가 이제 인사, 인사하러 간 것이니까 거기에 대고 이제 이러고 어이 어이 하는 것 아니야. 어이 어이 하고 절 두 번 하고 상제하고 인사 하고 이제 이러는 것이 이제 그것이 그것이지 뭐. 다른 것이고 아니고 그거야.

천구한다는 말도 써요?

˚ 어?

천구한다고.

˚ 천구가 뭔가?

관 옮기는 것 널 옮기는 것.

˚ 널 옮기는 것?

예.

˚ 널을 뭐, 무엇에서 어떻게 해서 옮기는 것인지 아나. 옮기는 것은 뭐, 아이 여기 일 당해 가지고 저기 산으로 갈 적에 옮기는 것인가 뭐야.

그럴 때는 어떻게 해요?

˚ 그 상, 저기 행상 행상을 만일에 한다면 행상에다 여기다.

행상은, 행상은 마당에 있잖아요.

˘ 그래 마당애 이씨먼.

느른 방애 이짜너요?

˘ 그러:치.

방에 인능 걸 마당으루 옴겨야 되자나요?

˘ 그래 욍기넌대. 그, 그걸 가주구 얘:기해나?

예.

˘ 어:.

˘ 그래 그 나갈 째 여기 바가지,[254] 바가지럴 저 문터개다 여기다 놔.

바가지요?

˘ 바가지. 저기 저 저 저, 이 바가지가 지끔 읍:짜너. 읍:씨니까루 나이롱[255] 바가지래두 놔:이지. 그래 인재 그걸 아패서 나가넌 사:래미 콱 발버 깨:, 타캐개. 깨민선 나간다구.

근 왜 그래요?

˘ 근 모:르지 몬: 방식인지.

˭ 그거 무슨 앵매깅가 부지?

˘ 그래 그, 그래드라구. 근 그르캐 해구 나가구.

˭ 그 무신 앵매기.

˘ 그래서 욍기서 인재 가따 상 우애다 언저 노:먼 인재 상주넌 고캐구 이꾸.

그거 누가 옴겨 가요?

˘ 건 이: 지반 싸람더리 마:느먼 지바내서 해구:. 남이래두 또 그:드러 준대먼 이거 해구 그러치 몰:. 그래 가주 가따가 욍기 노쿠 인재 행상얼 꾸미서[256] 더푸, 더푸 해 나:따가 덥, 더꾸 연초때애다 언저 노쿠 쩜:매구, 그래구 고:캐구 인재 그 제:쌍 노쿠설랑애 상 쪼그만핸 상얼 노:턴지 운, 큰 상얼 노:턴지 노쿠 삼색실가하구 떡하구 인재 이래 해서 고캐민선 상주가 상뿔 얼리구[257] 절해구 머, 그래구 인재 고캐구 술 한잔 잔 얼:리구,

ˉ 그래 마당에 있으면.

널은 방에 있잖아요?

ˉ 그렇지.

방에 있는 것을 마당으로 옮겨야 되잖아요?

ˉ 그래 옮기는데. 그, 그것을 가지고 얘기하나?

예.

ˉ 으응.

ˉ 그래 그 나갈 때 여기 바가지, 바가지를 저 문턱에다 여기다 놔.

바가지요?

ˉ 바가지. 저기 저 저 저, 이 바가지가 지금 없잖아. 없으니까 플라스틱 바가지라도 놓아야지. 그래 이제 그것을 앞에서 나가는 사람이 콱 밟아서 깨, '탁!' 하게. 깨면서 나간다고.

그것은 왜 그래요?

ˉ 그것은 모르지 무슨 방식인지.

＝ 그거 무슨 액막이인가 보지?

ˉ 그래 그, 그러더라고. 그것은 그렇게 하고 나가고.

＝ 그 무슨 액막이.

ˉ 그래서 옮겨서 이제 갖다 상 위에 얹어 놓으면 이제 상제는 곡하고 있고.

그거 누가 옮겨 가요?

ˉ 그것은 이 집안사람들이 많으면 집안에서 하고. 남이라도 또 거들어 준다면 이것 하고 그렇지 뭐. 그래 가지고 갖다가 옮겨 놓고 이제 상여를 꾸며서 덮어, 덮어 해 놓았다가 덮, 덮고 연촛대에다 얹어 놓고 동여 매고, 그리고 곡하고 이제 그 제상 놓고서 상 조그마한 상을 놓든지 원, 큰 상을 놓든지 놓고 삼색실과하고 떡하고 이제 이래 해서 곡하면서 상 주가 향불 올리고 절하고 뭐, 그리고 이제 곡하고 술 한 잔, 잔 올리고,

인재 모두 마지마기니까 인재 다: 인사해구 절 얼리구 해구.

⁻ 선생니믄 멀: 미드시어? 천주교 미드시어?

아니요. 아니요.

요즈매는 그럼 초상이 나면 어뜨캐 해요?

⁻ 초사이 나먼 그저내는 안 그래더니 이, 인잰 또 그 제처누루 가내. 숨 떠러지면 고만 실:꾸 가뻐리내 신채럴, 사:람 주궁 걸. 거 가서 고만 음:해구[258] 고만 거기서 다: 해내.

⁻ 해 가주구설랑애.

병워내.

⁻ 장:녜 아, 장:녜.

⁻ 차루.

장녜식짱애.

⁻ 어, 장:녜식짱에 그래 가주 장:사 지:내능 건 인재 장:녜차루 실:꾸[259] 나와서 코크링이[260] 고만 해구, 머 머 해.

상여는 암 매요?

⁻ 상여는 해구 시픔 해구 머 그기 또 머 안 핼래먼 안 해닝 거구, 상여두 이찌유. 지끔 여 동:내두 인능 걸.

사람드리,

⁻ 아이.

하자너요. 절믄 사람들?

⁻ 아:이구 절믄 사람 이써두 밀: 싸람두 그래 움, 별루 우:꾸 나가 인넌 애:더리 인재 열라캐 가주 와서 하넌대, 어끄저깨두 처나늘 가 보니까 여: 더리 미:대유, 여더리. 상여 하나럴. 양쪽 어깨애다 엉:꾸 한 쪼개 한 쪼갠 닏:, 절, 저 쪼개 닏:, 이 쪼개 닏:, 여:더리 미:드라구. 그래 선서리째이[261] 하나 이꾸, 그르캐 해대유.

이제 모두 마지막이니까 이제 다 인사하고 절 올리고 하고.

= 선생님은 무엇을 믿으셔? 천주교 믿으셔?

아니요.

요즈음에는 그럼 초상이 나면 어떻게 해요?

˘ 초상이 나면 그전에는 안 그러더니 이, 이제는 또 그 제천으로 가네. 숨 떨어지면 그만 싣고 가버리네 시체를, 사람 죽은 걸. 거기 가서 그만 염하고 그만 거기서 다 하네.

˘ 해 가지고서.

병원에.

˘ 장례 아, 장례.

˘ 차로.

장례식장에.

˘ 어, 장례식장에 그래 가지고 장사 지내는 것은 이제 장례차로 싣고 나와서 포클레인이 그만 하고, 뭐 뭐 해.

상여는 안 메요?

˘ 상여는 하고 싶으면 하고 뭐 그것이 또 뭐 안 하려면 안 하는 것이고, 상여도 있지요. 지금 여기 동네도 있는 걸.

사람들이,

˘ 아이.

하잖아요. 젊은 사람들.

˘ 아이고 젊은 사람 있어도 멜 사람도 그래 없(고), 별로 없고 나가 있는 애들이 이제 연락해 가지고 와서 하는데, 엊그저께도 천안을 가보니까 여덟이 메대요, 여덟이. 상여 하나를. 양쪽 어깨에다 얹고 한 쪽에 한 쪽에는 넷, 저, 저쪽에 넷, 이쪽에 넷, 여덟이 메더라고. 그래 선소리장이 하나 있고, 그렇게 하대요.

￣ 저: 주덕 까 주덕 까보먼유, 주덕 깜 니아까애다 언저 가주 가유, 또 니아까. 그래 가주 인재 사내 얼러갈 째년 인재 상여럴 미:구[262] 얼러가구 그르캐 되더라구유. 게 다: 곧꼬시 다: 달러유.

예저내는 그거 면 명이 메써요, 그럼?

￣ 서른둘:꺼정 미:써유, 예:저내.

열 여선 명씨기요?

￣ 아:이, 그럼유. 크개 아주 해:찌.

그 상여 조꼬마차너요.

￣ 즈: 연초때럴[263] 크개 해먼 되넝 기지. 미:능 거만 크캐 해먼 되넝 기지.

그러먼 두 줄루 메요? 이쪼기 이쪽?

￣ 아:, 거 네: 주.

네 줄로.

￣ 그럼유, 그럼유. 네: 줄루 해찌유. 지끔:먼 사:래미 웁:씨니까 여더리 미:더래니까. 어끄저깨 내: 저: 처난 가보니까 간딴해개 그러캐 해딩굼 머.

이거 여러시 밀라면.

￣ 아:이, 그럼유.

무슨 대라 그래요? 연초때?

￣ 연초때.

연초때?

￣ 예, 연초때 인재.

그걸 끼워 가주구.

￣ 그 마:이, 마:이 바거 가주구 한 치, 한 구미가 하 하, 한 구미가[264] 여 저기 느:이 되지, 느:이. 그르캐 되:유.

˘ 저 주덕 가(보면) 주덕 가보면요, 주덕 가면 리어카에다 얹어 가지고 가요, 또 리어카. 그래 가지고 이제 산에 올라 갈 때는 이제 상여를 메고 올라가고 그렇게 되더라고요. 그렇게 다 곳곳이 다 달라요.

예전에는 그것(을) 몇 명이 메었어요, 그럼?

˘ 서른둘까지 메었어요, 예전에.

열여섯 명씩이요?

˘ 아이, 그럼요. 크게 아주 했지.

그 상여 조그마하잖아요.

˘ 저 연춋대를 크게 하면 되는 것이지. 메는 것만 크게 하면 되는 것이지.

그러면 두 줄로 메요? 이쪽이 이쪽?

˘ 아, 그거 네 줄.

네 줄로.

˘ 그럼요, 그럼요. 네 줄로 했지요. 지금은 사람이 없으니까 여덟이 메더라니까. 엊그저께 내가 저 천안 가보니까 간단하게 그렇게 하더구먼 뭐.

이것을 여럿이 메려면.

˘ 아이, 그럼요.

무슨 대라 그래요? 연춋대?

˘ 연춋대.

연춋대?

˘ 예, 연춋대 이제.

그것을 끼워 가지고.

˘ 그 많이, 많이 박아 가지고 한 치, 한 구미가 하 하, 한 구미가 여 저기 넷이 되지, 넷. 그렇게 돼요.

1) '저드래이'는 중앙어 '겨드랑이'의 이 지역 방언형이다. '저드래이'는 '겨드랑이'가 구개음화와 단모음화 및 움라우트를 겪은 결과로 파악된다. 충청도 방언에서는 '저드래이' 외에 '저드랭이, 저드랑이, 저드랑' 등의 방언형이 더 쓰인다.

2) '만창쿠요'는 중앙어 '많지 않고요'에 대응하는 이 지역 방언형 '많지 않구요'가 축약과 동화과정을 거쳐 실현된 음성형이다.

3) '응:소'는 제보자 이름 '영소(永沼)'의 음성실현형이다. 이 지역 방언에서는 이중모음 '여'가 장모음으로 실현되면 고모음화하는 경향이 있는데 '응:'은 장모음 '영:'이 고모음화하여 [yɨːŋ]으로 발음된 것을 표기한 것이다. 이 지역 방언에서 이중모음 '여:'가 고모음화하는 예로는 '연애, 연적, 여치, 염려, 염…' 등을 들 수 있다. 장모음 '여:'가 [yɨː]로 실현되는 것은 어두음절모음 '어'가 장모음일 때 '으'로 고모음화 하는 것과 궤를 같이 하는 것이다.

4) '머시끼'는 사람이나 사물의 이름이 얼른 생각나지 않을 때나 하려는 말이 얼른 생각나지 않거나 바로 말하기가 거북할 때 쓰는 말이다. 중앙어의 '거시기'와 거의 비슷하지만 얼마간의 차이가 있다. '머시끼'는 사람이나 사물의 이름이 얼른 생각이 나지 않아 상대방에게 물어 해결하려는 의미를 내포하고 있다는 점에서 단순히 이름이 얼른 생각나지 않거나 바로 말하기 곤란한 사람 또는 사물을 가리키는 중앙어의 '거시기'와 차이가 있다. 이 방언에서는 '머시끼'와 비슷하게 쓰이지만 얼마간의 차이를 보이는 말로 '거시끼'가 쓰인다. '머시끼'가 의문의 기능을 가진다면 '거시끼'는 지시적인 기능이 있다는 점에서 다르다. 예컨대 '가 이름이 머시끼지?'나 '그기 머시끼더라'라고 하면 각각 '그 아이 이름이 무엇인지 대답해 달라'거나 '그것이 무엇인지 생각이 안 난다'는 의미기능이 있어 '그 아이 이름이 무엇이지?'나 '그것이 뭐더라'로 바꾸어 쓸 수 있지만 '가 이름이 거시끼지?'나 '그기 거시끼더라'라고 하면 각각 '그 아이 이름이 지금 바로 생각나지는 않지만 청자인 상대방도 아는 어떤 사람이지 않느냐'나 '그것 이름이 지금은 바로 생각나지 않지만 금방 생각하여 확인해줄 수 있다'는 의미기능이 있다는 점에서 차이를 보인다. 주

124) 참조.

5) '안쌔워리'는 충북 제천시 신월동에 있는 마을 '안새월이'의 음성형이다. 이 지역 사람들은 '안새월'을 '안새워리([안쌔워리])'라고 부른다. '안새워리'는 '안새월'에 접미사 '-이'가 결합된 것이다. '안새워리' 또는 '안새월'은 '새월이' 안쪽에 있다고 해서 붙여진 이름이다. '새월이'는 한자어로 '신월리(新月里)' 또는 '신월동(新月洞)'이라고 쓴다.

6) '고까이도'는 일제 강점기 때 학교에 못 다닌 사람들에게 한글을 가르치던 장소인 '공회당(公會堂)'의 일본어식 발음이다.

7) '연상소'는 일제 강점기 때 여자들을 군 위안부로 데려가서 생활하게 하던 '위안소(慰安所)'의 뜻으로 쓰인 말이다.

8) '부국때'는 중앙어 '보국대'에 대응하는 이 지역 방언형 '부국대'의 음성형으로 일종의 개인어다. '보국대'는 일제 강점기에 우리나라 사람을 강제 노동에 동원하기 위하여 만든 노무대를 일컫는 말이다.

9) '동무'는 '늘 친하게 어울리는 사람'을 뜻하는 순우리말인데 이 말이 북한에서 '혁명을 위하여 함께 싸우는 사람을 친근하게 이르는 말'이나 '남을 친근하게 부르는 말'로 쓰이게 되면서 남한에서는 '동무' 대신 '친구'라는 말이 주로 쓰이게 되었다. 따라서 요즈음은 '동무'라는 말을 연세가 많은 분들에게서만 들을 수 있다. 동요 가사에 '동무들아 오너라 어서들 손잡고 노래하며 춤추며 놀아보자. 낮에는 해 동무, 밤에는 달 동무 우리들은 정다운 어깨동무'로 되어 있는데 이 때의 '동무'는 '친구'와 같은 의미로 쓰인 것이다. 이 동요가 만들어지던 당시에는 '친구'의 뜻으로 '동무'가 일반화 되어 있었음을 알 수 있다.

10) '뒤지다'는 '죽다'를 속되게 이르는 이 지역 방언형이다. 충청도 방언에서는 화자에 따라 '뒤지다' 외에 '뒈지다'나 '디지다'를 쓰이기도 한다.

11) '뜀박질'은 중앙어에서 뜀을 뛰는 일이나 달음박질을 의미하는 말이지만 예문에서는 '뛰어 노는 일'의 뜻으로 쓰였다.

12) '미기다'는 '먹이다'의 이 지역 방언형이다. '먹이다→멕이다→믹이다[미기다]'의 과정을 거친 것인데 가축에 대하여 쓰일 때는 '먹이다'의 의미로도 쓰이고 '기르다'의 의미로도 쓰인다. 이 지역에서 '소럴 믹인다'고 하면 '소에게 먹이를 준다'는 뜻과 '소를 기른다'는 뜻이 다 가능하다. 예문에서는 '소에게 먹이를 주다'의 의미로 쓰였다. 참고로 이 방언에서는 '벌'에 대하여는 '믹이다'와 '치다'가 다 쓰인다. 따라서 '양봉하다(養蜂-)'의 뜻으로 '벌을 믹인다'와

'벌을 친다'가 다 가능하다. 주 14) 참조.

13) '북띠기'는 중앙어 '북데기'에 해당하는 이 지역 방언형이다. 여기에서는 짚이나 풀 따위가 뒤섞여서 엉클어진 뭉텅이의 의미로 쓰였으나 보통은 벼나 밀 등을 탈곡할 때 나오는 짚 부스러기나 이삭 부스러기 또는 풀 등이 엉클어져 있는 뭉텅이를 가리키는 말로 쓰인다. 이와 비슷한 뜻으로 쓰이는 충청도 방언으로 '탑새기'가 있다. 화자에 따라 '탑시기'라고도 하는데 타작을 하고 나서 벼나 콩과 같은 알곡을 선별하고 남은 쭉정이와 기타 쓸모없어 버리는 것을 통틀어 일컫는다. '북띠기'가 타작을 할 때 지푸라기나 마른 풀 등이 엉클어져 있는 뭉텅이를 가리키는 데 비해 '탑새기'는 쭉정이나 짚 부스러기와 쓰레기 등이 섞여 더부룩한 것을 가리킨다는 점에서 차이가 있다. 탑새기와는 달리 타작을 해서 나온 알곡을 일차 거두고 남은 찌꺼기 알곡과 잔돌 등이 섞여 있어 모아두었다가 닭 모이 등으로 주는 것을 '뒷목'이라고 한다. '탑새기'가 쓸모없어 버리는 것인데 비해 '뒷목'은 일부 낟알이 섞여 있어 쓸모가 있다는 점에서 차이가 있다.

14) '미기다'는 중앙어에서 '기계나 틀 따위에 원료나 물건 따위를 넣다'의 뜻으로 쓰이는 '먹이다'의 이 지역 방언 음성형이다. '먹이다→멕이다→믹이다(미기다)'의 과정을 거친 것이다. 예문의 '미기다'는 작두로 여물을 썰기 위해 작두날에 여물의 원료가 되는 '북띠기(북데기)'를 넣는다는 의미로 쓰인 것이다. '여물을 쓸라구 작두에 풀을 미긴다', '타작할라구 기계에 볏단을 미긴다'와 같이 쓰인다. 주 12) 참조.

15) '그래자늠'은 중앙어 '그렇지 않으면'에 대응하는 '그래지 않으면'이 축약된 '그래잖음'의 이 지역 방언 음성형이다.

16) '담 마지길'은 '닷 마지기를'의 음성형이다. '담'은 그 수량이 다섯임을 나타내는 '닷'의 말음이 뒤에 오는 '마지기'의 어두 자음 'ㅁ'에 동화된 것이다. 그 수량이 다섯임을 나타내는 '닷'은 단위를 나타내는 명사 '말, 되, 마지기, 돈, 양, 관' 등 단위를 나타내는 말과 함께 쓰인다.

17) '배내쏘'는 '배냇소'의 이 지역 방언 음성형이다. '배냇소'는 소가 없는 사람이 다른 사람의 송아지를 길러서 어미소가 되어 새끼를 낳으면 그 송아지를 갖기로 하고 기른 어미소를 주인에게 돌려주는 소를 일컫는 말이다. 즉 송아지를 길러서 어미소로 돌려주고 소를 길러준 대가로 그 어미소가 낳은 송아지를 갖는 조건으로 기르는 소를 '배냇소'라고 한다. 〈표준국어대사전〉에는 '주인과 나누어 가지기로 하고 기르는 소'라고 풀이되어 있는데 사전적인 풀이

가 애매하다.

18) '바리'는 가축 가운데 덩치가 크고 발굽이 있는 네발 달린 짐승의 숫자를 세는 단위라는 점에서 중앙어의 '마리'와는 의미 영역에 차이가 있다. 따라서 '소 한 바리, 소 두 바리, 돼지 두 바리, 염소 한 바리'는 되지만 '닭 한 바리, 토끼 한 바리' 등으로는 쓰이지 않는다.

19) '그드믄'은 중앙어 '얼으면'의 이 지역 방언형 '으드면'을 잘못 발음한 것이다.

20) '매방아'는 중앙어 '연자방아'에 대응하는 이 지역 방언이다. 크기가 크고 둥글넓적한 돌판 위에 그보다 작고 둥글 넓적한 원뿔대형의 돌을 세로로 세워서 이를 말이나 소로 끌어 돌리게 하여 곡식을 찧는 방아로 '연자매'라고도 한다. 〈표준국어대사전〉에는 '매방아'를 '맷돌'의 충북 방언으로 설명하고 있는데 '맷돌'은 충북 지역에서 크기가 작고 둥글넓적한 원통형의 돌 두 짝을 포개고 윗돌 아가리에 갈 곡식을 넣으면서 손잡이를 돌려 곡식을 가는 기구를 가리킨다는 점에서 '매방아'와 '맷돌'은 구별된다.

21) '탄동네'는 '한동네'를 잘못 발음한 것이다.

22) '들 조아 해찌'는 '들 좋아 했지'의 음성형이다. '들 좋아하다'는 중앙어 '덜 좋아하다'로 바꾸어 표기할 수 있는데 의미는 좀 다르다. 중앙어의 '덜 좋아하다'는 좋아하는 정도가 덜하다는 의미가 되는데 예문에서는 이와 달리 '싫어하다'나 '안 좋아하다', '좋아하지 않다' 또는 '미워하다' 정도의 의미로 쓰였다. 이 지역 노년층 방언화자들이 '싫어한다'나 '좋아하지 않는다'는 말 대신에 자주 쓰는 완곡한 표현이다.

23) '중땀'은 충북 제천시 신월동에 있는 자연 마을 이름 가운데 하나인 '중담'의 음성형이다.

24) '새터'는 충북 제천시 금성면에 있는 자연 마을 이름 가운데 하나다.

25) '꾿눈다'는 중앙어 '굽는다'에 대응하는 이 지역 방언형이다. 중앙어의 '굽다'가 이 방언에서는 '꿇다'로 실현되어 '꿋다, 꿇는다([꾿눈다]), 꿇잔어([꾸찬어]), 꿇지([꾸치]), 꿇구([꾸쿠]), 꿇어([꿔]/[꾀])' 등으로 활용한다. 충청도 방언에서는 중앙어 '굽다'에 대응하는 방언형으로 '꿇다' 외에 '꾸ㅎ다'도 쓰인다. '꾸ㅎ다'는 '꾿다, 꾸ㅎ잔어([꾸짜녀]), 꾸ㅎ지([꾸쩨]), 꾸ㅎ구([꾸꾸]), 꾸ㅎ어([꾸꺼]/[꼬])' 등으로도 활용한다.

26) '껄리가다'는 '껄리다+가다'의 합성어로 분석된다. '껄리다'는 중앙어에서 '어떤 일을 하다가 도중에 들키다'의 뜻을 가지는 '걸리다'에 '적발되다'의 의미가 덧붙여진 말이다. 즉 '어떤 일을 하다가 도중에 적발되어 잡히다' 정도의

의미로 쓰인다. 여기에 '가다'가 합성된 '껄리가다'는 '어떤 일을 하다가 도중에 적발되어 잡혀가다'의 뜻으로 쓰인다.

27) '첨방'은 '전방'을 잘못 발음한 것이다.

28) '원족'은 본래의 혈통, 즉 직계 혈통을 뜻하는 '原族(또는 元族)'의 의미로 쓰였다.

29) '글방'은 예전에, 한문을 사사로이 가르치던 곳으로 한자어로는 '서당(書堂)'이라고 하였다.

30) '메누리를 보다'는 '며느리를 맞이하다'의 의미로 쓰이는 말이다.

31) '씨기여'는 '씨기다'의 활용형으로 중앙어 '시키다'의 활용형 '시켜(시키+어)'에 대응하는 이 지역 방언형이다. 충청도 방언에서는 '씨기다'가 '씨기구, 씨기지, 씨기게, 씨기~씨겨, 씨기서, 씨기니개' 등과 같이 활용한다. '씨기여'는 '씨기+어야'에 대응한다. 주 31), 56), 61), 100), 180), 181), 182) 참조.

32) '아지'는 '알지'의 잘못이다. 이 방언에서는 일반적으로 '알지'로 발음하는데 '부지깽이(불지깽이)'와 같이 'ㅈ' 앞에서 받침 'ㄹ'을 탈락시키기도 한다. 중앙어의 '울지 마라'가 충청도 방언에서 '우지 마라'로 실현되는 것도 같은 조건에서 나타나는 현상이다.

33) '날 택일'은 중앙어 '택일'에 해당하는 말로 '날을 택하다'의 뜻을 가진 '택일' 앞에 '날'이 중복된 형태다. 이 방언에서는 '날택일'과 '택일'을 혼용해서 쓴다.

34) '그램'은 '그래믄' 또는 '그래면'이 줄어든 말로 중앙어 '그러면'에 대응하는 이 지역 방언형이다.

35) '가래믄'은 중앙어 '가라면'에 대응하는 이 지역 방언형이다. 이 지역 방언에서 어미 '-래믄'은 어떠한 사실을 가정하여 조건으로 삼는 뜻을 나타내는 중앙어 '-라면'에 해당한다. '-래믄'이 축약된 '-램'도 이 방언에서 함께 쓰인다. 따라서 '가래믄'이 축약된 형태인 '가램'으로도 쓰인다.

36) '근'은 '그것은'이 축약된 형태다. '그것은 → 그건 → 근'의 과정을 거친 것이다.

37) '공일날'은 '공휴일'에 해당하는 이 지역 방언형으로 '일을 하지 않고 쉬는 날'을 뜻한다. 형태상으로는 '공일(空日)'에 '日'을 뜻하는 '날'이 중복된 것이다. 충청도 방언에서 '공일날'은 국경일, 경축일, 일요일 같이 국가나 사회에서 정하여 다 함께 쉬는 날 또는 기관이나 같은 업종에 종사하는 사람들끼리 약속에 따라 정기적으로 일제히 쉬는 날을 뜻하는 '공휴일'의 의미로 쓰인다. 이 지역 방언에서 '공일날' 외에 'ㅇ'이 탈락된 '고일날'도 쓰인다.

38) '움는 누무걸'은 '읎는 눔우걸'의 음성형이다. '움는 누무걸'은 중앙어 '없는 놈의 것을'에 대응하는 이 지역 방언 음성형으로 '없는 것을'을 속되게 이르는 표현이다.

39) '사럼한테'는 '사람한테'를 잘못 발음한 것이다.

40) '한다덩구먼'은 중앙어 '한다더구만'에 대응하는 이 지역 방언형이다.

41) 이 지역에서 '외손자'의 '외'는 단모음(單母音) 외([ö])로 발음된다.

42) '가'는 중앙어 '그 아이'가 줄어든 '그애' 또는 '걔'에 대응하는 이 지역 방언형이다. '이 아이'가 줄어든 '이애' 또는 '얘'에 대응하는 이 지역 방언형은 '야'이고 '저 아이'가 줄어든 '저애' 또는 '쟤'에 대응하는 이 지역 방언형은 '자'다. '가, 자, 야'는 각각 '그 아(그 아이), 저 아(저 아이), 이 아(이 아이)'의 축약형이다. 주 171) 참조.

43) '구미궁대'는 '구미공대'의 잘못이다. 일종의 개인어 음성형이라고 할 수 있다.

44) '다번'은 이 지역 방언 '대반'의 잘못이다.

45) '즌:자'는 '전:자'의 이 지역 방언형이다. 이 지역 방언에서는 어두음절의 모음이 '어'이고 장모음이면 고모음 '으'로 실현되는 경향이 있는데 '즌:자'도 그런 예 가운데 하나다.

46) '나오민'은 중앙어 '나오면서'에 대응하는 이 지역 방언형이다.

47) '이늠이'는 '이놈이'에 대응하는 이 지역 방언형이다. 주로 '이눔이'가 많이 쓰인다.

48) '조찬태능'은 중앙어 '좋지 않다고 하는'이 축약된 '좋잖다는'에 대응하는 이 지역 방언 음성형이다.

49) '아'는 '아이'의 준말인 '애'에 대응하는 이 지역 방언형이다.

50) '즈'는 중앙어에서, 앞에서 이미 말하였거나 나온 바 있는 사람을 도로 가리키는 삼인칭 재귀대명사인, '자기'의 관형사형 '자기의'나 3인칭 대명사 '저'의 관형사형 '저의'에 대응한다. 형태상으로나 음운론적으로 보면 장모음 '저'와 관련이 있을 가능성이 높다는 점에서 이 지역 방언의 3인칭 대명사 '저'의 관형사형 '저의'에서 유래되어 재구조화한 것이라고 할 수 있다. 이 지역 방언에서 3인칭 재귀대명사 '저희'를 '즈:'라고 하는 것과도 관련이 있다. 주 53) 참조.

51) 이때의 '애미'는 시아버지가 자기의 며느리를 남에게 이르는 말이다.

52) '금오공대'는 제보자가 '구미궁대(구미공대)'라고 한 것을 필자가 '금오공대'

로 착각하여 잘못 말한 것이다.

53) 여기에서의 '즈'는 앞에서 이미 말하였거나 나온 바 있는 사람들을 도로 가
리키는 삼인칭 재귀대명사 '저희'에 대응한다. '즈 식구'에서와 같이 앞에서
이미 말하였거나 나온 바 있는 사람을 도로 가리키는 삼인칭 재귀대명사 '자
기'의 관형사형 '자기의'나 3인칭 대명사 '저'의 관형사형 '저의'가 줄어든 '제'
에 대응하는 '즈'와는 의미상 차이가 있다.

54) '글루'는 중앙어 '그리로'에 대응하는 이 지역 방언형 '그리루'가 줄어든 말이
다.

55) '누무 거'는 중앙어 '놈의 것'에 대응하는 이 지역 방언형 '눔우 거'의 음성형
이다. '눔'은 주로 관형사형 어미 'ㄴ, 은, 는' 등 아래에서 관형격 조사 '의'에
해당하는 이 지역 방언형 '우'와 함께 쓰여 그 뒤에 나오는 말이 가리키는 대
상을 주로 비관적으로 이를 때 쓰는 말이다.

56) '이:'는 중앙어의 '이어(잇+어, 連)'에 대응하는 이 지역 방언형이다. 이 지역
방언에서는 어간이 모음 '이'로 끝나는 경우 연결어미 '-어'가 어간 말음절 모
음 '이'와 축약되어 탈락하는 특징이 있다. 이 경우 어미 '-어'가 탈락되는 대
신 보상적으로 장모음화하는 현상이 있는데 '이: 주다'도 이 경우에 해당한
다. 이와 궤를 같이 하는 예로 '메기어, 기어 간다, 이기어/이겨, 지었다/졌다
(作)' 등이 각각 '메기:, 기: 간다, 이기:, 기:' 등으로 실현되는 것을 예로 들 수
있다. 이러한 현상은 경상도 방언의 한 특징이기도 하다. 주 31), 61), 100),
180), 181), 182) 참조.

57) '은:애'는 중앙어 '연애(戀愛)'의 이 지역 방언 음성형이다. 충북 방언에서는
어두음절 모음 '어'가 장모음일 때 '거:지→그:지, 거:머리→그:머리, 어:른→
으런, 없:다→읎다, 설:움→슬:움' 등과 같이 '으'로 고모음화 하여 실현되는
경향이 있는데 이와 병행하여 어두음절의 모음 '여'가 장모음일 때 고모음화
하여 '으:'로 실현되는 경향이 있다. '연:애→은:애, 영:감→응:감, 연:적(硯
滴)→은:적, 여치→으:치' 등이 이와 같은 현상을 보이는 예들이다.

58) 이 지역 방언에서 '꽁지'는 중앙어의 '꽁지'와 '꼬랑지'를 아우르는 의미로 쓰
인다. '꽁지'는 '꽁지 빠진 수탉'과 같이 주로 새의 꽁무니에 붙은 깃을 의미
할 때 쓰이고 '꼬랑지'는 주로 포유동물의 꽁무니나 몸뚱이 뒤 끝에 조금 나
와 있는 부분을 의미할 때 쓰인다. '꼬랑지'는 '꼬리+앙지'로 분석할 수 있다.
'꼬리'는 새의 꽁무니에 붙은 깃을 의미하지는 않는다. 이런 점으로 볼 때 '꽁
지'를 '꼬랑지'의 의미로까지 확대해서 쓴다는 것은 '꽁지'의 의미역이 넓어진

것이라고 할 수 있다.

59) 이 지역 방언에서 '대가리'는 사람이나 동물의 머리를 속되게 이를 때 주로
   쓰는 말이다. 따라서 고사를 지내거나 산신제를 지낼 때는 '돼지 머리'라고
   하지 '돼지 대가리'라고는 하지 않는 것이 일반적이다. 예문에 쓰인 '대가리'
   는 속되게 이르는 의미는 없고 가치 중립적인 '머리'의 의미로 쓰였다. '대가
   리'의 의미역이 넓어진 결과라고 할 수 있다. 이런 경우에는 '돼지 대가리'가
   가치 중립적인 의미로 쓰이기도 한다.

60) 이 지역 방언에서 '틀리다'는 두 가지의 뜻으로 쓰인다. 하나는 중앙어와 마
   찬가지로 '셈이나 사실 따위가 맞지 않거나 어긋나다'의 뜻으로 쓰이는 것이
   고, 다른 하나는 '비교가 되는 두 대상이 서로 같지 않다'는 뜻, 즉 중앙어 '다
   르다'와 같은 뜻으로 쓰이는 것이다. 예문에서는 '틀리다'가 중앙어의 '다르
   다'와 같은 뜻으로 쓰였다.

61) 이 지역 방언형 '미기'는 중앙어 '먹이다'의 활용형 '먹이어'에 대응한다. 따
   라서 '미기'는 '믹이+어'의 축약형이라고 할 수 있다. 중앙어에서는 이런 경우
   '미겨'로 실현되는데 이 지역 방언에서는 어간 말음이 모음 '이'로 끝나는 경
   우 연결어미 '-어'가 어간 말음과 축약되어 탈락함으로써 표면에 나타나지 않
   는 대신 보상적으로 장음화하는 특징이 있다. '미기'도 이러한 예들 가운데
   하나다. 이러한 현상은 경상도 방언에서 흔히 나타나는 특징이다. 주 31),
   56), 100), 180), 181), 182) 참조.

62) '외국'의 어두음절 모음 '외'는 단모음 '외([Ö])'로 실현된다.

63) '됬다'의 어간 모음 '외'는 단모음 '외([Ö])'로 실현된다.

64) '느'는 중앙어 '너희'에 해당하는 이 지역 방언형이다.

65) '가영'은 '가용'의 이 지역 방언형이지만 사용되는 의미 영역에 차이가 있다.
   중앙어에서는 '가용(家用)'이 '집안 살림에 드는 비용'을 가리키지만 이 방언
   에서는 집안 살림에 드는 비용뿐만 아니라 일상생활을 하는데 드는 비용까
   지 포괄한다. 즉 '생활비'의 개념으로 쓰인다는 점에서 중앙어보다 의미역이
   넓다.

66) '궁까'는 '공과'를 잘못 발음한 일종의 개인어다. '궁까'는 '공학과'라는 의미
   로 쓰였다.

67) '마한' 다음에 '녀석'이나 '늠(놈)'이 오면 뒤에 오는 사람이나 대상에 대하여
   못마땅함을 나타내면서도 친근감이 배어 있는 표현이 된다. 주로 '마한 녀석'
   이나 '마한 놈'과 같은 구성으로 쓰인다. 형태상으로 보면 기본형을 '마하다'

나 '마핳다'로 삼을 수 있을 것이다. 그러나 예문에서와 같이 항상 '마한'의 꼴로만 쓰인다는 점에서 기본형을 밝히기가 어렵다. 어원적으로는 '망하다'의 활용형 '망한'에 기원하는 것으로 보이나 이것이 관형사 '마한'으로 재구조화한 것이라고 할 수 있다.

68) '되까 바'는 중앙어 '될까 봐'에 대응하는 이 지역 방언 음성형이다. 이 지역 방언에서는 어간에 어미 '-(으)ㄹ까'가 연결될 때 'ㄹ'을 탈락시키는 특징이 있다. 예문에 쓰인 '되까 바'를 비롯하여 '비가 오까 바(비가 올까 봐), 죽으까 바(죽을까 봐), 지키까 바(지킬까 봐), 나두 가까?(나도 갈까?)' 등이 그런 예에 해당한다.

69) '중신'은 결혼이 이루어지도록 중간에서 소개하는 일을 뜻하는 '중매(仲媒)'와 거의 같은 뜻으로 쓰이지만 합성어에서는 약간의 제약들이 있다. '중시애비'나 '중매결혼'은 되지만 '중매애비'나 '중신결혼'은 쓰이지 않는다.

70) '부짜너'는 '붓지 않아'의 이 지역 방언 음성형이다. 예문에서의 '부짜너(붓지 않아)'는 강조하기 위한 용법이어서 '붓는 등 다른 짓을 하더라도' 정도의 뜻을 갖는다.

71) '우트가느라구'는 중앙어의 '어떻게 하느라고'에 대응하는 이 지역 방언형 '우특하느라구'의 음성형이다. '우특하느라구'는 '우틀게 하느라구'가 줄어든 말로 이해된다. '우틀게'는 중앙어 '어떻게'에 대응하는 이 지역 방언형이다. '우트가느라구'는 '우틀게'가 탈락과 축약에 의해 '우특'이 되고 여기에 '하느라구'가 합성된 것으로 파악된다. 충청도 방언에서 '하다'가 말음으로 자음을 가진 선행형태소와 결합되면 '하다'의 'ㅎ'이 탈락되고 선행음절의 말음이 연음되어 발음되는 현상이 있는데 '우트가느라구'도 그러한 예 가운데 하나다. 이와 같은 예가 '떠가고 바바고(떡하고 밥하고), 모단다(못한다), 가마고 능그마고(감하고 능금하고)' 등에서도 관찰된다.

72) '만날'은 중앙어 '매일'의 뜻 외에 '늘, 항상' 또는 '계속해서'의 의미도 포함하고 있다. 주 128), 130) 참조.

73) '채말'은 '채단'과 '치마'를 동시에 생각하면서 잘못 발음한 것으로 보인다. '채단'을 말하려고 하면서 바로 앞에서 말한 '치마'를 동시에 떠올리면서 말할 때 생긴 발음 오류라고 할 수 있다.

74) '명:'은 무명실로 짠 천을 뜻한다. 따라서 '명: 두루매기'는 '명(=무명)으로 만든 두루마기' 즉 목화에서 실을 뽑아 짠 천으로 만든 두루마기를 뜻한다. 이 방언에서 '명 잣는다, 미영 잣는다'고 할 때의 '명'이나 '미영'은 '무명실'을 뜻

한다.

75) ‘국민학교’는 초등교육기관인 ‘초등학교’를 이전에 부르던 명칭이다. ‘초등학교’의 역사는 갑오개혁 이후 근대적 교육을 도입하는 과정에서 1894년 생긴 ‘소학교’에서부터 시작되었다. 1906년에는 ‘보통학교령’에 의해 ‘보통학교’로 명칭이 바뀌었고, 1941년에 ‘국민학교령’에 의해 ‘국민학교’로 변경되었다가 1996년부터 현재의 ‘초등학교’로 개칭하였다. 이에 따라 예전에 학교를 다닌 나이 많은 어른들은 아직도 ‘국민학교’라고 하는 경우가 많다.

76) ‘걸’은 의미상으로 보면 ‘그곳을’ 또는 ‘거기를’에 해당한다. 그런데 형태상으로 보면 ‘걸’은 ‘거길’이 줄어든 것이고 ‘거길’은 ‘거기를’이 줄어든 것이라고 할 수 있다.

77) ‘왼손쪽’은 ‘왼쪽’ 또는 ‘왼편’에 해당하는 이 지역 방언형이다. 따라서 ‘왼손 쪽’과 같이 띄어쓰기보다 ‘왼손쪽’과 같이 붙여 쓰는 것이 타당해 보인다.

78) 충청도에서는 ‘천’을 옷감이나 이불감 등으로 쓰려고 사는 것을 ‘끊는다’고 한다. ‘옷감’이나 ‘이불감’으로서의 ‘천’은 항상 ‘끊어온다’고 하고 사온다고 하지는 않는다.

79) ‘근’은 ‘그것은→그건→근’의 과정을 거친 것이다.

80) ‘명지’는 본래 명주실로 짠 천, 즉 누에고치에서 뽑은 가늘고 고운 실로 짠 천을 뜻한다. 그런데 제보자가 남자여서 그런지 목화에서 뽑은 실로 짠 천인 ‘무명’과 누에고치에서 뽑은 실로 짠 ‘명주’를 잘 구분하지 못하였다. 목화에서 뽑은 실로 짠 천을 ‘명’이라고도 하고 ‘명지’라고도 하였다. ‘명지’에 해당하는 중앙어는 ‘명주’인데 흔히 ‘비단’이라고 한다. 그런데 ‘명주실’이라고는 해도 ‘비단실’이라고는 하지 않는다는 점에서 합성어를 만드는 제약이 있다.

81) ‘갈다’는 ‘곡식의 씨앗을 뿌려 가꾸다’의 뜻으로 쓰이는 동사다. ‘갈다’가 쟁기로 논이나 밭을 간다는 뜻과 경작하다는 뜻을 가지는데 예문에서는 후자의 뜻으로 쓰였다.

82) ‘가망대이루’는 중앙어의 ‘가만히’ 또는 ‘몰래’ 정도의 뜻으로 쓰이는 이 지역 방언형이다.

83) 솜은 ‘튼다’고도 하고 ‘탄다’고도 한다. 하얗게 핀 목화를 따다가 씨아에 넣고 씨를 빼내면 솜이 되는데 이렇게 목화에서 씨를 뺀 솜을 고루 펴서 둥글게 말아놓는 것을 ‘솜 튼다’고 하고 목화에서 씨를 빼낸 솜이나 납작하게 눌린 솜을 활줄로 튀기어 퍼지게 하는 것을 ‘솜 탄다’고 한다. 이 지역에서는 대체로 솜 타는 것과 솜 트는 것을 구별하지 못한다. 목화를 씨아로 틀어서

씨를 빼내고 활줄로 튀기어 퍼지게 하는 것을 솜 탄다고도 하고 솜 튼다고
도 한다. 그러나 '한솜 틀었다'고는 해도 '한솜 탔다'고는 하지 않는다는 점에
서 관용적인 차이가 있다는 것을 알 수 있다.

84) '쐐기'는 본래 목화의 씨를 빼는 '씨아'의 부품으로서 가락과 장가락이 마주
붙어 돌아가도록 밑에서 받치는 나무를 가리킨다. 그런데 충청도 방언에서
는 '쐐기'가 예문에서와 같이 주로 '씨아' 전체를 가리키는 말로 쓰인다. 충북
방언에서는 일반적으로 '쐐기'를 '씨아'와 혼동하여 쓰고 있다. 충청도 방언에
서는 '쐐기' 외에 '쐭, 쌔기' 등의 방언형도 쓰인다. 주 108) 참조.

85) '쐐기를 트는' 것이 아니고 '솜을 트는' 것이다. 씨아에 목화를 넣고 씨를 빼
내어 솜으로 쓸 수 있게 둥글게 말아 놓는 것을 '튼다'고 한다. 주 83) 참조.

86) '싸자녀'는 '짜잖어'를 잘못 발음한 것이다.

87) '물딜구'는 이 지역 방언 '물디리구'를 잘못 발음한 거이다.

88) '껍띠기'는 중앙어 '껍데기'에 대응하는 이 지역 방언형이다. 예문에서의 '껍
띠기'는 이불이나 베개 따위의 알맹이를 빼내고 겉에 남은 홑겹으로 된 천을
가리키는 '홑청'의 의미로 쓰였다. 이 지역 방언에서는 '껍질'과 '껍데기'를 구
별하지 않고 '껍띠기'를 사용한다.

89) '지치다'는 중앙어 '시치다'에 대응하는 이 지역 방언이다. '지치다'는 바느질
을 할 때 겹친 헝겊을 듬성듬성 꿰매서 바느질할 부분이 어긋나거나 비뚤어
지지 않도록 고정시키는 바느질 방법을 이르는 말이다.

90) '화서'는 '호다'의 활용형이다. '호+아서'로 분석된다. '호다'는 헝겊을 겹쳐서
바늘땀을 성기게 꿰매는 것으로 '혼다, 호구, 호지, 화서, 화라, 홨다'와 같이
활용한다.

91) '누부'는 중앙어 '누비'에 대응하는 이 지역 방언형이다. '누비'는 중앙어에서
두 겹의 천 사이에 솜을 넣고 줄이 죽죽 지게 박는 바느질이나 또는 그렇게
만든 물건을 뜻하지만 이 방언에서는 솜을 넣지 않고 줄이 죽죽 지게 박은
것도 포함하여 '누부'라고 한다. 충청도 방언에서는 '누부'와 '누비'가 다 쓰인
다.

92) '우트개'는 중앙어 '어떻게' 또는 '어찌'에 대응하는 이 지역 방언형이다. 형
태상으로 보면 '어떻다'의 활용형 '어떻게'와 더 관련이 있어 보이지만 문맥으
로 볼 때 '어떠한 이유'나 '어떤 방법으로' 정도의 의미로 쓰인다는 점에서 중
앙어 '어찌'와 더 가깝다. '우트개'가 '우트개/우트캐, 우트쿠, 우트치'와 같이
활용한다는 점에서 기본형을 '우틓다'로 볼 수 있다. 그런데 '우티여, 우트니'

로는 활용되지 않는다. 이와 같은 뜻으로 쓰이는 충청도 방언으로 '우뜨캐/
우떠캐, 우뜨쿠/우떠쿠, 우뜨치/우떠치, 우띠여, 우뜨니/우떠니'와 같이 활용
하는 '우뚷다/우떻다'와 '어뜨캐, 어뜨쿠, 어뜨치, 어띠여, 어떠니, 어뜬대'와
같이 활용하는 '어뚷다'가 쓰인다.

93) '귀'는 단모음(單母音) '귀([kü])'로 발음한다.

94) '또까짠치'는 '똑같잖지'의 음성형이다. '똑같잖지'는 '똑같지 않지'가 줄어든
말이다.

95) '걸'은 '그것을→그걸→걸'의 과정을 거친 것이다.

96) '근'은 '그것은→그건→건'의 과정을 거친 것이다.

97) 이 지역 방언에서 '퇴침'은 목침을 천으로 싸서 벨 때 머리가 아프지 않도록
만든 것을 뜻한다는 점에서 중앙어의 '퇴침'과는 약간 다르다. 중앙어에서는
서랍이 있는 목침을 '퇴침'이라고 한다. 속에는 빗과 같은 화장 도구를 넣을
수 있으며 거울을 붙여 만들기도 한다. 충북 지역에서는 직육면체의 사각기
둥을 토막으로 잘라 만든 것을 '목침'이라고 하고 그것을 베갯잇으로 싼 것
을 '퇴침'이라고 하는 지역도 있고, 송판을 잘라 직육면체로 짜서 속이 비게
만든 것을 '목침'이라고 하고 그것을 베갯잇으로 싼 것을 '퇴침'이라고 하는
지역이 있다. 이 지역 방언에서는 송판으로 짜 만든 것을 '목침'이라고 하고
그것을 베갯잇으로 싼 것을 '퇴침'이라고 한다. 방언형으로 '목침' 대신 '토막'
을 쓰는 지역에서는 직육면체의 사각 기둥을 잘라 만든 것을 '토막'이라고
하고 이것을 베갯잇으로 싼 것을 '퇴침'이라고 부르기도 한다.

98) '하꼬'는 '상자(箱子)'의 일본말 발음이다.

99) '성판'은 중앙어의 '송판'에 대응하는 이 지역 방언형이다. 충청도 방언으로
'성판' 외에 '송판과 '늘'을 쓰기도 한다. '늘'은 '널(板)'의 방언형으로도 쓰인
다.

100) '비:'는 중앙어 '비다(空)'의 활용형 '비어(비+어)'의 축약형이다. 이 지역 방언
에서는 어간말 모음 '이'로 끝날 경우 연결어미 '-어'가 결합되면 어간말모음
'이'와 축약되면서 어미 '-어'가 탈락하는 특징이 있는데 예문에 쓰인 '비다
(空)'도 그런 예 가운데 하나다. '띠다(分離), 기다(匍), 이다(戴), 치다(차에),
잇다(連), 믹이다(먹이다)' 등이 그런 예들에 속한다. 따라서 이 지역 방언에
서는 이들 단어에 연결어미 '-어'가 결합되면 각각 '띠:, 기:, 이:, 치:, 이:, 믹
이:' 등과 같이 활용한다. 주 31), 56), 61), 158), 180), 181), 182) 참조.

101) '씨원'은 '씨우다'의 활용형 '씨운'을 잘못 발음한 것이다. '씨원'은 '씨웠다'에

이끌려 발음 오류를 보인 것이라고 할 수 있다.

102) ‘야물개’는 ‘야물다’의 활용형이다. ‘야물다’는 ‘단단하다’나 ‘딱딱하다’ 정도의 의미를 가진 이 지역 방언으로 ‘야물다, 야물구, 야물지, 야물어’와 같이 활용한다. 충청도 방언에서 ‘나무가 말러서 야물어졌다, 밤이 야물어서 못 먹겠다, 호두가 야물어서 못 깨 먹겠다’와 같이 쓰인다. 이와 같이 ‘야물다’는 밤이나 개암, 호두 등과 같이 표면이 단단하거나 알이나 껍데기가 단단한 것을 나타낼 때 쓰는 말이다. ‘일 처리나 언행이 옹골차고 야무지다’는 뜻을 가진 중앙어의 ‘야물다’와는 의미상 차이가 있다. 중앙어의 ‘야물다’에 대응하는 충청도 방언으로 ‘야무락지다’나 ‘야무지다’가 쓰인다.

103) ‘마구리’는 베개 따위의 길쭉한 물건의 양쪽 끝에 대거나 양쪽 끝을 막아 마무리하는 물건을 통칭하는 말이다. 베개에 쓰이면 ‘베갯마구리’라고 하고 퇴침에 쓰이면 ‘퇴침마구리’라고 한다.

104) 맷돌로 메밀 껍질을 벗기는 일을 ‘메밀 탄다’고 한다. 맷돌로 ‘메일’ 껍질을 벗기거나 ‘콩’을 쪼개거나 엉글게 부수는 것은 ‘탄다’고 하고 잘게 으깨는 것을 ‘간다’고 한다.

105) 본래 ‘황사(黃紗)’는 빛깔이 누런 비단을 뜻하는 말이지만 여기에서는 그물같이 성기게 짠 비단을 뜻하는 ‘망사(網紗)’의 뜻으로 쓰였다. 제보자가 황사와 망사를 명확하게 구별하지 못하기 때문에 생긴 오류로 보인다.

106) ‘양금(兩衾)’은 신랑과 신부가 덮는 두 벌의 이부자리를 뜻한다. 제보자의 설명에 따르면 예전에는 일반 서민들이 결혼할 때 혼수 이불로 양금을 하면 혼수를 잘 장만한 것이라고 한다.

107) ‘가망쩌래’는 중앙어 ‘몰래’에 대응하는 말이다. 이와 비슷한 말로 이 지역 방언에서 ‘가망동으루’와 ‘가망대이루’가 쓰인다. 주 110), 113), 132) 참조.

108) ‘쐐기’는 중앙어 ‘씨아’에 대응된다. ‘씨아’는 목화의 씨를 빼는 기구로 토막 나무에 두 개의 기둥을 박고 그 사이에 둥근 나무 두 개를 끼워 손잡이를 돌리면 톱니처럼 마주 돌아가면서 목화의 씨가 빠지게 되어 있다. ‘쐐기’는 본래 씨아의 부품 가운데 하나로 가락과 장가락이 마주 붙어 돌아가도록 밑에서 받치는 나무인데 이 지역에서는 이것을 ‘씨아’와 구별하지 못한 데서 비롯된 것으로 보인다. 충청도 방언에서는 ‘씨아’의 뜻으로 ‘쐐기’ 외에 ‘쐑, 쌔기’도 쓰이고 ‘씨아’도 쓰인다. 이때는 ‘씨아루 모카씨럴 아섰다(씨아로 목화씨를 뺐다)’와 같이 쓴다.

109) ‘틀다’는 씨아로 목화의 씨를 빼낸 솜을 솜틀에 넣고 활줄로 튀겨서 솜이 퍼

지게 하여 둥글게 말아 놓는 것을 뜻한다. 이 방언에서는 솜을 '타는' 것과 '트는' 것을 통틀어 '튼다'고 하기도 한다. 이에 비해 솜을 '탄다'고 하면 눌리 거나 뭉친 솜을 활줄로 튀기어 퍼지게 하여 둥글게 말아 놓는 것을 뜻한다. 일반적으로 솜을 타서 틀어 놓기 때문에 '솜을 탄다'고 하거나 '솜을 튼다'고 하면 솜을 타서 트는 것까지를 포괄하는 의미로 쓰이는 것이 보통이다.

110) '가망동으루'는 중앙어 '남몰래' 또는 '조용히'나 '가만히' 정도의 뜻을 가지는 이 지역 방언형이다. 이 지역 방언에서 이와 비슷한 뜻과 용법으로 쓰이는 말로 '가망대이루'와 '가망쩌래'가 있다. 주 107), 113), 132) 참조.

111) '미영'은 중앙어 '명주'에 대응하는 이 지역 방언이다.

112) '종조할아부지'는 중앙어 '증조할아버지'를 가리키는 말로 제보자의 개인어 로 보인다. 주제보자인 어영소 할아버지는 '증조할아버지'와 '종조할아버지' 를 혼동하고 쓰고 있었다.

113) '가망대이루'는 중앙어 '남몰래' 또는 '조용히' 정도의 뜻을 가지는 이 지역 방언형이다. 이 방언에서 '가망대이루' 외에 '가망동으루'와 '가망쩌래'가 수의 적으로 쓰인다. 주 107), 110), 132) 참조.

114) 예문에서의 '동정'은 이불의 위쪽에 덧대는 천을 뜻하는 '이불깃'을 가리킨다.

115) '상가'는 중앙어 '아직'에 대응하는 이 지역 방언형이다. 어떤 일이나 상태가 현재 시점에서 끝나지 않고 지속되고 있음을 나타내는 '아직' 또는 '아직까지' 의 뜻으로 쓰이는 말이다. 이 지역에서는 '상가' 외에 '상구'도 쓰인다.

116) '나두떠이만'은 중앙어 '놔두었더니만'에 해당하는 이 지역 방언형이다. 이 지역 방언에서 '나두다'는 중앙어 '놔두다'에 대응하는 말로 주로 '어떤 곳에 두다'의 의미로 쓰인다. 손에 들었던 것을 어떤 곳에 놓아둔다는 의미로도 쓰이지만 대체로 '두다'의 의미인 '일정한 곳에 놓다'의 뜻으로 쓰이는 것이 보통이다.

117) '우멍핸지'는 '우멍해다'의 활용형으로 중앙어 '의뭉하다'의 활용형 '의뭉한지' 에 대응하는 말이다. 겉으로는 어리석은 것처럼 보이면서 속으로는 실속을 차리는 엉큼함이 있다는 뜻으로 쓰이는 이 지역 방언이다.

118) '모항 건'은 중앙어의 '뭣한 것은'에 대응하는 이 지역 방언형으로 '무엇한 것 은→뭣한 것은→뭐한 것은→모한 거는→모한 건'의 과정을 거친 것으로 이 해된다. 중앙어에서의 '뭣하다'는 '무엇하다'가 줄어든 말로 언짢은 느낌을 알 맞게 형용하기 어렵거나 그것을 표현할 말이 생각나지 않을 때 암시적으로 둘러서 쓰는 말로 주로 '거북하다', '곤란하다', '난처하다', '딱하다', '미안하다',

‘싫다’ 따위의 느낌을 나타낼 때 쓰인다. 이 방언에서도 ‘내가 말하기는 줌 모
하지만…’과 같이 쓸 때는 중앙어와 같은 기능과 의미를 가지지만 예문에서
는 ‘모하다’가 ‘쓸만하다’ 또는 ‘괜찮다’ 정도의 뜻으로 쓰인 것이다.

119) 이때의 ‘나두다’는 ‘건드리지 않고 그대로 두다’의 뜻으로 쓰인 것이다.

120) 여기서의 ‘도장’은 ‘낙관’을 가리킨다. 제보자가 ‘낙관(落款)’이라는 말을 몰라
서 ‘도장’이라고 한 것이다.

121) ‘하문’은 ‘한문’을 잘못 발음한 것이다.

122) ‘케비에쓰’는 ‘KBS 방송국’을 뜻한다. 일종의 개인어라고 할 수 있다.

123) ‘여부개’는 중앙어 ‘여북하다’에 대응하는 이 지역 방언 ‘여북해다’의 활용형
이다. 안타까운 마음을 나타낼 때에 쓰이며 ‘오죽하면’ 정도의 뜻으로 쓰이는
말이다.

124) ‘머시끼’는 사람이나 사물의 이름이 얼른 생각나지 않을 때나 하려는 말이
얼른 생각나지 않거나 바로 말하기가 거북할 때 쓰는 말이다. 중앙어의 ‘거
시기’와 거의 비슷하지만 얼마간의 차이가 있다. ‘머시끼’는 사람이나 사물의
이름이 얼른 생각이 나지 않아 상대방에게 물어 해결하려는 의미를 내포하
고 있다는 점에서 단순히 이름이 얼른 생각나지 않거나 바로 말하기 곤란한
사람 또는 사물을 가리키는 중앙어의 ‘거시기’와 차이가 있다. 이 방언에서는
‘머시끼’와 비슷하게 쓰이지만 얼마간의 차이를 보이는 말로 ‘거시끼’가 쓰인
다. ‘머시끼’가 의문의 기능을 가진다면 ‘거시끼’는 지시적인 기능이 있다는
점에서 다르다. 예컨대 ‘가 이름이 머시끼지?’나 ‘그기 머시끼더라’라고 하면
각각 ‘그 아이 이름이 무엇인지 대답해 달라’거나 ‘그것이 무엇인지 생각이
안 난다’는 의미기능이 있어 ‘그 아이 이름이 무엇이지?’나 ‘그것이 뭐더라’로
바꾸어 쓸 수 있지만 ‘가 이름이 거시끼지?’나 ‘그기 거시끼더라’라고 하면 각
각 ‘그 아이 이름이 지금 바로 생각나지는 않지만 청자인 상대방도 아는 어
떤 사람이지 않느냐’나 ‘그것 이름이 지금은 바로 생각나지 않지만 금방 생
각하여 확인해줄 수 있다는 의미기능이 있다는 점에서 차이를 보인다. 주 4)
참조.

125) ‘기게틀’은 ‘기계틀’의 음성형이다. 중앙어에서 ‘기계틀’은 기계를 고정시키기
위해 받치는 틀을 가리키지만 이 지역 방언에서는 밀가루 반죽을 눌러 국수
가닥을 빼는 틀(기계), 즉 ‘국수틀’을 가리키는 말로 쓰인다. ‘기계틀’은 ‘기계+
틀’로 분석되어 ‘기계로 된 국수틀’로 해석할 수 있다.

126) ‘잔치국쑤’는 ‘잔칫국수’의 이 지역 방언 ‘잔치국수’의 음성형이다. 잔치 때

해먹는 국수를 가리키는 말인데 국수틀로 밀가루 반죽을 눌러서 국수 가닥을 가늘고 길게 뺀 모양의 국수를 가리킨다. 국수 가닥의 단면은 주로 둥근 모양이다.

127) '능금'은 본래 사과와 비슷하지만 사과보다 조금 작으며 새큼한 맛이 나는 과일을 가리키는 것이었는데 지금은 사과를 가리키는 말로도 쓰이고 있다.

128) '만날'은 '때에 따라 달라짐이 없이 항상'의 뜻으로 쓰인다는 점에서 의미상 '언제나'에 가깝고 '매일같이 계속하여'의 뜻을 가진 중앙어의 '만날'과는 의미상 약간의 차이가 있다. 주 72), 130) 참조.

129) '술조사'는 '허가 없이 담근 술을 조사하는 일' 또는 '허가 없이 담근 술을 조사하는 사람'을 뜻하는 말로 '술+조사'로 분석할 수 있다. '술조사'는 식량이 부족했던 시기인 일제 강점기 때부터 1980년대 초까지 식량 확보 차원에서 술을 담그지 못하게 하고 불시에 가정을 방문하여 술을 담갔는지를 조사한 데에서 유래한 말이다. 술을 담글 때 원료가 되는 곡식을 사용하지 못하도록 하기 위한 과정에서 생겨난 말이다. 이렇게 술을 담갔는지 조사하는 사람도 '술조사'라고 하였다.

130) '맨날'은 '때에 따라 달라짐이 없이 항상'의 뜻으로 쓰인다는 점에서 의미상 '언제나'에 가깝고 '매일같이 계속하여'의 뜻을 가진 중앙어의 '만날'과는 의미상 약간의 차이가 있다. 이 지역에서는 '맨날' 외에 '만날'도 쓰인다. '만날'이 '맨날'보다 더 보수적인 형태로 이해된다. 주 72), 128) 참조.

131) '도가'는 본래 '도매상'을 뜻하지만 이 지역 방언에서는 술을 담가 술을 만들어내고 만들 술을 도매하는 집을 포괄하는 의미로 쓰인다. 예문에서의 도가는 막거리를 담가서 도매하는 집을 의미한다. 충청도 방언에서 '도가' 외에 '술도가'라고도 한다.

132) '가망대이루'는 중앙어 '남몰래' 또는 '조용히'나 '가만히' 정도에 해당하는 이 지역 방언형이다. 이 지역 방언에서 이와 비슷한 뜻과 용법으로 쓰이는 말로 '가망동으루'와 '가망쩌래'가 있다. 주 107), 110), 113) 참조.

133) '제끼'는 '음식을 차려 남을 대접하는 일'을 뜻하는 중앙어 '겪이'에 대응하는 이 지역 방언형다.

134) '귀하다'의 '귀'는 단모음 '위([ü])'로 발음된다.

135) '실꼬치'는 실같이 가늘게 썬 고추를 뜻하는 중앙어 '실고추'에 대응하는 이 지역 방언형이다. 가늘게 썬 고추는 국수나 떡국 위에 얹어 모양을 내기도 한다. 이 지역 방언에서는 '고치'와 '고추'를 구별하지 않고 쓰는 경향이 있다.

‘실꼬치’ 외에 ‘실꼬추’가 쓰이고 중앙어의 ‘누에고치’는 ‘누에꼬추’라고도 하고
그냥 ‘고추’라고 하기도 한다.

136) 이 지역 방언에서는 ‘꾸미’와 ‘고명’을 구별하지 않고 ‘꾸미’라고 한다. 중앙
어에서는 음식의 모양과 빛깔을 돋보이게 하고 음식의 맛을 더하기 위하여
음식 위에 얹거나 뿌리는 것을 통틀어 이르는 말을 ‘고명’이라고 하는데 이
방언에서는 ‘꾸미’라고 한다. 반면에 국이나 찌개에 넣는 고기붙이를 뜻하는
중앙어 ‘꾸미’와 같은 뜻으로는 ‘고기꾸미’가 쓰인다. 예문에 쓰인 ‘꾸미’는 음
식의 모양과 빛깔을 돋보이게 하고 음식의 맛을 더하기 위하여 음식 위에
얹거나 뿌리는 것을 통틀어 이르는 중앙어 ‘고명’의 뜻으로 쓰였다. 따라서
이 지역 방언에서는 버섯, 실고추, 대추, 밤, 파 따위를 썰어서 음식 위에 얹
는 것도 ‘꾸미’라고 한다.

137) ‘눌르뜽 그래’는 중앙어의 ‘눌렀더군 그래’에 해당하는 이 지역 방언형이다.

138) ‘후라이’는 외래어 ‘프라이(fry)’의 이 지역 방언형이다. 기름에 지지거나 튀
긴 음식을 가리키는 말로 ‘부침’, ‘튀김’으로 순화하였다. 이 지역 방언에서는
주로 기름을 두르고 달걀을 부친 것을 가리키는 말로 쓰인다.

139) 이 방언에서는 ‘목이버섯’을 ‘석이버섯’이라고 한다. 군생하는 버섯 가운데
하나로 색깔은 검은 갈색이고 모양은 사람의 귀와 비슷하며 마르지 않았을
때는 미끌미끌하다. 잡채 따위의 중화요리에 많이 쓰이고 한방에서는 약재
로 쓰기도 한다. 가을에 뽕나무나 말오줌나무의 죽은 줄기나 가지에서 많이
나며 세계 각지에 분포한다. 충북의 일부 지역에서는 ‘후루래기’라고도 한다.

140) ‘튀해먼’은 ‘튀해다’의 활용형으로 중앙어 ‘튀하다’의 활용형 ‘튀하면’에 대응
하는 이 지역 방언형이다. ‘튀하다’는 닭이나 새와 같이 깃털을 가진 날짐승
이나 잡은 돼지 따위를 뜨거운 물에 잠깐 넣었다가 꺼내거나 뜨거운 물을
끼얹어 털을 뽑는 것을 뜻하는 말이다. 〈표준국어대사전〉에는 ‘물에 잠깐 넣
었다가 꺼내는 것’으로 기술하고 있으나 반드시 뜨거운 물이어야 하고 목적
은 털이나 깃털이 잘 뽑히게 하려는 것이기 때문에 속살이 익을 정도로 너
무 오랫동안 뜨거운 물에 넣으면 안 된다. 보통은 끓는 물을 고루 끼얹으면
서 털이나 깃털을 뽑는다.

141) ‘족또리’는 ‘족두리’의 이 지역 방언형이다.

142) ‘낭자’는 여자의 예장(禮裝)에 쓰는 딴머리의 하나로 쪽을 찐 머리 위에 덧
대어 얹고 긴 비녀를 꽂는 머리를 가리킨다.

143) ‘명지초마’는 ‘무명치마’의 이 지역 방언형 ‘미영초마’ 또는 ‘미영치마’를 잘못

말한 것이다.

144) '명지조고리'는 '무명저고리'의 이 지역 방언형 '미영조고리' 또는 '미영저고리'를 잘못 말한 것이다.

145) 이 지역 방언에서 '꼴뚜선'은 '빨간색'을 뜻한다. 따라서 '꼴뚜선처마'는 빨간색 치마를 가리킨다. 이 지역에서 '꼴뚜선' 외에 '꼴뚜산'이라고도 하는데 '꼴뚜선처마'나 '꼴뚜선조고리'와 같이 합성어로만 쓰인다. 주 146) 참조.

146) 이 지역 방언에서 '꼴뚜산'은 '빨간색'을 뜻한다. 이 지역에서는 '꼴뚜산' 외에 '꼴뚜선'이라고도 발음하는데 '꼴뚜선처마'나 '꼴뚜선조고리'와 같이 합성어로만 쓰인다. 주 145) 참조.

147) '용떡'은 신랑과 신부가 잘 살라는 뜻으로 절편을 용 모양으로 만들어 전통 혼례식을 할 때 대례청의 상 위 양쪽에 나란히 올려 놓는 떡을 가리킨다. 이 떡으로 나중에 떡국을 끓여 먹기도 한다. '용떡'을 다른 지역에서는 사람 모양으로 만들어 놓기도 한다. 예컨대, 제천 지역에서는 절편으로 용 모양의 떡을 만들어 혼례청에 올려놓는다고 한다. 그런데 충주 지역에서는 쌀을 빻아 반죽을 해서 흰떡과 같이 해서 커다랗게 사람 얼굴 형상을 만들고 여기에 밤이나 대추를 찔러 넣어 눈, 코, 입 모양을 내고 식기에 담아 초례상 위에 올려놓는다고 한다.

148) '지쌍'은 '제상(제사상)'의 이 지역 방언형 '지상(祭床)'의 음성형이다. 예문의 '지쌍'은 '초례상' 또는 '혼례상'이라고 해야 하는데 이들 어휘를 몰라 잘못 말한 것이다. 이 지역 방언화자들이 '초례상' 또는 '혼례상'을 흔히 '제상'이라고 잘못 사용하는 것은 혼례상이나 초례상이 제청(祭廳)의 '제상(祭床)'과 모양과 기능이 비슷한데서 연유한 것으로 보인다.

149) '기'는 중앙어 '것'에 대응하는 의존명사다.

150) '그기'는 중앙어 '그것이'에 대응하는 이 지역 방언형이다.

151) '대래청'은 중앙어 '대례청'의 이 지역 방언 음성형이다. '대레+청'으로 분석되며 대례(大禮)를 치르는 장소를 뜻한다. 중앙어의 '초례청(醮禮廳)'에 해당하는 말로 전통 혼례를 치르는 장소를 뜻한다. 이 방언에서는 '대례'와 '초례'를 구별하지 못하고 서로 혼용하여 쓴다. 보조제보자는 '대리청'이라고 발음하였다.

152) '이배'는 두 번 절한다는 뜻의 한자 '二拜'를 음으로 나타낸 말로 보통은 '재배(再拜)'라고 한다.

153) '핼람'은 중앙어 '하려면'에 대응하는 이 지역 방언형이다. '핼람'은 '핼라먼'

또는 '핼라믄'의 축약 형태로서 이 지역 방언에서 '핼라먼', '핼라믄'으로 나타나기도 한다.

154) '핼라'는 중앙어 '하려'에 대응하는 이 지역 방언형이다. 이를 통하여 의도를 나타내는 이 지역 방언 어미가 '-ㄹ라'임을 알 수 있다. 예를 들면 '먹을라 그랜다', '잡을라 그랜다', '갈라 그랜다' 등과 같이 쓰인다.

155) '구람'은 중앙어 '굴밤'에 대응하는 이 지역 방언형이다. '구람'은 도토리의 일종으로 상수리나무의 열매를 가리킨다. 모양은 둥글게 생겼다. 흔히 '굴밤' 또는 '꿀밤'이라고도 한다.

156) '그눔새끼더리'는 '그눔+새끼+덜+이'로 분석된다. 의미상으로 보면 '그놈의 새끼들이'가 되어 '그눔'과 '새끼'를 띄어 써야하지만 '그놈들이'를 욕으로 하는 이 지역 방언이므로 합성어로 보아 하나의 단어로 처리하는 것이 좋을 것이다.

157) '다러'의 '달어'의 음성형으로 기본형은 '달다'다. '달다, 달지, 달구, 달어'와 같이 활용한다. 신랑과 신부가 결혼식을 마치고 신부집에 가면 첫날 저녁에 신부 동네의 청장년들이 새신랑을 거꾸로 매달아 놓고 빨랫방망이 따위로 발바닥을 때려 가며 '술을 내 와라, 안주를 가져와라, 떡을 가져와라, 술이 부족하다, 안주가 부족하다'는 등 필요한 것을 요구하며 신부 집에서 얻어고 장난치면서 노는데 이런 풍습을 '신랑 단다' 또는 '신랑 다러 먹는다'고 한다. 충북 지역에서는 '신랑 단다' 외에 '신랑 다룬다'와 '신랑 달군다'와 같이 쓰기도 한다. '다루다'는 '다루지, 다루구, 다뤄'와 같이 할용하고 '달구다'는 '달구지, 달구구, 달궈'와 같이 활용한다.

158) '달리'는 '달다'의 피동사 '달리다'의 활용형 '달리어'의 이 지역 방언형이다. 이 방언에서는 어간 말음이 모음 '이'로 끝나면 연결어미 '-어'가 어간말모음 '이'와 축약되면서 어미 '-어'가 탈락하는 특징이 있다. 주 31), 56), 61), 100), 181), 182) 참조.

159) 〈표준국어대사전〉에는 '참바'가 삼이나 짚으로 세 가닥을 지어 굵다랗게 드린 줄을 가리키는 것으로 풀이되어 있으나 이 지역 방언을 비롯한 충북 지역 방언에서는 삼으로 드린 튼튼한 줄만을 '참바'라고 하고 짚으로 드린 줄은 '바'라고 한다.

160) '니미'는 중앙어 '네미'에 해당하는 말로 어떤 일에 대하여 못 마땅할 때 욕으로 하는 말이다. 이 지역 방언에서 '니미' 외에 '니기', '네미', '네기'도 쓰이는데 '니미'나 '네미'는 욕으로도 쓰인다. '네기'는 이 지역 방언에서 화자의

느낌이나 놀람을 나타내는 감투사로 쓰이는 말이다. 때로는 몹시 못마땅하여 욕으로 쓰이기도 하는데 이런 경우는 중앙어의 ‘제기’ 내지 ‘제기랄’과 같이 뒤에 부정적인 말이 쓰인다. 주 212) 참조.

161) ‘지라럴 뻐드민선’은 ‘지랄을 뻗으면서’의 음성형이다. 마구 법석을 떨며 분별없이 하는 행동을 속되게 이르는 말이다.

162) ‘딴’은 ‘다른’을 뜻하는 관형사다. 그런데 중국 연변이나 함경도 육진 방언에서는 ‘한국말은 여기 말하고 따요’와 같이 ‘다르다’의 뜻으로 ‘따다’가 쓰인다. 중앙어의 관형사 ‘딴’이 함경도 방언 ‘따다’의 관형사형과 같다는 점에서 ‘딴’은 ‘따다’의 관형사형이 재어휘화하여 관형사로 굳어진 것으로 이해된다.

163) ‘드루워서’는 중앙어 ‘더러워서’에 대응하는 이 지역 방언형이다. ‘더럽다’의 어두음절이 장모음으로 실현되어 고모음화한 것이다.

164) ‘맘·부기는’은 ‘만복이는’의 방언 음성형이다. ‘만복’이는 사람 이름이다. 따라서 ‘만복+이는’으로 분석할 수 있다.

165) ‘중전’은 충북 제천시 신월동의 자연 마을 가운데 하나다.

166) ‘연초때’는 ‘연촛대’의 음성형이다. 연촛대는 상여를 멜 때 여럿이 메기 위해 상두꾼 사이사이에 가로 질러 넣는 긴 나무토막을 가리킨다. 긴 천으로 상여의 양쪽 맨 앞부분의 가로막대와 뒷부분의 가로막대를 두 가닥이 되게 매어 상두꾼이 이 천을 어깨에 멜 수 있도록 앞사람과 뒷사람 사이사이에 가로지른 막대기를 ‘연촛대’라고 한다. 양쪽에 연촛대 하나씩을 추가하면 한 쪽에 두 사람씩 네 사람이 더 멜 수 있다. 주 263) 참조.

167) ‘연토때’는 ‘연촛대’를 잘못 발음한 것이다.

168) ‘뉘미’는 중앙어 ‘논(者)+이’에 대응하는 ‘늼+이’로 분석할 수 있다. ‘늼’은 ‘놈’의 이 지역 방언형 ‘눔’의 움라우트형이다.

169) 예문에 쓰인 ‘살림살이’는 숟가락, 밥그릇, 이불 따위의 집안 살림에 쓰는 온갖 물건, 즉 세간을 뜻한다. 이 지역 방언에서는 ‘살림살이’가 ‘세간’의 뜻 외에 ‘살림살이가 나아 졌다’에서와 같이 ‘생활형편’의 뜻으로도 쓰인다.

170) ‘되다’의 어간 ‘되-’의 모음은 단모음 ‘외([ö])’로 발음된다.

171) ‘가’는 중앙어 ‘그 아이’가 줄어든 ‘그애’ 또는 ‘걔’에 대응하는 이 지역 방언형이다. ‘이 아이’가 줄어든 ‘이애’ 또는 ‘얘’에 대응하는 이 지역 방언형은 ‘야이고 ‘저 아이’가 줄어든 ‘저애’ 또는 ‘쟤’에 대응하는 이 지역 방언형은 ‘자’다. ‘가, 자, 야는 각각 ‘그 아(그 아이), 저 아(저 아이), 이 아(이 아이)’의 축약형이다. 충청도 방언에서는 ‘가, 자, 야와 평행하게 ‘가, 재, 애’도 쓰인다. 주

42) 참조.

172) '대 태'는 '댓 해'의 이 지역 방언 음성형으로 '다섯 해 정도' 또는 '5 년 정도' 를 뜻한다.

173) '스이'는 '셋'의 이 지역 방언형이다. 이 지역에서는 '스이'와 함께 '서이'와 '싯', '셋'도 쓰인다. '스이'에 대응하는 관형사로 '스'와 '서'가 쓰이는데 주로 '푼, 돈, 양, 근, 관'과 같은 무게를 나타내는 단위성 의존명사나 '홉, 되, 말, 가마니'와 같은 분량을 나타내는 단위성 의존명사와 함께 쓰인다. 주 174) 참조.

174) '느이'는 '넷'의 이 지역 방언형이다. 이 지역에서는 '느이'와 함께 '너이'와 '닛', '넷'도 쓰인다. '느이'에 대응하는 관형사로 '느'와 '너'가 쓰이는데 주로 '푼, 돈, 양, 근, 관'과 같은 무게를 나타내는 단위성 의존명사나 '홉, 되, 말, 가마니'와 같은 분량을 나타내는 단위성 의존명사와 함께 쓰인다. 주 173) 참조.

175) '멘녀'는 중앙어 '몇이야'에 대응하는 '몇이여'를 잘못 발음한 것이다.

176) '닛'은 '넷'의 이 지역 방언형이다. '닛'과 함께 '느이'와 '너이', '넷'도 쓰인다. 주 173), 174) 참조.

177) '울구다'는 어떤 사물을 액체에 담가 맛이나 빛깔 따위의 성질이 액체 속으로 빠져 나오게 하다의 뜻을 가진 중앙어 '우리다'의 이 지역 방언형이다. '울구다가서는'은 일차적으로 '울구+가서는'으로 분석할 수 있다. '-다가서는'은 다시 '-다가서+는'으로 분석할 수 있다. '울구다가서는'은 중앙어의 '우리다가는' 또는 '우리다가'에 대응한다.

178) '안새워리'는 충북 제천시 신월동의 자연 마을 가운데 하나다. 주민들은 '안새워리'라고 부르지만 행정적으로는 '안새월' 또는 '안세월리'로 표기한다. '새월리(新月里)' 안쪽에 있는 마을이라고 해서 붙여진 이름이다.

179) '신월리(新月里)'는 충북 제천시 신월동의 자연 마을 가운데 하나다. 우리말 지명으로는 '새월이' 또는 '새월리'라고 한다.

180) '뚜드리'는 '뚜드리다'의 어간 '뚜드리-'에 연결어미'-어'가 결합된 이 지역 방언형이다. 이 지역 방언에서는 어간말 모음이 '이'로 끝나고 연결어미 '-어'가 결합되면 어간말모음 '이'와 축약되면서 어미를 탈락시키는 특징이 있는데 예문에 나타난 '뚜드리(뚜드리+어)'도 그러한 예 가운데 하나다. 주 31), 56), 61), 100), 158), 181), 182) 참조.

181) '쬐끼'는 '쫓기다'의 어간 '쫓기-'에 연결어미 '-어'가 결합된 이 지역 방언형이

다. 어간말 모음이 '이'로 끝날 때 연결어미 '-어'가 연결되면 어간말모음 '이'
와 축약되면서 어미를 탈락시키는 특징이 있는데 '쬐끼(쫓기+어)'도 그러한
예 가운데 하나다. '쬐끼'는 '쫓기→쫃기→쪽기→쬐끼'의 과정을 거친 것으로
이해된다. 주 31), 56), 61), 100), 158), 180), 182) 참조.

182) '벌리'는 '벌리다'의 어간 '벌리-'에 연결어미 '-어'가 결합된 이 지역 방언형이
다. 어간말 모음이 '이'로 끝나면 연결어미 '-어'가 연결되면 어간말모음 '이'와
축약되면서 어미를 탈락시키는 특징이 있는데 '벌리(벌리+어)'도 그러한 예
가운데 하나다. 주 31), 56), 61), 100), 158), 180), 181) 참조.

183) '마차'는 본래 말이 끄는 수레를 뜻하는 것이지만 이 지역 방언에서는 소나
말이 끄는 수레를 통틀어 가리키는 의미로 쓰인다. 이 지역에는 말 대신 주
로 소를 이용하여 생활하였기 때문에 '마차'라고 하면 '소가 끄는 수레'를 의
미한다.

184) '바작'은 일정한 범위의 지역이나 장소를 나타내는 이 지역 방언으로 '바닥'
과 거의 비슷한 뜻으로 쓰인다. 본 방언 자료의 조사지점이 구릉 사이의 평
평한 골짜기 안에 위치해 있어 논이나 밭이 넓지 않은 작은 마을이다. 약간
의 논이 있어 벼농사를 짓고 대부분 옥수수나 오이, 수박, 고추 등 밭작물을
재배하는 곳이다.

185) '날'은 '나를'의 축약형으로 '나+ㄹ(=를)'로 분석 된다. 의미상으로 보면 '나에
게'의 뜻을 가진다.

186) '새:미써유'는 중앙어 '샘이 있어요'를 빨리 발음한 이 지역 방언 음성형이다.
'샘'은 '우물'의 이 지역 방언이다. '샘'은 땅에서 물이 저절로 솟아오르는 곳
을 뜻하고, '우물'은 땅을 깊이 파서 지하수를 괴게 한 곳을 뜻하는데 이 지
역에서는 '샘'과 '우물'을 구별하지 않고 '샘'으로 통칭하여 사용한다. 충청도
방언에서는 중앙어의 '샘'을 뜻하는 말로 '박샘' 또는 '바가지샘'이 쓰이기도
하고 중앙어의 '우물'을 뜻하는 말로 '뜨루박샘' 또는 '타래박샘'이 쓰이기도
한다.

187) '그라'는 '그래'를 잘못 발음한 것이다.

188) '모애이여'는 중앙어 '모양이야'에 해당하는 이 지역 방언 음성형이다. '모양
이여'가 움라우트와 음절말 'ㅇ'의 약화로 '모양이여→모옝이여→모애이여'
의 과정을 거쳐 비모음화 한 것이다.

189) '발매'는 산에 있는 나무를 한꺼번에 베어 내는 것을 말한다. 이때 산에 있
는 나무는 가꾼 것일 수도 있고 자연스럽게 자란 것일 수도 있다. 중앙어에

서는 '가꾼 나무를 한목 베어 내는 것'을 '발매'라고 한다는 점에서 중앙어와
는 약간의 의미 차이가 있다. 예전에는 산에 나무를 심고 가꾸는 일이 거의
없었기 때문에 주로 자연스럽게 나서 자란 나무들을 한꺼번에 베어내는 일
을 '발매'라고 하였고 그렇게 하는 것을 '발매 한다'고 하였다.

190) '질르구'는 중앙어 '지르다'에 대응하는 이 지역 방언 '질르다'의 활용형이다.
중앙어의 '지르다'는 '지르다, 지르고, 지르지, 질러'와 같이 불규칙활용 하지
만 이 방언에서는 '질르다, 질르구, 질르지, 질러'와 같이 규칙활용 한다.

191) 이 지역 방언 '깝데기'는 중앙어 '껍질'의 의미로도 쓰이고 '껍데기'의 의미로
도 쓰인다. 이 방언에서는 '껍질'과 '껍데기'의 의미로 '깝데기' 외에 '껍띠기'
도 쓰인다. '등 깝데기'는 '등 껍질'을 뜻한다. 충청도에서는 '옷' 또는 '재산'을
비유적으로 '깝데기'라고 하기도 한다. 따라서 '깝데기를 베꼈다'고 하면 '옷'
특히 아래옷을 벗겼다는 뜻으로 쓰이기도 하고 어떤 사람이 가진 재산을 다
발렸다는 뜻으로 쓰이기도 한다.

192) '몫'이 중앙어에서는 '여럿으로 나누어 가지는 각 부분'을 뜻하지만 이 지역
방언에서는 '여럿이 각자가 한 일의 정도 또는 분량'을 뜻하기도 한다. 따라
서 '두 몫'은 '두 배(倍)'의 의미가 된다.

193) '두량(斗量)'은 일을 헤아려 처리하는 안목 또는 그런 능력을 뜻하는 말이다.

194) '배내쏘'는 '배냇소'의 이 지역 방언 음성형으로, 소가 없는 사람이 다른 사
람의 송아지를 길러서 어미소가 되어 새끼를 낳으면 그 송아지를 갖기로 하
고 기른 어미소를 주인에게 돌려주는 소를 일컫는 말이다. 즉 송아지를 길러
서 어미소로 돌려주고 소를 길러준 대가로 그 어미소가 낳은 송아지를 갖는
조건으로 기르는 소를 '배냇소'라고 한다. 〈표준국어대사전〉에는 '주인과 나
누어 가지기로 하고 기르는 소'라고 풀이되어 있는데 사전적인 풀이가 애매
하다. 주 17) 참조.

195) '마뚝'은 어떤 사물이 있는 한쪽 옆이나 가장자리를 뜻한다.

196) '양화리'는 충북 제천시 금성면에 있는 자연 마을 가운데 하나다.

197) '꼬라지'는 '꼴'을 낮잡아 이르는 말로 '꼴+아지'로 분석된다. '-아지'는 부정적
인 의미를 나타내는 지소접미사다. '꼬라지'는 중앙어 '꼬락서니'에 대응하는
이 지역 방언형이다.

198) '쌨다'는 주로 '쌔구 쌘, 쌔서, 쌔구 쌨다, 쌨다, 쌘는대, 쌨어, 쌨지' 등으로
활용하여 쓰인다. '쌔구'나 '쌘, 쌔써' 등으로 활용한다는 점에서 기본형을 '쌔
다'로 볼 수 있다. '쌔구 쌨다'나 '쌨지, 쌨고, 쌨어'가 의미상으로 과거를 나타

내기보다 현재 상태의 지속를 나타낸다는 점에서 관용적인 표현이라고 할 수 있다. '쌨다'가 '많다' 또는 '흔하다' 정도의 뜻으로 쓰인다.

199) '종조할아부지'는 중앙어의 '증조할아버지'를 가리킨다. 제보자가 '종조할아버지'와 '증조할아버지'를 정확하게 구별하지 못하고 혼용해서 쓰고 있었다.

200) '그래가주구서믄'은 '그래가주구서는'을 잘못 발음한 것이다.

201) '사날'은 중앙어 '사나흘'을 뜻한다. 이 지역에서 '하루 이틀 가량은 '한이틀', '사흘이나 나흘 가량은 '사날', '나흘이나 닷새 가량은 '나달'이라고 하고 '닷새'나 '엿새' 가량은 '댓새'라고 한다.

202) '식전에'의 본래 뜻은 '식사하기 전에'지만 여기에서는 '아침 일찍' 또는 '아침 먹기 전에' 정도의 뜻으로 쓰였다.

203) '신개바탕'은 가마나 상여의 뼈대가 되는 나무로 만든 틀에 널판(板)이나 관(棺)을 얹을 수 있게 되어 있다. 강원도에서는 '가마'를 '신개'라고도 하는데 신개바탕도 가마를 뜻하는 '신개'에서 유래한 것으로 보인다. '신개바탕'은 본래 가마의 뚜껑을 얹지 않은 뼈대가 되는 틀을 가리키는 것인데 이 지역에서는 뚜껑을 얹지 않은 상여를 가리킬 때도 쓴다. 상여의 뚜껑을 얹지 않으면 가마의 바탕이 되는 틀과 모양이나 기능이 비슷하기 때문에 가마와 상여에 혼용하여 쓰는 것으로 보인다.

204) '삼장'은 '끊이지 않고 이어서'의 뜻을 가지는 중앙어 '계속'에 대응하는 이 지역 방언이다. '삼장 놀기만 한다, 삼장 일했다, 삼장 돌어댕기다 왔다'와 같이 쓰인다.

205) '선치째'는 '선칫재'의 이 지역 방언 음성형이다. 충북 제천시 금성면에서 충북 충주시 산척면으로 통하는 고개 이름이다. 지금은 도로의 발달로 교통이 좋아져 이 재를 넘어다니지 않는다고 한다.

206) '모래재'는 충주시 산척면과 제천시 금성면으로 통하는 고개 이름이다. 지금은 도로의 발달로 교통이 좋아 이 고개를 이용하지 않는다고 한다.

207) '매상고개'는 충북 제천시 금성면에서 충북 충주시 산척면으로 통하는 고개 이름이다. 지금은 도로의 발달로 교통이 좋아 이 재를 넘어 다니지 않는다고 한다.

208) '보양면'은 현재의 충북 제천시 봉양읍이 읍으로 승격되기 이전의 행정 구역 명칭인 '봉양면'의 이 지역 방언 음성형이다.

209) '구렁'은 〈표준국어대사전〉에 '움쑥하게 팬 땅'으로 풀이되어 있는데 이 지역을 비롯한 충청도 방언에서는 구렁이 산등성이에서 아래로 뻗은 능선과

능선 사이의 골짜기를 가리키는 말로 쓰인다.

210) '묵은살림'은 '새살림'에 대응하는 말로 오래된 세간을 뜻한다.

211) '통가리'는 쑥대나 싸리 따위를 새끼로 엮어 광이나 방바닥에 둥글게 둘러 치고 그 안에 벼니 감자 또는 고구마 따위의 곡식을 넣을 수 있도록 만든 일 종의 곡식 저장고다. '벼'를 저장하면 '베(벼) 통가리'라고 하고, 고구마나 감 자를 저장하면 각각 '고구마 통가리' 또는 '감자 통가리'라고 한다.

212) 이 지역 방언의 '니기'는 중앙어의 '네기'에 대응하는 것으로 볼 수 있는데 의미 범주에는 약간의 차이가 있다. 중앙어의 '네기'는 몹시 못마땅하여 욕으 로 하는 말로 쓰이지만 이 방언에서는 못마땅하여 욕으로 하는 말 외에 화 자의 느낌이나 놀람을 나타내는 간투사로 쓰이기도 한다. 예문에 나타난 '니 기'는 후자에 해당한다. 이 지역 방언에서는 '니기' 외에 '네기'도 쓰인다. 충 북 방언에서 관찰되는 '니기랄, 네미, 네미랄, 지미, 제미'도 같은 기능을 한 다. 때로는 몹시 못마땅하여 욕으로 쓰이기도 하는데 이런 경우는 중앙어의 '제기' 내지 '제기랄'과 같이 뒤에 부정적인 말이 온다. 이들과 비슷한 조건에 서 욕으로 쓰이는 간투사로 '니미'가 있다. 주 160) 참조.

213) '크다부냉 기'는 '크다분핸 기'의 이 지역 방언 음성형이다. '그다분핸'의 기 본형은 '크다분해다'다. 충청도 방언에서 '크다분해다'는 '크다분하다'로도 쓰 인다. '크다분해다'나 '크다분하다'는 중앙어의 '커다랗다'나 '큼직하다' 또는 '큼지막하다'와 바꾸어 쓸 수 있는 충청도 방언이다.

214) 목적어가 '청첩장'일 때는 예문에서와 같이 '내다'를 쓰지만 목적어가 '청첩' 이면 서술어로 '하다' 또는 '쓰다'가 주로 사용된다. 따라서 '청첩장(을) 낸다' 고 하고 '청첩(을) 한다'나 '청첩(을) 쓴다'고 한다. 주 224) 참조.

215) '딸래드리'는 '딸+내+들+이'로 분석된다. '-내'는 사람을 뜻하는 명사 뒤에 붙 어 한 무리라는 뜻을 더하는 접미사로 중세국어에서부터 쓰이던 용법이다. '-들'은 셀 수 있는 명사나 대명사 뒤에 붙어 복수를 나타내는 접미사이고, '- 이'는 주격조사다. 예문에서는 '-내'와 '-들'이 다 같이 무리나 복수를 나타낸 다는 점에서 의미가 중복되었다고 할 수 있다. 충청도 방언에서는 '딸내집'이 라고 하면 '시집간 딸의 집'이라는 의미로 쓰이기도 한다.

216) '지끔거저두'의 '거저두'가 무엇을 뜻하는지 알 수 없지만 '지끔꺼저두(지금 까지도)'를 잘못 발음한 것으로 보인다.

217) '세민꽝'은 '세민광'의 음성형으로 '세민+광'으로 분석된다. '세민'은 '시멘트' 의 이 지역 방언형이고 '광'은 광산을 뜻한다. 따라서 '세민광'은 '시멘트 광산'

을 뜻하는 말이다.

218) '즈군'은 중앙어 '적다'의 이 지역 방언형 '즉다'의 활용형 '적은'에 대응하는
    음성형이다. 이 지역 방언에서는 '즉다'가 중앙어 '작다'와 '적다'를 포괄하는
    의미로 쓰이는데 예문의 '즉다'는 중앙어 '작다'의 의미로 쓰인 것이다.

219) '새뿔'은 '지게뿔'의 이 지역 방언형이다. 참고로 〈표준국어대사전〉에 의하
    면 강원도 방언에서는 '새뿔'이 지게 윗세장 위의 가장 좁은 부분을 나타내
    는 '새고자리'의 뜻으로 쓰인다.

220) '지개목발'은 지겟다리의 아랫부분을 뜻하는 말이다. 지게를 질 때 어깨에
    메는 끈을 '밀삐'라고 하는데 '밀삐'는 위로는 윗세장에 묶고 아래로는 지겟
    다리 아랫부분에 묶는다. 이 밀삐를 묶은 지겟다리 아래쪽을 '지게목발'이라
    고 한다.

221) '도리안'은 '도리+안'으로 분석할 수 있다. '도리'는 일정한 테두리를 나타내
    는 영역을 뜻하는 말이고 '안'은 어떤 공간이 둘러싸인 가에서 안쪽으로 향
    한 부분을 뜻하는 말이다. 예문에 쓰인 '이 도리안'은 '이 마을의 테두리 안
    쪽' 또는 '이 지경의 안쪽'을 뜻한다.

222) '저'는 앞에 언급한 사람을 다시 언급할 때 쓰는 삼인칭 대명사인데 이 방언
    에서는 조사 '-두'가 결합하면 예문에서와 같이 'ㄴ'이 첨가된 '전두'로 실현되
    기도 한다. 일인칭 대명사 '나'에 조사 '-두'가 결합될 때도 'ㄴ'이 첨가된 '난
    두'로 실현된다.

223) '엄청난 거래요'는 중앙어의 평서형 종결어미 '엄청난 것입니다' 또는 '엄청
    난 것이에요' 정도에 해당하는 이 지역 방언형이다. '-래요'가 이 방언에서는
    예문에서와 같이 평서형 종결어미로 뿐만 아니라 의문형 종결어미와 명령형
    종결어미로 쓰이기도 한다. 이는 제천 지역과 인접해 있는 강원도 방언 또는
    경상도 방언의 영향으로 보인다.

224) 목적어가 '청첩'일 때는 예문에서와 같이 '쓰다'나 '하다'를 쓰지만 목적어가
    '청첩장'이면 서술어로 '내다'를 쓴다. 따라서 '청첩(을) 쓴다'나 '청첩(을) 한다'
    고 하고 '청첩장(을) 낸다'고 한다. 주 214) 참조.

225) '하우스(house)'는 본래는 '집'을 뜻하는 말이지만 예문에서는 둥그런 돔형의
    '비닐하우스' 모양으로 짓은 임시 비닐집을 뜻한다.

226) '따꺼'는 중앙어 '닦다'의 활용형 '닦아'의 이 지역 방언형 '딲어'의 음성형이
    다. 기본형은 '딲다'다. 예문에서는 '딲다'가 임시 비닐집을 지을 '터를 닦는다'
    는 뜻으로 쓰였다.

227) '수새'는 중앙어 '수시(收屍)'의 이 지역 방언형이다. '수새'는 사람이 죽었을
때 제일 먼저 시신을 거두어 머리와 팔다리를 바로잡는 일을 뜻하는 말이다.
예문에서와 같이 주로 서술어 '걷다'(중앙어의 '거두다')와 호응하여 쓰인다.
'수새 걷는다'는 의미상으로 '거두다'의 뜻이 중복된 것이다.

228) '다무리 주다'는 능동사 '다물다'의 사동형 '다무리다'와 보조동사 '주다'로 구
성된 것이다. '다무리다'는 '다물다'의 어간 '다물-'에 사동접미사 '-이-'가 결합
되어 이루어진 파생어다. 따라서 '다무리 주다'는 '벌어진 입을 다물게 해주
다'의 뜻으로 쓰인다.

229) '조이'는 '주다'의 활용형 '주어야'의 이 지역 방언형이다. '조이' 외에 '조여'
형도 쓰인다.

230) '보그러지다'는 '꽃봉오리 따위가 동그랗게 닫혀 있다' 정도의 뜻을 가진 말
이다. 따라서 예문에 쓰인 '안 보그러져 있으면'은 '안 닫혀 있으면' 또는 '안
오므려져 있으면' 정도의 뜻으로 쓰였다.

231) '풀쏨'은 '풀솜'의 음성형으로 실을 켤 수 없는 허드레 고치를 삶아서 만든
솜을 가리킨다. 빛깔이 하얗고 광택이 나며 가볍고 따뜻하다. 이불솜을 하거
나 죽은 사람의 귀나 코, 입 등을 막는 데 쓴다.

232) '느'는 '넣다'의 활용형 '넣어'의 이 지역 방언형이다.

233) '성판'은 본래 '송판(松板)'에서 기원한 것이지만 이 지역에서는 '널빤지' 또
는 '판자'의 의미로 쓰인다.

234) '쩜매'는 중앙어 '동여매다'의 활용형 '동여매어'에 대응하는 이 지역 방언형
'쩜매다'의 활용형이다. '쩜매다'는 '쩜매다, 쩜매구, 쩜매지, 쩜매서, 쩜매라'와
같이 활용한다. 끈이나 실, 새끼 등으로 두르거나 감아서 묶는 것을 '쩜맨다'
고 한다. 충청도 방언에서는 '쩜매다' 외에 '쫌매다'와 '처매다'도 쓰인다. 각
각 '쫌매다, 쫌매구, 쫌매지, 쫌매서, 쫌매라'와 '처매다, 처매구, 처매지, 처매
서, 처매라'와 같이 활용한다.

235) '세 매'는 '세 마디'의 이 지역 방언 음성형이다. 시신을 묶을 때는 '세매'라고
발음하고 손가락 마디를 가리킬 때는 '시 매디'라고 한다. 시신은 홀수로 마
디를 짓는다고 한다.

236) '으:멀'은 중앙어 '염(殮)을'에 대응하는 이 지역 방언형이다. '음'은 어두음절
위치에서 장모음 '어'가 고모음화여 '으'로 실현되는 것과 평행하게 어두음절
위치의 장모음 '여'가 고모음으로 실현된 이 지역 방언 음성형이다.

237) '매끼'는 '묶은 매듭'를 뜻하는 말이다. 예문에 쓰인 '일곱 매끼'는 사람의 시

신을 묶을 때 일곱 매듭이 되게 묶는 것을 가리키는 말이다.

238) ‘기구’는 중앙어 ‘것이고’에 해당하는 이 지역 방언형이다. 중앙어의 의존명
사 ‘것’에 대응하는 이 지역 방언형으로 ‘기’ 외에 ‘거’도 쓰인다.

239) ‘코크링’은 순화한 우리말 ‘삽차’의 원어인 포클레인(poclain)을 가리키는 말
이다. ‘코크링’은 제보자가 외래어 ‘포클레인’을 잘못 발음해서 생긴 방언형,
즉 개인어라고 할 수 있다. 화자에 따라 ‘포크링’이라고 발음하기도 한다. 주
260) 참조.

240) ‘봉군’은 묘(墓)의 ‘봉분’을 뜻하는 이 지역 방언형이다.

241) ‘떼’는 잔디를 가리키는 말이다. 흔히 무덤을 만들 때 봉분을 하고 그 위에
잔디를 심을 때 ‘떼 입힌다’고 한다. 흙을 붙여서 뿌리째 떠낸 잔디는 ‘뗏장’
이라고 한다. 이 경우에는 ‘뗏장 떼러 간다’와 같이 쓴다.

242) ‘사발미’는 중앙어 표기로 하면 ‘사발묘’에 대응하는 이 지역 방언형이다. ‘사
발미’는 봉분 모양이 사발 엎어놓은 것처럼 둥그런 모양으로 만든 묘를 가리키
는 말이다.

243) ‘날개’는 봉분 위쪽에서 아래쪽으로 양쪽 날개처럼 펼쳐지게 낮은 언덕 모
양으로 만들어 놓은 것을 가리킨다.

244) ‘성복지내다’는 초상이 났을 때 상제들이 처음으로 상복을 입을 때 하는 의
식을 가리키는 말이다. ‘성복한다’고는 하지 않고 ‘성복지낸다’고 한다. ‘제사
한다’고 하지 않고 ‘제사 지낸다’고 하는 것과 궤를 같이 하는 말이다. 사람이
죽으면 흰 두루마기나 삼베 두루마기를 입는데 염(殮)을 하기 전에는 오른쪽
팔만 끼고 왼쪽 팔은 안 끼고 있다가 염을 하고 나면 가족들이 빙 둘러서서
곡(哭)을 하고 제를 올린 다음 상복의 양쪽 팔을 다 끼어 입는 의식을 하는
데 이것을 ‘성복지낸다’고 한다.

245) ‘상복을 입는다’는 뜻으로 초상이 나고 상주가 처음으로 상복을 입는 것을
뜻하는 말이다.

246) ‘성복’은 초상이 나서 처음으로 상복을 입는 것을 뜻하는 말이다. ‘성복’은
염을 한 다음에 하는 절차다.

247) ‘성보길룬’은 ‘성복 입는’을 잘못 발음한 것이다.

248) ‘양복때기’는 양복을 낮잡아 이르는 말이다. ‘-때기’는 중앙어에서 ‘등때기’와
같이 신체를 나타내는 일부 명사에 붙어 ‘비하’의 뜻을 더하는 접미사로 쓰이
는데 이 방언에서는 ‘양복, 점퍼, 헝겊’ 등의 명사에 붙어 ‘양복때기, 잠바때
기, 홍겊때기’ 등과 같이 쓰이기도 한다.

249) '상주(喪主)'는 '상제(喪制)'의 잘못이다. 이 지역 사람들은 '상주(喪主)'와 '상제(喪制)'를 면확하게 구별하여 사용하지 못하기 때문에 '상주(喪主)'와 '상제(喪制)'를 혼용하여 쓴다. 주 251, 252) 참조.

250) '굴건지곡'은 '굴건제복'의 이 지역 방언형 '굴건지복'을 잘못 발음한 것이다.

251) 이 지역 방언에서는 '상제(喪制)'와 '상주(喪主)'를 명확하게 구별하지 못한다. 따라서 '상재'가 '상제(喪制)'의 뜻으로도 쓰이고 '상주(喪主)'의 뜻으로도 쓰인다. 주 249, 252) 참조.

252) 여기에서의 '상주'는 '상제'의 뜻으로 쓰였다. 일반적으로 이 지역에서는 '상주'와 '상제'의 개념을 잘 구별하지 못한다. 이 때문에 '상제'에게 문상을 하면서 '상주'에게 문상한다고 하기도 하고 '상주'를 만나고 '상재'를 만났다고 하기도 한다. 주 249, 251) 참조.

253) 이 지역에서는 '상여(喪輿)'보다 '행상(行喪)'이라는 말을 주로 쓴다.

254) '바가지'는 박을 타서 박속에 있는 씨를 빼고 가마솥에 삶은 다음 박속과 겉껍질을 긁어내고 말린 것을 말한다. 요즈음에는 박을 심어 바가지를 만드는 경우가 거의 없고 바가지 모양으로 만든 플라스틱 바가지가 박으로 만든 전통 바가지를 대신하고 있다. 이 지역에서는 '플라스틱 바가지'를 '나이롱 바가지'라고 한다. 충북 방언에서는 '바가지'의 방언형으로 '바가지' 외에 '바가치'도 쓰인다.

255) 이 지역에서는 플라스틱을 재료로 만든 그릇 종류를 말할 때 '플라스틱'이라고 하지 않고 '나이롱'이라고 한다. '나이롱'은 '나일론'의 이 지역 방언형이다. 플라스틱을 재료로 만든 바가지를 '나이롱바가지'라고 하는 것은 플라스틱과 나일론의 차이를 모르기 때문으로 보인다.

256) '행상얼 꾸미서'는 중앙어의 '상여를 꾸며서'에 대응하는 말인데 이때의 '꾸미다'는 장식한다는 뜻이 아니고 '조립한다'는 뜻으로 쓰인 것이다. 상여는 나무로 만든 여러 개의 부품으로 이루어져 있다. 보관할 때는 해체하여 상여막에 넣어 두었다가 사용할 때 꺼내어 조립해서 쓴다. 상여를 보관하는 곳을 충북 지역에서는 '행상집'이라고 한다.

257) '얼리구'는 '올리고'의 이 지역 방언 음성형이다. '상뿔 얼리구'는 '향불 올리고'의 음성형인데 중앙어로는 '향불 피우고' 또는 '향을 올리고'라고 해야 할 것이다.

258) '음:해구'는 중앙어 '염(殮)하고'에 해당하는 이 지역 방언의 음성형이다. 충북 방언에서 어두음절 위치의 이중모음 '여'가 장모음으로 실현되면 고모음

화 하는 경향이 있는데 '음:'도 이러한 예 가운데 하나다. 예를 들면 어두 음절이 장모음인 '연:애, 연:적, 영:감, 여:치' 등의 첫째 음절 모음 '여'가 고모음화 하여 'ˈyɨ:nE], [yɨ:njək], [yɨ: ŋ gam], [yɨ:chi]'와 같이 발음된다. '해구'는 중앙어 '하다'의 이 지역 방언형 '해다'의 활용형이다.

259) '실꾸'는 중앙어 '싣다'의 활용형 '싣고'에 대응하는 이 지역 방언형이다. '실꾸'는 이 지역 방언에서 '실는다, 실따가, 실꾸, 실찌, 실께, 실어, 실으면'과 같이 활용한다는 점에서 기본형을 '싥다'로 해야 할 것이다.

260) '코크링'은 '포클레인'을 가리킨다. '코크링'은 제보자가 외래어 '포클레인'을 잘못 발음해서 생긴 방언형이라는 점에서 개인어라고 할 수 있다. 우리말로 순화한 말은 '삽차'다. 주 239) 참조.

261) '선서리째이'는 '선서리+째이'로 분석할 수 있다. '선서리'는 다시 '선(先)+서리'로 분석되는데 중앙어 '선+소리'에 대응하는 방언형으로 이해된다. '선서리'는 뒤를 이어서 여러 사람이 따라 하도록 맨 앞에 서서 메기는 소리를 뜻하고 '째이'는 명사 뒤에 붙어서 그것과 관련된 기능을 가진 사람을 뜻하는 중앙어 접미사 '장이'에 해당하는 이 지역 방언형이다. 충북 방언에서는 '째이'보다 '재이'나 '쟁이'가 많이 쓰인다. 여기에서는 사이시옷이 첨가되어 '째이'로 발음된 것으로 보인다. 문맥상으로 보면 여기에서의 '선서리째이'는 '요령잡이'의 뜻으로 쓰였다. 여러 사람이 따라하도록 앞에서 메기는 사람이라는 점에서는 '요령잡이'나 '선소리장이'나 같다. '선소리장이'는 소리만 메기는데 비해 '요령잡이'는 요령을 흔들면서 소리를 메긴다는 점이 다르다.

262) '미구'는 중앙어 '메다'에 대응하는 이 지역 방언형 '미다'의 활용형이다. '미다'는 '미구(메고), 미지(메지), 미게(메게), 미(메어), 미라(메어라), 밌다(메었다)'와 같이 활용한다.

263) '연촛때'는 '연촛대'의 음성형이다. 연촛대는 상여를 멜 때 여럿이 메기 위해 상두꾼 사이사이에 가로 질러 넣는 긴 나무토막을 가리킨다. 즉 긴 천으로 상여의 양쪽 맨 앞부분의 가로막대와 뒷부분의 가로막대를 두 가닥이 되게 매어 상두꾼이 이 천을 어깨에 멜 수 있도록 앞사람과 뒷사람 사이사이에 가로지른 막대기를 '연촛대'라고 한다. 양쪽에 연촛대 하나씩을 추가하면 한쪽에 두 사람씩 네 사람이 더 멜 수 있다. 주 166) 참조.

264) '구미'는 어떤 일을 하는 데 필요한 단위를 뜻하는 말이다. 여기에서는 연촛대를 하나 더 추가하면 한쪽에 두 명씩 네 명이 추가로 상여를 메게 되는데 이 때 추가되는 한 무리를 이루는 단위를 '구미'라고 한다.

친족

⁻ 그 남매 지금 크구 이찌.

으음:.

지금 어디 사:는대요?

⁻ 시, 시:내 저: 심백똥.

신백동, 어:.

⁻ 거 칠바니여. 유캉녀닌대 오래 유캉녀닌대 칠바니써유, 칠반.

으음:.

⁻ 저 거기 시험두 치러 간대능 걸. 우리지바이 유캉녀닌대 어 수, 저 우
리 손자 뇌미.

예.

⁻ 그 머여 함:문 시험두 보구 뭐, 저: 가: 영어 수, 수하건 기양 한대. 영
어 수하건.

으음:.

함문 시험칠 때 저 여기, 여기 이 학생이 그거 애들 오면 보구 그러자나요.

⁻ 고 좀 잘: 줌 가리키[1] 조:, 그럼.

허허허 허허허허.

⁻ 그 저 어재, 어 * 경이여 어 * 경이.

⁻ 아러?

아니요.

⁻ 몰:러? 어 * 경이여.

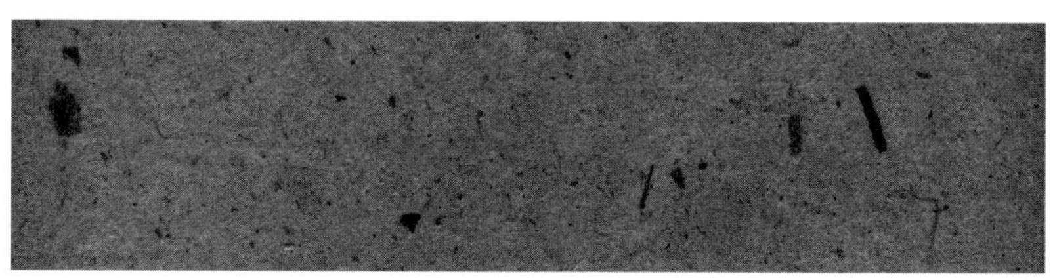

⎺ 그 남매 지금 크고 있지.

예.

지금 어디 사는데요?

⎺ 시, 시내 저 신백동.

신백동, 예.

⎺ 그 칠 반이야. 육학년인데 올해 육학년인데 칠 반이에요, 칠 반.

예.

⎺ 저 거기 시험도 치러 간다는 걸. 우리집 아이 육학년인데 어 수, 저 우리 손자 놈이.

예.

⎺ 그 뭐야 한문 시험도 보고 뭐, 저 개가 영어 수, 수학은 그냥 한대. 영어 수학은.

예.

한문 시험 볼 때 저 여기, 여기 이 학생이 그것 애들 오면 보고 그러잖아요.

⎺ 그 좀 잘 좀 가르쳐 줘, 그럼.

허허허 허허허허.

⎺ 그 저 어재, 어＊경이야 어＊경이.

⎺ 알아?

아니요.

⎺ 몰라? 어＊경이야.

¯ 아이 이름, 이름 보면 알:지 머.

예.

¯ 그래구 함:무니구 저: 우리 그래두 저 그래니까 그 심백똥이[2] 교, 교: 가미 두:리래요. 거 해꾜가 그르키 커요.

¯ 칠 반꺼정 이씨니 을:마여.

으음:.

¯ 그 이기 어, 어디 이여 이런 소소핸 해꾜두 어 멤, 멤 명씩 돼.[3] 그런 대 건 한, 한: 반만 해두 한 삼뱅 명 되자너. 개 거기서 코, 콤퓨타애 개: 두[4] 상, 상 상버더 저기 그걸 타써. 내: 콤피탈 하나 사줘:찌. 너 이거 배 우라구 손자 너멀.

으음:.

¯ 그래떠니 거이 그 콤피타 깝 빼:써유. 그래서 상얼 타씨니 근, 즈 유 캉녀내서.

애:가 잘 하나 부내요, 또또카구.

¯ 머:유, 잘:두 모태구 그래유. 그른대 콤피타 상, 상 상잉, 상이 아니구 그 모여, 그 그걸 타써.

자격증 뭐 그렁 거?

¯ 어 어, 그걸, 그걸 타써. 그래 내 콤피타 사준 보라미 이따구 그래써 유. 그래구 그 영어 수하건 기양 한대. 구십쩜 미마니래. 우:래.[5]

으음:

¯ 영어 수학얼

잘하능 거지요.

¯ 머, 머린, 머린 갠잔타 그래기래 아 이눔 자시가 그걸 저기, 저기 머 여, 머여 상얼 타던지 뭐 뭐이, 저 일뜽을 해:이지 그까이끼 뭘: 항 거여. ㅎㅎㅎㅎㅎ 느: 잘: 되라 그래지 무 무, 하래비가[6] 주금 고마이지[7] 뭘 하느 냐 그래. 거 저 여 먼저두 갇따 그 시험보러 가따 와때대 우리지바.

- 아이 이름, 이름 보면 알지 뭐.

예.

- 그리고 한문이고 저 우리 그래도 저 그러니까 그 신백동이 교, 교감이 둘이에요. 그 학교가 그렇게 커요.

- 칠 반까지 있으니 얼마야.

예.

- 그 이것이 어, 어디 이 여(기) 이런 소소한 학교는 응 몇, 몇 명씩(이나) 돼. 그런데 거긴 한 반만 해도 한 삼백 명 되잖아. 그래 거기에서 컴 컴퓨터에 그래도 상, 상 상보다 저기 그것을 탔어. 내가 컴퓨터를 하나 사 주었지. 너 이거 배우라고 손자 놈에게.

예.

- 그랬더니 거의 그 컴퓨터 값 뺐어요. 그래서 상을 탔으니 그, 저희 육 학년에서.

애가 잘 하나보네요, 똑똑하고.

- 뭐요, 잘도 못하고 그래요. 그런데 컴퓨터 상, 상 상인(가), 상이 아니고 그 뭐야, 그 그걸 탔어.

자격증 뭐 그런 것?

- 어 어, 그것을, 그것을 탔어. 그래서 내가 컴퓨터를 사준 보람이 있다고 그랬어요. 그리고 영어 수학은 그냥 한대. 구십 점 미만이래. 우래.

아 아.

- 영어 수학을.

잘하는 것이지요.

- 머, 머리는, 머리는 괜찮다고 그러기에 아 이놈 자식아 그것을 저기, 저기 뭐야, 뭐야 상을 타든지 뭐 뭐, 저 일등을 해야지 그까짓 것이 뭘 한 거야. 흐흐흐흐. 너희 잘 되라고 그러지 뭐 뭐, 할아버지가 죽으면 그만이지 뭘 하느냐 그래. 그 저 여기 먼저도 갔다가 그 시험 보러 갔다가 왔다고 하데 우리집 애.

사월따래.

‾ 응. 가 거 가따 와때넌대 아:놀러따구 모:돌러따구[8] 그래.

어려웅 거 핸나 부지요. 이게.

‾ 몰:러. 한 저미 떠러 저때다 뭐.

등그비 이써요.

‾ 거 이쓸 테지.

인재 어려웅 거 하면 대학쌩들두 떠러지구 그래요.

‾ 아이, 몰:러 그런 노 저, 전.

‾ 나마는[9] 사람두 가구 그랜대대 머, 가면.

예.

‾ 거 어, 어 * 경이여. 똑띠기 봐:따가 바:조.

흐흐흐 하하.

‾ 허허허허허.

흐흐흐.

‾ 어 * 경이여. 음 자식 애:가 참:해. 달랑거리질 안 해.

유캉녀니구요?

‾ 예, 유캉년이유. 어떠, 어너 해꾜로 갈런지 근[10] 모르구.

으음:.

‾ 중학꾜 어디 갈찌.

시비뤌 따레 또 시험 이써요.

‾ 아: 모:르개써유.

‾ 거 지[11] 애미가 노려걸 좀 해느라구 해는대 머. 헤헤헤헤. 지:가[12] 잘 해여 되넌대, 잘핸다구 전, 저는 그른대더군 머 그기 잘해기가 쉬:워유? 허허허허.

‾ 에이거 참 지끄먼 시허멀 처여 대요. 대학꾜 선상이 이찌마넌 시험처 서 드르가여지 시험 안 처서 대학꾜 드르감 몰: 해. 난, 난, 난 그기 걱쩡이

사월 달에.

ㅡ 응. 걔 거기 갔다 왔다는데 안 올랐다고 못 올랐다고 그래.

어려운 것 했는가 보지요. 이것이.

ㅡ 몰라. 한 점이 떨어졌다던가 뭐.

등급이 있어요.

ㅡ 그 있을 테지.

이제 어려운 것 하면 대학생들도 떨어지고 그래요.

ㅡ 아이, 몰라 그런 노 저, 저는.

ㅡ 나이 많은 사람도 가고 그런다고 하대 뭐, 가면.

예.

ㅡ 거 어, 어 * 경이야. 똑똑히 보았다가 봐줘.

흐흐흐 하하.

ㅡ 허허허허허.

흐흐흐.

ㅡ 어 * 경이야. 음 자식 애가 참해. 덜렁거리지를 않아.

육학년이고요?

ㅡ 예, 육학년이요. 어떤, 어느 학교로 갈는지 그것을 모르고.

으음:.

ㅡ 중학교 어디 갈는지.

십일월 달에 또 시험 있어요.

ㅡ 아, 모르겠어요.

ㅡ 그 제 에미가 노력을 좀 하느라고 하는데 뭐. 헤헤헤헤. 자기가 잘해야 되는데, 잘한다고 저는, 저는 그런다더구면 뭐 그게 잘하기가 쉬워요? 허허허허.

ㅡ 아이고 참 지금은 시험을 봐야 돼요. 대학교 선생이 있지만 시험 봐서 들어가야지 시험 안 쳐서 대학교 들어가면 뭘 해. 나는, 나는, 나는 그

여어:.

　아이 그런대.

　￢ 그기 노려기 그기, 그기 원치가니여:.

　예 공부를 해여지요.

　￢ 그: 해이 되넌대 기양 데러가 가주구 대학꾜 나오먼 몰:[13] 해구 우투갈[14]
꺼여, 그래. 어머이 아부지만 고상이여, 돈: 대:주느라구. 그기 문제여.

　지배는 시꾸드리 요새는 인재 둘만 살구 애들하구만 살구 머 이르자나요?

　￢ 그러치. 예.

　얼마 저낸 다 사러짜나요.

　￢ 예.

　누구누구가 이써요, 그러면?

　￢ 머 동상:-꺼정 살:구 사:춘꺼정두 사러써, 샤:춘.

　으음:.

　￢ 한 마당애서 팔춘꺼정 나:써, 팔찬.[15] 한 마당애서, 옌:나래.

　그러먼 그 부르는 이르미 다 다를 꺼 아니요?

　￢ 아 이르미야 다 각깍 다 읻-꾸.

　그래잉까.

　나를 나: 준 사람하구 또 그 위싸람하구를 내가 부를 때 다 다르자너요? 또
아버지 동생하구.

　￢ 거 자근, 자그나부지 머:, 하라부지: 모, 그 종조하라부지, 징조하라부
지 머:.

　종조할아부지하구 징조할아부지하구 달라요?

　￢ 그럼 다르지.

　어뜨개 다릉 거요?

　￢ 머: 하라부지애 아부지애, 아부지, 아부지애 아부지니까.

것이 걱정이야.

아이 그런데.

ᐨ 그것이 노력이 그것이, 그것이 원칙 아니야.

예, 공부를 해야지요.

ᐨ 그 해야 되는데 그냥 들어가 가지고 대학교 나오면 뭘 하고 어떻게 할 거야, 그래. 어머니 아버지만 고생이야, 돈 대 주느라고. 그것이 문제야.

집에는 식구들이 요새는 이제 둘만 살고 아이들하고만 살고 뭐 이러잖아요?

ᐨ 그렇지. 예.

얼마 전에는 다 살았잖아요.

ᐨ 예.

누구누구가 있어요, 그러면?

ᐨ 뭐 동생까지 살고 사촌까지도 살았어, 사촌.

예.

ᐨ 한 마당에서 팔촌까지 났어, 팔촌. 한 마당에서, 옛날에.

그러면 그 부르는 이름이 다 다를 것 아니에요?

ᐨ 아 이름이야 다 각각 다 있고.

그러니까.

나를 낳아 준 사람하고 또 그 윗사람하고 내가 부를 때 다 다르잖아요? 또 아버지 동생하고.

ᐨ 그 작은, 작은아버지 뭐 할아버지 뭐 그 종조할아버지, 징조할아버지 뭐.

종조할아버지하고 증조할아버지하고 달라요?

ᐨ 그럼 다르지.

어떻게 다른 거예요?

ᐨ 뭐 할아버지에 아버지에, 아버지, 아버지에 아버지니까.

예:.

￣ 아부지애 아부지.

그기 하라버지지요?

￣ 하라부지애 아부지가 또 이꾸.

하라부지애 아부지는 머라 그래요?

￣ 하라부지애 아부지가 저 저, 종조하라부지[16] 아니여.

종조하라버지구.

￣ 그럼.

징조하라버지는?

￣ 징조하라부진 인재 그 우:애 인재 또 하라부지 우:애 하라, 징조하라
부지가 이짜너.

하라버지애 하라버지내요?

￣ 그러치. 그, 그르캐 불러.

하라버지애 아버지는 종조하라버지구?

￣ 어.

고 하라버지애 위애 하라버지는 징조하라버지구?

￣ 징조하라부지 그럼. 그러캐 얼러가지.

￣ 그애 거 제:살 지내면 제:살 일녀내 지낸다 하면 고조꺼정 지내머넌
시사루[17] 나가자너 고만.

예:.

￣ 시사.

예:.

￣ 그기 나가능 거여, 고조하라부지.[18]

고조는 그럼 징조하라부지 고 위내요?

￣ 거 그러치.

￣ 그래니깨 인재 그, 그.

예.

‾ 아버지의 아버지.

그것이 할아버지지요?

‾ 할아버지의 아버지가 또 있고.

할아버지의 아버지는 뭐라 그래요?

‾ 할아버지의 아버지가 저 저, 증조할아버지 아니야.

증조할아버지고.

‾ 그럼.

고조할아버지는?

‾ 고조할아버지는 이제 그 위에 이제 또 할아버지 위에 할아, 고조할아
버지가 있잖아.

할아버지의 할아버지네요?

‾ 그렇지. 그, 그렇게 불러.

할아버지의 아버지는 증조할아버지고?

‾ 어.

그 할아버지의 위의 할아버지는 고조할아버지고?

‾ 고조할아버지 그럼. 그렇게 올라가지.

‾ 그래 그 제사를 지내면 제사를 일 년에 지낸다 하면 고조까지 지내면
시사로 나가잖아 그만.

예.

‾ 시사.

예.

‾ 그것이 나가는 것이야, 고조할아버지.

현조는 그럼 고조할아버지 그 위네요?

‾ 그, 그렇지.

‾ 그러니까 이제 그, 그.

하라버지.

⎯ 그 내, 내 대에 고, 고조하라부지꺼정 지내먼 기, 기지사럴 지내먼 인 잰 내: 아더런, 아더런 인재 고조때넌 시:양으루 드르가. 시, 시:양으루 시: 양으루 드르가는 거지. 사내 가서 지내능 거.

예.　　·

⎯ 인재 그길 맨드러애 대지.

그럼 이르캐 되능 거요? 하라버지가 이꾸

⎯ 그럼.

고 하라버지애 아버지는 종조하라버지구 고 아버지는 징조하라버지구.

⎯ 으.

고 아버지는 고조하라버지구.

⎯ 그러치.

그러캐 되능 경가요?

⎯ 그, 그러치 그러캐 얼러가지.

그 부인드른 머라 그래요, 그럼?

⎯ 머어, 저 할머이지 머, 할머이.

그러면.

⎯ 종조할머인 종조할머이,[19] 징조할머인[20] 징조할머이 그르키 나가지.
예, 고 위애는?

⎯ 그럼 그 하라, 하라부지 따러서 애:기 해능 거여.

음:, 음:.

그러면 하라버지가 겨론 하자너요, 이러캐. 그러면 내가 여자를 머라구 하구 여자가 나한태 머라 그래요. 머라구 불러야 되요?

⎯ 머 당신:-이라그래지 머.

나만태 얘기할 때는요?

⎯ 여 그런 여, 일- 머이 시꾸, 시꾸라[21] 그래지 모:. 가:.

할아버지.

‑ 그 내, 내 대에 현, 현조할아버지까지 지내면 기, 기제사를 지내면 이제 내 아들은 아들은 현조 때는 시향으로 들어가. 시, 시향으로 들어가는 것이지. 산에 가서 지내는 것.

예.

‑ 이제 그것을 만들어야 되지.

그럼 이렇게 되는 거예요? 할아버지가 있고.

‑ 그럼.

그 할아버지의 아버지는 증조할아버지고 그 아버지는 고조할아버지고.

‑ 예.

그 아버지는 현조할아버지고.

‑ 그렇지.

그렇게 되는 것인가요?

‑ 그, 그렇지 그렇게 올라가지.

그 부인들은 뭐라 그래요, 그러면?

‑ 뭐 저 할머니지 뭐, 할머니.

그러면.

‑ 증조할머니는 증조할머니, 고조할머니는 고조할머니 그렇게 나가지.

예, 그 위에는?

‑ 그럼 그 할아버지 따라서 얘기 하는 거야.

아, 아.

그러면 할아버지가 결혼하잖아요, 이렇게. 그러면 내가 여자를 뭐라고 하고 여자가 나한테 뭐라고 그래요. 뭐라고 불러야 돼요?

‑ 뭐 당신이라 그러지 뭐.

남한테 얘기할 때는요?

‑ 여 그런 여 있-, 뭐 식구, 식구라 그러지 뭐. 그.

예.

⁻ 시꾸라 그래지 머, 보통.

할머니가 남, 나만태 얘기할 때는?

⁻ 남할챈[22] 몬 하라버이라[23] 그래던지 머 인재.

절믈 때?

⁻ 으 그램 되지 모.

절믈 때는 하라버이라구 안 하자나요?

⁻ 아 아, 십.

한창 절믈 때.

⁻ 바깨서, 바깨서.

예 바까태서.

⁻ 으, 바깨라 그래먼 되지. 내오가내 인재 바깨라 그래먼 되지 머.

그래잉까 인재 절머쓸 때 애들, 애드리 이짜나요. 쪼끄마캐 이쓸 때. 그럴 때
는 뭐라 그래, 머라구 불르셔써요? 머라구 하셔써요, 할머니를?

⁻ 여보라 그래지 머, 여보.

나만태는?

우리 뭐 누가 어디 가따 그러면 무짜나요.

⁻ 아, 야:

그러먼.

⁻ 머: 우리 식꿔:-라[24] 그래지 머.

시꾸?

⁻ 야. 시꾸라 그럼 되지유.

아내라는 마른 잘 안 쓰구요?

⁻ 아내라고두 해지마넌 머 시꾸라 그래먼 되구 머, 아내라 해두 되구
그러치유 머, 그기야 머.

으음:.

예.

￢ 식구라 그러지 뭐, 보통.

할머니가 남, 남한테 얘기할 때는?

￢ 남한테는 무슨 할아버지라 그러든지 뭐 이제.

젊을 때?

￢ 어, 그러면 되지 뭐.

젊을 때는 할아버지라고 안 하잖아요?

￢ 아, 아 십.

한창 젊을 때.

￢ 밖에서, 밖에서.

예, 바깥에서.

￢ 으, 밖이라 그러면 되지. 내외간에 이제 밖이라 그러면 되지 뭐.

그러니까 이제 젊었을 때 애들, 애들이 있잖아요. 조그맣게 있을 때. 그럴 때는 뭐라 그래, 뭐라고 부르셨어요? 뭐라고 하셨어요, 할머니를?

￢ 여보라 그러지 뭐, 여보.

남한테는?

우리 뭐 누가 어디 갔다 그러면 묻잖아요.

￢ 아:

그러면.

￢ 뭐 우리 식구라 그러지 뭐.

식구?

￢ 예. 식구라 그러면 되지요.

아내라는 말은 잘 안 쓰고요?

￢ 아내라고도 하지만 뭐 식구라 그러면 되고 뭐, 아내라 해도 되고 그렇지요 뭐, 그것이야 뭐.

예.

그러면 할머니가 하라버지 얘기할 때는? 그럴 땐 시꾸라구 안 하자나요.

‾ 머 모:루지유 머, 여자덜 얘길. 허허허

한창 저기 아주 절머쓸 때는 실랑이라 그래쓸 태구, 그지요?

‾ 그러치요.

조꼼 더 인재 애들두 이꾸 그럴 때는.

‾ 그럼 가²⁵⁾ 할머이라 그래구.

예.

‾ 가: 할머이라 그래구 그래찌 머, 그거뚜. 그때두 그러치 머

으음:.

남펴니라구는 안 써요?

‾ 남펴니래두 되지. 예:, 남편 마저.

그건 어떨 때 쓰는 말이요?

‾ 어, 나미 인재 얘기하먼 남펴니라구. 그 무루먼 남편 어, 어디 가때던

지 머 이래 그러치유.

바깐싸람.

‾ 예:, 박.

바깐냥반.

‾ 야, 야.

그러캐두 쓰구?

‾ 야, 그러치유.

거 할머니가 쓰는 거지요?

‾ 예, 예 예.

나만태 얘기 할 때.

‾ 그러치유 머.

그러먼 시지블 완는대 여자가,

‾ 야.

그러면 할머니가 할아버지 얘기할 때는? 그럴 때는 식구라고 안 하잖아요?

⁻ 뭐 모르지요 뭐, 여자들 얘기를. 허허허.

한창 저기 아주 젊었을 때는 신랑이라 그랬을 테고, 그렇지요?

⁻ 그렇지요.

조금 더 이제 애들도 있고 그럴 때는.

⁻ 그러면 걔 할머니라 그러고.

예.

⁻ 그애 할머니라 그러고 그랬지 뭐, 그것도. 그때도 그렇지 뭐.

예.

남편이라고는 안 써요?

⁻ 남편이라고 해도 되지. 예, 남편 맞아.

그것은 어떨 때 쓰는 말이에요?

⁻ 어, 남이 이제 이야기하면 남편이라고. 그 물으면 남편 어, 어디 갔다
든지 뭐 이렇(게) 그렇지요.

바깥사람.

⁻ 예, 밖.

바깥양반.

⁻ 예, 예.

그렇게도 쓰고?

⁻ 예, 그렇지요.

그것 할머니가 쓰는 거지요?

⁻ 예, 예 예.

남한테 얘기할 때.

⁻ 그렇지요 뭐.

그러면 시집을 왔는데 여자가,

⁻ 예.

시지블 완는대 으른드리 또 이짜나요, 위애. 하라버지, 하라버지 할머니,

￣ 시어머이 시아, 시어머이먼 시어머이, 시하라부진 시하라부지 이러키 얘기해먼 되지 머여.

시어머이가 이꾸, 시어머이 남펴는 머라 그래요, 그럼?

￣ 시어머이 남편 모:.

그 남자를 보구. 여자한태 시어머니라 그래자나요.

￣ 시어머이.

예, 남자한태는?

￣ 시아부지지 머, 시아부지.

시아부지.

￣ 그럼.

불를때는 머라구 불러요?

￣ 모:르개써요.

시아부지! 이르캐 불르지는 안차너요.

￣ 에 허허허허. 그렁 거꺼정언 몰:러. 허허허. 그건 여자덜한태 무러바유. 허허허.

￣ 허허허허.

안 들어보셔써요? 그렁 거?

￣ 모: 뜨러바유.

할머니가 부르능거.

￣ 아이 몰:러유, 나 그렁 건. 근 저 그 참자캐개 그 저기래두 한, 한 팔심 너믄 안노인[26] 정정한 노인내한태 무러보세유. 그래두, 그래두 어디 저 그래두 밥쑤리나 머꾸 양반내 참 머시끼루 가푸미 이꾸 인재 이런 머시끼루다[27] 무러보세유.

다, 다 또까터요, 이거는. 누구한태 무러바두 다 또까터요. 여기 할머니한태 여쭤 바두 또까트구요.

시집을 왔는데 어른들이 또 있잖아요, 위에. 할아버지, 할아버지 할머니,

⁻ 시어머니 시아(버지), 시어머니면 시어머니, 시할아버지는 시할아버지 이렇게 얘기하면 되지 뭐야.

시어머니가 있고, 시어머니 남편은 뭐라 그래요, 그러면?

⁻ 시어머니 남편(은) 뭐.

그 남자를 보고. 여자한테는 시어머니라 그러잖아요.

⁻ 시어머니.

남자한테는?

⁻ 시아버지지 뭐, 시아버지.

시아버지.

⁻ 그럼.

부를 때는 뭐라고 불러요?

⁻ 모르겠어요.

시아버지! 이렇게 부르지는 않잖아요?

⁻ 에 허허허허. 그런 것까지는 몰라. 허허허. 그건 여자들한테 물어봐요. 허허허허.

⁻ 허허허허.

안 들어보셨어요? 그런 것?

⁻ 못 들어봤어요.

할머니가 부르는 것.

⁻ 아이 몰라요, 나는 그런 것은. 그것은 저 참작하게 그 저기라도 한, 한 팔십 넘은 안노인 정정한 노인네한테 물어보세요. 그래도, 그래도 어디 저 그래도 밥술이나 먹고 양반네 참 무엇으로 가품이 있고 이제 이런 무엇에게 물어보세요.

다, 다 똑같아요, 이것은. 누구한테 물어봐도 다 똑같아요. 여기 할머니한테 여쭤 봐도 똑같고요.

⁻ 그럼. 헤헤.

이거 보통 누구나 또까틍 거 거덩요.

⁻ 어:, 모:루개써유, 난.

그러면 아드리 장개가자너요.

⁻ 예.

아드리.

그러면 여자 들어오지요?

⁻ 음:.

그 여자는 머라 그래요?

⁻ 메:누리지 머.

메누리.

⁻ 그럼.

금방 와쓸 때 금방 시지봐서,

⁻ 그래두 메:누리지 머.

메누리라 그래자너요.

⁻ 그럼 메:누리지.

그런대 남드른 머라 그래요? 그 집.

⁻ 그 집 멘:누리라²⁸⁾ 그래지 머.

메누리라구두 하구?

⁻ 그래, 그럼 그러치.

누구 보러 가자 그러자나요, 인재?

⁻ 그 머 그 메:누리라 그래지 머.

새:.

⁻ 새:, 어 새, 새메누리인대 인제 그, 그저낸 새메누리라²⁹⁾ 그래찌마넌.

새색씨? 새새닥?

⁻ 새새닥. 그래 마저유. 그, 그 그럭, 그러치 참 새새닥.

￣ 그럼. 헤헤.

이것 보통 누구나 똑같은 것이거든요.

￣ 어, 모르겠어요, 나는.

그러면 아들이 장가가잖아요.

￣ 예.

아들이.

그러면 여자가 들어오지요?

￣ 응.

그 여자는 뭐라고 그래요?

￣ 며느리지 뭐.

며느리.

￣ 그럼.

금방 왔을 때 금방 시집와서는,

￣ 그래도 며느리지 뭐.

며느리라 그러잖아요.

￣ 그럼 며느리지.

그런데 남들은 뭐라 그래요? 그 집.

￣ 그 집 며느리라 그러지 뭐.

며느리라고도 하고?

￣ 그래, 그럼 그렇지.

누구 보러 가자 그러잖아요, 이제?

￣ 그 뭐 그 며느리라 그러지 뭐.

새.

￣ 새, 어 새, 새 며느리인데 이제 그, 그전에는 새 며느리라고 그랬지만.

새색시? 새댁?

￣ 새새댁. 그래 맞아요. 그, 그 그렇, 그렇지 참 새새댁.

어떨 때 고 새새다기라 그래요? 어떤 사라믈?

￣ 아이, 이우재서 인재 저, 저 새닥:이라 그래구 그래지 머, 여자더리.

시집온 사라만태요?

￣ 어:, 그러치. 온 사라만태 새다기라 그래지, 모 모 모. 보:통 그러캐 써찌 몰:.

새닥?

￣ 그럼.

금방 온 사라만태 그래요?

￣ 그러, 그러 새다기라 그러지.

각씨라는 말두 써요?

￣ 각씨두 이찌, 각씨. 근, 근.

그건 누구한태 쓰는 마리요?

￣ 고 멀: 그 저 몰:르개써유. 크흐흐하하 크하하하. 거 어머이한태 무러바, 어머이한태. 헤헤헤헤.

새다근 새닥 시지보먼 새다기라 그러구.

￣ 예: 새다기라 그래.

시집, 시집완는대 남편 동생두 이짜나요.

￣ 시동상.

시동상.

어리면? 어릴 때는?

￣ 어리 시동상인대 머 머.

아직 애드리구 그러먼?

￣ 그런대,

왜 어떨 때는 저기 시지본 메누리보다두 시동생이 훨씬 더 애: 가주구 그르차나요.

￣ 근대 나 그 머, 머:라 그래는지 모르갠내, 그거. 시동생.

어떨 때 그 새댁이라 그래요? 어떤 사람을?

⎯ 아이, 이웃에서 이제 저, 저 새댁이라 그러고 그러지 뭐, 여자들이.

시집온 사람한테요?

⎯ 어, 그렇지. 온 사람한테 새댁이라 그러지, 뭐 뭐 뭐. 보통 그렇게 썼지 뭘.

새댁?

⎯ 그럼.

금방 온 사람한테 그래요?

⎯ 그러, 그럼 새댁이라 그러지.

각시라는 말도 써요?

⎯ 각시도 있지, 각시. 그것은, 그것은.

그것은 누구한테 쓰는 말이에요?

⎯ 그 뭘 그 저 모르겠어요. 크흐흐하하 크하하하. 그 어머니한테 물어봐, 어머니한테. 헤헤헤헤.

새댁은 새댁 시집오면 새댁이라 그러고.

⎯ 예 새댁이라 그래.

시집, 시집왔는데 남편 동생도 있잖아요.

⎯ 시동생.

시동생.

어리면? 어릴 때는?

⎯ 어리(어도) 시동생인데 뭐뭐.

아직 애들이고 그러면?

⎯ 그런데,

왜 어떨 때는 저기 시집온 며느리보다도 시동생이 훨씬 더 애여서 그렇잖아요?

⎯ 그런데 나 그 뭐, 뭐라 그러는지 모르겠네, 그거. 시동생.

시동생.

¯ * **.

도련님.

¯ 데린님.

데린님.

¯ 어, 대련님.

애드릴 땐 그러캐 불르구요.

¯ 어:, 데련님.

어르니 되먼

¯ 어:, 시동생. 어, 데린니미여.

아 아:.

서방니미라구는,

¯ 서방니믄,

누굴 보구 서방니미라 그래요?

¯ 서방니믄 저, 저 조카.

예.

¯ 머여 조카메누리가 머여. 나 이 참, 흐허허. 아이, 나 그거꺼정 생가걸 안 핸는대.

동생애 여동생애 남펴늘 머라 그래요?

¯ 자건아씨애 머:.

내 여동생 이짜너요, 여자.

¯ 어.

동상, 시직까자나요? 그 남편을 내가 머라구 불러요?

¯ 여자가?

아니 하라버지가.

¯ 조카메누리먼 조카메누리구.

시동생.

⁻ ＊ ＊＊.

도련님.

⁻ 도련님.

도련님.

⁻ 어, 도련님.

애들일 때는 그렇게 부르고요.

⁻ 어, 도련님.

어른이 되면.

⁻ 어, 시동생. 어, 도련님이야.

아 아.

서방님이라고는,

⁻ 서방님은,

누구를 보고 서방님이라 그래요.

⁻ 서방님은 저, 저 조카.

예.

⁻ 뭐야 조카며느리가 뭐야. 나 이 참, 흐허허. 아이, 나 그거까지는 생
각을 안 했는데.

동생의 여동생의 남편을 뭐라 그래요?

⁻ 작은아씨의 뭐.

내 여동생 있잖아요, 여자.

⁻ 어.

동생, 시집가잖아요? 그 남편을 내가 뭐라고 불러요?

⁻ 여자가?

아니 할아버지가.

⁻ 조카며느리면 조카며느리고.

동생애?

⌐ 기:수, 기:수.

기:수.

⌐ 기수씨.[30]

예: 기수씨는,

⌐ 어.

남동생애 부이니지요?

⌐ 그러치 기수씨여.

그럼 여동생애 남펴는?

⌐ 몰:라. 하하하하. 아이 참나, 하하하하하.

⌐ 아이구 몰:러유, 나. 딴 대 가서 알아보새유, 또. 흐허허허허허.

그럼 어 누나두 이짜너요, 누나?

⌐ 그 누니미라[31] 그래구.

누님?

⌐ 누:니미라구 그럼, 누:니미라 그래요. 매:향니미라[32] 그래고.

누니매 남편?

⌐ 어, 매:향.

매향.

⌐ 응 매:향니미라 그래구, 누:니미라 그래구, 매:향니미라 그래구, 그저
니나 지끄미나 항가지래유.

또까찌요?

⌐ 그럼: 그전두 그러쿠 지끔두 그래유, 그건.

그럼 여자가 시집오면 그 지배두 여자가 또 이짜너요.

⌐ 머: 여자가 이써?

그래잉까 할머니가 하라버지하구 할아버지한태 이르캐 시집오셔짜나요?

⌐ 음:

동생의?

⌐ 제수, 제수.

제수.

⌐ 제수씨.

예, 제수씨는,

⌐ 어.

남동생의 부인이지요?

⌐ 그렇지 제수씨야.

그럼 여동생의 남편은?

⌐ 몰라. 하하하하하. 아이 참나, 하하하하하하.

⌐ 아이고 몰라요, 나. 다른 데 가서 알아보세요 또. 허허허허허.

그럼 누나도 있잖아요, 누나?

⌐ 그 누님이라 그러고.

누님?

⌐ 누님이라고 그럼, 누님이라 그래요. 매형님이라 그러고.

누님의 남편?

⌐ 어, 매형.

매형.

⌐ 응 매형님이라 그러고, 누님이라 그러고, 매형님이라 그러고, 그전이
나 지금이나 한가지예요.

똑같지요?

⌐ 그럼 그전도 그렇고 지금도 그래요, 그것은.

그러면 여자가 시집오면 그 집에도 여자가 또 있잖아요.

⌐ 뭐 여자가 있어?

그러니까 할머니가 할아버지하고 할아버지한테 이렇게 시집오셨잖아요?

⌐ 응.

근대 하라버지 누, 누니미 이쓰면 머라구 불러요?

⌐ 시누:.

시누.

⌐ 어:.

동생은? 하라버지 여동생은? 손위자너요, 시누는 지금.

⌐ 으:.

할아버지 여동생은 머라구 불러요?

⌐ 우씨누:, 아래씨누 그르치. 머 머 머 머.

아:, 우씨누 아래씨누.

⌐ 거, 그럼.

우씨누 그러면 나보다 손위이구?

⌐ 거 옌:나, 옌:나래 얘기지.

예:.

⌐ 머 지끔 머, 머 머.

요샌 시누라는 말.

⌐ 지끔 어디 이써? 지그먼 샤:춘두 움는누무 걸, 몰:.

그르치요.

⌐ 음:, 샤:춘두 웁:.

딸 하나 아들 하나만 이러니까,

⌐ 그러니 샤:춘두 웁써.

나중에 잘모타먼 고모두 몰:르구,

⌐ 웁:써유, 웁써. 지끔 그르캐 되요.

그러면 시누가, 시누가 지배 이짜나요, 그지요? 누님이.

⌐ 어.

누님이 새로 드러온 그 새, 새새닥보구 머라 그래요? 하라버지 누님이.

부모님은 고향이 어디세요?

그런데 할아버지 누(님) 누님이 있으면 뭐라고 불러요?

⁻ 시누이.

시누이.

⁻ 예.

동생은? 할아버지 여동생은? 손위잖아요, 시누이는 지금.

⁻ 응.

할아버지 여동생은 뭐라고 불러요?

⁻ 손위 시누이, 손아래 시누이 그렇지. 뭐 뭐 뭐 뭐.

아, 손위 시누이 손아래 시누이.

⁻ 그, 그럼.

손위 시누이 그러면 나보다 손위이고?

⁻ 그 옛날, 옛날에 얘기지.

예.

⁻ 뭐 지금, 뭐 뭐 뭐.

요새는 시누이라는 말.

⁻ 지금 어디 있어? 지금은 사촌도 없는 놈의 것을, 뭘.

그렇지요.

⁻ 음, 사촌도 없(어).

딸 하나 아들 하나만 이러니까,

⁻ 그러니 사촌도 없어.

나중에 잘못하면 고모도 모르고,

⁻ 없어요, 없어. 지금 그렇게 돼요.

그러면 시누이가, 시누이가 집에 있잖아요, 그렇지요? 누님이.

⁻ 어.

누님이 새로 들어온 그 새, 새댁보고 뭐라 그래요? 할아버지 누님이.

부모님은 고향이 어디세요?

　￣ 아:부지는 서우래서 오시써유, 서우래서. 사:형제 부닌데 세:째뿌니유.
세:째 뿐대[33] 양자루다가 여길 오시써. 양자로 신월리라넌 대.

　￡ 그 하라부지두 일곱쌀 머거서는 양자로 오시때자너.

　￣ 그래니 오시 가주구 마:미 용해[34] 가주구 남한태만 조은 일만 씨기찌.
이, 이러키 모:쌀개 맨드러 노쿠 지팡칸 웁씨 맨드러노캐 되더라고. 그래
가주구 내가 철부지 해찌. 개 우트개 살: 도리가 웁:짜너::. 무어 저 충주
루 저 산척이래는[35] 저 엄정이래는[36] 댈 걸[37] 다 한 해, 한 이태[38] 이사릴
가따가 또 이리 오고 이 지경얼 해써요. 여와 사러써두 그거이 일가찌비[39]
여러 찌비 이써서.

　￡ 집찝이나 돼? 한 어:씨라구.

　￣ 아이 다 함 파니까 한 어씨지. 그래니까, 그래서 그러키 지내써유.

일곱싸래 오셔따구요?

　￣ 어디 여기럴? 내가?

아니 그 저기 아번니미.

　￣ 몰:르지 머, 난 이:가 그래니.

　￡ 일곱싸레 양재 오시따 그래대. 일곱싸레 거기서.

　￣ 서울서, 서울 광:주, 광:주 천호동이래넌 데.

　￡ 아이고 여기서: 이 양재 달:라구서는 가서 보이 이래럴 굴보걸 지내때
유. 미태서 굴복찌를[40] 지내구서는 아:덜 달라구 그러키 굴벅찌를 지내구
모시와때. 우리 아버님 둘:째, 둘:째 부널.

　￣ 세:째지 세:째.

　￡ 시:쨍가. 어떨 때 그 저, 저기 머여 당숙 그 아주머이가 그래드라구.
아주 뜰 미태서 와 가주구서는 아:덜 하나 달라구 와서 얼:매나 와서 빌:
구 저럴 해구 그래는지 뜰 미태 와서 그르캐 그래드래. 이:래럴 그르키
가서 굴보걸 지내드래.

　가까이 안즈셔유, 가까이. 그래야지 저.

⁻ 아버지는 서울에서 오셨어요, 서울에서. 사형제 분인데 셋째 분이에요. 셋째 분인데 양자로 여길 오셨어. 양자로 신월리라는 데.

⁼ 그 할아버지도 일곱 살 먹어서 양자로 오셨다잖아.

⁻ 그러니 오셔 가지고 마음이 용해 가지고 남한테만 좋은 일만 시켰지. 이, 이렇게 못 살게 만들어 놓고 집 한 칸 없이 만들어 놓게 되더라고. 그래 가지고 내가 철부지 했지. 그래 어떻게 살 도리가 없잖아. 뭐 저 충주로 저 산척이라는 저 엄정이라는 데를 거기를 한 해, 한 이태 이사를 갔다가 또 이리 오고 이 지경을 했어요. 여기 와서 살았어도 거기에 일가 집이 여러 집이 있어서.

⁼ 몇 집이나 돼? 한 어씨라고.

⁻ 아이 다 한 파니까 한 어씨지. 그러니까, 그래서 그렇게 지냈어요.

일곱 살에 오셨다고요?

⁻ 어디 여기를? 내가?

아니 그 저기 아버님이.

⁻ 모르지 뭐, 나는 이이가 그러니.

⁼ 일곱 살에 양자 오셨다고 그러대. 일곱 살에 거기서.

⁻ 서울서, 서울 광주, 광주 천호동이라는 데.

⁼ 아이고 여기서 양자 달라고 가서 보니 이레를 굴복을 지냈대요. 밑에서 굴복제를 지내고는 아들 달라고 그렇게 굴복제를 지내고 모셔왔대. 우리 아버님 둘째, 둘째 분을.

⁻ 셋째지 셋째.

⁼ 셋째인가. 어떨 때 그 저, 저기 뭐야 당숙 그 아주머니가 그러더라고. 아주 뜰 밑에서 와 가지고는 아들 하나 달라고 와서 얼마나 와서 빌고 절을 하고 그러는지 뜰 밑에 와서 그렇게 그러더래. 일주일을 그렇게 가서 굴복을 지내더래.

가까이 앉으세요, 가까이. 그래야 저.

‾ 이루와:. 얘기.

가치 얘기하시지유.

= 아이, 그걸.

‾ 오설 좀 버서노쿠 오지.

= 그래 가주구서넌 이:레럴 가서 굴보걸 지내구서넌 아주 저 뜰 미태서 아주 그러캐 아주 이:래럴 그러캐 아:덜 달:라구 그러캐 그래때요. 그래 가주구서넌 모시 와때자너.

그래서 온 대가 저 안쌔워리요?

= 야, 안쌔워리루 그래 오시때유.

‾ 그래, 거 거기지, 거기 인제.

= 그때 거기 안쌔워리 이 집, 이: 지베두 양재, 거 집뚜 아:더리 사:형제여? 삼형제여? 종주하라부지하:구 삼형제지?

‾ 삼형제.

= 삼형잰대 다 소:니 웁:써 가주고요. 둘째 분두 아:더리 우:꾸, 우리 크나, 아주 우리지배 종가찌빈대 또 아:더리 우:꾸, 세:째 분두 또 아:더리 우:꾸. 그래 가주구 두:째 찝뚜 우리 저 핸내[41] 인는대 그, 그 하라부지두 저 양:재 오시써. 양:재오시구, 우리 시:째 하라버지넌 종주하라부지넌[42] 그러니까루 세:째 양바닌대 그뚜 아:더리 웁:써 가주구서넌 고만 여 장:조카한태서 고만, 장:조카하구 가치 사러써요. 그래 우리 아, 어머님두 장:, 저 종조 삼촌부모럴 생, 생전 도러가실 때거정 모:시짜너. 근데 그러키: 우리 어머님이 시집사리를 시키드래요:. 종, 저기 삼촌부모가 그러키 장:조카메누리럴 그러키:, 내가 시집오니까루 인재 두지 여, 두지 여:러보는 제가 인재 삼 년 댄다 그래드라구요. 똑: 되박 지고는 아치므루 나와 가주구서넌 아침싸럴 내: 달라구 나와서 문터개 와서 그래야지 인재 아침싸럴 내: 조: 가주구 바벌 해: 잡쑤꾸 그래때요.

= 그래 가주구 우리 아버님두 결혼 해: 노쿠서넌 고만 오이벌[43] 가시써요.

‾ 이리와. 얘기.

같이 얘기하시지요.

˭ 아이, 그것을.

‾ 옷을 좀 벗어놓고 오지.

˭ 그래 가지고서는 이레를 가서 굴복을 지내고서는 아주 저 뜰 밑에서 아주 그렇게 아주 이레를 그렇게 아들 달라고 그렇게 그랬대요. 그래 가지고서는 모셔 왔다잖아.

그래서 온 데가 저 안세월이에요?

˭ 예, 안세월이로 그렇게 오셨대요.

‾ 그래, 거 거기지, 거기 이제.

˭ 그때 거기 안세월이 이집, 이 집에도 양자, 그 집도 아들이 사형제야? 삼형제야? 종조할아버지하고 삼형제지?

‾ 삼형제.

˭ 삼형제인데 다 손이 없어 가지고요. 둘째 분도 아들이 없고, 우리 큰아(버지) 아주 우리 집이 종가집인데 또 아들이 없고, 셋째 분도 또 아들이 없고. 그래 가지고 둘째 집도 우리 저 한내(寒泉) 있는데 그, 그 할아버지도 저 양자 오셨어. 양자오시고, 우리 셋째 할아버지는 종주할아버지는 그러니까 셋째 양반인데 거기도 아들이 없어 가지고 그만 여기 장조카한테서 그만, 장조카하고 같이 살았어요. 그래 우리 아, 어머님도 장 저 종조 삼촌부모를 생, 생전(에) 돌아가실 때까지 모셨잖아. 그런데 그렇게 우리 어머님이 시집살이를 시키더래요. 종, 저기 삼촌 부모가 그렇게 장조카며느리를 그렇게, 내가 시집오니까 이제 뒤주 열, 뒤주 열어보는 지가 이제 삼 년이 된다 그러더라고요. 꼭 대박 쥐고는 아침으로 나와 가지고서는 아침쌀을 내 달라고 나와서 문턱에 와서 그래야지 이제 아침쌀을 내 주어 가지고 밥을 해 잡숫고 그랬대요.

˭ 그래 가지고 우리 아버님도 결혼 해 놓고는 그만 가출을 하셨어요.

＝ 저 저.

￣ 일번.

＝ 일벙 가서넌.

￣ 일본 동경.

＝ 일벙 가서 미태를 댕기시다가서는 느깨 느깨 오시 가주구 이이럴 나:때. 헤헤헤.

￣ 동경 일본 대:판[44] 동경이래넌 델 가신는데, 아, 이 냥바니 저기 하라부지라는 양바니 농살 진:나 멀: 진:나 머 어, 골패나 하시구 어, 이렁거나 하시구 이래 칭구만 아:러보고 자꾸 이르캐 사:시니까루 세:워리 그양 흘러강 거여. 그래서 도:널 보:러서 내보내면 일본선 해:서 내:보내면 뭘: 좀 즈:추기 된 줄 아러떠니 기양 다: 파러 저기 다: 쓰구.

＝ 그 노름 저기, 골패해느라 그래때짜너.

￣ 골패해넌데 그래 그.

＝ 종주하라부지 그 삼춘 부모지유. 삼촌부모가 그러키 장:조카한태 와 이쓰민성 그러키.

￣ 그래 모:쌀개 다: 맨드러짜너 그째. 참 노인내두.

＝ 그른대 종주하라부지가 우리 삼춘, 그 종주하라부지가 양:아더럴 핸:넌대 양:아덜두 웁쌔, 웁써주구 아주 도러가실 째넌 아머거뚜 웁써, 웁:써요. 움:써 가주구선 머 딸:만 하나 이써 가주구 지:사두 모드더 잡수짜너. 소니 귀한 지바니내요.

＝ 야, 아주 귀:한 지비래요.

￣ 아이, 저 어스방네가 소:니 즈:거유. 저, 저 천호동 가면, 그 저 본가애 인재 가면, 거기두 만:칠 안해. 사:형제 패가 퍼드러지니까루 이재 지반두 이꾸 이래 마:너찌요. 고덕뚱이래는 데, 그 광:주 고더기래는 대가 이써써유. 거가 아빠뜨가 지끔 드러서 가주고 아:주 커유. 처노동 지금 거기 그르캐 커저써요.

＝ 저저.
 일본.
＝ 일본 가서는.
 일본 동경.
＝ 일본 가서 몇 해를 다니시다가 늦게 늦게 오서 가지고 이이를 낳았대. 헤헤헤.
 동경 일본 대판 동경이라는 데를 가셨는데, 아, 이 양반이 저기 할아버지라는 양반이 농사를 지었나 무엇을 지었나 뭐 어, 골패나 하시고 어, 이런 것이나 하시고 이래 친구만 알아보고 세월이 그냥 흘러간 거야. 그래서 돈을 벌어서 내보내면 일본서 해서 내보내면 뭘 좀 저축이 된 줄 알았더니 그냥 다 팔아 저기 다 쓰고.
＝ 그 노름 저기, 골패하느라 그랬다잖아.
 골패하는데 그래 그.
＝ 종주할아버지 그 삼촌 부모지요. 삼촌 부모가 그렇게 장조카한테 와 있으면서 그렇게.
 그래 못 살게 다 만들었잖아 글쎄. 참 노인네도.
＝ 그런데 종조할아버지가 우리 삼촌, 그 종주할아버지가 양아들을 했는데 양아들도 없애, 없어지고 돌아가실 때는 아무 것도 없어, 없어요. 없어 가지고는 뭐 딸만 하나 있어 가지고 제사도 못 얻어 잡숫잖아.
　손이 귀한 집안이네요.
＝ 예, 아주 귀한 집이에요.
 아이, 저 어 서방네가 손이 적어요. 저, 저 천호동 가면, 그 저 본가에 이제 가면, 거기도 많지 않아. 사형제 패가 퍼지니까 이제 집안도 있고 이래 많았지요. 고덕동이라는 데, 그 광주 고덕이라는 데가 있었어요. 거기가 아파트가 지금 들어서 가지고 아주 커요. 천호동. 지금 거기 그렇게 커졌어요.

˘ 그래 우리 아부지가 마:미 용:해 가주구 노인 삼춘 부모만 그러캐 세
워를 보내다 고만 세상 뜨구, 난:두 지판칸 읍:씨 맨드러나 가주구 내가
참 주글 꼬상두 마:이 해찌 머. 아이그, 얘기해먼 멀 해. 상:, 상:거 얘기해
먼 당채 머, 게 이제 맘머꾸 샤:능 기 어지간해고, 이이두 좀 부:자찌배선
나:한태 와서 참 속:뚜 마이 썩구 고상두 마이 해구. 아이, 옌:나래 왜정
때 베럴 칠십 썩 해먼 엄청낭 거유, 베럴 칠십 썩.⁴⁵⁾ 그러케 해써유.

˘ 우리 어머니두 마흔 한 대:여섯 대:서, 한 댓: 되:서 도러가신나. 거뚜
저: 머여, 이 저 다냥, 다냥⁴⁶⁾ 소백산 중터긴대 거기서 부:자써써요, 거기
두. 통가릴⁴⁷⁾ 해:노쿠 참 우리 어머니두 그러키 부:자찌비서 오시써.

통가리는 무슨?

˘ 통가리를 베 통가리가 그러캐 쿵: 개, 아 그래고 갸:를 머 엄청나지,
머 머 머. 부:잔대 그 거거 상꼬래서두 부:자라구. 그래서 저 갸:를 네:기⁴⁸⁾
따 가주구.

˭ 거기서 머 꿀두 그러캐 마:니, 벌:통도 마:니 미기구.⁴⁹⁾

˘ 일려내 열두 초롱씩⁵⁰⁾ 떠씨니까 산뿔:, 산불:.⁵¹⁾ 여기서 이러캐 해능 개
양보:리 아니구 그래서 서울 갈 때 가주가믄 불티거치 나가구. 그르개 조
은 꾸럴 떠서 팔구, 그래니까 부:자가 되짜너. 우리 외가찌배두 그랭기 점
부 그래 가주설랑애 아이구, 샤:람 몸: 만냄 다: 고상이구 그러치 머.

식꾸드른 어떤 사람드리 이써써요, 그럼? 할머니.

˭ 우리 친정애유?

아니 친정애두 그러쿠 이쪽 시대개두 그러쿠.

˘ 누가 이긴 머 이써.

˭ 종조할, 내가 오니까루 종조할머:이 종조하라부지 다: 기시드라구. 종
조할머이 종조하라부지 다: 그쎄 그래잉까루 우리 아버니미 머이 삼춘 부
모를 모:시구 사묵 게:시쓩 거여. 그래니까루 이꾸, 우리 큰 시누 하나 이꾸

ˉ 그래 우리 아버지가 마음이 용해 가지고 노인 삼촌 부모만 (모시고) 그렇게 세월을 보내다 그만 세상 뜨고, 나도 집 한 칸 없이 만들어 놔 가지고 내가 참 죽을 고생도 많이 했지 뭐. 아이고, 얘기하면 뭘 해. 산, 산 것 얘기하면 당최 뭐, 이제 밥 먹고 사는 것이 어지간하고, 이이도 좀 부잣집에서 나한테 와서 참 속도 많이 썩고 고생도 많이 하고. 아이, 옛날에 왜정 때 벼를 칠십 석 하면 엄청난 거요, 벼를 칠십 석. 그렇게 했어요.

ˉ 우리 어머니도 마흔 한 대여섯 되어서, 한 댓 되어서 돌아가셨나. 그것도 저 뭐야 이 저 단양, 단양 소백산 중턱인데 거기에서 부자였어요, 거기도. 통가리를 해 놓고 참 우리 어머니도 그렇게 부잣집에서 오셨어.

통가리는 무슨?

ˉ 통가리를 벼 통가리가 그렇게 큰 것이, 아 그리고 감을 뭐 엄청나지, 뭐 뭐 뭐. 부자인데 그 거기 산골에서도 부자라고. 그래서 저 감을 제기 따 가지고.

= 거기서 뭐 꿀도 그렇게 많이, 벌통도 많이 먹이고.

ˉ 일 년에 열두 초롱씩 떴으니까 산벌, 산벌. 여기서 이렇게 하는 것이 양벌이 아니고 그래서 서울 갈 때 가지고 가면 불티같이 나가고. 그렇게 좋은 꿀을 떠서 팔고, 그러니까 부자가 됐잖아. 우리 외갓집에도 전부 그래 가지고서 아이고, 사람 못 만나면 다 고생이고 그렇지 뭐.

식구들은 어떤 사람들이 있었어요, 그럼? 할머니.

= 우리 친정에요?

아니 친정에도 그렇고 이쪽 시댁에도 그렇고.

ˉ 누가 있긴 뭐 있어.

= 종조할(머니), 내가 오니까 종조할머니 종조할아버지 다 계시더라고. 증조할머니 증조할아버지 다 글쎄 그러니까 우리 아버님이 뭐야 삼촌 부모를 모시고 사뭇 계셨던 거야. 그러니까 있고 우리 큰 시누 하나 있고

자근 시누 이꾸.

￣ 조카, 저 조카 저 등꼴 다: 빼:머거찌 머:. 일번 거 동경 가서 니기 그
핸: 누무거 돈: 일본꺼정 가서 돈: 본: 누무거 내: 보내면 다: 기양…

＝ 그래 가주구서는 인재.

￣ 등꼴 다: 빼: 머거찌 머.

＝ 우리 시동상얼 인제 나 와:서 그래 나: 가주구선 그 이듬해두 우리 종
주하라부지가 여:러무루넌 인재 마당애 안저서 이래 머 지녀글 먹떠이,
주걸 쑤던지 머 국씨럴 해던지 해: 가주구 마당애 안저서 이래 먹찌. 우
리 종주하라부지가 이래 잡쑤꼬 슬::슬 뒤애 댕기시어. 댕기시면 ‘아이구:
아 이미넌 머 궁물두 모: 드더 멍넝구나.’ 그기 내: 귀애[52] 쟁쟁해, 시방두.
아이구: 우리 아 어미는 머, 발쌔 뒤찌멀 이래: 지꾸 뒤애 슬:슬.

￣ 아 인재 고만 딴 얘길 해. 헤헤, 인재.

＝ 댕기시민서… 허허허허 허허허허.

￣ 인재 고만두구 딴 얘긴 해: 어. 그거 다: 몰: 하넌 얘기여, 그까이.

＝ ‘우리 아: 이미넌 머 궁물두 모드더멍넝구나.’ 이래구, 그래구.

￣ 참 왜정 때:.

지그믄 시꾸가 어트개 되요?

￣ 머여.

시꾸드리.

＝ 우리 시꾸가유?

다 하패 전채.

￣ 우리 시꾸가 머, 머이 우트개 돼유.

누구누구 있냐구요.

＝ 우리 동상, 시동상, 시동상 하나 이찌 머. 시동상이 시방 딸 삼형재
아덜 하 사: 남매래유, 시동상이. 그래구 우리가 딸 삼형재 아덜 하나 사:

작은 시누 있고.

˥ 조카, 저 조카 저 등골 다 빼먹었지 뭐. 일본 거 동경 가서 네기 그것 한 놈의 것 돈 일본까지 가서 돈 번 놈의 것을 내 보내면 다 그냥…

= 그래 가지고는 이제.

˥ 등골 다 빼 먹었지 뭐.

= 우리 시동생을 이제 나 와서 그래 낳아 가지고는 그 이듬해도 우리 종주할아버지가 여름으로는 이제 마당에 앉아서 이래 뭐 저녁을 먹더니, 죽을 쑤든지 뭐 국수를 하든지 해 가지고 마당에 앉아서 이래 먹지. 우리 종조할아버지가 이래 잡수시고, 슬슬 뒤에 다니셔. 다니시면서 '아이고 아이 어미는 뭐 국물도 못 얻어먹는구나.' 그것이 내 귀에 쟁쟁해, 시방 도. 아이고, 우리 아이 어미는 뭐, 벌써 뒷짐을 이래 지고 뒤에 슬슬.

˥ 아, 이제 그만 다른 얘기를 해. 헤헤, 이제.

= 다니시면서… 허허허허 허허허허.

˥ 이제 그만두고 다른 얘기나 해 응. 그것 다 뭘 하는 얘기야, 그까짓.

= '우리 아이 어미는 뭐 국물도 못 얻어먹는구나.' 이러고, 그리고.

˥ 참 왜정 때.

지금은 식구가 어떻게 돼요?

˥ 뭐야.

식구들이.

= 우리 식구가요?

이 합해 전체.

˥ 우리 식구가 뭐, 뭐 어떻게 돼요.

누구누구 있느냐고요.

= 우리 동생, 시동생, 시동생 하나 있지 뭐. 시동생이 시방 딸 삼형제 아들 하(나) 사 남매예요, 시동생이. 그리고 우리가 딸 삼형제 아들 하나 사

남매구. 그 시꾸, 그 우리 시꾸 그거 뿌니래요.

아들두 장가보내구 그래짜너요. 그럼 인재 또 시꾸가 더 늘자너요.

˭ 시꾸넌 그 아덜두 머, 그 아덜 딸 남매배끼 몬: 난 걸 머. 아덜 딸 남매배끼 몬:…

그래잉까 누구누구 이써요? 아덜 이꾸 또.

˭ 아덜 이꾸 손자 이꾸 손녀 이, 손녀딸 이꾸, 즈: 시꾸두 네 시꾸지유.

시꾸는 할머니가 머라 그래요, 시꾸덜 오면.

˭ 어?

아들 시꾸 보구는 할머니가 머라 그래요?

˭ 시꾸보구?

˭ 손, 손자 손녀지 머여.

아니 아들 시꾸보구 머라구 불러요?

˭ 아덜 시꾸, 아덜 시꾸보구 머 아덜.

˭ 머여 사 네:, 네: 시꾸라구 그래지 머 그냥.

아드리 장개 가자나요? 아들 장가 가자나요?

˭ 가면.

그럼 여자가 또 오자나요.

˭ 메:누리지 머 메:누리.

˭ 메:누리지 머.

그럼 그거뚜 다 시꾸루 드르가자너요.

˭ 그럼. 시꾸지 머.

˭ 그래니까루 네: 시꾸재네요.[53]

˭ 아이 그, 그거 참 딸 거찌 머. 따리니 니:시지 머, 따리. 아덜 하나애 오:남매지 뭐. 하하하. 따지구 보면 그러차너?

딸두 또 애드리 이짜나요?

˭ 그럼. 애:드리 이찌.

남매고. 그 식구, 그 우리 식구 그것뿐이에요.

아들도 장가보내고 그랬잖아요. 그럼 이제 또 식구가 더 늘잖아요.

= 식구는 그 아들도 뭐, 그 아들 딸 남매밖에 못 낳은 것을 뭐. 아들 딸 남매밖에 못…

그러니까 누구누구 있어요? 아들 있고 또.

= 아들 있고 손자 있고 손녀 있(고), 손녀딸 있고, 저희 식구도 네 식구지요.

식구는 할머니가 뭐라 그래요? 식구들 오면?

= 어?

아들 식구에게는 할머니가 뭐라 그래요?

= 식구한테?

⁻ 손, 손자 손녀지 뭐야.

아니 아들 식구한테 뭐라고 불러요?

⁻ 아들 식구, 아들 식구한테 뭐 아들.

= 뭐야, 사 네, 네 식구라고 그러지 뭐 그냥.

아들이 장가가잖아요? 아들 장가가잖아요?

⁻ 가면.

그럼 여자가 또 오잖아요.

⁻ 며느리지 뭐, 며느리.

= 며느리지 뭐.

그럼 그것도 다 식구로 들어가잖아요.

⁻ 그럼. 식구지 뭐.

= 그러니까 네 식구잖아요.

⁻ 아이 그, 그거 참 딸 같지 뭐. 딸이니 넷이지 뭐, 딸이. 아들 하나에 오 남매지 뭐. 하하하. 따지고 보면 그렇잖아?

딸도 또 애들이 있잖아요?

⁻ 그럼 애들이 있지.

＝ 우리 큰따런 아덜 딸 삼, 삼남매, 아덜 둘: 딸 하나, 또 두:째 딸두 아덜만 둘:, 세:째 딸두 아덜만 둘:.

그걸 머라구 불러요? 그, 그쪼개서.

＝ 외:손녀 외:손자라 그래지 머. 외:손자가 둘:, 세:째두, 세:째두 외:손자가 둘:, 둘:째두 외:손자가 둘:.

서방니미라구 하먼 누굴 서방니미라 그래요?

⁻ 서방니미라넝 건 계:수가 서방니미라[54] 그래지.

누구보구?

⁻ 날:보구.

⁻ 계:수니까. 동상애 시꾸니, 안시꾸니까.

동상애 안시꾸가?

⁻ 날:보구 서방니미라 그래지.

그럼 데린니미라구 하능 건?

＝ 데린니먼 겨론해기 저내 데린니미라 그래지.

겨론하기 저내?

＝ 예.

⁻ 저 내 동상내두 겨론 안 해씨니까.

＝ 겨료나기 저내 데, 데린니미라 그래넌대. 결혼해씨니까루 난:두 시동상한태 서방니미라 그래자녀. 그래 시방은 서방님 쏘리가 안 나오구 애:덜 대해서 자꾸 삼추니라구[55] 자꾸 그러캐 마:리 나오드라구. 애, 애:덜 삼추니라구.

예, 애들 삼추니니까.

＝ 그래 애:덜 대해서 그양 애:덜 삼춘쏘리 나오지 서방님 쏘리가 안 나오드라구.

⁻ 애:덜 머, 메:누리두 그래유, 메:누리두. 그 머라고 할깨 머 이써, * 경 * 경이니까 * 경 에미라[56] 그래구 * 경 애비라[57] 그래구 고만 드끼 조:

˭ 우리 큰딸은 아들 딸 삼, 삼남매 아들 둘 딸 하나, 또 둘째 딸도 아들만 둘, 셋째 딸도 아들만 둘.

그것을 뭐라고 불러요? 그, 그쪽에서.

˭ 외손녀 외손자라 그러지 뭐. 외손자가 둘, 셋째도, 셋째도 외손자가 둘, 둘째도 외손자가 둘.

서방님이라고 하면 누구를 서방님이라고 그래요?

˗ 서방님이라는 것은 계수가 서방님이라 그러지.

누구보고?

˗ 나한테.

˗ 계수니까. 동생의 식구니(까), 안식구니까.

동생의 안식구가?

˗ 나한테 서방님이라 그러지.

그럼 도련님이라고 하는 것은?

˭ 도련님은 결혼하기 전에 도련님이라 그러지.

결혼하기 전에?

˭ 예.

˗ 내 동생네도 결혼 안 했으니까.

˭ 결혼하기 전에 도, 도련님이라 그러는데. 결혼했으니까 나도 시동생한테 서방님이라 그러잖아. 그래 시방은 서방님 소리가 안 나오고 애들 대해서 자꾸 삼촌이라고 자꾸 그렇게 말이 나오더라고. 애, 애들 삼촌이라고.

예, 애들 삼촌이니까.

˭ 그래 애들 대해서 그냥 애들 삼촌 소리 나오지 서방님 소리가 안 나오더라고.

˗ 애들 뭐, 며느리도 그래요, 며느리도. 그 뭐라고 할 게 뭐 있어, * 경 * 경이니까 * 경 어미라 그러고 * 경 아비라 그러고 그만 듣기 좋게 그

캐 그래먼 되지 머. 그럼 되자너.

시집 오면 소누애 저기 남펴내 소누 누나두 이짜너요? 여자.

⁻ 시누:.

＝ 시누?

시누라 그래요?

⁻ 그럼 시누지:.

그럼 두리는 어떤 사리아 그래야 대요?

＝ 남매 사이.

아니 시누하구.

＝ 시누하구 나하구?

예.

＝ 시누 올캐 간.

시누 올캐 간.

＝ 야.

그럼 시누가 올캐라구 불르능 거구?

＝ 야.

러면 되지 뭐. 그럼 되잖아.

시집오면 손위에 저기 남편의 손위 누나도 있잖아요? 여자.

⁻ 시누.

＝ 시누?

시누라 그래요?

⁻ 그럼 시누지.

그럼 둘이는 어떤 사이라 그래야 돼요?

＝ 남매 사이.

아니 시누하고.

＝ 시누하고 나하고?

예.

＝ 시누이 올케 간.

시누이 올케 간.

＝ 예.

그럼 시누가 올케라고 부르는 것이고?

＝ 예.

1) 이 방언에서는 '가리키다'와 '가르치다'를 구별하지 않고 쓴다. 예문의 '가리키다'는 중앙어의 '가르치다'의 의미로 쓰인 것이다. 충청도 방언에서는 중앙어 '가르치다'의 의미로 '가리키다' 외에 '가르키다'와 '갈키다' 및 '갈친다'도 쓰인다.

2) '심백똥'은 '신백동'의 음성형으로 제천시에 속하는 행정구역 동 이름의 하나다.

3) '멤 명씩 돼'는 '몇 명씩 돼'의 음성형으로 중앙어 부정의문문 '몇 명이나 되겠어?'에 해당되어 '몇 명 안 된다'는 뜻으로 쓰인다.

4) '개두'는 중앙어 '그래도'에 해당하는 이 지역 방언형이다.

5) '우래'는 '우라고 해'의 융합형이다. '우'는 성적이나 등급을 '수, 우, 미, 양, 가'의 다섯 단계로 나눌 때 둘째 단계를 가리키는 말이다.

6) '할애비'는 '할아버지'의 이 지역 방언형이다. 이 지역에서는 '할애비'와 '할아버지'의 개념적인 의미는 같지만 쓰이는 맥락에는 차이가 있다. '할애비'는 주로 할아버지가 손자에게 말할 때 스스로를 지칭하는 경우에 쓰이기 때문에 손자가 자기의 할아버지에 대하여 말할 때나 남의 할아버지에 대하여 말할 때는 주로 '할아부지' 형이 호칭어와 지칭어로 다 쓰인다. 충청도 방언에서는 '할아부지' 외에 '할아버이, 할아범, 할부지, 할아배, 영감, 영감쟁이, 영감탱이, 영감태기, 응감, 응감탱이, 응감태기' 등이 쓰인다. 이 가운데 '영감쟁이, 영감탱이, 영감태기, 응감탱이, 응감태기' 등은 낮잡아 이르는 말로 쓰인다. 주 23) 참조.

7) '고마이지'는 중앙어 '그만이다'에 대응하는 이 지역 방언형 '고만이다'의 활용형으로 그것으로 끝임을 뜻하는 말이다. 이 지역 방언에서는 모음과 모음 사이에 'ㄴ'이 개재하고 뒤의 모음이 '이'이면 '가마니→가마이, 주머니→주머이, 할머니→할머이'와 같이 'ㄴ'이 약화되거나 탈락시키는 경향이 있다. 예문에 보이는 '고마이지'는 '고만이지'에서 '이' 모음 앞에 오는 'ㄴ'이 탈락한 것이다. 모음 '이' 앞에 오는 자음 'ㄴ'이 탈락하면서 뒤에 오는 모음 '이'를 비음화시키기도 한다.

8) '모:돌러따구'는 '못 올렀다구'의 음성형이다. '올렀다'는 '올르다'의 활용형으로 중앙어에서 시험 등에 '합격하다' 또는 '붙다'에 대응하는 말이다. '떨어지다'가 일정한 기준에 도달하지 못하여 선택되지 못했다는 의미로 쓰인다는 점에서 보면 '올르다'는 일정한 기준에 도달한다는 의미를 갖는다. 이렇게 보면 '올르다'와 대립되는 개념은 '내리다'가 아닌 '떨어지다'가 된다.

9) '나마는'은 '나이가 많은'의 뜻을 갖는 '나많다'의 활용형이다. '나마는'을 '나이 많은'으로 볼 수도 있으나 이 지역 방언에서 '나'가 독립해서 '나이'의 뜻으로는 잘 쓰이지 않고 '나많다'가 하나의 개념인 '고령이다'의 뜻으로 쓰인다는 점에서 '나많다'를 '나이 많다'가 합성되어 재구조화된 어형으로 보아야 할 것이다.

10) '근'은 '그거는→그건→근'의 축약 과정을 거친 것이다. '근'은 중앙어 '그것은'에 대응한다.

11) '지'는, 중앙어에서 앞에서 이미 언급하였거나 나온 바 있는 사람을 도로 가리키는 삼인칭 재귀대명사 '자기'에 관형사형 어미 '의'가 결합된 '제'에 해당하는 이 지역 방언형이다. 충청도 방언에서 '제'가 장모음으로 발음되면 고모음화하는 현상이 있는데 '지'도 그런 예에 속한다. 이 지역 방언에서는 '지'가 주격과 관형격으로 쓰이는데 예문에서는 관형격으로 쓰인 것이다. 주 12) 참조.

12) '지'는 앞에서 이미 말하였거나 나온 바 있는 사람을 도로 가리키는 삼인칭 재귀대명사 '자기'의 주격형 '제'에 해당하는 이 지역 방언형이다. 주 11) 참조.

13) '몰:'은 중앙어 '무엇을'에 대응하는 이 지역 방언 음성형으로 이해된다. 충청도 방언에서 '몰' 외에 '멀'과 '뭘'도 중앙어 '무엇을'의 의미로 쓰인다.

14) '우투칼'은 중앙어 '어떻게 할'에 해당하는 '우투기 할'의 축약형이다.

15) '팔찬'은 이 지역 방언 '팔춘'을 잘못 발음한 것이다.

16) '종조하라부지'는 '증조할아버지'의 잘못이다. 제보자의 개인어라고 할 수 있다.

17) '시사(時祀)'는 음력 10월에 5대 이상의 조상 무덤에 지내는 제사로 흔히 '시향(時享)' 또는 '시제(時祭)'라고 한다.

18) '고조하라부지'는 '현조할아버지'의 잘못이다. 제보자의 개인어라고 할 수 있다.

19) '종조할머이'는 '증조할머니'의 잘못이다. 제보자의 개인어라고 할 수 있다.

20) '징조할머이'는 '고조할머니'의 잘못이다. 제보자의 개인어라고 할 수 있다.

21) 중앙어에서는 '식구'가 한집에 함께 살면서 끼니를 같이하는 사람을 뜻하는 말인데 이 지역 방언에서는 '아내'의 뜻으로도 쓰인다. '식구는 아퍼서 못 왔어'라고 할 때의 '식구'는 화자의 아내를 뜻한다.

22) '남할챈'은 중앙어 '남한테는'에 대응하는 이 지역 방언형 '남한탠'을 잘못 발음한 것이다.

23) '할아버이'는 중앙어 '할아버지'의 이 지역 방언형이다. 이 지역 방언에서는 중앙어 '할아버지'가 '할아부지'와 '할아버이' 및 '할애비'로 분화되어 쓰이는데 '할아부지'는 자기의 할아버지를 부르거나 가리킬 때 쓰는 말이고, '할아버이'는 남의 할아버지를 가리킬 때 주로 쓰인다. '할애비'는 할아버지가 자기의 손자에게 스스로를 지칭할 때 쓰이고 호칭할 때는 쓰이지 않는다. 주 6) 참조.

24) '식꿔'는 '식구'를 잘못 발음한 것이다.

25) '가'는 중앙어 '그 아이'가 줄어든 '그애' 또는 '걔'에 대응하는 이 지역 방언형이다. '이 아이'가 줄어든 '이애' 또는 '애'에 대응하는 이 지역 방언형은 '야'이고 '저 아이'가 줄어든 '저애' 또는 '쟤'에 대응하는 이 지역 방언형은 '자'다. '가, 자, 야'는 각각 '그 아(그 아이), 저 아(저 아이), 이 아(이 아이)'의 축약형이다.

26) '안노인'은 나이가 들어 늙은 여자, 즉 여자 노인을 뜻한다. 〈표준국어대사전〉에는 '안노인'을 '집안의 여자 노인'이라고 설명하고 있으나 이 지역 방언에서는 '안노인'이 남의 집 여자 노인을 주로 가리킨다는 점에서 의미 차이가 있다.

27) '머시끼'는 사람이나 사물의 이름이 얼른 생각나지 않을 때나 하려는 말이 얼른 생각나지 않거나 바로 말하기가 거북할 때 쓰는 말이다. 중앙어의 '거시기'와 거의 비슷하지만 얼마간의 차이가 있다. '머시끼'는 사람이나 사물의 이름이 얼른 생각이 나지 않아 상대방에게 물어 해결하려는 의미를 내포하고 있다는 점에서 단순히 이름이 얼른 생각나지 않거나 바로 말하기 곤란한 사람 또는 사물을 가리키는 중앙어의 '거시기'와 차이가 있다. 이 방언에서는 '머시끼'와 비슷하게 쓰이지만 얼마간의 차이를 보이는 말로 '거시끼'가 쓰인다. '머시끼'가 의문의 기능을 가진다면 '거시끼'는 지시적인 기능이 있다는 점에서 다르다. 예컨대 '가 이름이 머시끼지?'나 '그기 머시끼더라'라고 하면 각각 '그 아이 이름이 무엇인지 대답해 달라'거나 '그것이 무엇인지 생각이 안 난다'는 의미기능이 있어 '그 아이 이름이 무엇이지?'나 '그것이 뭐더라'로 바꾸어 쓸 수 있지만 '가 이름이 거시끼지?'나 '그기 거시끼더라'라고 하면 각각 '그 아이 이름이 지금 바로 생각나지는 않지만 청자인 상대방도 아는 어떤 사람이지 않느냐'나 '그것 이름이 지금은 바로 생각나지 않지만 금방 생각하여 확인해줄 수 있다는 의미기능이 있다는 점에서 차이를 보인다.

28) ‘멘:누리’는 ‘메:누리’를 잘못 발음한 것이다.

29) ‘새메누리’는 ‘새+메누리’로 분석할 수 있다. ‘메누리’는 중앙어 ‘며느리’에 해
    당하므로 ‘새메누리’는 ‘새로 들어온 며느리’ 또는 ‘갓 시집온 며느리’ 정도로
    풀이할 수 있다. 이때의 ‘새’는 ‘새색시, 새새댁, 새신부, 새신랑’에 쓰인 ‘새’
    등과 함께 접두사로 보아야 할 것이다. ‘새새닥, 새메누리’ 등이 하나의 단위
    로 인식되어 쓰이고 ‘새’와 짝을 이루는 ‘헌’이 붙은 ‘헌색시, 헌새댁, 헌신부,
    헌신랑’ 등은 쓰이지 않기 때문이다.

30) ‘기수씨’는 남자 형제 사이에서 동생의 아내를 대접하여 이르거나 부르는
    말로 중앙어의 ‘제수씨’ 또는 ‘계수씨’에 대응한다. ‘기수’는 남자 형제 사이에
    서 동생의 아내를 가리키는 말로 중앙어의 ‘제수’에 해당한다. 충청도 방언에
    서 동생의 아내를 대접하여 이르는 말로 ‘기수씨’ 외에 ‘제수씨’와 ‘지수씨’도
    쓰인다. 동생의 아내를 중립적인 의미로 쓰거나 남의 아내를 지칭할 때는
    ‘기수’ 외에 ‘제수’와 ‘지수’가 쓰인다.

31) ‘누님’은 ‘누나’의 높임 말이다. 청소년층에서는 주로 ‘누나’라는 말을 쓰고
    장년층 이상 어른이 되면 ‘누님’이라는 말을 많이 쓴다.

32) ‘매향님’은 중앙어 ‘매형’에 해당하는 말로 ‘누님’의 남편을 가리킨다. ‘누님’
    이 ‘누나’의 높임말로 쓰이는 것과 평행하게 ‘매향님’은 누나의 남편인 ‘매향’
    의 높임말로 쓰인다. 충청도 방언에서는 누님의 남편과 여동생의 남편을 구
    별하지 않고 ‘매형’ 또는 ‘매향’으로 지칭하고 호칭하는 경우도 있고 누님의
    남편은 ‘매형’ 또는 ‘매향’이라고 하고 여동생의 남편은 ‘매제’라고 하여 구별
    하기도 한다.

33) ‘뿐대’는 ‘뿐인데’를 잘못 발음한 것이다.

34) ‘용해’는 ‘용하다’의 활용형이다. ‘용하다’는 성질이 순하고 어리석다는 뜻의
    형용사다.

35) ‘산척’은 충북 충주시 산척면을 가리킨다.

36) ‘엄정’은 충북 충주시 엄정면을 가리킨다.

37) ‘걸’은 중앙어 ‘거기를’에 해당하는 이 지역 방언형이다. ‘거기를→거길→걸’
    또는 ‘거기럴→거럴→걸’의 과정을 거친 것으로 이해된다.

38) ‘이태’는 ‘두 번째 해’를 이르는 말이다. 해를 헤아릴 때 ‘한 해, 두 해, 삼
    년…’과 같이 세지만 순서를 나타낼 때는 ‘첫해, 이태, 삼년…’과 같이 한다.

39) ‘일가집’은 ‘일가(一家)’에 ‘집’이 중복된 형태다.

40) ‘굴복찌’는 ‘굴복제’의 이 지역 방언 음성형이다. ‘굴복제→굴복지’의 변화를

거친 것이다.

41) '핸내'는 지명으로 충북 제천시 금성면에 있는 자연 마을 가운데 하나인 '한
내(寒泉)'의 이 지역 방언 음성형이다.

42) 주제보자는 '고조할아버지'를 '종주할아부지'라고 하는데 비해 보조제보자인
할머니는 '종조할아버지'를 '종주할아부지' 또는 '종조할아부지'라고 한다.

43) '오입'이 중앙어에서는 '아내가 아닌 여자와 성관계를 가지는 일'을 뜻하는
말이지만 이 지역 방언에서는 '가정을 떠나 집을 나가는 것'을 뜻하는 '가출
(家出)'의 의미로도 쓰인다. '오입'이 '가출'의 의미로 쓰일 때는 '오입 가다'와
같이 동사 '가다'와 함께 쓰이는 특징이 있다.

44) '대:판'은 일본의 지명인 '오오사카(大板)'을 가리킨다. 제보자는 '대판(大板)'
이 일본의 어디에 있는지는 모르고 지명만 알고 있을 뿐이어서 동경(東京)과
대판(大板)을 구별하지 못하는 것으로 보인다.

45) '석(石)'은 부피의 단위로 곡식이나 가루, 액체 따위의 부피를 잴 때 쓴다.
중앙어에서는 한 섬이 한 말의 열 배로 약 180리터에 해당하지만 이 지역 방
언에서의 한 섬은 스무 말로 한 가마니를 가리킨다.

46) '다냥은 '단양(丹陽)'의 이 지역 방언 음성형이다. '단양'은 충청북도의 최북
단에 위치한 군의 이름인 동시에 단양군의 군청 소재지의 행정 구역명이기
도 하다.

47) '통가리'는 쑥대나 싸리 따위를 새끼로 엮어 광이나 방바닥에 둥글게 둘러
치고 그 안에 벼나 감자 또는 고구마 따위의 곡식을 넣을 수 있도록 만든 일
종의 곡식 저장고다. '벼'를 저장하면 '베(벼) 통가리'라고 하고, 고구마나 감
자를 저장하면 각각 '고구마 통가리' 또는 '감자 통가리'라고 부른다.

48) '네기'는 이 지역 방언에서 화자의 느낌이나 놀람을 나타내는 간투사로 쓰
이기도 하고 때로는 몹시 못마땅하여 욕으로 쓰이기도 하는데 이런 경우는
중앙어의 '제기' 내지 '제기랄'과 같이 뒤에 부정적인 말이 쓰인다. 이와 비슷
한 조건에서 욕으로 쓰이는 간투사로 '니미'가 있다. '니미'는 중앙어 '네미'에
해당하는 말로 어떤 일에 대하여 못 마땅할 때 욕으로 하는 말이다. 거의 비
슷한 뜻으로 '니미' 외에 '니기', '네미', '네기'도 쓰인다. '니미'나 '네미'는 욕으
로도 쓰인다. '니기'는 중앙어의 '네기'에 대응하는 것으로 볼 수 있는데 의미
범주에 약간의 차이가 있다. 중앙어의 '네기'는 몹시 못마땅하여 욕으로 하는
말로 쓰이지만 이 방언에서는 못마땅하여 욕으로 하는 말 외에 화자의 느낌
이나 놀람을 나타내는 간투사로 쓰이기도 한다. '니기'는 주로 후자의 뜻으로

쓰인다. 충북 방언에서 관찰되는 '니기랄, 네미, 네미랄, 지미, 제미'도 이와 거의 비슷한 같은 기능을 한다.

49) '미기다'는 '먹이다'의 이 지역 방언 '믹이다'의 음성형이다. '먹이다→멕이다→믹이다'의 과정을 거친 것으로 이해된다. 예문에서는 중앙어의 '치다'에 대응하는 뜻으로 사용하였다. 이 지역 방언에서는 '벌'에 대하여 '믹이다'와 '치다'가 다 쓰인다. 예문의 '벌:통도 마:니 미기구'에서는 '벌통'을 미기는 것이 아니고 '벌을 미긴다'고 해야 한다. 그런데 벌은 '미긴다'고 하기보다 '친다'고 해야 할 것이다. '미기다'가 가축에 대하여 쓰일 때는 중앙어 '먹이다'의 의미로도 쓰이고 '기르다'의 의미로도 쓰인다. 예컨대, '소를 믹인다'고 하면 '소에게 먹이를 준다'는 뜻으로 쓰일 수도 있고 '소를 기른다'는 뜻으로도 쓰일 수 있다. 이에 비해 '소 믹인다'는 '소를 기른다'는 뜻으로만 쓰인다.

50) '초롱'은 석유나 물 따위의 액체를 담는 데 쓰는, 양철로 만든 통으로 수량을 나타내는 말 뒤에 쓰여 그 분량을 세는 단위로 쓰인다.

51) '산볼'은 산에 있는 야생 벌이라는 뜻의 이 지역 방언인데 흔히 '토종벌'이라고 한다. 충청도 방언에서는 '산볼' 외에 '산벌'도 쓰인다. 이에 비해 집에서 기른 벌은 '양봉'이라고 한다.

52) '귀'는 단모음 '위([ü])'로 발음 된다.

53) '네:시꾸재네요'는 '네 식구잖아요'를 잘못 발음한 것이다.

54) '서방님'은 중앙어에서 '남편'을 높여 이르거나 '시동생'을 가리키는 말로 쓰이지만 이 지역에서는 계수가 '시아주버니'를 부르거나 지칭할 때 또는 형수가 '시동생'을 부르거나 지칭할 때 쓰인다. 충청도 방언에서는 중앙어에서와 같이 남편을 가리키거나 부르는 2인칭으로는 거의 쓰이지 않고 '서방님도 잘 있지?'에서와 같이 청자의의 남편을 지칭하는 3인칭으로 쓴다. 주 55) 참조.

55) '삼춘'은 자기의 아이를 기준으로 하여 '시동생'을 호칭하거나 지칭하는 말이다. 예전에는 이 지역 방언으로 '서방님'이라는 말을 주로 썼는데 요즈음에는 아이들의 호칭에 기대어 '삼춘'이라는 말을 주로 쓴다고 한다. 주 54) 참조.

56) '00 에미'는 시부모가 며느리를 부르거나 지칭할 때 손자녀의 이름에 기대어 쓰는 말이다. '에미야!'하고 부르거나 손자녀 이름에 기대어 '00 에미야!'와 같이 부르는 종자명(從子名) 호칭으로 쓴다.

57) '00 애비'는 자기의 아들을 부르거나 지칭할 때 손자녀의 이름에 기대어 쓰는 말이다. '애비야!'하고 부르거나 손자녀 이름에 기대어 '00 애비야!'와 같이 부르는 종자명 호칭으로 쓴다.

출산과 육아

그리구서 애 날 때는 어트개 하셔써요?

" 날: 땐 그양 지배서 나:찌 머.

" 그땐 머이 병원은 어디 이써요, 머?

산파두 이꾸 머 그르차나요.

" 아:유, 읍:써써.

" 읍:써써유. 그 저낸 몰:러써요. 그렁 건 몰:러써.

" 지배서 그냥 나:찌.

그럼 나 가주구 어트개, 어트개 해써요?

" 그래 가주구 머.

애 나면.

" 나:먼 상[1] 갈르구 그래닝 거 머, 저기.

상 갈르능 건 어트개 하능 거요?

" 태 갈르능 거.

예.

" 태 갈르닝 거 그, 그 엔:나레 그 머 애:기럴 드러찌. 애:기를 듣꾸 그기 내가 갈:러찌 머 누가, 누가 이써 머. 그래구 난: 뒤:애 인재 우리 친정어머이가 오시뜨라구. 그래구 친정어머이두 머 혼차쏘니래나서 머 그때 와서 머 몰:러써. 그양 와따 가구 그래찌. 그 내 혼차 그냥 그래구, 그냥 고상얼 해:찌유 머.

 상 갈르능 거는 어트캐 하능 거요?

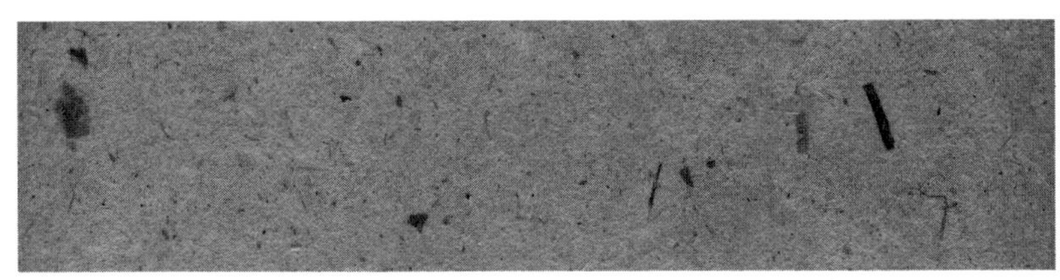

그리고서 애 낳을 때는 어떻게 하셨어요?

˝ 날 때는 그냥 집에서 낳았지 뭐.

˘ 그땐 뭐 병원이 어디 있어요, 뭐?

산파도 있고 뭐 그렇잖아요.

˘ 아유, 없었어.

˝ 없었어요. 그전에는 몰랐어요. 그런 것은 몰랐어.

˝ 집에서 그냥 낳았지.

그럼 낳아 가지고 어떻게, 어떻게 했어요?

˝ 그래 가지고 뭐.

애 낳으면.

˝ 낳으면 산 가르고 그러는 것 뭐 저기.

산 가르는 것은 어떻게 하는 거예요?

˝ 태 가르는 것.

예.

˝ 태 가르는 것, 그, 그 옛날에 그 뭐 얘기를 들었지. 얘기를 듣고 그것
내가 갈랐지 뭐. 누가, 누가 있어 뭐. 그러고 낳은 뒤에 이제 우리 친정어
머니가 오셨더라고. 그리고 친정어머니도 뭐 혼자손이라서 뭐 그때 와서
뭐 몰랐어. 그냥 왔다 가고 그랬지. 그 나 혼자 그냥 그러고, 그냥 고생을
했지요 뭐.

산 가르는 것은 어떻게 하는 거예요?

＝ 상 갈르넝 거넌 애:럴 나: 노:먼 태가 나와요.

예.

＝ 태가 나오먼 인재 애:럴 이래 노쿠, 태가 나오먼.

부터 이짜너요, 이르캐 태쭈리?

＝ 야, 태쭐 이찌유. 태쭈럴 이르캐 세: 버널 이르캐, 엔:나래 그 으:룬더리 가르켜 주대. 이르캐 세: 번 훌터 느:라구. 그거넌 훌터 느: 가주구서넌 여기 이만해개 끄느라 그래드라구, 그래 끄너서 갈라 노치 머.

＝ 배꼬배 달릴, 태가 달리짜너.

＝ 그래 그냥 그래가, 그래 가주구서넌 머. 아유, 우리 애: 나 키운 건 머 그냥, 머 머.

＝ 짐성, 짐성 나툿탱거여 짐성 머. 애기핼 거뚜 우:꾸.

＝ 집뚜 바뚜 모르구 머 아무따나.

＝ 엔:나랜 옵:써, 지끄미 그러치 머.

애기 나쿠 산후조리는 어트개 해써써요?

＝ 샤:무쪼리두²⁾ 머 기양 한 사나럴 머 해: 머꾸. 샤:무쪼리두 난 모: 태써요.

머 머거써요?

＝ 그때 나 처다 나:쿠는 동내서 배그벌 특별나개 배그벌 주더라구요. 그 지배 삼:모가 이쓰니까루 배그벌 줌 딴 사람보던 더 주라구. 그래 가주구 배급 쌀 가지구 머거찌유 머.

미여꾸근요?

＝ 미역꾹, 미역꾸근 지배서 사다가선 미역 끄리 머꾸.

그 애 나쿠 맨 처매 밥 멍능 걸 머라 그래요?

＝ 처꾹빱.

처꾹빱?

＝ 야.

˝ 산 가르는 것은 애를 낳아 놓으면 태가 나와요.

예.

˝ 태가 나오면 이제 애를 이래 놓고, 태가 나오면.

붙어 있잖아요, 이렇게 탯줄이?

˝ 예, 탯줄 있지요. 탯줄을 이렇게 세 번을 이렇게, 옛날에 그 어른들이 가르쳐 주더라고. 이렇게 세 번 훑어 넣으라고. 그것을 훑어 넣어 가지고는 여기 이만하게 끊으라고 그러더라고, 그래 끊어서 갈라놓지 뭐.

˝ 배꼽에 달렸(잖아), 태가 달렸잖아.

˝ 그래 그냥 그래가, 그래 가지고는 뭐. 아유, 우리 애 낳아 키운 것은 뭐 그냥, 뭐 뭐.

˝ 짐승, 짐승 낳듯 한 거야 짐승 뭐. 얘기할 것도 없고.

˝ 집도 밭도 모르고 뭐 아무렇게나.

˝ 옛날에는 없어, 지금이 그렇지 뭐.

애기 낳고 산후조리는 어떻게 했었어요?

˝ 산후 조리도 뭐 그냥 한 사날을 뭐 해 먹고. 산후 조리도 난 못 했어요.

뭐 먹었어요?

˝ 그때 나 첫애 낳고는 동네에서 배급을 특별나게 배급을 주더라고요. 그 집에 산모가 있으니까 배급을 좀 다른 사람보다는 더 주라고. 그래 가지고 배급 쌀 가지고 먹었지요 뭐.

미역국은요?

˝ 미역국, 미역국은 집에서 사다가는 미역 끓여 먹고.

그 애 낳고 맨 처음에 밥 먹는 것을 뭐라 그래요?

˝ 첫국밥.

첫국밥?

˝ 예.

그거 미역꾹 멍능 거요?

- 야.

= 처꾹빠배다가서 바파구 미역꾹 끄리 가주 처꾹빱이라구 인재 그래지.

삼치리른 머요, 삼치른?

= 삼치리먼 인재 삼치릴랄럴 그기 태럴 또 삼칠랄 가따가 태우드라구요. 삼친날 이래 가따가서넌 왕:개뿌럴[3] 이르캐 해 노코 태럴 거 가따 태우대. 삼, 삼날.[4]

나쿠 며칠 땐대?

= 사흘마내.

사흘마내?

= 야.

= 그래구 우떤 사라믄 나는 바루 가따가 꾹빱 끼릴 쩨 가따 느눈대드구먼. 이지밴 앙 그래구 사흘마내 가따 왕:개럴, 왕:개뿌럴 해 노코 왕:개뿌래다 태럴 가따 느:서 태우드라구요.

그 누가 태워요?

= 그건 인재 누가 가따 는:넌지 그건 모르넌대 가따가 왕:개뿌래다 이르캐 해서 태우드라구요.

그것 미역국 먹는 거예요?

˗ 예.

= 첫국밥에다 밥하고 미역국 끓여 가지고 첫국밥이라고 이제 그러지.

삼칠일은 뭐예요, 삼칠은?

= 삼칠이면 이제 삼칠일 날을 그것이 태를 또 삼칠일 날 갖다가 태우더라고요. 삼칠일 날 이래 갖다가는 왕겻불을 이렇게 해 놓고 태를 거기 갖다가 태우더라고. 삼, 삼칠일 날.

낳고 며칠 짼데?

= 사흘만에.

사흘만에?

= 예.

= 그리고 어떤 사람은 낳은 (뒤) 바로 갖다가 첫국밥 끓일 때 갖다 넣는다더구먼. 이집은 안 그리고 사흘만에 갖다 왕겨를, 왕겻불을 해 놓고 왕겻불에 태를 갖다 넣어서 태우더라고요.

그 누가 태워요?

= 그것은 이제 누가 갖다 넣는지 그것은 모르는데 가져다가 왕겻불에 이렇게 해서 태우더라고요.

애기 크먼 인재 잔치두 하자너요, 클 때마다 이러캐.

= 돌? 배길?

배길.

= 우리 애:더런 배:길두 모: 태줘:써요. 배길두 모: 태주구 돌두 모: 태준 걸 머. 돌두 머 도리라:구 그래 가주서넌 핸내 저기 육춘 동새가 싸:럴 바가지애다가 이래 가주 와때. 그래 가주 그걸 바비라고 해 주구. 친정어머이가 머 저기 오시라구 머 함, 함 벌 가주 와서 그래 이피 가주구 도:리라구 해 줘찌. 우린 돌두 모:태 줘써요.

요새는 어트개 해요? 배, 백일하고 돌.

= 요즈먼 머 인넌 사:라먼 말짱 그 식땅가서 머 부패해대. 인넌 사:라먼 말짱 부패…

⁻ 부:패뿌니여? 지끄먼 목꺼리꺼정 해: 주구 머, 반질 해:주던지 머, 벨 짓 다:하넌누무거. 애길 몰: 해.

= 아이 그렁 건 섬:물루 해 주넌데.

⁻ 지금 머, 머 아이고:, 애기 햄 몰: 해유. 지끔 애더런…

= 그거넌 가서 저기 그거 해드라구.

옌나래 상 차리구 그래짜나요? 도리나 머.

⁻ 어:, 책, 책뚜 가따 노쿠 염필두 가따. 노쿠.

= 머여 저기,

⁻ 상애다 올리 노쿠.

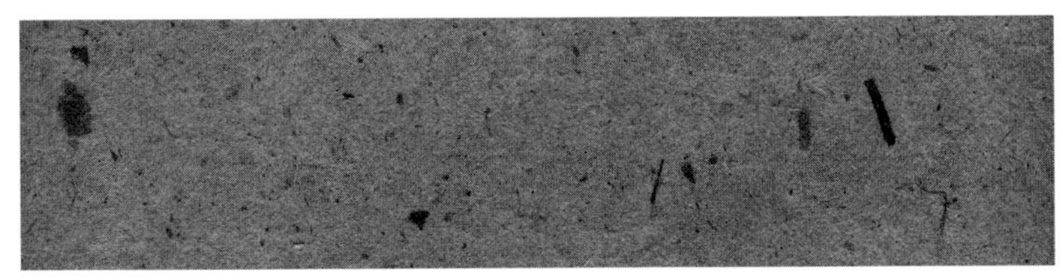

애기가 크면 이제 잔치도 하잖아요, 클 때마다 이렇게.

= 돌? 백일?

백일.

= 우리 애들은 백일도 못해 줬어요. 백일도 못해 주고 돌도 못해 준 것을 뭐. 돌도 뭐 돌이라고 그래 가지고는 한내(寒泉) 저기 육촌 동서가 쌀을 바가지에다가 이래 가지고 왔더라고. 그래 가지고 그것을 밥이라고 해 주고. 친정어머니가 뭐 저기 옷이라고 뭐 한, 한 벌 가져와서 그래 입혀 가지고 돌이라고 해 줬지. 우린 돌도 못해 줬어요.

요새는 어떻게 해요? 백일하고 돌.

= 요즘은 뭐 있는 사람은 모두 그 식당에 가서 뭐 뷔페하대. 있는 사람은 모두 뷔페…

ˉ 뷔페뿐이야? 지금은 목걸이까지 해 주고 뭐, 반지를 해 주든지 뭐, 별 것 다하는 놈의 것. 얘기를 뭘 해.

= 아이, 그런 것은 선물로 해 주는데.

ˉ 지금 뭐, 뭐 아이고, 얘기하면 뭘 해요. 지금 애들은…

= 그것은 가서 저기 그것 하더라고.

옛날에 상 차리고 그랬잖아요? 돌이나 뭐.

ˉ 어, 책, 책도 갖다 놓고 연필도 갖다 놓고.

= 뭐여 저기,

ˉ 상에 올려놓고.

" 돌재비 해준다구, 돌재비 해준다구 돌쌍얼 이래 채려 노쿠서넌 인재 책 가따 노쿠 또 멀: 가따나?

¯ 염필 가따 노쿠,

" 염필 가따 노쿠,

¯ 붇, 붇, 부가따…

" 실: 가따 노쿠 그래먼 인재, 그 애:가 인재 가서 시:럴 가서 먼저 지브먼 머 미영이 질:구, 또 이르캐 연피럴 지:구 인재 글씨 쓰구 인재 연피럴 지먼 공부 잘해구 그랜다구. 그거 보느라 그래드라구요.

¯ 책, 책얼 들먼 책 잘 잉넌다 그래구 그러치 머.

" 돌재비 그러캐 해 주드라구요. 우린 그거뚜 모: 태쉈써요. 남 해넝 거럴 바:찌.

으음:.

엔나래는 머 한 사람들 별루 업짜너요? 해야 잘해야 떠기나 하구.

¯ 아이 그르치 그러치 머. 백써, 백썰기.

생일랄.

¯ 백썰기.

" 백썰기하:구 수수파떡.

¯ 수수파떡 그거지.

수수파더근 그개 언재 하능 거요?

" 수수파떠근 멍넌 날 해:야 되요. 시그먼 또 그기 딱딱해자너 꾸짜너. 멍는 날 해이지 말랑핸 걸 먹찌.

근대 그개 어떤 때?

" 돌 때두 해 주구 배기래두 해 주지?

¯ 배길래두 해 주구 머, 해 줄래먼 머.

" 배기래두 해 주구 돌 때두 해 주구 그래써요.

¯ 아 유: 난, 지끔, 지끔 거트먼 유:난시루워 더항 걸 멀, 더항 걸

￢ 돌잡이 해 준다고, 돌잡이 해 준다고 돌상을 이렇게 차려 놓고서는 이제 책을 갖다 놓고 또 무엇을 갖다 놔?

￣ 연필 갖다 놓고,

￢ 연필 갖다 놓고,

￣ 붓, 붓, 붓 갖다…

￢ 실 갖다 놓고 그러면 이제, 그 애가 이제 가서 실을 가서 먼저 집으면 뭐 수명이 길고, 또 이렇게 연필을 쥐고 이제 글씨 쓰고 이제 연필을 쥐면 공부 잘하고 그런다고. 그거 보느라 그러더라고요.

￣ 책, 책을 들면 책 잘 읽는다 그러고 그렇지 뭐.

￢ 돌잡이 그렇게 해 주더라고요. 우린 그것도 못해 줬어요. 남 하는 것을 봤지.

예.

옛날에는 뭐 한 사람들 별로 없잖아요? 해야 잘해야 떡이나 하고.

￣ 아이 그렇지, 그렇지 뭐. 백설(기), 백설기.

생일날.

￣ 백설기.

￢ 백설기하고 수수팥떡.

￣ 수수팥떡 그것이지.

수수팥떡은 그것이 언제 하는 거예요?

￢ 수수팥떡은 먹는 날 해야 돼요. 식으면 또 그것이 딱딱하잖아 군잖아. 먹는 날 해야지 말랑한 걸 먹지.

그런데 그것이 어떤 때?

￢ 돌 때도 해 주고 백일에도 해 주지?

￣ 백일에도 해 주고 뭐 해 주려면 뭐.

￢ 백일에도 해 주고 돌 때도 해 주고 그랬어요.

￣ 아 유난(스럽게), 지금, 지금 같으면 유난스러워 더한 것을 뭘, 더한

머.

= 머 지끄면 머: 식땅애 가서 해: 멍느라구 머 그렇거 해 조:?

⌐ 몰:러 난 글쌔. 그 무 무.

= 시방언 머 펜해개 해느라구 말짱 식땅애 가서 해대.

또 저기 애들이 커 가주구 으른 되자너요? 그럴 때 무슨 행사 가틍 거 하구 그래써요, 예저내? 으른 대따구?

= 으:른 대:따꾸? 애:덜 키울 째?[5]

애드리 커서 으른 대따구 무슨 행사하구 그래써요?

⌐ 행사항 개 모: 이써.

괄례라능 거 머 이렁 거 이써써요?

⌐ 모르갠는대 근.

= 애:들 커구 머 겨론핻 찌개? 아니, 그양 큰…

그냥 다 커서 인재 한 스무 살 되면 이재 으른 대따구 으르느루 처 주면서.

⌐ 어:, 그때, 그때 가서 그때가 장:개갈 나인대 머 그때는. 아무 때두 저기, 지끄미니 그러치 그때는 아마 열 칠팔 째만[6] 되면 장:개가구 시지까구 머 다: 그래는 누무 걸 머, 그때넌.

= 엔:나랜 다: 저기,

⌐ 이:십, 이:십 쩌내 다:,

= 우리 동상덜두 말짱 열일곱 싸래 겨론해구 그래써유.

⌐ 말짱 이:십 쩌내 다 행 걸.

= 열일곱 열여덜 열일곱 쌀 그럴 찌개.

⌐ 지끔 머.

= 말짱 장:개디리닝 거뚜 열여덜 열일곱 그르키.

⌐ 지끔 저 삼심 머근 늘개이, 늘개이덜하구 시지까구 장:개가능 거여 지끔. 이십 쩌니여 다: 이십 쩐.

= 여자는 머 하마 스물 따서 여선만 되면 하마 느저따 그래지, 노:색씨

것을 뭐.

˝ 뭐 지금은 뭐 식당에 가서 해 먹느라고 뭐 그런 것 해 줘?

˝ 몰라 난 글쎄. 그 뭐 뭐.

˝ 시방은 뭐 편하게 하느라고 모두 식당에 가서 하대.

또 저기 애들이 커 가지고 어른 되잖아요. 그럴 때 무슨 행사 같은 것 하고
그랬어요, 예전에? 어른 됐다고?

˝ 어른 됐다고? 애들 키울 적에?

애들이 커서 어른 됐다고 무슨 행사하고 그랬어요?

˝ 행사한 것이 뭐 있어.

관례라는 것 뭐 이런 것 있었어요?

˝ 모르겠는데 그것은.

˝ 애들 크고 뭐 결혼할 적에? 아니, 그냥 큰…

그냥 다 커서 이제 한 스무 살 되면 이제 어른 됐다고 어른으로 쳐 주면서.

˝ 어, 그때, 그때 가서 그때가 장가갈 나인데 뭐 그때는. 아무 때도 저
기. 지금이니 그렇지. 그때는 아마 십칠팔 세만 되면 장가가고 시집가고
뭐 다 그러는 놈의 것을 뭐, 그때는.

˝ 옛날엔 다 저기,

˝ 이십, 이십 전에 다,

˝ 우리 동생들도 모두 열일곱 살에 결혼하고 그랬어요.

˝ 모두 이십 전에 다 한 것을.

˝ 열일곱 열여덟 열일곱 살 그럴 적에.

˝ 지금 뭐.

˝ 모두 장가들이는 것도 열여덟 열일곱 그렇게.

˝ 지금 저 삼십 먹은 늙은이, 늙은이들하고 시집가고 장가가는 거야, 지
금. 이십 전이야 다 이십 전.

˝ 여자는 뭐 벌써 스물다섯 여섯만 되면 벌서 늦었다 그러지, 노처녀라

라 그래구. 남자는 하마 스물 일고 스물 여덜만 되먼 다: 장:개가요. 우리 동상덜두 다: 스물 일고 스물 여덜배 다: 장:개강 걸.

자식 키우면서 가장 기어개 남는 이리 머 이써요? 애 때문애 머 마음 고생, 마음 조리거나 고생해꺼나 아니면 또 머 조은 이리 이써꺼나 머 이런 하이튼 애들 키우면서.

‾ 조:은 일: 하:나두 읍:써써요.

애들 키우면서.

= 흐흐흐.

‾ 그러 조:은 일 하:나두 읍:써써. 머꾸 사느라구 머:해서 새낄[7] 나:면 나:쿠 안 나면 안 나:쿠, 멍는대 아 전 발강이[8] 나능 개 머, 칙뿌리꺼정 캘 째야 머 머 얘기해먼 뭘: 하오.

요새 왜 가치 머 아까가치 애들 쌍둥이 키우구 머 이러자나요?

‾ 어:, 그래.

애들 대리구 요새는 그르캐 어디 나가기두 하구 그러는대 그때는 인재 머꾸 사능 개 힘들어서.

‾ 아:이구: 말:두 모: 태지요:. 어디, 어디라구 머. 아:가 똥얼 싸두 그러쿠 아이, 저 저 저 전, 왕골자리 그 집짜리구 저 그거 빼끼 우:꾸 노인내 매: 노:먼, 거기 기양 똥얼, 지저구가 인나 머 이써. 기양 싸: 노:먼 그 틈바구이에[9] 똥 떠러 저기 싸: 농:걸 파, 꼬재이루 파: 내:민선 따꾸 이래 가주설랑애 사런넌대 모이가 되오.

= 우린 애:덜 클 째.

‾ 아:이구:, 애:기두 마:러유.

= 기저구두 하나 모: 태주구.

‾ 기저구가 머여 머.

= 우리 아번니미 인재 우:루 인재 따:럴 자꾸 나쓰니까루 아주 손자 봐:내느라구 그래다가서 인재 느깨 인재 손자럴 나:니까루 ‘아니 느:넌 왜 기

그러고. 남자는 벌써 스물일곱 스물여덟만 되면 다 장가가요. 우리 동생들도 다 스물일곱 스물여덟에 다 장가간 것을.

자식 키우면서 가장 기억에 남는 일이 뭐 있어요? 애 때문에 뭐 마음고생, 마음 졸이거나 고생했거나 아니면 또 뭐 좋은 일이 있었거나 뭐 이런 하여튼 애들 키우면서.

⁻ 좋은 일 하나도 없었어요.

애들 키우면서.

˭ 흐흐흐.

⁻ 그렇(게) 좋은 일 하나도 없었어. 먹고 사느라고 뭐해서 새끼를 낳으면 낳고 안 낳으면 안 낳고, 먹는 데 아 전 발광이 나는 것이 뭐 칡뿌리까지 캘 때야 뭐 뭐, 얘기하면 뭘 하오.

요새 왜 같이 뭐 아까같이 애들 쌍둥이 키우고 이러잖아요.

⁻ 어, 그래.

애들 데리고 요새는 그렇게 어디 나가기도 하고 그러는데 그때는 이제 먹고 사는 것이 힘들어서.

⁻ 아이고 말도 못하지요. 어디, 어디라고 뭐. 애가 똥을 싸도 그렇고. 아이, 저 저 저 저, 왕골자리 그 짚자리고 저 그것 밖에 없고 노인네가 매 놓으면, 거기 그냥 똥을, 기저귀가 있나 뭐 있어, 그냥 싸 놓으면 그 틈바구니에 똥 떨어(져) 저기 싸 놓은 것을 파, 꼬챙이로 파내면서 닦고 이래 가지고서 살았는데 뭐가 되오.

˭ 우린 애들 클 때.

⁻ 아이고, 얘기도 말아요.

˭ 기저귀도 하나 못 해 주고.

⁻ 기저귀가 뭐야 뭐.

˭ 우리 아버님이 이제 위로 이제 딸을 자꾸 났으니까 아주 손자 봐 내느라고 그러다가 이제 늦게 이제 손자를 낳으니까 '아니 너희는 왜 기저

저구럴 줌 모: 싸다 채워주니? 딸래덜 키울 쩨넌 그 소리 웁:떠니만 아:더
럴 나: 노니까루 아이 느:더런 왜 애:덜 기저구를 모: 싸다… 헤헤. 기저구
럴 요만행 거 딱 두: 개럴 사다 채워 조 봐써.

　＂ 참 옌:나래 참 그걸 보먼 머꾸 살:기두 참 지루해찌마넌.

　＂ 그래 가주구 맨:, 우리 어머님 보니까루 우리 시동상 나:서 키우넌대
머 전 기저구가 인나 머 맨: 이부래 똥이 누:래유.

　＂ 아이, 저 똥 천지지 머 머.

　＂ 똥이 아이 이부래 누:래 아주.

　＂ 머꾸 살:라구 한대[10] 나가 이쩌여 되구 아:는 도러댕기구 그래다 머머
머. 똥 너: 가주설랑에 망 뭉기구 이러지 머 별수 이써요. 지금 몸 아편
늘개이덜 꼼짝 모: 태먼 똥 싸: 노:먼 머. 똥얼 머 베름빠개[11] 발르구 머
한대지만 그저낸 그래던지 저래던지 머꾸 사:느라구 한:대 나가 꿈저거려
여[12] 되넌대 모이 되요.

　＂ 아이, 우리만 그러캐, 우리만 그러캐구 사러찌 딴 사라먼 몰:러, 그
래두.

　＂ 모르지 머 하기넌 잘: 사:런넌지 몰:러두 우리넌 그래씨니까 머: 애:기
할 거뚜 웁써요. 아이구:, 상: 거 머 인재 와서 저성 거찌 머. 참 인재 와
서 후회가 막심하구, 부모 잘: 몸: 만내구 서루 고상해꾸, 또 사묵[13] 다: 부
모두 저 바깥 부모두 두량만[14] 잘:해씨먼 우리가 그러키는 안 사러써요.
그렁 걸 그 지경 한:넌대[15] 머.

　＂ 그래이 철, 철라니 몰: 해넝 거여, 글쌔. 철라니 죽뚜룩 아, 날: 엄청나
개 으 대:감 우:해든 탠:는대 으, 날 느깨 가서 네:기, 모 모 모 모: 아, 나는
바:벌, 바:벌 그래두 공끼빠비래두 나:넌 바벌 주구 다: 죽 쏘: 잡쑤꾸 모두
그래써요. 그런대 느깨 가서 된:서방얼 만내넝 거여. 도:리 웁짜너. 내가
보:로여 머꾸 사:넌대 우티개넝[16] 거여. 그래니까 이:래서 도러댕기꾸.

　＂ 이 지비 소:니 귀해니까루, 우리 종주하라부지가 장:조카하구 가치 사

귀를 좀 못 사다 채워주니? 딸들 키울 때는 그 소리 없더니만 아들을 낳아 놓으니까 아이, 너희들은 왜 아이들 기저귀를 못 사다 (채워주니). 헤헤. 기저귀를 요만한 것을 딱 두 개를 사다 채워 줘 봤어.

  ˉ 참 옛날에 참 그걸 보면 먹고 살기도 참 지루했지만.

  ˭ 그래 가지고 맨, 우리 어머님 보니까 우리 시동생 낳아서 키우는데 뭐 전 기저귀가 있나 뭐 맨 이불에 똥이 노래요.

  ˉ 아이, 저 똥 천지지, 뭐 뭐.

  ˭ 똥이 아이 이불에 노래 아주.

  ˉ 먹고 살려고 한데 나가 있어야 되고. 애는 돌아다니고 그러다 뭐 뭐 뭐. 똥 누어 가지고사 막 뭉개고 이러지 뭐 별수 있어요. 지금 몸 아픈 늙은이들 꼼짝 못 하면 똥 싸 놓으면 뭐. 똥을 뭐 바람벽에 바르고 뭐 한다지만 그전엔 그러든지 저러든지 먹고 사느라고 한데 나가 꿈적거려야 되는데 뭐가 되요.

  ˭ 아이, 우리만 그렇게, 우리만 그렇게 하고 살았지 다른 사람은 몰라, 그래도.

  ˉ 모르지 뭐 하기는 잘 살았는지 몰라도 우리는 그랬으니까 뭐 얘기할 것도 없어요. 아이고, 산 것 뭐 이제 와서 저승 같지 뭐. 참 인제 와서 후회가 막심하고, 부모 잘못 만나고 서로 고생했고, 또 사뭇 다 부모도 저 바깥부모도 두량만 잘했으면 우리가 그렇게는 안 살았어요. 그런 것을 그 지경을 했는데 뭐.

  ˉ 그러니 철, 철나니 뭘 하는 거야, 글쎄. 철나니 죽도록 아, 나를 엄청나게 응, 대감 위하듯 했는데 응, 날 늦게 가서 네기, 뭐 뭐 뭐 뭐. 아, 나는 밥을, 밥을 그래도 공깃밥이라도 나는 밥을 주고 다 죽 쑤어 잡숫고 모두 그랬어요. 그런데 늦게 가서 된서방을 만나는 거야. 도리 없잖아. 내가 벌어야 먹고 사는데 어떻게 하는 거야. 그러니까 이래서 돌아다녔고.

  ˭ 이 집이 손이 귀하니까, 우리 종주할아버지가 장조카하고 같이 사니

니까루, 느깨 인재 이 조카 하나럴 나:노:니까, 인재 손자럴 인재 나:찌. 장:손 장:조카지. 그래니까 아주 세상웁따구 아주 바뜨러 키원내유. 공부 두 하나 모: 까리치구 키우넝구만 아주 세상웁:씨, 웁:따구 키워써. 그래 이 버르뚜 하나투 웁:찌, 머 머.

 ̄ 버:르시나 마:나 그쌔 그래구 혼자, 혼자 데리구 안즈지. 아이, 저기 말: 안 듣는다구 담부때 이 긴: 장주그루다 대가빠릴[17] 때리구 아 등때길 때리넌대 전디 날: 쑤가 이써? 그래다 내빼, 애:더리 와서 저 한:대 와서 짜꾸 불러내:는대 우트개 해떤지 띠: 나가지 그, 그 사러? 저 양처써? 그 래니까루 아:, 저물개 디러오면 아부지가 몽대일 들구 날: 때리더니 이누 무 새끼 어딜 나가냐구. 아:, 이래민선 또 도러댕기, 이 들싸럴[18] 대:구 사 러써요, 모:. 그:때두 애:들 그때두 애, 먼저두 애:기해지만 둘: 센:만 돼:서 가치 배워두 그래두 그르키는 안 해써어:.

 ̄ 글버더 또 냉정행 기 웁:때요, 안 보니. 내 명심보감꺼정언 배워써요. 배웅 기 그 꼬라지가 되구 사:나두[19] 모, 모: 태구 이저버린걸 멀. 안 되넌 대 우트개넝 거여. 그걸 볼 새두 우:꾸.

 ̄ 글빵애럴[20] 보내여 해넌대 재:사니 어: 웁:씨니까루 글빵애럴 암 배우 구 디리구 안저서 가리친다 그래니까.

 ̄ 가리키나마나 노인내가 또 머린 대단해개 조으니까루 선상 되니까루 그르캐 해넌대, 글 누굴 데리구선 해여인대,[21] 그땐 해꾜 앙 가구 연상소 때무내 앙 갈 쑤가 업써요. 고:까이도라구[22] 가, 가 가여 된다구 고:까이도 래두. 그래니까 야:중애 와서 연상소 내가 가개 되니까루 그때 가선 노:차 너 글쌔, 공회당으루. 거기서 한 이:년 배우다 안 되니 저: 해다가 동막 그 여 큰 해꾜 거 진:넌데 그리 지: 가주 가서 성탄뇨, 글쎄 내 애:기 그이 그 애:기가 그 기 그 거여. 거 그 머 머, 그거 캐다가 고만 해방대:찌, 머. 그 렁 걸, 모 모 모. 그런 고상이야 모 모, 모:이가 되:유,[23] 글쎄 으.

 ̄ 노인두 부몰 잘: 만내여 돼:, 두량두 이찌마넌.

까, 늦게 이제 이 조카를 낳아 놓으니까, 이제 손자를 이제 낳았지. 장 손 장조카지. 그러니까 아주 세상없다고 아주 받들어 키웠네요. 공부도 하나 못 가르치고 키우는 것만 아주 세상없이, (세상)없다고 키웠어. 그러니 버릇도 하나도 없지, 뭐 뭐.

˘ 버릇이나 마나 글쎄 그러고 혼자, 혼자 데리고 앉지. 아이, 저기 말 안 듣는다고 담뱃대 긴 장죽으로 대가리를 때리고 아이 등때기를 때리는데 견뎌날 수가 있어? 그러다 내빼, 애들이 와서 저 한데 와서 자꾸 불러내는데 어떻게 하든지 뛰어 나가지 그, 그 살어? 저 양쳤어? 그러니까. 아, 저물게 들어오면 아버지가 몽둥이를 들고 날 때리더니 이놈의 새끼가 어딜 나가느냐고. 아, 이러면서 또 돌아다니(고) 이 등쌀을 대고 살았어요, 뭐. 그때도 아이들 그때도 애(기), 먼저도 얘기했지만 두셋만 되어서 같이 배워도 그래도 그렇게는 안 했어.

˘ 글보다 또 냉정한 것이 없더군요, 안 보니까. 내 명심보감까지는 배웠어요. 배운 것이 그 꼬락서니가 되고 하나도 못, 못하고 잊어버린 것을 뭘. 안 되는데 어떻게 하는 거야. 그것을 볼 새도 없고.

˘ 글방을 보내야 하는데 재산이 응, 없으니까 글방에서 안 배우고 데리고 앉아서 가르친다 그러니까.

˘ 가르치나마나 노인네가 또 머리는 대단히 좋으니까 선생이 되니까 그렇게 하는데, 그 누굴 데리고 해야 되는데, 그때는 학교 안 가고 연상소 때문에 안 갈 수가 없어요. 공회당이라고 가, 가 가야 된다고 공회당이라도. 그러니까 나중에 와서 연상소 내가 가게 되니까 그때 가서는 놓잖아 글쎄, 공회당으로. 거기서 한 이년 배우다 안 되니 저 하다가 동막 그 여(기) 큰 학교 거기 짓는데 그리 지어 가지고 가서 성탄료, 글쎄 내 얘기 그이 그 얘기가 그것이 그거야. 거 그 뭐 뭐, 그것 캐다가 그만 해방되었지 뭐. 그런 것을, 뭐 뭐 뭐. 그런 고생이야 뭐 뭐, 뭐가 돼요, 글쎄 응.

˘ 노인도 부모를 잘 만나야 돼, 두량도 있지만은.

1) '삼'은 태아를 싸고 있는 막과 태반을 가리키는 말이다.

2) '사무쪼리'는 '산후조리'의 잘못이다. 제보자의 개인어로 보인다.

3) '왕개뿔'은 '왕갯불'의 음성형이다. '왕갯불'은 표준어 '왕겨'와 '불'이 합성된 '왕겻불'에 대응하는 말이다. '왕겻불'은 왕겨를 태우는 불, 즉 불기운이 미미한 불을 가리킨다. 표준어의 '겻불'에 해당한다.

4) '삼날'은 아이를 낳은 지 사흘째 되는 날을 뜻한다.

5) '쩨'는 중앙어의 '적에'가 줄어든 '제'의 이 지역 방언 음성형이다. 관형사형 어미 '-ㄹ' 아래에서 후행하는 음절의 평음이 된소리로 발음된 것이다.

6) '열 칠팔 쩨'는 중앙어 '십 칠팔 세'에 대응하는 이 지역 방언 음성형이다.

7) 여기에서의 '새끼'는 '자식(子息)'을 뜻한다.

8) '전 발갱'은 '전 발광'의 이 지역 방언 음성형이다. 어떤 일에 몰두하거나 어떤 행동을 아주 격하게 함을 낮잡아 이르는 말이다.

9) '틈바구이'는 중앙어 '틈바구니'에 대응하는 이 지역 방언형인데 낮잡아 이르는 뜻은 없고 '틈' 또는 '틈새'를 뜻하는 중립적인 의미로 쓰이는 것이 보통이다.

10) '한대'는 상하, 사방이 가려지지 않은 집채 바깥을 뜻하는 말이다. 주로 '바깥'의 의미로 쓰인다. '한대 나갔다'는 '방 안에서 밖으로 나갔다'는 뜻이다.

11) '베름빡'은 중앙어 '바람벽'과 어원이 같은 것으로 보인다. 이 지역 방언에서는 '베름빡'이 중앙어의 '바람벽'과 '벽(壁)'을 다 포괄하는 의미로 쓰인다.

12) '꿈저거리다'가 중앙어에서는 몸을 둔하고 느리게 자꾸 움직이는 것을 뜻하지만 이 방언에서는 '몸을 움직이다' 또는 '몸을 놀리다', '몸을 놀려 일을 하다' 정도의 뜻으로 쓰인다. 예문에서는 '꿈저거리다'가 '몸을 놀려 일하다' 정도의 뜻으로 쓰였다.

13) '사묵'은 '내내 끝까지'의 뜻을 가진 중앙어 '사뭇'에 대응한다. 충북 방언에서 이와 같은 뜻으로 '사묵' 외에 '사뭇, 상긋, 상구' 등도 쓰인다.

14) '두량(斗量)'은 '일을 헤아려 처리함'을 뜻하는 말이다.

15) '한넌대'는 이 지역 방언 '했는대'를 '핸는대'라고 발음해야 하는 것을 잘못

발음한 것이다.

16) '우티개넝'은 방언 음성형으로 '우티개 하넌'의 축약형이다. 중앙어 '어떻게 하는'에 대응한다.

17) '대갈빠리'는 머리의 속된 표현인 '대가리'보다 더 속된 표현이다. 그런데 이 지역 방언에서 '대가리'가 동물에 대하여 사용될 때는 속된 표현의 의미가 없고 중립적인 의미로 쓰인다.

18) '들쌀'은 중앙어 '등쌀'에 대응하는 이 지역 방언형인데 중앙어와 약간의 의미 차이가 있다. 〈표준국어대사전〉에는 '몹시 귀찮게 구는 짓'으로 풀이되어 있는데 이 방언에서는 '무슨 일을 저지르거나 정신없이 일을 하거나 하여 소란을 피우는 등의 행동'을 통틀어 이르는 말로 쓰인다. 충북 방언에서 같은 뜻으로 '들쌀 외에 중앙어와 같은 형태의 '등쌀'도 쓰인다.

19) '사나두'는 '하나두(하나도)'를 잘못 발음한 것이다.

20) '글빵'은 '글방'의 음성형으로 이 방언에서는 '서당'과 '글방'이 거의 같은 뜻으로 쓰인다. '글방'이 예전에는 개인적으로 한문을 가르치던 곳의 의미가 강하고 '서당'은 '글방'보다 좀더 체계적이고 조직적으로 한문을 가르치던 곳을 가리킨다. 충청도 방언에서는 '글방'과 '서당'을 거의 구별하여 사용하지 않고 혼용한다.

21) '해여인데'는 '해여 되는대'를 잘못 발음한 것이다.

22) '고까이도'는 '공회당(公會堂)'의 일본어식 발음이다. 일제 강점기 때 마을의 공회당에서 한글을 가르쳤는데 제보자도 거기에서 한글을 배웠다고 한다.

23) '되유'의 어간 '되-'의 모음은 단모음 '외([ö])'로 발음된다.

질병과 민간요법

질병과 치료

= 그래 가주구서넌 그래 그저낸 그 왜 모:땐 병:이 그르기 댕기써요. 그 임:병 아를… 그래 가주선 그,

‾ 임:병만[1] 껄리먼[2] 중능 걸 멀.

= 임:병이 껄리 가주구서넌 그 이듬해 내가 친정얼 가떠너이만, 내가 오니까루 우리 저기 저: 자근집, 자근집 우리 동새가 알트라구 그래 알태이만 우리 인재 끄티매기[3] 인재 시누더리 알트라구유. 시누가 알:쿠 그래구 또 내가 알쿠. 그래 남자더런 쑥 빼 노태 그래두. 그래구, 그래구서넌 우리 종주할머이도 딸래 지배 가시 가주구 그 병이 껄려 가주구 도러가시구, 우리 시어머이두 그 병이 껄리 가주구서넌 우리내럴 알:런 병을 다: 일쿼[4] 노:쿠 고만 그 병이 껄리 가주구서넌 도러가싱 걸 머:.

그기 잘 몸 머꾸 고생하구 히미 업써서 그래요.

= 근대 그 하루거리.

예.

‾ 초학.

예.

‾ 그런데 그 하루거리, 초학. 하루, 하루 근:내 망큼씩 알:렁 거. 그거 말:두 모:태유.

= 아이, 그거넌 잘: 머그나 몸: 머그나 껄리요. 아이구 난 아주 클 찌개[5] 맨:날 그 하루거리 아러써. 내가 몸: 머거서 그개 하루거리가 껄려? 아주 날:, 하마 이 봄만 되먼 하마 하루거리가 껄려. 그거 병면[6] 껄리 노:먼 미

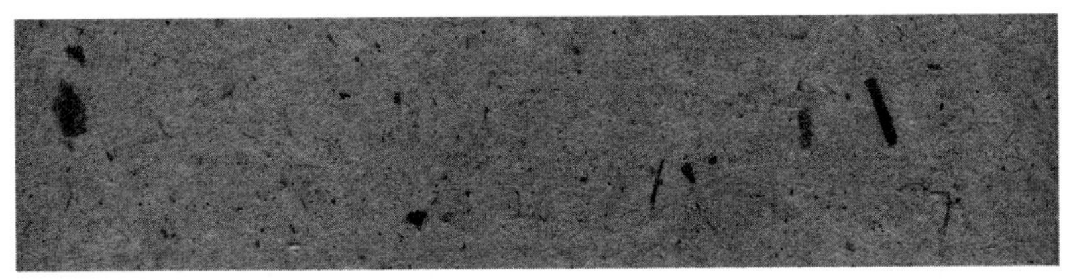

= 그래 가지고는 그래 그전에는 그 왜 못된 병이 그렇게 다녔어요. 그 장티푸스 앓을… 그래 가지고는 그,

- 장티푸스만 걸리면 죽는 것을 뭘.

= 장티푸스에 걸려 가지고는 그 이듬해 내가 친청에 갔더니만, 내가 오니까 우리 저기 저 작은집, 작은집 우리 동서가 앓더라고 그래 앓더니만 우리 이제 끄트머리 이제 시누들이 앓더라고요. 시누가 앓고 그리고 또 내가 앓고. 그래 남자들은 쏙 빼 놓대, 그래도. 그리고 그리고는 우리 종 주할머니도 딸네 집에 가서 가지고 그 병이 걸려 가지고 돌아가시고, 우리 시어머니도 그 병이 걸려 가지고는 우리네가 앓는 병을 다 일으켜 놓고 그만 그 병이 걸려 가지고는 돌아가신 것을 뭐.

그게 잘 못 먹고 고생하고 힘이 없어서 그래요.

= 그런데 그 학질.

예.

- 학질.

예.

- 그런데 그 하루거리, 초학. 하루, 하루건너 만큼씩 앓는 것. 그거 말도 못해요.

= 아이, 그것은 잘 먹으나 못 먹으나 걸려요. 아이고, 난 아주 클 적에 만날 그 하루거리 앓았어. 내가 못 먹어서 그것이 하루거리가 걸려? 아주 날, 벌써 이 봄만 되면 벌써 하루거리가 걸려. 그거 병만 걸려 놓으면 며

칠씩 저기 바블 몸: 머거:. 바블 몸: 머꾸 저기 그래 가주서넌 고만 이비
막 허터러지구⁷⁾ 그래 가주서넌, 그 병만 껄:리따 해먼 아주,

＂ 입 허터러지믄 갠자녀.

＝ 미:칠씩 아주 저기 고상얼 해넝 걸 머.

＂ 그래구 그누무거 초학, 초하근 참 애:머거, 애:머거.

＝ 옌:나래넌 그걸 다: 아라써요. 근대 시방은 그 병이 어디루 가구 웁써.

＂ 지끔 야기 조:워서 그러치 왜 그, 그기 움:나? 차이구.⁸⁾

＝ 시방은 그 병이 업:써저써.

＂ 호녀기래능 기 그기 또: 문:재가 커요. '홍동지내 아: 날라가드탠다⁹⁾'는
애:기가 바로 그거요. 호녕만 껄리먼 아 애:더런 머 다: 절딴나닝¹⁰⁾ 거여.
그래구 애덜 놀:랜거 하구. 놀:랭 거만 단송만 해먼 애:는 살궈.¹¹⁾ 지끔 어
디 그기 이써요. 개 웬만해먼: 병워내 가먼 다: 사:능 거구. 나:키만 해먼
다:, 나:먼 거 배 바깨만 떠러지먼 아:는 잘: 사:넝 걸 멀, 지끄믄 야기 이
수리 조어 가주구. 예:저내 그래써유:

＂ 우리 머스마두 저기 그때 그: 저: 초학 아 거 그저 놀:랭거 그거 감시
해:씨니까 살궈찌 모: 쌀궈써. 신한건재약꾸기라구 제천 거기, 포:룡안¹²⁾
그거 가따 미기구 놀래먼 그래 가주 아: 살궁걸 멀. 놀:래능 거만 감시해
먼 고만 옌:나랜 포룡아니라구 그거 이써써유. 그거, 그거 먹.

＝ 시방은 정맥주살 노:차녀.

＂ 아이, 그래두 노쿠 말구지 ** 머 머 머. 아, 그래 머 이써서 청풍, 청풍
병:워니 하나 이때요. 이: 저, 저 뜬, 뜬 병원과 별거 아니래유. 그러구 여
여 제천 저기, 저기 시:장이래는 대 거 구:내 인닝 개 병원 하나 이때능
기 서정화라구 그, 그 이꾸 이런대. 그래구 여 약꾹이래능 거 그저 저 해
서 이써꾸. 둘: 빼끼 웁:써써요. 그래니 사:람 살:구기가 살:기가 그래 쉬
워요? 이 저 맥빠갈, 손목 맥, 맥빠 가주설랑애 어디가 아푸니 안 아푸니
이걸 이래 가주구 살구구 그래지 아느먼 헨닐해:구.

칠씩 저기 밥을 못 먹어. 밥을 못 먹고 저기 그래 가지고는 그만 입이 막 헤지고 그래 가지고는, 그 병만 걸렸다 하면 아주,

　＂입이 헤지면 괜찮아.

　＝며칠씩 아주 저기 고생을 하는 것을 뭐.

　＂그리고 그놈의 것 초학, 초학은 참 애먹어, 애먹어.

　＝옛날에는 그걸 다 앓았어요. 그런데 시방은 그 병이 어디로 가고 없어.

　＂지금 약이 좋아서 그렇지 왜 그, 그게 없나? 아이고.

　＝시방은 그 병이 없어졌어.

　＂홍역이라는 것이 그것이 또 문제가 커요. '홍동진에 아이 날아가듯 한다'는 얘기가 바로 그거요. 홍역만 걸리면 아 애들은 뭐 다 결단 나는 거야. 그리고 애들 놀란 것 하고. 놀란 것만 단속만 하면 애는 살려. 지금 어디 그것이 있어요. 그래 웬만하면 병원에 가면 다 사는 것이고. 낳기만 하면 다 낳으면 거 배 밖에만 떨어지면 애는 잘 사는 것을 뭘, 지금은 약이 의술이 좋아 가지고. 예전에 그랬어요.

　＂우리 머슴애도 저기 그때 그 저 초학 아 거 그 저 놀란 것 그것을 감시했으니까 살렸지 못 살렸어. 신한건제약국이라고 거기 포룡환 그것을 가져다 먹이고 놀라면 그래 가지고 애 살린 것을 뭘. 놀라는 것만 감시하면 그만 옛날엔 포령환이라고 그것 있었어요. 그것 그것 먹(으면).

　＝지금은 정맥주사를 놓잖아.

　＂아이, 그래도 놓고 말고지 ** 뭐 뭐 뭐. 아, 그래 뭐 있었어 청풍, 청풍 병원이 하나 있대요. 이 저 저, 뜬, 뜬 병원과 별거 아니에요. 그리고 여 여 제천 저기, 저기 시장이라는 데 거 군(郡)에 있는 것이 병원 하나 있다는 것이 서정화라고 그, 그 있고 그런데. 그리고 여 약국이라는 것 그저 저 해서 있었고. 둘 밖에 없었어요. 그러니 사람 살리기가 살기가 그래 쉬워요? 이 저 맥박을, 손목 맥, 맥을 봐 가지고서 어디가 아프니 안 아프니 이걸 이래 가지고 살리고 그러지 않으면 헛일하고.

˗ 난:두 여 지끔 이 군댈 내 모: 깡 기 왜 모: 깐지 아러유? 이거 작뚜 때매 작뚜애서 삐:쩌써유,[13] 삐:저써. 이거 우트개 삐:전너냐 하먼, 어머이 도러가신 어머이가 소럴 미기넌대 이기 바:니 쪼개저써, 좌:관 작뚜애. 그래서 이제 뿍띠기, 뿍띠기 쓸:다 그래 되써. 뿍띠기 쓸:다 이래 내가 미기다가.[14] 핵꾜 댕기능 기 그글 느쿠 미기쓰니 야:넌 죽년대 그땐 몬: 야:기 이써? 무저끈 그저 소: 기름하구 소그멀 가따 여그다 처 느: 노니 사:새키 노믄[15] 중녕 거 아니여. 이래서 이 주글 찌경 해다가 챙기름 그 저기 그때 그 저 저, 모:여, 창깨럴 왜 저 기르, 기르 과: 가주설랑애 왜 그, 그걸루 그래두 이거 이기 사라써 이기, 이기.

˭ 그래두 병워내 가따 와써 왜. 제천 병워내 여 어디구 가따 와써.

˗ 몰:러 그래 몰:러 근데.

˗ 그 생각빼깨 안 나. 그래두 그걸루 이기, 이기 해서 군대두 앙 가구 그래써. 군산꺼정 가따 와써유, 절라도.

˭ 두: 버니나 가따 와짜너.

˗ 군산, 군산꺼정 가따 와두 이거 때매, 여 여, 꾸부리야 꾸부리지 모: 꾸부리나 그런대 이거 때매 머 안 댄다 그래 가주구 앙 가찌. 군대 앙 가써유.

˥ 나도 여 지금 이 군대를 내가 못 간 것이 왜 못 갔는지 알아요? 이거 작두 때문에 작두에서 삐졌어요, 삐졌어. 이것이 어떻게 삐졌느냐 하면, 어머니 돌아가신 어머니가 소를 먹이는데 이것이 반이 쪼개졌어, 좌우간 작두에. 그래서 이제 북데기, 북데기 썰다 그렇게 되었어. 북데기 썰다 이 래 내가 먹이다가. 학교 다니는 것이 그걸 넣고 먹였으니 애는 죽는데 그 때는 무슨 약이 있어? 무조건 그저 쇠기름하고 소금을 갖다 여기다 쳐 넣어 놓으니 애새끼 놈은 죽는 것이 아니야. 이래서 이 죽을 지경을 하다가 참기름 그 저기 그때 그 저, 저 뭐야, 참깨를 왜 저 기름, 기름 고아 가지고 왜 그, 그것으로 그래도 이것, 이것이 살았어 이것이, 이것이.

˭ 그래도 병원에 갔다 왔어 왜. 제천 병원에 여 어디고 갔다 왔어.

˥ 몰라 그래 몰라 그런데.

˥ 그 생각밖에 안 나. 그래도 그것으로 이것, 이것 해서 군대도 안 가고 그랬어. 군산까지 갔다가 왔어요, 전라도.

˭ 두 번이나 갔다 왔잖아.

˥ 군산, 군산까지 갔다 와도 이것 때문에, 구부리면 구부리지 못 구부리나 그런데 이것 때문에 뭐 안 된다 그래 가지고 안 갔지. 군대 안 갔어요.

▪ 그래구 내가 처다럴, 처다럴 하나 웁:쌔짜너 나: 가주구. 처다 가저 가주구서넌 내가 전뉴종얼 아런넌대, 저지 이러캐 아러두 그개 남사시루어서 나멀 비키질 안 해구. 저, 저절 애:두 안 낭 개 저절 나멀 비:킬 쑤가 웁:써서 저절 가마이 내 혼차 아러써요. 전뉴종얼 또 가마이 혼차 아런넌대 나중앤 머 우트개 해볼 쑤가 웁써 가주구 여가 이르캐 가주구서넌 그랭 거럴 우리 아번니미 아런내. 그 칭구가 인재 침 논넌 칭구가 인재 이우재 이써써요. 그래 그 하라부지한태 애:길 해 가주구서넌 인재 와서 저기 송고설 달궈 가주 부래다 달궈 가주구 여길 쑤시짜너. 여길 쑤시니까루 아주 머 머, 개라기[16) 되:찌 머, 땅빠다개. 내가 그르키 미련해:개 사러써요. 이이도 몰:러요. 애:기도 안 해써. 애:기두 안 해구 내 혼차, 혼차 알르라구 전뉴종얼 이르캐 아러써요.

▪ 그래 그 애:럴 시, 시:패럴 해:구서넌 두: 분째 난: 따리 그 처따리 인제 그 두 번:째 난…

▪ 그 제처나, 아까두 애:기해던 갸:지, 큰아지.

▪ 아주 전뉴종 알르라구 이우재두[17) 안 알구구 아무 거뚜 안 알궈. 이우싸:래미 보구 '아유, 우째 새다근 우째 그러키 히마리가 우:꾸 그래:' 그래. '아이 몰:러유, 난 자꾸 추어요' 그래이. 아이구 그래두 그런 마:럴 안 해써. 하하하. 그런 마:를 안 해구. 시방 거트먼 병워내 가먼 전뉴종이래, 저기 그거라 그래, 야:미라 그래. 그래 머 병워내 그지번 병워닐 함 번 가:반 나 머. 그양 지배서 그양 송고설 달궈 가주구 찔러 가주구 피럴 이르키

▪ 그러고 내가 첫애를, 첫애를 하나 없앴잖아 낳아 가지고. 첫애 가져 가지고는 내가 젖유종을 앓았는데, 젖을 이렇게 앓아도 그것이 남우세스러워서 남을 보여주지를 안 하고. 젖을, 애도 안 낳은 것이 젖을 남에게 보일 수가 없어서 젖을 가만히 나 혼자 앓았어요. 젖유종을 또 가만히 혼자 앓았는데 나중엔 뭐 어떻게 해볼 수가 없어 가지고 여기가 이렇게 가지고는 그런 것을 우리 아버님이 알았네. 그 친구가 이제 침놓는 친구가 이제 이웃에 있었어요. 그래 그 할아버지한테 얘길 해 가지고는 이제 와서 저기 송곳을 달궈 가지고 불에 달궈 가지고 여기를 쑤셨잖아. 여기를 쑤시니까 아주 뭐 뭐, 개락이 되었지 뭐, 땅바닥에. 내가 그렇게 미련하게 살았어요. 이이도 몰라요. 얘기도 안 했어. 얘기도 안 하고 나 혼자, 혼자 앓느라고 젖유종을 이렇게 앓았어요.

▪ 그래 그 애를 실(패), 실패를 하고는 두 번째 난 딸이 그 첫딸이 이제 그 두 번째 난….

▪ 그 제천 아이, 아까도 얘기하던 그 애지, 큰애지.

▪ 아주 젖유종을 앓느라고 이웃에도 안 알리고 아무 것도 안 알리고. 이웃 사람이 보고 '아유, 어째 새댁은 어째 그렇게 힘이 없고 그래' 그래. '아이 몰라요, 난 자꾸 추워요' 그러니. 아이고 그래도 그런 말을 안 했어. 하하하. 그런 말을 안 하고. 시방 같으면 병원에 가면 젖유종이라 그래, 저기 그것이라고 그래, 암이라 그래. 그래 뭐 병원에 그 집은 병원엘 한 번 가봤나 뭐. 그냥 집에서 그냥 송곳을 달궈 가지고 찔러 가지고 피를

쏘더 나:찌. 피고르미지 머 피고름. 피고르미 아주 땅빠다개 이르키 개라
걸 해:찌 머. 그래 가주서넌 그거럴, 그래 가주서넌 느름나무, 사내 느름
나무가 이때대요.

 ⁻ 느름나무 이써. 그,

 ⁼ 느름나무 껍떠기럴, 느름나무 껍떠럴 삐끼다가 심:지를 이르캐 꽈:서
새끼처럼 심지럴 꽈 가주구 거 침,

 ⁻ 거 구녕 미이까 봐.[18]

 ⁼ 찔른 구녕에다가, 구녕에 느: 가주구서넌 자:꾸 그걸 빼:서 고르멀 빼:
내구, 고르멀 빼: 내구, 이 전뉴종얼 다서 따럴 아러써요.

 ⁻ 예:저낸 병원두 글쌔 그래꾸 아주 컹컴해개[19] 사러찌.

 ⁼ 그래 가주구서넌 남두 몰:래, 남두 몰:래 그러캐 내 혼차만 그르캐 아
러때니까.

 병을, 병을 키우션내? 몰르구.

 ⁻ 그래이까 구녕 메:이머넌 또, 또 알 그래니까루 거 구녕얼, 구녕얼 암
메이게 해너라구 느:, 시멀 심지럴 느: 가주구.

이렇게 쏟아 났지. 피고름이지 뭐 피고름. 피고름이 아주 땅바닥에 이렇게 개락을 했지 뭐. 그래 가지고는 그것을, 그래 가지고는 느릅나무, 산에 느릅나무가 있다대요.

　￣ 느릅나무 있어. 그,

　＝ 느릅나무 껍데기를, 느릅나무 껍데기를 벗겨다가 심지를 이렇게 꽈서 새끼처럼 심지를 꽈 가지고 거 침,

　￣ 그 구멍 메일까 봐.

　＝ 찌른 구멍에다, 구멍에 넣어 가지고는 자꾸 그것을 빼서 고름을 빼 내고, 고름을 빼 내고, 이 젖유종을 다섯 달을 앓았어요.

　￣ 예전엔 병원도 글쎄 그렇고 아주 컴컴하게 살았지.

　＝ 그래 가지고는 남도 몰래, 남도 몰래 그렇게 내 혼자만 그렇게 앓았다니까.

　병을, 병을 키우셨네? 모르고.

　￣ 그러니까 구멍 메면 또, 또 앓(으니) 그러니까. 그 구멍을, 구멍을 안 메게 하느라고 넣어(서), 심을, 심지를 넣어 가지고.

1) '임병'은 흔히 '염병'이라고도 하는 '장티푸스'를 일컫는 말이다. 충청도 방언에서는 '임병' 외에 '옘병'과 '염병'이 많이 쓰인다.
2) '껄리다'는 중앙어 '걸리다'와 거의 같은 뜻으로 쓰인다.
3) '끄티매기'는 중앙어의 '끝'에 대응하는 이 지역 방언 음성형인데 여기에서는 '막내'의 뜻으로 쓰였다. 충청도 방언에서는 '끄티매기' 외에 '끄트매기'도 쓰인다.
4) '일쿼'의 기본형은 '일쿠다'로 '일쿠구, 일쿠지, 일쿼' 등으로 활용한다. '일쿠다'는 중앙어의 '일으키다'에 대응하는 말이다.
5) '찍'은 그 동작이 진행되거나 그 상태가 나타나 있는 때, 또는 지나간 어떤 때를 나타내는 중앙어 '적'에 대응하는 '직'의 음성형이다. 의존명사 '직'은 선행하는 관형사형 어미 '-ㄹ' 아래에서 된소리로 발음된다.
6) '병먼'은 '병만'을 잘못 발음한 것이다.
7) '허터러지구'는 이 지역 방언형 '허터러지다'의 활용형으로 '입술이나 살갗이 갈라지거나 터져서 짓무르다'의 뜻으로 쓰인다. 중앙어의 '헤어지다'와 '헐다'의 의미를 아우르는 뜻으로 쓰인다.
8) '차이구'는 '아이구'라고 발음해야 할 것을 잘못 발음한 것이다.
9) '홍동진에 아 날라가듯 한다'는 말은 예전에 의술이 발달하지 않아서 홍역에 걸리면 아이를 잃곤 했는데 이것에 빗대어 쓰는 충청도 속담이다.
10) '절딴나닝'은 중앙어 '결딴나다'의 활용형 '결딴나는'에 대응하는 이 지역 방언형 '절딴나는'의 음성형이다. '절딴나닝'의 기본형은 '절딴나다'로 '어떤 일이나 물건 따위가 잘못되거나 망가져서 도저히 손을 쓸 수 없는 상태가 되다'의 뜻으로 쓰인다. 따라서 예문의 '애덜이 절딴난다'는 말은 하면 아이들이 죽거나 잘못된다는 뜻이다. 한편 '기계가 절딴났다'와 같이 기계나 사물에 쓰이면 '기계나 사물이 망가져서 못 쓰게 되었다'는 뜻으로도 쓰이고 '기계가 고장났다'는 뜻으로도 쓰인다.
11) '살귀'는 중앙어 '살리다'의 활용형 '살려'에 대응하는 이 지역 방언형이다. '살귀'의 기본형은 '살구다'이고 '살구지, 살구구, 살귀, 살궈서, 살군다'와 같

이 활용한다.

12) ‘포룡안’은 중앙어 ‘포룡환’의 이 지역 방언 음성형이다. ‘포룡환’은 ‘열로 인한 경풍을 치료하는 데에 쓰이는 환약’을 뜻하는 말이다.

13) ‘삐지다’는 ‘무를 삐져 넣고 국을 끓였다’에서와 같이 ‘칼 따위로 물건을 얇고 비스듬하게 도려내다’ 정도의 의미로 쓰이는데 여기에서는 이에 빗대어 비유적으로 ‘칼이나 작두 따위에 베어 살점의 일부가 떨어져 나가다’의 의미로 쓰였다.

14) ‘미기다’는 ‘작두에 풀을 미기다’와 같이 쓰이면 ‘기계나 틀 따위에 원료나 물건 따위를 넣는다’는 뜻을 가진 중앙어 ‘먹이다’에 대응하는 이 지역 방언형 ‘믹이다’의 음성형이다. ‘미기다’는 ‘먹이다→멕이다→믹이다미기다’의 과정을 거친 것으로 보인다. ‘작두에 풀을 미기다’에 쓰인 ‘미기다’는 작두로 여물을 썰기 위해 작두날에 여물의 원료가 되는 ‘북띠기(북데기)’를 넣는다는 의미로 쓰인 것이다. 예를 들면 ‘여물을 쓸라구 작두에 풀을 미긴다’, ‘타작할라구 기계에 볏단을 미긴다’와 같이 쓰인다.

15) ‘사새키노믄’은 ‘아새끼놈은’을 잘못 발음한 것이다.

16) ‘개락’은 ‘도랑’을 뜻하는 충청도 방언 ‘개랑’ 또는 ‘개랑물’과 관련이 있는 것으로 보인다. 피나 고름 따위의 액체가 흘러내려 주변을 어지럽게 칠갑한 모양을 비유적으로 이르는 말이다.

17) ‘이웇’은 중앙어 ‘이웃’의 이 지역 방언형으로 ‘이웇을, 이웇애, 이웇이’와 같이 곡용한다는 점에서 ‘이웇’으로 재구조화했음을 알 수 있다.

18) ‘미이까봐’는 중앙어 ‘메다’의 활용형 ‘메일까봐’에 대응하는 이 지역 방언형 ‘미이다’의 활용형이다. ‘메다’가 ‘뚫려 있거나 비어 있던 곳이 묻히거나 막히다’의 뜻으로 쓰여 피동의 의미가 있는데 여기에 다시 피동접미사를 넣어 피동형태로 만든 것이 ‘메이다’이고 이것의 이 지역 방언형이 ‘미이다’다.

19) ‘컴컴하다’가 여기에서는 어떤 사실을 전혀 모르거나 잊은 모양을 뜻하는 ‘깜깜하다’의 뜻으로 쓰였다.

김충회(1979), 「청주지역어에 대한 일고찰」, 『충북대논문집』 17.

김충회(1980), 「충북 단양 남부방언 연구 서설」, 『충북대논문집』 19.

김충회(1981), 「충북 단양 북부방언 연구 서설」, 『개신어문연구』 1, 개신어문연구회.

김충회(1992), 『충청북도의 언어지리학』. 한국학연구총서 제9집, 인하대학교 출판부.

김형규(1974), 『한국방언연구』, 서울대학교 출판부.

박경래(1992), 「충청북도 방언의 특징과 방언구획」, 『남북한의 방언 연구』, 김영배 편저, 경운출판사.

박경래(1998), 「중부방언」, 『문법연구와 자료』, 서울 : 태학사.

박경래(2000), 「단양 방언의 음운에 대한 세대별 비교 고찰」, 『개신어문연구』 17집, 개신어문학회.

박경래(2003), 「충청북도 방언의 연구와 특징」, 『한국어학』 21, 한국어학회.

박명순(1997), 「제천 지역어의 네 언어권에 대한 고찰」, 『인문과학연구』 6, 서원대학교 인문과학연구소.

박명순(2001), 「제천지역어의 형태음소적 고찰」, 『반교어문연구』 13, 반교어문학회.

전철웅(1996), 「충북 방언의 역사적 연구-어형 및 음운 변화를 중심으로-」, 서울시립대학교 박사학위논문.

전철웅(1998), 『충북방언의 역사적 연구』, 서울 : 도서출판 보고사.

전철웅(1999), 『충북방언의 단어 변천사』, 서울 : 도서출판 보고사.

조항근·김재윤·전철웅(1990), 「충북 북부 방언 연구」, 『개신어문연구』 7, 개신어문연구회.

최학근(1978), 『한국방언사전』, 서울 : 현문사.

충청북도(1987), 『지명지』, 청주 : 고려서적주식회사.

한국정신문화연구원(1987), 『한국방언자료집』 Ⅲ(충청북도편), 성남 : 한국정신문화연구원.

찾아보기

베다

　비:먼　222

베틀

　베틀　154

벼(禾)

　베　24, 232, 328

벼슬

　베실　110

벼슬하다

　베실해　182

　베실행 거　182

병신

　빙:신　94

보(=보자기)

　보　140

보그러지다[+](안쪽을 향해 오므려지다)

　보그러져씨면　244

보다(見)

　바:찌　354

　반:내　200

　봐:따가　298

보리

　버리　128

보리방아

　버리방아　128

보이다(=보여주다)

　비:킬　374

　비키질　374

복(服)

　복　250, 252

복입다[+](초상이 나서 상주가 처음으로 상복을 입다)

　봉님넝 거　250

본인

　번인　38, 138, 140, 160

본토박이

　번토백이　58

봉분

　봉군　246

봉양

　보:양　56

봉투

　봉토　66

봐주다

　바:조　298

부고(訃告)

　부:고　66

부수다

　뿌셔서　192

부치다

　구:꾸　186

부침개

　부치기　186

북데기

　북띠기　124

　뿍띠기　372

불구자

　불거자　224

불합격하다

　모:돌러따구　298